Apprendre la programmation web avec Python et Django

Principes et bonnes pratiques pour les sites web dynamiques

DANS LA MÊME COLLECTION

H. Bersini. – **La programmation orientée objet.**
N° 67399, 7e édition, 2017, 696 pages.

C. Delannoy. – **Programmer en langage C++.**
N° 67386, 9e édition, 2017, 850 pages.

C. Soutou. – **Programmer avec MySQL.**
N° 67379, 5e édition, 2017, 522 pages.

C. Delannoy. – **Exercices en langage C++.**
N° 67387, 3e édition, 2017, 354 pages.

C. Delannoy. – **S'initier à la programmation et à l'orienté objet.**
Avec des exemples en C, C++, C#, Python, Java et PHP.
N° 14067, 2e édition, 2016, 360 pages.

A. Tasso. – **Le livre de Java premier langage.**
N° 67486, 12e édition, 2017, 618 pages.

C. Delannoy. – **Programmer en Java.**
N° 67536, 10e édition, 2017, 984 pages.

E. Sarrion. – **Programmation avec Node.js, Express.js et MongoDB.**
N° 13994, 2014, 586 pages.

S. Conchon, J.-C. Filliâtre – **Apprendre à programmer avec OCaml.**
N° 13678, 2014, 430 pages.

SUR LE MÊME THÈME

M. Lorant, M. Xhonneux. – **Développez votre site web avec le framework Django.**
N° 21626, 2015, 285 pages.

Y. Gabory. – **Django avancé.**
N° 13415, 2013, 402 pages.

A. Bacco. – **Développez votre site web avec le framework Symfony3.**
N° 14403, 2016, 536 pages.

M. Chavelli. – **Découvrez le framework PHP Laravel.**
N° 14398, 2016, 326 pages.

Pierre Alexis, Hugues Bersini et Gilles Degols

Apprendre la programmation web avec Python et Django

Principes et bonnes pratiques pour les sites web dynamiques

2e édition

EYROLLES

ÉDITIONS EYROLLES
61, bd Saint-Germain
75240 Paris Cedex 05
www.editions-eyrolles.com

 ISBN : 978-2-212-67515-3

Avant-propos

Cet ouvrage se base sur Django, un outil de création de sites dynamiques écrit en Python, langage aujourd'hui très populaire pour apprendre à programmer. Ce livre enseigne la programmation web de façon aussi moderne que possible et s'adresse aussi bien aux enseignants qu'à leurs élèves. Il vous demande peu de prérequis, mais reste ambitieux, de sorte que vous n'aurez pas à rougir devant les professionnels.

SOMMAIRE

- Résumer l'ambition de ce livre
- Resituer Django et Python dans l'évolution des technologies logicielles
- À qui s'adresse ce livre
- Plan de l'ouvrage

Culture Du Web préhistorique au Web 2.0 moderne et « dynamique »

Il y a vingt-cinq ans, on déambulait entre les pages du Web comme entre deux tableaux de maître dans un musée ; seule différence, on était assis face à son écran, souris à la main. Au fil des clics, les sites web s'affichaient : ils étaient déjà jolis et colorés, riches en information et éminemment utiles… mais inaltérables et rétifs à toute autre forme d'interférence que ce vagabondage de page en page.

Il était impossible pour l'internaute d'y écrire son numéro de carte de crédit pour acquérir une toile, de réserver sa place pour une visite du musée, de s'enregistrer comme utilisateur du site et d'épingler sur le sourire de Mona Lisa un commentaire ou des moustaches. Vous reveniez sur la même page quelques minutes plus tard ? Le contenu était inchangé. Tout était placidement statique ; en un mot, le Web fonctionnait pour l'essentiel dans une seule direction : des serveurs d'information vers les clients. Les utilisateurs étaient à la merci de ce que les développeurs côté serveur avaient choisi de leur dévoiler. Le serveur ne percevait que le clic d'entrée sur le site et se bornait à renvoyer en retour la page sollicitée ; il était sourd et indifférent à toute autre requête. Le Web d'alors, certes impressionnant et révolutionnaire, était statique.

James Gosling, le concepteur du langage de programmation Java (dont le succès devra beaucoup au Web), présenta en 1995 un nouveau concept de navigateur lors d'une conférence consacrée au Web. Il fit d'abord apparaître la représentation en 2D d'une molécule dans un navigateur web classique, laissant l'assistance de marbre. Quels ne furent pas la surprise et l'enthousiasme de ce même public lorsqu'à l'aide de sa souris, il se mit à bouger la molécule ! Elle réagissait aux stimuli de la souris, obéissait aux injonctions de l'internaute. Un programme Java, appelé « applet », s'exécutait dans le navigateur (Mosaic, à l'époque), rendant cette interaction effective. Le Web venait de gagner ses premiers galons de dynamisme et d'interactivité. Il en devenait chatouilleux.

En 2004, prenant conscience que l'utilisateur passait de spectateur passif à acteur essentiel du fonctionnement du Web, sursaturant ce dernier de ses vidéos de vacances, de son savoir, de ses copains de lycée ou de ses prises de position politique, Tim O'Reilly décida de couronner le Web 2.0. Ce nouveau Web, aussi royal qu'il fût, devenait complètement assujetti au bon vouloir de ses sujets qui, au-delà des sempiternels clics de navigation, pouvaient dorénavant commenter, pérorer, refuser, voter, voler, acheter, vendre, négocier, réserver, prêter, jouer, écouter, visionner, projeter, et réaliser tant d'autres activités l'éloignant encore de l'écran de télévision pour celui de son PC. La confiscation du Web par cette multiplicité d'ego différents, choisissant d'en faire cette excroissance narcissique qu'il est devenu, fut considérée à ce point révolutionnaire que le célèbre hebdomadaire américain *Time* choisit d'élire *You* la personne de l'année 2006.

L'affichage d'un site web selon le bon vouloir de son créateur nécessite la maîtrise d'un langage de présentation de contenu appelé HTML (XHTML ou HTML 5, vous comprendrez ces nuances par la suite), décrivant et paramétrant l'organisation de la page, la taille et le style des différents éléments de celle-ci. C'est le seul langage compris par les navigateurs, qui affichent la page de la manière précisée et transmise dans les instructions HTML.

Rendre la page « dynamique » requiert, de façon un peu plus exigeante, la maîtrise d'un langage de programmation comme il en existe malheureusement trop : JavaScript, C#, C++, Java, .Net, Python, PHP, Ruby, SmallTalk, Eiffel, OCaml et tant d'autres. Ainsi, la mise en place d'un site web dynamique capable de se comporter comme un programme, réagissant comme il se doit aux sollicitations de son utilisateur, exige de mixer ces deux savoirs dans une proportion dépendant de l'attention accordée soit à son interactivité, soit à son apparence.

Heureusement, depuis l'apport pionnier des *applets* et des *servlets* Java, de multiples technologies logicielles sont apparues afin de combiner efficacement programmation et physionomie d'un site. Qui, dans le monde informatique, n'a entendu parler de PHP, JSP (dans la mouvance Java) ou ASP.Net (offre de Microsoft), qui structurent les milliards de sites interactifs disponibles aujourd'hui sur le Web ? Au-dessus de ces langages apparaissent de multiples boîtes à outils logicielles facilitant la conception des plates-formes web : Symfony et Zend pour PHP, JavaScript (telles les technologies Node.js et Angular.js), Spring pour Java et, sujet de ce livre, Django pour Python.

Elles font partie de ces multiples solutions, relativement équivalentes (même si bien entendu leurs concepteurs s'en défendront avec vigueur), qui facilitent la prise en charge conjointe de la présentation de la page et de son interactivité.

Bien que ces différentes technologies puissent également s'implémenter côté client, cet ouvrage portera principalement sur celles qui s'exécutent côté serveur, les plus sollicitées. Le code exécuté côté serveur a pour mission de produire à destination du client une page répondant à ses desiderata. Pour ce faire, il est fréquemment nécessaire d'obtenir et d'exploiter des informations stockées dans une base de données relationnelle et de glisser ces dernières de manière judicieuse entre les instructions HTML 5 qui se chargent de clairement les présenter.

Pourquoi cet ouvrage ?

Programmation, HTML 5/CSS 3, bases de données, les technologies se multiplient et semblent exiger de la part des développeurs web un CV épais et noirci d'acronymes incompréhensibles pour la plupart des directeurs du personnel. La tentation est grande de les laisser sur le bas-côté du cursus universitaire, malgré leur omniprésence et une importance stratégique grandissante pour les entreprises.

C'est pour combler ce fossé entre la réalité mouvante des technologies web et le programme plus installé et stable du monde universitaire – d'aucuns diraient un peu poussiéreux et envahi de toiles... d'araignées – que Python et Django sont apparus et ont changé la donne.

Le choix de Python et Django

Depuis quelques années, grâce à Python et Django, il est devenu possible d'aborder en douceur le cocktail de technologies informatiques à la base de la programmation web. Ils ont pour eux la simplicité d'utilisation. Ainsi, le langage Python est très souvent plébiscité pour sa facilité d'usage, sa rapidité d'acquisition, ce qui en fait un langage de prédilection pour l'apprentissage de la programmation. Son utilisation est élémentaire au démarrage, et très interactive. Les instructions étant plus simples et plus intuitives, on parvient plus rapidement au résultat escompté. Bien que l'exécution de ces codes conduise au même message à l'écran, `print ("Hello World")` en Python est incontestablement plus simple à écrire, mais aussi à comprendre, que le fameux `public static void main (String[] args) {System.out.println "Hello World"}` rédigé avec stupeur par tous les débutants en programmation Java.

Langage de programmation disponible pour plusieurs plates-formes, Python est donc simple d'emploi : pas de typage explicite, instructions concises, structures de données d'un usage élémentaire (listes, dictionnaires et chaînes de caractères). Pour autant, il n'en préserve pas moins les fonctions essentielles de tout langage réputé puissant. Il semble, un peu mieux que les autres, réussir à concilier efficacité et simplicité, à se positionner entre ces deux acteurs exigeants que sont, d'une part, le processeur qui cherche l'efficience et l'économie de mémoire et, d'autre part, le programmeur qui cherche la simplicité et la clarté d'utilisation.

> **EN PRATIQUE Des goûts et des couleurs en programmation...**
>
> Bien sûr, en matière de langages de programmation, ce genre de préférence tient pour beaucoup de l'acte de foi, et il en va des guerres de langages comme des guerres de religion ou des goûts culinaires. Toutefois, suffisamment d'enseignants ont fait de Python le premier langage à enseigner aux étudiants pour nous conforter dans notre choix.

Django, entièrement développé et basé sur le langage Python, fut à l'origine développé pour faciliter et accélérer la programmation de sites web dans un milieu journalistique (le journal *Lawrence Journal-World*, publié quotidiennement dans la ville de Lawrence au Kansas), donc pas vraiment versé dans les technologies de développement logiciel. Les sites web en question exigeaient d'être développés et mis à jour à un rythme très élevé ; les outils devaient pour cela être faciles à prendre en main et les logiciels produits aisément réutilisables. Il était de surcroît préférable de séparer le métier d'ergonome de sites web, préoccupé pour l'essentiel par l'apparence et la physionomie du site, du métier de développeur, chargé d'assurer le fonctionnement optimal et sécurisé d'un code dont l'écriture devait rester très abordable et facilement modifiable.

Django est devenu cette boîte à outils logicielle (*framework* dans le jargon professionnel), ce canif suisse du développement web. Aujourd'hui, cette aventure se prolonge selon le modèle collaboratif de l'open source, impliquant des dizaines de milliers d'utilisateurs et de développeurs passionnés tout autour de la planète.

Ainsi, à l'origine de la programmation web, la technologie CGI à exécuter côté serveur donnait naissance à d'horribles codes comme celui ci-dessous (pour afficher une liste d'employés d'un service stockée dans une base de données relationnelle) :

EXEMPLE 0.1 À l'ancienne mode CGI, tout est mélangé !

```
# -*- coding: utf-8 -*-

import sqlite3
import cgi

print("Content-Type: application/xhtml+xml; charset=utf-8\n")

print('<?xml version="1.0" encoding="UTF-8" ?>')
print('<!DOCTYPE html>')
print('<html xmlns="http://www.w3.org/1999/xhtml" lang="fr">')
print('  <head>')
print('    <title>eCarnet - Employés d'un service</title>')
print('  </head>')
print('  <body>')

form = cgi.FieldStorage()
service_id = str(form["service"].value)
db_connection = sqlite3.connect('database.sqlite3')
db_connection.row_factory = sqlite3.Row
cursor = db_connection.cursor()
cursor.execute("SELECT name FROM service WHERE id=" + service_id)
row = cursor.fetchone()
service_name = str(row['name'])

print('    <h1>Employés du service « ' + service_name + ' »</h1>')

cursor.execute("SELECT name, first_name, phone_number FROM employee
               ➥ WHERE id_service=" + service_id)
rows = cursor.fetchall()

print('    <ol>')
for row in rows:
   print('      <li>' + row['first_name'] + ', ' + row['name'] + ', '
               ➥ + row['phone_number'] + '</li>')
print('    </ol>')
print('  </body>')
print('</html>')

db_connection.close()
```

Sans qu'il soit nécessaire d'en saisir toutes les lignes, tout informaticien, même débutant, découvrira un mélange plutôt indigeste de trois réalités informatiques fondamentales, pourtant assez faciles à différencier, trois langages dont l'usage correct évite ce charabia pénible. Ces trois langages sont le SQL pour la gestion et l'interrogation des bases de données relationnelles, le Python pour la programmation et le HTML 5 pour l'affichage et l'apparence des pages web.

C'est le pari réussi de Django de maintenir ces trois réalités informatiques suffisamment distinctes pour, par exemple, épargner à l'artiste des pages web les subtilités du stockage relationnel et les joies de la programmation. De surcroît, adopter une technologie alternative d'affichage ou de stockage de données devrait laisser suffisamment inaltérés les autres aspects du développement, contribuant ainsi à stabiliser l'intégralité du développement (souci essentiel d'une informatique dont les technologies ne cessent d'évoluer et de projets logiciels dont le cahier des charges se modifie en continu). Cette séparation découle d'une recette de conception bien connue des informaticiens et dénommée MVC (Modèle Vue Contrôleur), que nous aurons l'occasion de présenter largement par la suite, recette qui facilite à la fois la vie du développeur et celle de l'enseignant de cette pratique de développement.

À qui s'adresse cet ouvrage ?

De par la simplicité de la syntaxe Python, les outils de développement web mis à disposition par Django, ainsi que le souci de ce dernier de maintenir les aspects esthétiques et les besoins du développement assez logiquement séparés, cet ouvrage présentant à la fois Python et Django vise pour l'essentiel trois types de lecteurs.

- Tout d'abord, les **enseignants du monde universitaire et des écoles d'ingénieurs**, tout spécialistes qu'ils soient en programmation, en bases de données relationnelles ou en technologies de présentation de contenu web (HTML 5/CSS 3, XHTML...) verront un intérêt à cet ouvrage. L'expérience de l'un des auteurs, Hugues Bersini, le montre. Il enseigne la programmation depuis 25 ans dans différentes facultés bruxelloises. Pour la partie plus appliquée et expérimentale de son enseignement, les étudiants sont ravis de mettre en œuvre le langage Python dans le cadre du développement web. Ils se plaisent à faire fonctionner une bibliothèque ou vidéothèque sur le Web, un site bancaire ou de commerce électronique. Ces projets leur donnent l'impression d'être en phase avec la réalité de l'informatique telle qu'elle se pratique aujourd'hui. Nombreux sont ceux qui, ayant découvert Python et Django, leur sont restés fidèles dans la vie professionnelle, dans leur entreprise ou leur start-up.
- Évidemment, les **étudiants** suivant cette même formation trouveront de quoi facilement concevoir une variété infinie d'autres sites web que celui présenté dans cet ouvrage. Au-delà de Django et Python, ils se sensibiliseront au métier

de développeur web, à ses recettes, ses exigences, ainsi qu'aux multiples solutions logicielles capables de leur mâcher la besogne.

- La troisième cible pouvant tirer profit de la lecture de ce livre comprend les **professionnels impliqués dans le développement web des technologies web** en quête d'une entrée en douceur dans cet univers technologique somme toute assez exigeant. Même si leur environnement professionnel les contraint à l'une ou l'autre des technologies web différentes de Django (basée sur ASP.Net, Java/JSP, Node.js, PHP, Ruby on Rails...), ce qu'ils découvriront à la lecture de ce livre (les différentes technologies de programmation, le stockage relationnel, les modèles en HTML ou en CSS, le besoin d'une claire séparation entre elles, la réutilisation de fonctionnalités) demeurera d'une grande utilité. Et pourquoi pas, si cette liberté leur est offerte, ils pourront faire le choix de Django pour leur entreprise, plate-forme logicielle légère et formidablement réactive ! Pierre Alexis et Gilles Degols, les autres auteurs de ce livre qui assistent Hugues Bersini dans son enseignement, peuvent en témoigner dans cet ouvrage commun !

Le plan du cours

> **RESSOURCES EN LIGNE Code source du projet Trombinoscoop**
>
> Le code source du site développé dans le livre est librement téléchargeable depuis la fiche du livre, sur le site des éditions Eyrolles.
>
> ▸ www.editions-eyrolles.com/livre/9782212134995

Notre propos est découpé en deux grandes parties : nous présentons d'abord l'essentiel des aspects théoriques, pour ensuite décrire en détail un projet concret.

La première partie a comme objectif de vous donner toutes les bases indispensables pour comprendre ce qu'est un site web et comment il fonctionne. Nous y présentons à la fois des notions théoriques (Web dynamique, MVC, programmation objet, bases de données relationnelles) et les langages nécessaires à leur mise en œuvre (HTML 5, CSS, JavaScript, SQL, Python).

- Le **premier chapitre** aborde les rudiments théoriques de la programmation web : HTTP, URL, notions de Web statique et dynamique, de serveurs web et de serveurs de bases de données.
- Le **chapitre 2** insiste sur la nécessité de séparer les tâches de programmation, de présentation et de structure/stockage des informations. Nous y présentons le modèle MVC et la programmation orientée objet. Nous expliquons en outre la notion de framework de développement et montrons en quoi l'utilisation d'un framework tel que Django facilite la tâche du développeur.

- Le **chapitre 3** balaie les notions élémentaires de programmation indispensables à l'utilisation de Python: variables, structures de contrôle, fonctions, rudiments de programmation objet. Ce chapitre suffira à comprendre les exemples de code Python présentés dans l'ouvrage et, de manière générale, la plupart des applications développées sous Django.

> **Aller plus loin**
>
> Ce livre n'est pas un manuel approfondi d'utilisation de Python. D'autres ouvrages existent pour cela, dont l'excellent livre de Gérard Swinnen :
>
> Gérard Swinnen, *Apprendre à Programmer avec Python*, Eyrolles 2012

- Le **chapitre 4** s'intéresse aux langages de présentation des pages web, à HTML 5 et CSS, ainsi qu'à la manière de rendre les pages plus interactives et plus dynamiques (côté client cette fois) par l'utilisation du langage JavaScript.
- Le **chapitre 5** décrit le travail préliminaire à toute programmation web: l'élaboration d'éléments d'analyse qui permettent d'avoir une vue claire et réfléchie sur le projet qu'on désire développer. À cet effet, nous verrons ce que sont cas d'utilisation, wireframes et modèle de données. Pour appuyer notre propos, nous analyserons le projet développé dans la seconde partie de l'ouvrage. Nous fournissons également dans ce chapitre les notions essentielles concernant les bases de données relationnelles.
- Même si Django masque les échanges avec les bases de données, il est nécessaire d'acquérir les rudiments du langage SQL qui sert à dialoguer avec ces dernières. C'est l'objet du **chapitre 6**. Nous nous y appuyons sur les scripts CGI. Les limitations de cet ancêtre des technologies de programmation web démontrent la nécessité d'utiliser le MVC.

La deuxième partie met en application de façon concrète toutes ces notions et langages. Nous y décrivons étape par étape la construction d'un projet web complet inspiré de Facebook, en nous appuyant sur le framework Django.

- Le **chapitre 7** s'intéresse à l'architecture et à l'orchestration du site. Il présente ce qu'on appelle les « vues » sous Django, ce qui correspond à l'aspect *Contrôle* du MVC (attention à la confusion dans les termes).
- Le **chapitre 8** sépare ce qui concerne la présentation du site. Les rendus HTML deviennent réutilisables. Cela se fait grâce aux « templates » de Django et correspond à l'aspect *Vue* du MVC.
- Le **chapitre 9** traite séparément le transfert de données entre l'utilisateur et le site, par l'intermédiaire des formulaires.

- Dans le **chapitre 10,** nous voyons comment décrire et implémenter les « modèles » avec Django (ce qui correspond à l'aspect *Modèle* du MVC).
- Élément indispensable aux sites web modernes, la gestion des sessions garantit une bonne authentification des utilisateurs et la persistance momentanée de leurs données. Cela fait l'objet du **chapitre 11**.
- Nous terminons l'élaboration de notre site exemple en construisant dans le **chapitre 12** les pages qui manquent encore.
- Le **chapitre 13** propose d'aller plus loin en ajoutant encore plus de dynamisme aux pages web grâce à la technologie Ajax.
- Le **chapitre 14** vous permet finalement de mettre en ligne votre projet Django en l'installant chez un hébergeur professionnel.

Enfin, l'**annexe** décrit les étapes à suivre afin d'installer les outils de développement, dont Python et Django, quel que soit le système d'exploitation que vous utilisez (Windows, Mac OS X ou Linux). Les exemples d'application étant développés à partir de l'environnement Eclipse, le chapitre en décrit également l'installation, la configuration et la prise en main (intégrant l'emploi de Django).

Remerciements

Pierre, Hugues et Gilles adressent à Xavier Devos, Gaël Rabier et Jonathan Unikowski leurs remerciements les plus sincères pour leur suivi, leur relecture attentive et les nombreuses corrections et améliorations qui leur sont dues dans les pages qui vont suivre. Hugues souhaiterait dédier cet ouvrage à Colin Molter (1973-2017), qui fut le premier à l'assister dans l'enseignement de la programmation sous la forme de projets et de stages intensifs. Colin était un as de la programmation, un chercheur d'une grande créativité et un pédagogue formidable. Il aurait grandement apprécié le pari fait dans cet ouvrage d'un enseignement de la programmation web à l'aide des technologies Python et de la réalisation d'un projet lointainement inspiré de Facebook. « Merci Colin de tout ce que tu m'as apporté et de ce long bout de chemin parcouru ensemble ».

Table des matières

Première partie

Les notions essentielles

Cette première partie vise à vous donner toutes les clés pour comprendre ce qu'est un site web, comment il se construit et comment il fonctionne :

- protocole HTTP, URL, notions de Web statique et dynamique, serveurs ;
- programmation orientée objet, modèle MVC, notion de framework ;
- éléments de base du langage de programmation Python ;
- structuration des pages web avec HTML 5, présentation avec les feuilles de styles CSS, interactivité côté client avec JavaScript ;
- élaboration du modèle de données : cas d'utilisation *(use cases)*, schémas de présentation *(wireframes)*, bases de données relationnelles ;
- éléments de base du langage d'interrogation des bases de données SQL, utilisation par le biais de l'ancienne technologie CGI, discussion des limitations de cette dernière.

1

Comment un site web fonctionne-t-il ?

Ce chapitre rappelle les bases du Web, ses origines statiques et son passage graduel vers plus de dynamisme avec, notamment, l'exploitation d'une base de données côté serveur, dont les mises à jour se répercutent côté client. Sont également expliquées les notions d'URL, de protocole HTTP, de serveur web et le passage de paramètres du client vers le serveur.

SOMMAIRE

Qu'est-ce que le Web ?

C'est dans les années 1980, alors qu'il effectue un séjour de six mois comme consultant informatique au Cern (le laboratoire européen de physique des particules), que Tim Berners-Lee développe un programme appelé « Enquire ». À l'aide d'un langage adéquat, ce dernier organise le contenu et la visualisation des documents produits par le laboratoire et, grâce à la technologie hypertexte, permet également à ces pages de faire référence à d'autres pages. Le Web, abréviation du *World Wide Web* (en français, la « toile [d'araignée] mondiale »), était né. Quelque vingt ans plus tard, la reine Elisabeth II anoblira notre talentueux informaticien pour le remercier des nombreuses heures passées sur Facebook en compagnie de ses sujets.

Le Web est un système permettant l'organisation visuelle et la publication de documents, leur consultation via un navigateur web (par exemple Safari, Google Chrome, Firefox ou Internet Explorer) et leur interconnexion à l'aide de liens. Trois technologies ont été inventées, ou du moins formalisées et adaptées par Tim Berners-Lee, et sont à l'origine du Web :

- le concept de **page web**, au centre de tout, les pages renfermant le contenu textuel que l'on désire publier ;
- le concept de **liens hypertextes**, lesquels relient des pages web par l'insertion dans une page de liens vers d'autres (pour mettre en œuvre ce concept, il a fallu imaginer un mécanisme d'adressage identifiant de manière unique chaque page web : c'est l'URL, ou *Uniform Resource Locator*, que nous étudierons plus en détail dans ce chapitre).
- un **mécanisme permettant aux navigateurs d'accéder aux pages web** (il s'agit du protocole HTTP, ou *HyperText Transfer Protocol*, qui interroge un *serveur HTTP* pour en récupérer le contenu ; ces concepts seront également étudiés et détaillés par la suite).

CULTURE Terminologie : Internet vs Web

Très souvent sont confondus les termes *Internet* et *Web*. Il n'est pas rare d'entendre l'expression erronée « site Internet » pour désigner en réalité un « site web ».
Internet est un réseau mondial permettant d'interconnecter des petits réseaux d'ordinateurs (d'où l'appellation « Inter Network ») par l'intermédiaire de leurs serveurs. C'est grâce à Internet qu'un internaute situé en Belgique peut dialoguer avec un autre internaute localisé en Australie.
Le Web, quant à lui, n'est qu'une application d'Internet parmi d'autres comme le courriel, Telnet (connexion à distance sur un ordinateur) ou le *peer-to-peer* (de préférence légal).
En fait, il y a là deux réseaux superposés, mais de natures très différentes : un réseau d'hyperliens « juste déposés » sur un réseau de connexions physiques. La page de votre voisin de bureau pourrait se trouver à une vingtaine de clics de votre page web ; éloignés sur le Web mais proches sur Internet, ou l'inverse, les deux topologies ne se superposent pas.

Après son invention, très vite, le Web connut un succès grandissant et les premiers sites web apparurent. Aux départs très basiques, ces sites étaient pour la plupart résolument « statiques ». Un site statique se caractérise par des pages dont le contenu ne change pas (ou quasiment pas) au fil du temps. L'image suivante, représentant le site web de l'Université libre de Bruxelles tel qu'il était en 1997, illustre très bien le concept de site statique.

Figure 1–1
Site web de l'ULB dans sa version du 28 juin 1997

On le voit au premier coup d'œil, la page d'accueil est très simple et le contenu ne semble pas destiné à varier au fil du temps. Revenez visiter le site dans un jour, une semaine ou un mois ; il est fort probable que la page n'aura pas changé d'un iota.

Fonctionnement d'un site web statique

> **DÉFINITION Site web statique**
>
> Un site web statique est un site qui ne change que si son webmestre en modifie les pages à la main. Il ne possède aucun automatisme de modification de page du côté du serveur.

Imaginons qu'un internaute désire se rendre sur la page web d'accueil du site de l'Université libre de Bruxelles, dont l'adresse est www.ulb.ac.be/homepage (cette adresse est fictive, inutile de l'essayer dans votre navigateur).

Pour ce faire, sur son ordinateur, l'internaute va ouvrir un *navigateur web* (Google Chrome, Safari, Internet Explorer, Firefox ou autre) et saisir www.ulb.ac.be/homepage dans la barre d'adresse.

DÉFINITION Navigateur web

Un navigateur est un logiciel côté client qui permet à l'internaute de dialoguer avec des logiciels serveurs pour en obtenir des informations (pages web). Il affiche les pages demandées et navigue entre elles par le biais des hyperliens.

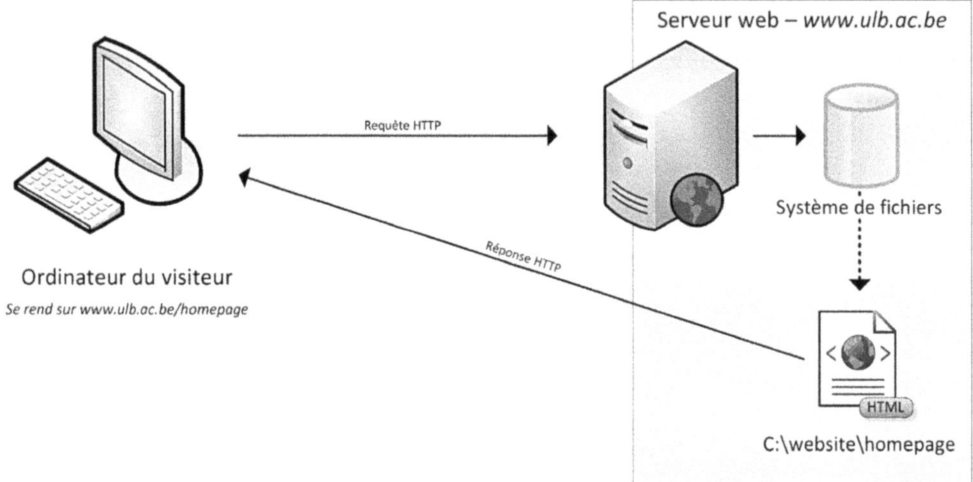

Figure 1–2 Récupération d'une page web statique

Le navigateur côté client va contacter le *serveur web* de l'université. Ce dernier est un ordinateur, pas très différent de ceux que nous utilisons tous les jours, dont le rôle est de *servir* du contenu à la demande. En pratique, les ordinateurs serveurs sont spécialement adaptés à leur fonction : plus robustes, plus compacts, ne possédant aucun gadget (webcam, haut-parleur, manette de jeu, etc.), jusqu'à être dépourvus d'écran. Cela dit, n'importe quel ordinateur peut faire office de serveur web, que ce soit votre ordinateur fixe à la maison ou votre portable.

DÉFINITION Serveur web

Un serveur web est un ordinateur robuste et sécurisé sur lequel un logiciel, également appelé serveur web (voir plus loin), est chargé de répondre aux demandes (ou *requêtes*) des internautes en leur *servant* les pages voulues ou en renvoyant un message d'erreur.

Mais où ces serveurs web se cachent-ils donc ? Généralement dans des *centres de traitement des données* (*data centers* en anglais), gérés par des entreprises spécialisées et qui peuvent héberger de nombreux serveurs et sites web, souvent au bénéfice de plusieurs clients. Dans le cas de l'Université libre de Bruxelles (qui, comme beaucoup d'universités, possède plus d'espace que de moyens), le serveur web ne se trouve pas dans un centre de données externe, mais en son sein même.

Une fois la connexion établie entre le navigateur client et le serveur web, le premier va envoyer la requête suivante au second : « Donne-moi la page d'accueil *homepage*, s'il te plaît ». Comme il s'agit d'un site statique, le serveur web va simplement lire sur son disque dur (ou plutôt dans son système de fichiers) le fichier contenant la page web *homepage* et le renvoyer au navigateur. Pour notre exemple, nous avons imaginé un fichier nommé `homepage` se trouvant dans le dossier `C:\website`.

Une fois la page transmise par le serveur au client, le navigateur va en décoder le contenu et l'afficher à l'écran.

On le comprend aisément, à moins de changer le contenu du fichier `homepage` qui se trouve sur le disque dur côté serveur, la page web renvoyée sera toujours la même. Le seul dynamisme sera dû à l'informaticien chargé de mettre à jour les pages web stockées sur le serveur… Beau mais dur métier, même pour un professeur à la retraite ! Autant l'automatiser.

Le protocole HTTP

Afin que le navigateur et le serveur web puissent dialoguer et se comprendre, il a fallu définir ce qu'on appelle un *protocole*, qui détermine le langage et le vocabulaire utilisés pour communiquer.

DÉFINITION Protocole

Un protocole définit la signification des bits échangés entre les deux machines qui dialoguent.

Le protocole utilisé pour accéder à un site web est appelé HTTP *(HyperText Transfer Protocol)*. Il définit par exemple comment doit être formatée la commande « donne-moi la page *homepage* », que le navigateur envoie au serveur de l'université lorsqu'on tape l'adresse www.ulb.ac.be/homepage. En réalité, la commande envoyée est transformée en celle-ci.

EXEMPLE 1.1 Traduction de la commande en HTTP

```
GET /homepage HTTP/1.1
Host: www.ulb.ac.be
```

Cette commande est appelée *requête HTTP*. La réponse donnée par le serveur (dans notre cas, la page web demandée) est appelée *réponse HTTP*. La réponse aurait pu ne pas être la page web demandée, mais, par exemple, une erreur indiquant que celle-ci n'existe pas (d'où le recours au protocole qui fera parfaitement la différence entre ces deux messages renvoyés par le serveur).

Le protocole utilisé étant HTTP, on parlera parfois de *client HTTP* pour désigner le navigateur, et pour le serveur, sans grande surprise, de *serveur HTTP*.

L'URL, adresse d'une page web

Dans notre exemple de site statique, nous avons supposé que son adresse était www.ulb.ac.be/homepage. Examinons plus en détail cette adresse et la manière dont elle est composée.

En réalité, l'adresse exacte de la page est http://www.ulb.ac.be/homepage. D'ailleurs, si vous saisissez l'adresse dans votre navigateur sans la commencer par http://, ce dernier l'ajoute automatiquement.

Cette adresse est appelée URL (abréviation de *Uniform Resource Locator*). Son format a été défini par l'inventeur du Web, Tim Berners-Lee (qui a reconnu, dans un article paru dans le Times en 2009, qu'il nous avait bernés et que les // ne servaient strictement à rien).

Les adresses URL que nous avons utilisées jusqu'à présent sont composées de trois éléments.

- **Le protocole** : une adresse commence toujours par un nom de protocole, dans notre cas http, suivi de ://. D'autres protocoles existent (par exemple telnet:// pour l'utilisation d'un terminal à distance ou smtp:// pour les échanges de courriels), car les adresses URL peuvent être utilisées à d'autres desseins que l'accès à un site web.
- **Un nom de domaine** : le nom de domaine, dans notre cas www.ulb.ac.be, identifie le serveur web sur lequel est hébergé le site.
- **Un emplacement pour la ressource** : dans notre cas, il s'agit simplement de homepage, soit le nom d'un fichier se trouvant dans le dossier `C:\website` sur le serveur. Le chemin vers la ressource aurait pu être plus complexe et se trouver dans un sous-dossier. Par exemple, la page d'adresse http://www.ulb.ac.be/biographies/bio_recteur identifie une ressource dont l'emplacement sur le disque dur est `C:\website\biographies\bio_recteur`.

Le serveur web : à la fois ordinateur et logiciel

Pour terminer notre présentation des sites statiques, il nous reste à clarifier la notion de serveur web. Nous avons vu que cela désigne l'ordinateur dans lequel est stocké le site web et qui se charge de renvoyer les pages demandées par les navigateurs web côté client.

En réalité, l'expression « serveur web » peut désigner deux choses qui méritent d'être distinguées.

- L'*ordinateur physique* sur lequel est hébergé le site web. C'est ce que nous entendions jusqu'à présent par « serveur web ».
- Le *programme* qui tourne constamment en arrière-plan sur cet ordinateur, avec pour mission d'intercepter les requêtes HTTP et d'y donner suite. Il existe de nombreux logiciels de serveur HTTP sur le marché, les plus connus étant le logiciel libre Apache de l'Apache Software Foundation, NGINX, le petit nouveau qui a le vent en poupe, également « libre », et les IIS *(Internet Information Services)* de Microsoft.

Pourquoi cette nuance ? L'ordinateur qui fait office de serveur web peut également, dans le même temps, jouer d'autres rôles et offrir d'autres services : serveur de courriels, serveur de bases de données, etc. Dans ce cas, plusieurs programmes tourneront constamment en arrière-plan, l'un pour intercepter les requêtes HTTP, l'autre pour accueillir les courriels entrants, etc.

On verra également par la suite que le même serveur web peut faire office de client HTTP. En d'autres mots, on peut très bien installer un navigateur sur le serveur web et l'utiliser pour consulter le site web hébergé sur cette même machine.

Quoi qu'il en soit, c'est pourtant bien cette configuration que nous utiliserons par la suite lorsque nous développerons notre propre site web, et ce afin d'éviter d'investir dans de multiples ordinateurs (un pour le navigateur web, un pour le serveur HTTP, un pour la base de données, etc.). Nous travaillons à l'université, ne l'oublions pas.

Des sites web qui se mettent à jour tout seuls

> **DÉFINITION Site web dynamique**
>
> Un site web dit « dynamique » comprend, du côté du serveur, des mécanismes automatiques de mise à jour des pages servies.

À la différence d'un site statique, le contenu d'un site dynamique évolue constamment. Un exemple typique est le site de Reuters (figure suivante), lequel affiche en temps réel les cours d'actions cotées en bourse. Il vaut mieux, on le concevra aisément, que l'information sur le cours d'une action puisse se modifier au fil du temps.

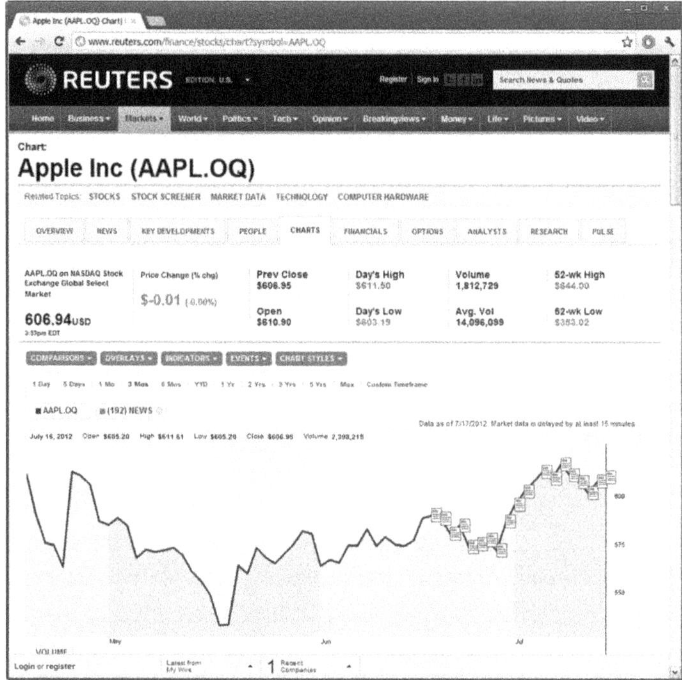

Figure 1–3
Page du site web de Reuters affichant le cours de l'action Apple

Si au début du Web les sites statiques satisfaisaient la plupart des besoins, ce n'est vraiment plus le cas aujourd'hui. Certes, il en existe encore (notamment certains sites non professionnels), mais ils ne forment pas la majorité de ceux présents sur le Web.

Certains sites, que l'on pourrait a priori croire statiques, sont de fait dynamiques ; pensons par exemple à un blog sur lequel l'auteur ne publie que très peu d'articles. En réalité, les qualificatifs « statiques » et « dynamiques » dépendent de la manière dont sont fabriquées les pages web.

DÉFINITION Page web dynamique

Une page est dite « dynamique » dès que son contenu est produit *à la volée*.

Fonctionnement d'un site web dynamique

Afin de mieux comprendre ce que l'on entend par « produit à la volée », reprenons l'exemple du site de Reuters. Imaginons qu'un internaute désire se rendre sur la page affichant le cours de l'action d'InBev (une multinationale brassicole), dont l'adresse est http://www.reuters.com/stocks/abi (cette adresse est fictive, inutile de l'essayer dans votre navigateur).

Pour ce faire, il va ouvrir un *navigateur web* (Google Chrome, Safari, Internet Explorer, Firefox ou autre) et saisir http://www.reuters.com/stocks/abi dans la barre d'adresse.

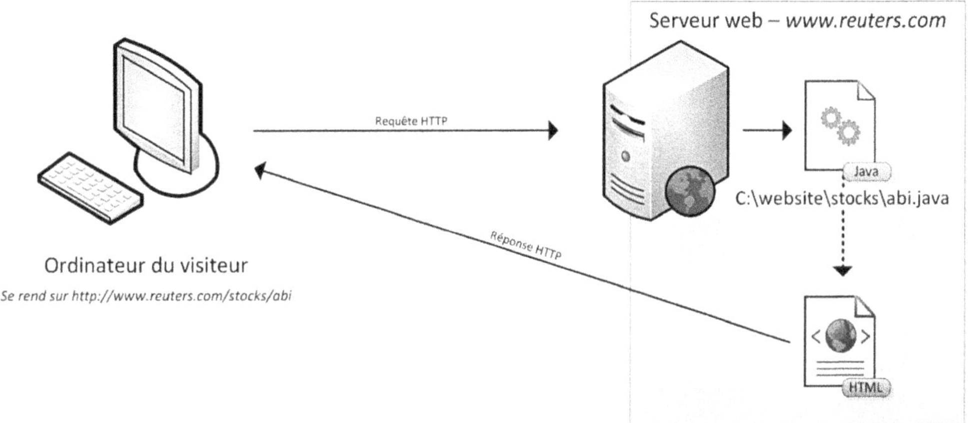

Figure 1–4 Création d'une page dynamique

Tout comme pour un site statique, le navigateur web côté client contacte le *serveur web* de Reuters. Une fois la connexion établie entre le navigateur et le serveur, le premier envoie la requête suivante au deuxième : « Donne-moi la page stocks/abi ».

Toutefois, le serveur ne va pas lire sur son disque dur un fichier contenant le contenu de la page web. À la place, il lance un *programme* dont le rôle est de créer le contenu de la page web demandée.

Dans ce livre, nous utiliserons Python, mais ce programme peut être écrit en n'importe quel langage de programmation : Java, C, C#, etc. Sur l'illustration, nous avons imaginé le programme écrit en Java et se trouvant à l'emplacement suivant sur le disque dur : `C:\website\stocks\abi.java`.

Une fois la page produite par le programme, le serveur web l'envoie au client dans un format compris par le navigateur (le même format qu'une page statique). Ce dernier en décode alors le contenu et l'affiche à l'écran.

Utilisation d'une base de données

L'utilisation d'un programme pour produire la page web offre de nombreux avantages et une souplesse bien plus grande que les pages statiques. Le premier d'entre eux est le possible accès du programme à une base de données en vue d'exploiter les données qu'elle recèle. Notre exemple du site Reuters utilise une telle base de données afin d'y enregistrer le cours des actions au fil du temps. C'est elle que Reuters met à jour à la vitesse des transactions, plutôt que d'aviser personnellement tous les traders. La figure suivante illustre l'utilisation d'une base de données par le programme Java en charge de calculer la page web affichant le cours de l'action InBev.

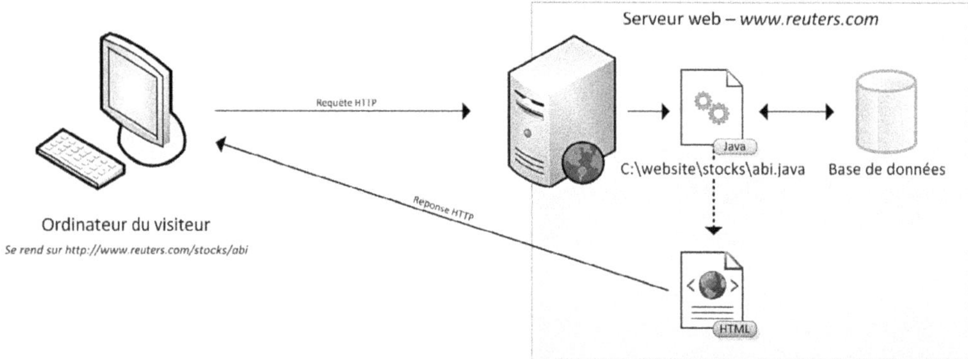

Figure 1–5 Création d'une page dynamique en utilisant une base de données

Sur ce schéma, la base de données se trouve sur le même serveur que le serveur web. À l'instar des serveurs web, ceux en charge des bases de données sont interrogés à l'aide d'un protocole bien déterminé.

Comme pour le serveur HTTP, le terme « serveur de bases de données » caractérise à la fois :

- l'*ordinateur physique* sur lequel se trouve hébergée la base de données ;
- le *programme* qui tourne constamment en arrière-plan dans l'ordinateur en question et qui a pour mission de répondre aux requêtes des clients désirant consulter ou modifier la base de données. Ce programme est appelé Système de gestion de bases de données (SGBD). Il en existe de nombreux sur le marché : MySQL, Oracle Database, Microsoft SQL Serveur, PostgreSQL, DB2, etc.

Un logiciel de gestion de bases de données peut se trouver sur une autre machine qu'un serveur de bases de données dédié. On peut aussi installer sur une même machine un serveur web et un système de gestion de bases de données. De multiples répartitions des tâches sont possibles ; elles font appel à de multiples serveurs.

De très nombreux sites web dynamiques ont recours à une base de données. Aujourd'hui, en réaction à l'explosion des données qu'il est nécessaire de stocker côté serveur, de nouvelles technologies, plus efficaces, de stockage, d'accès et de traitement de ces montagnes de données ont vu le jour, sous la dénomination de « big data ». Nous parlerons souvent des bases de données relationnelles dans cet ouvrage, mais la présentation et l'utilisation que nous ferons de Django demeurent pratiquement indépendantes du mode de stockage et d'organisation de ces données.

Passage de paramètres à une page web

Un autre avantage important des pages web dynamiques, c'est qu'il est possible de passer des *paramètres* au programme chargé de composer la page. Un exemple typique est illustré à la figure suivante : le moteur de recherche Google. Sur la page d'accueil, lorsqu'un utilisateur entre l'un ou l'autre mot-clé démarrant la recherche et qu'il clique sur le bouton *Recherche*, la page appelée est http://www.google.be/search (http://www.google.fr/search pour la France). À cette page est joint un paramètre : les mots-clés ou l'expression au départ de la recherche.

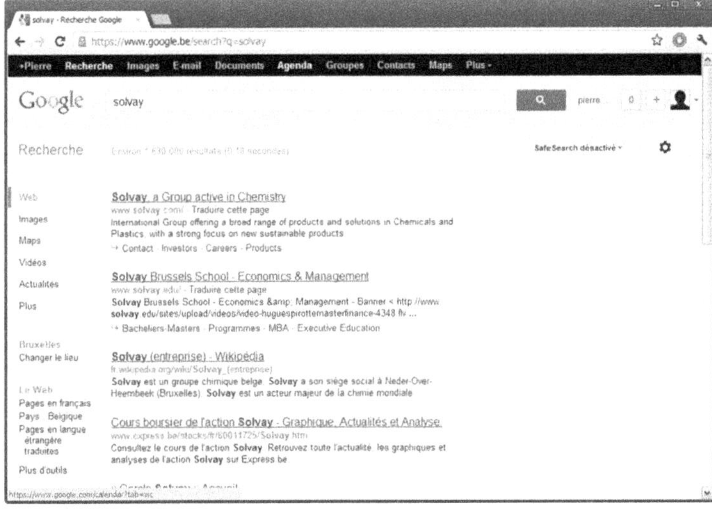

Figure 1–6
Exemple de page web avec un paramètre

Comment ce paramètre est-il passé à la page ? Pour le savoir, analysons plus en détail l'URL qui est appelée. On voit en haut de la capture d'écran que l'adresse est en réalité http://www.google.be/search?q=Solvay (cette adresse n'est pas fictive ; vous pouvez l'essayer dans votre navigateur).

Le paramètre est donc ajouté à la fin de l'URL. Pour séparer le nom de la page des paramètres qui suivent, on fait usage du point d'interrogation. Ensuite, pour chaque paramètre, on spécifie un nom (dans notre exemple, le paramètre s'appelle q) et une valeur (dans notre exemple, on recherche l'expression `Solvay`). Le nom du paramètre et sa valeur sont séparés par un signe égal (`nom_param=valeur_param`).

Plusieurs paramètres peuvent être transmis à une page, séparés à l'aide de l'esperluette (`&`). Google permet, par exemple, de préciser la langue dans laquelle la page de résultats doit être affichée, à l'aide du paramètre `hl`. Par exemple, si on désire chercher l'expression « Solvay » et afficher la page de résultats en néerlandais, on utilisera l'URL suivante :

▸ http://www.google.be/search?q=Solvay&hl=nl

Si l'on résume, les URL contenant des paramètres sont construites selon la forme suivante :

Figure 1–7 Construction d'une URL avec paramètres

Les paramètres ainsi passés peuvent être utilisés directement dans le programme, comme illustré à la figure suivante :

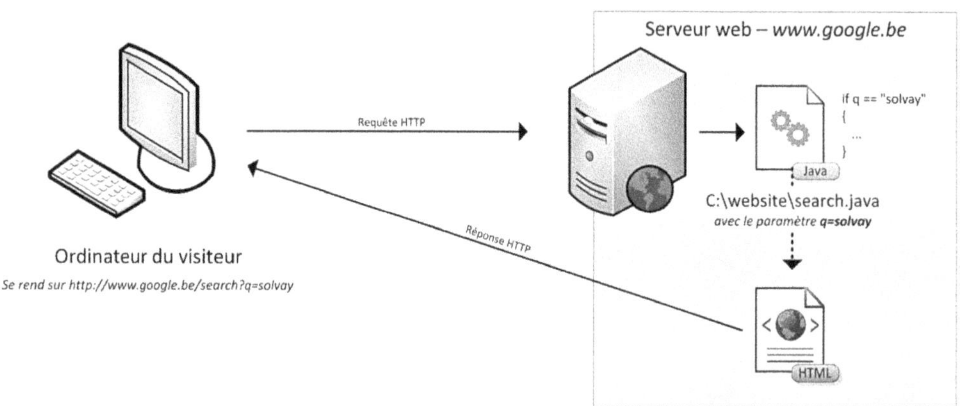

Figure 1–8 Création d'une page dynamique avec paramètres

Ai-je bien compris ?

- Quelles sont les trois technologies qui furent inventées à l'origine du Web ?
- Au niveau des traitements réalisés par un serveur web, quelle est la différence fondamentale qui distingue un site web dynamique d'un site statique ?
- Comment peut-on passer des paramètres à une page web ?

2

Programmation orientée objet et framework MVC

Ce chapitre a pour mission d'expliquer la conception logicielle respectueuse du découpage MVC et sa version sous Django. Nous exposerons d'abord les principes de la programmation orientée objet. Ensuite, nous verrons comment la mise à disposition d'un framework s'inscrit dans cette logique.

SOMMAIRE

- Explication de la conception respectant le découpage MVC
- Mise en place du MVC sous Django
- Explication de la notion de framework

Des programmes modulaires

L'écriture d'un logiciel important en taille et en nombre de fonctionnalités, comptant des dizaines de milliers de lignes de code et des centaines d'heures passées devant son écran, exige sans surprise un découpage adéquat.

Une écriture simplifiée

Le premier avantage à découper le programme est d'en simplifier considérablement l'écriture, à condition que les différents modules offrent des contenus fonctionnels relativement indépendants les uns des autres et que la modification de l'un n'entraîne pas systématiquement la réécriture des autres.

Des modules réutilisables

Il s'ensuit assez logiquement le bénéfice de la réutilisabilité. En effet, si les modules sont relativement indépendants les uns des autres, on conçoit aisément qu'ils puissent être réutilisés dans de multiples et successives applications logicielles. Ainsi, une partie de logiciel chargée d'inscrire un internaute sur un site web quelconque peut se réutiliser d'un site à l'autre.

Il en va de même pour toute forme de transaction financière ou tout paiement par carte de crédit : cela fonctionne toujours de la même façon, que vous achetiez un livre de programmation Python ou un billet pour Hawaï. De cette manière, des pans entiers d'un premier développement logiciel sont aisément récupérés dans un second si les traits pointillés qui permettent ce découpage sont tracés avec soin et si chaque découpage fonctionne de et par lui-même.

Un travail d'équipe facilité et plus efficace

Le travail en équipe s'en trouve facilité, puisqu'il devient naturel de diviser et répartir les tâches entre les différents spécialistes. Comme tout bon économiste le sait depuis Adam Smith, chaque spécialiste aura dès lors l'occasion de se spécialiser davantage encore, pour un bénéfice collectif plus important – du moins en théorie. La division du travail en informatique est tout aussi avantageuse que dans les chaînes de montage.

L'informatique offre de multiples visages : informatique graphique, ergonomie de sites web, développement et programmation, stockage et exploitation des données, *business intelligence*... qui exigent des compétences spécifiques.

EN PRATIQUE

Se prétendre juste informaticien ne veut plus dire grand-chose à l'heure actuelle; la maîtrise de Photoshop ne présente pas beaucoup de points communs avec celle de Python, de SAP ou de la fouille de données. Parvenir à séparer au mieux les parties logicielles propres à l'une ou l'autre des différentes compétences de l'informatique ne sera certainement pas pour déplaire aux spécialistes de chacune d'entre elles.

Les langages orientés objet

Avant toute chose, les langages de programmation orientée objet (OO), dont Python, mettent leur syntaxe au service de ce découpage. Un programme écrit dans un langage objet répartit l'effort de résolution de problèmes sur un ensemble d'objets logiciels collaborant par envoi de messages. Le tout s'opère en respectant un principe de distribution des responsabilités on ne peut plus simple, chaque objet, tel un microprogramme, s'occupant de gérer ses propres données. Lorsqu'un objet exige de s'informer ou de modifier les données d'un autre, il charge cet autre objet de s'acquitter de cette tâche. Chaque objet expose à ses interlocuteurs un mode d'emploi restreint, une carte de visite limitée aux seuls services qu'il est apte à fournir; il continuera à les fournir dans le temps, malgré de possibles modifications dans l'implantation concrète de ces services.

EN PRATIQUE

La programmation orientée objet (OO) est fondamentalement distribuée, modularisée et décentralisée. Et, pour autant qu'elle respecte également des principes de confinement et d'accès limité, elle favorise la stabilité des développements, en restreignant au maximum l'effet des modifications apportées au code au cours du temps.

L'orienté objet inscrit la programmation dans une démarche somme toute très classique pour affronter la complexité, quel que soit le problème: une découpe naturelle et intuitive en des parties plus simples. A fortiori, cette découpe sera d'autant plus intuitive qu'elle s'inspire de notre manière « cognitive » de découper la réalité qui nous entoure. L'héritage, reflet fidèle de notre organisation cognitive, en est le témoignage le plus éclatant.

EN PRATIQUE Approche procédurale

L'approche procédurale qui pour l'essentiel sépare le code en un grand bloc de données et toutes les fonctions chargées de le manipuler, rend cette découpe moins naturelle, plus contraignante, « forcée ». Si de nombreux adeptes de la programmation procédurale sont en effet conscients qu'une manière incontournable de simplifier le développement d'un programme complexe est de le découper physiquement en de petits modules plus lisibles, ils souffrent de l'absence d'une prise en compte naturelle et syntaxique de cette découpe dans les langages de programmation utilisés.
Les langages orientés objet rendent au contraire le découpage du programme beaucoup plus intuitif.
Pour une introduction à la programmation orientée objet, voir :

📖 Hugues Bersini, *La programmation orientée objet*, Eyrolles 2012

La programmation objet permet ce découpage suivant deux dimensions orthogonales :

- horizontalement, les classes se déléguant mutuellement des services ;
- verticalement, les classes *héritant* les unes des autres d'attributs et de méthodes installés à différents niveaux d'une hiérarchie taxonomique.

Pour chacune de ces dimensions, reproduisant fidèlement nos mécanismes cognitifs de conceptualisation, en plus de simplifier l'écriture des codes, la récupération de ces parties dans de nouveaux contextes en est facilitée. S'en trouve également mieux garantie la robustesse de ces parties aux changements survenus dans d'autres. Un code orienté objet, idéalement, sera aussi simple à créer qu'à maintenir, réutiliser et faire évoluer.

En programmation objet, les fonctions et les données ne sont plus d'un seul tenant, mais éclatées en un ensemble de modules (dénommés « classes ») reprenant, chacun à son compte, une sous-partie de ces données et les seules méthodes qui les manipulent. Il faut apprendre à programmer en s'essayant au développement d'une succession de microprogrammes et au couplage soigné et réduit au minimum de ces microprogrammes. En découpant 1 000 lignes de code en 10 modules de 100 lignes, le gain, bien plus que linéaire, réside dans la simplicité extraordinairement accrue consistant à programmer 100 lignes plutôt que 1 000. En substance, la programmation objet pourrait reprendre à son compte ce slogan devenu très célèbre parmi les adeptes des courants altermondialistes : « Agir localement, penser globalement ».

Les cas d'utilisation (use cases) et le MVC

Le principe de la séparation modèle-vue-contrôleur (MVC)

Imaginez la programmation en Python du petit menu de l'application visible sur la figure suivante. Lorsqu'on clique sur un élément du menu, une fenêtre apparaît, contenant juste un bouton *Do nothing button*. Totalement inutile, certes, mais c'est pour l'exemple.

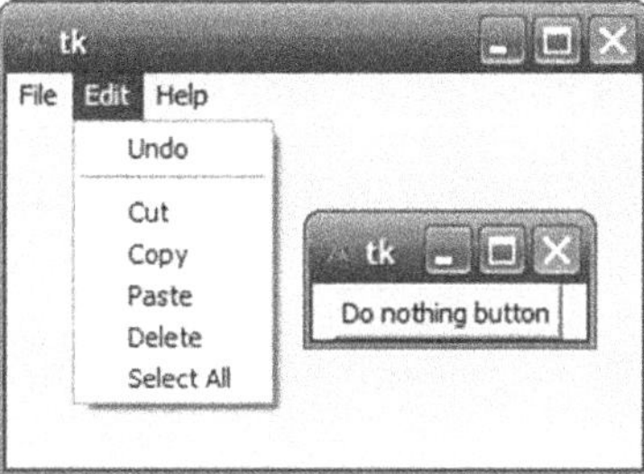

Figure 2–1
Une application avec juste un menu

Le code Python dont l'exécution affiche ce menu est repris ci-après, mais il est inutile, à ce stade, d'en comprendre le fonctionnement en détail.

EXEMPLE 2.1 Code Python permettant d'afficher un menu à l'écran

```
from tkinter import *

def donothing():
  filewin = Toplevel(root)
  button = Button(filewin, text="Do nothing button")
  button.pack()

root = Tk()
menubar = Menu(root)
filemenu = Menu(menubar, tearoff=0)
filemenu.add_command(label="New", command=donothing)
filemenu.add_command(label="Open", command=donothing)
filemenu.add_command(label="Save", command=donothing)
filemenu.add_command(label="Save as...", command=donothing)
filemenu.add_command(label="Close", command=donothing)

filemenu.add_separator()

filemenu.add_command(label="Exit", command=root.quit)
menubar.add_cascade(label="File", menu=filemenu)
editmenu = Menu(menubar, tearoff=0)
editmenu.add_command(label="Undo", command=donothing)

editmenu.add_separator()

editmenu.add_command(label="Cut", command=donothing)
editmenu.add_command(label="Copy", command=donothing)
editmenu.add_command(label="Paste", command=donothing)
editmenu.add_command(label="Delete", command=donothing)
editmenu.add_command(label="Select All", command=donothing)
```

```
menubar.add_cascade(label="Edit", menu=editmenu)
helpmenu = Menu(menubar, tearoff=0)
helpmenu.add_command(label="Help Index", command=donothing)
helpmenu.add_command(label="About...", command=donothing)
menubar.add_cascade(label="Help", menu=helpmenu)

root.config(menu=menubar)
root.mainloop()
```

L'affichage et l'utilisation d'un tel menu exigent la prise en compte de trois fonctionnalités logicielles assez distinctes (mais pourtant en partie mélangées dans le code) :

- le **graphisme** du menu (par exemple sa couleur, le nombre d'items qui apparaissent à la suite de l'activation du menu, le type de caractères utilisé pour les items du menu) ;
- les **items** qui composent le menu ;
- le **fonctionnement** du menu (qu'advient-il lorsqu'on choisit un des items ?).

On conçoit aisément que, même si le code affiché ne le fait pas délibérément, il est préférable de tenir séparés ces trois aspects. Ainsi, on pourrait décider de modifier la liste des items sans pour autant qu'il soit nécessaire de changer la représentation du menu ou l'exécution associée à certains des items. On devrait de même pouvoir aisément changer la couleur du menu sans affecter en rien son fonctionnement. On pourrait même récupérer la liste des items pour un tout autre composant graphique, un ensemble de « checkboxes » par exemple.

Il en découle qu'il est plus logique et bien plus aéré que le haut du code se découpe comme suit : d'abord la liste contenant tous les items, ensuite une boucle permettant de créer les éléments graphiques associés à ces items.

EXEMPLE 2.2 Version améliorée du code précédent

```
menuItems = ["New", "Open", "Save", "Save as...", "Close"]

root = Tk()
menubar = Menu(root)
filemenu = Menu(menubar, tearoff=0)

for x in menuItems:
    filemenu.add_command(label=x, command=donothing)
```

Cet exemple, quoique modeste, montre bien la séparation des trois fonctionnalités logicielles selon la recette de conception MVC. Ici, le *modèle* serait la liste des items (que l'on pourrait installer dans un fichier séparé), la *vue* serait la représentation graphique de ce menu (type de composant graphique pour afficher la liste, disposition géométrique du menu, couleur et taille des items) et son *contrôleur* le mode de fonctionnement du menu et des items qui lui sont associés (dans le code, la déclaration séparée des fonctions `donothing()`).

Autre avantage, un développeur tiers pourrait récupérer votre formidable menu, mais pour une toute autre liste d'items. Imaginez le cas d'un restaurateur chinois qui voudrait récupérer le menu d'un collègue italien.

Le diagramme des cas d'utilisation (use cases)

Depuis l'avènement d'UML *(Unified Modeling Language)* comme langage de modélisation graphique des développements logiciels, tout projet informatique débute généralement par la mise au point du diagramme *use cases* (dit « cas d'utilisation » en français). Ce diagramme a pour mission d'identifier les différents usages de ce logiciel vu du côté utilisateur ; il compose son « cahier des charges ». La figure qui suit illustre un tel diagramme pour un distributeur automatique d'argent.

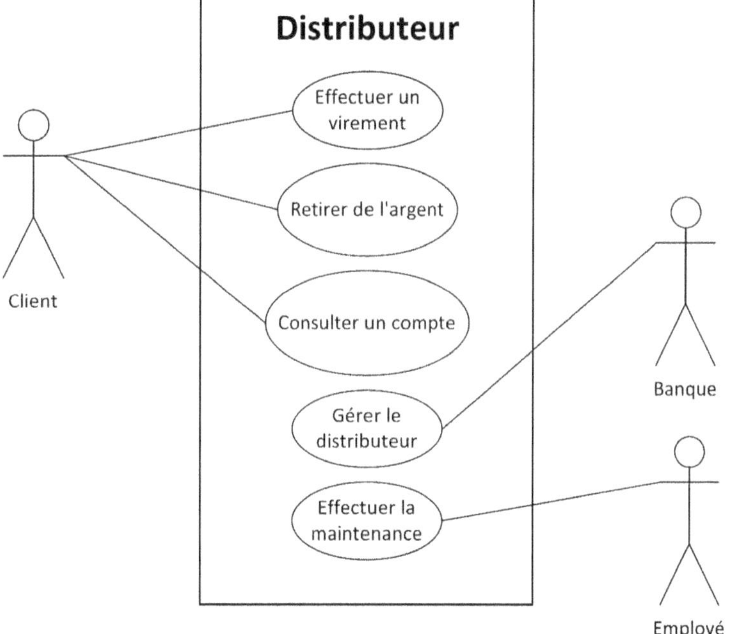

Figure 2–2
Diagramme « use cases » d'un distributeur automatique d'argent

Décrivons la figure. On y voit trois types d'acteurs : `le client`, `la banque` et `l'employé de maintenance`. Chacun de ces acteurs, et c'est ce qui les différencie, en fera un ensemble d'usages (appelé les *use cases*) qui lui sont propres. Ainsi, le client pourra `retirer de l'argent` ou `effectuer un virement`, mais pas `effectuer la maintenance`.

Correspondances entre MVC et cas d'utilisation

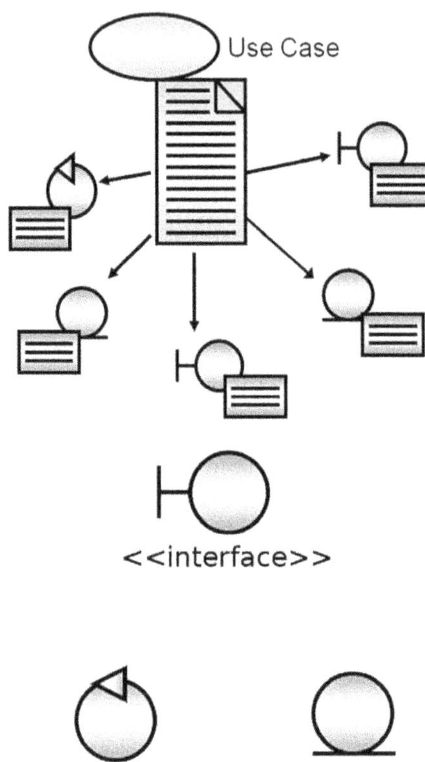

Figure 2–3
Modèle MVC et Use Case

Comme l'indique la figure qui précède, les use cases vont donner naissance à trois types de fonctionnalités logicielles: *contrôles*, *entités* et *interfaces*, qui reprennent parfaitement la recette de conception MVC (il suffit d'effectuer la substitution Modèle = Entités et Vue = Interfaces).

Chaque use case sera pris en charge par les éléments contrôles. Ainsi, effectuer un virement sera la responsabilité d'un ensemble d'acteurs logiciels particuliers qui n'aura à se préoccuper ni de l'interface avec le client ni de celles avec les bases de données ou les éléments entités. Le contrôle se devrait de fonctionner de façon identique si l'on change la manière dont le client voit sa banque sur son navigateur et la façon dont les comptes en banque sont finalement stockés sur le disque dur. À chaque intersection entre les acteurs et les use case doit correspondre un ensemble d'éléments interfaces (ou vues) dont le rôle sera en effet de gérer l'interface GUI *(Graphic User Interface)* avec l'utilisateur.

Enfin, les objets fondamentaux utilisés par l'application (qu'on appelle parfois objets « métier »), tels que `CompteEnBanque`, `Virement` ou `Client`, seront représentés chacun par une classe ou des éléments logiciels qui, in fine, s'associeront à des versions permanentes stockées sur disque dur (par exemple des tables `clients` et `compte en banque` dans une base de données relationnelle).

Comme la figure ci-après l'indique, les éléments contrôles demeurent au centre de tout et sont les éléments pivots de l'application. Les interfaces reçoivent les sollicitations des utilisateurs et s'adressent aux contrôles pour relayer ces dernières. À leur tour, les contrôles parlent aux éléments entités (par exemple, ils vont chercher le statut des comptes en banque ou créer de nouveaux virements) et sollicitent en retour les éléments interfaces pour recevoir de la part des utilisateurs d'autres informations utiles à la continuation de l'interaction (combien retirer du compte, sur quel autre compte effectuer le virement...).

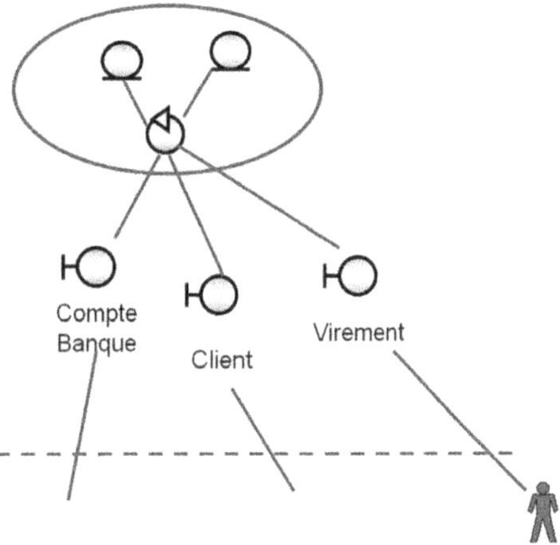

Figure 2–4
MVC et distributeur d'argent automatique

Django et le MVC

Dans Django, les trois rôles modèle-vue-contrôleur sont joués respectivement par :

- les classes `Models`, qui s'occuperont de la mise en correspondance avec la base de données relationnelle ;
- les templates HTML, qui permettront de coder en HTML et CSS la visualisation des pages web ;
- les fonctionnalités `view` qui, par l'intermédiaire de méthodes Python, s'occuperont de toute la logique de fonctionnement de l'application.

EN PRATIQUE Django: ambiguïté sémantique entre contrôle et view

Attention : dans Django, le contrôle est donc plutôt joué par les `view`.

Le framework Django

Un framework est une boîte à outils logicielle, un ensemble de solutions qui sont à votre disposition pour répondre le plus simplement possible à la plupart de vos besoins.

> **Analogie Une maison ouverte**
>
> La maison est à votre disposition, clé sur la porte; il vous reste à décider du papier peint et des posters de plage ou de voiture à punaiser au mur.

Par exemple, supposez que votre application gère des livres. Afin de créer une entité `book` avec son titre et sa date de publication dans la base de données relationnelle, il suffira d'utiliser les modèles Django et d'écrire les lignes suivantes.

Exemple 2.3 Modèle Django pour créer une classe et une table livre

```
class Book(models.Model)
   title = models.CharField(max_length=50)
   publication_date = models.DateField()
```

La création de cette classe `Book` exige d'hériter (l'héritage en orienté objet sera expliqué dans le chapitre suivant) de la classe `models.Model`, qui fait partie en effet du framework Django et qui se chargera de la mise en correspondance avec la table `book` associée dans la base de données relationnelle. Ce faisant, toute la gestion de la base de données relationnelle vous est entièrement épargnée. Les amateurs de SQL, le langage d'interrogation des bases de données relationnelles, seront déçus, sinon frustrés, car les bibliothèques Django s'occupent de cette partie de l'application à leur place. De même, pour obtenir les dix derniers livres parus, il vous suffit d'écrire une méthode `view` telle que celle qui suit.

Exemple 2.4 View pour extraire les derniers livres de la base de données relationnelle

```
def last_books(request):
   list_of_books = Book.objects.order_by('-publication_date')[:10]
   return render_to_response('last_books.html',
            {'list_of_books':list_of_books})
```

À nouveau, on se rend compte de la simplicité d'écriture de cette requête et de l'exploitation de fonctionnalités déjà précodées, comme `objects.order_by` (...) pour ordonner les ouvrages compris dans la liste. Tout cela est en place et à votre disposition dans le framework Django. Pourquoi réinventer la roue et ne pas aller au plus vite à l'essentiel? N'oubliez pas que Django fut conçu à l'origine pour des journalistes, pressés comme il se doit de publier leurs scoops sans devoir rédiger de lourdes requêtes SQL pour remplir la base de données.

Ai-je bien compris ?

- Quelle découpe le modèle de développement MVC propose-t-il ?
- Quelles sont les similitudes et les différences entre la découpe proposée par l'approche orientée objet et la découpe MVC ?
- À quoi un framework sert-il ?

3

Bases du langage Python

Ce chapitre a pour mission de présenter le langage de programmation Python, sur lequel repose le projet Django. Les règles syntaxiques brièvement décrites ici devraient vous suffire pour comprendre les différentes applications de Django que nous verrons par la suite, ainsi que pour maîtriser les aspects « contrôle » de votre projet.

SOMMAIRE

- Introduction au langage de programmation Python et à l'orienté objet
- Aspects procéduraux du langage
- Python et l'orienté objet

Qualités et défauts de Python

Il n'est pas question dans ce chapitre de faire de vous, lecteurs, des experts en programmation Python : le but est de vous permettre de comprendre tous les développements et utilisations de Django qui vont suivre. Le B.A.-BA de la programmation c'est-à-dire les variables, les typages de base, les instructions d'affectation et de contrôle, le découpage des programmes par l'utilisation de fonctions et une rapide introduction aux aspects orientés objet, devrait suffire.

CULTURE Python et son papa, Guido Van Rossum

Guido Van Rossum, inventeur et « superviseur » du langage Python, est hollandais d'origine, détenteur des maîtrises de mathématiques et d'informatique de l'Université libre d'Amsterdam. Il fait partie, à la fin des années 1980, d'un groupe de développeurs dont le but est de mettre au point un langage de programmation accessible à des non-experts, d'où son nom : « ABC ». Dès 1991, il s'attaque à Python, écrit en C et exécutable sur toutes les plates-formes. Guido Van Rossum travaille alors au CWI *(Centrum voor Wiskunde en Informatica)*. En 1995, il en prend la direction, aux États-Unis, et travaille pour le CNRI *(Corporation for National Research Initiatives)* jusqu'en 2000. À cette époque, il publie *Computer Programming for Everybody*, sa profession de foi pour l'enseignement de la programmation. C'est également à cette période qu'il est nommé directeur des Python Labs de Zope Corporation, qui comprennent aujourd'hui une demi-douzaine de développeurs.

Entre 2005 et 2012, il travaille pour Google, qui semble investir beaucoup dans le langage Python. Guido y divise son temps de travail entre le projet Open Source Python et les développements de Google utilisant ce langage. Depuis, il travaille pour le système de stockage en ligne Dropbox. Notre homme se targue de porter le titre très ambigu de « Dictateur Bénévole à Vie » (c'est un des rares à pouvoir se le permettre en tout bien tout honneur). Ainsi, toute proposition de modification du langage est débattue par le noyau et soumise à la communauté Python, mais la prise en compte de celle-ci dans le langage reste la prérogative de Guido, qui conserve le dernier mot (d'où ses qualificatifs, gentil et à l'écoute... mais dictateur tout de même, ces modifications n'étant pas soumises à un vote majoritaire).

Python en est aujourd'hui à sa troisième version, que nous vous présentons par la suite, étant donné que Django a enfin fait le grand saut (pendant très longtemps, il en est resté à la deuxième version). Néanmoins, la présentation que nous en faisons ne devrait pas souffrir d'adaptations conséquentes si, pour des raisons de nostalgie difficilement compréhensibles, vous préfériez rester aux anciennes versions.

Qualité : la simplicité

En tant que langage de programmation, Python présente énormément de qualités liées pour l'essentiel à sa facilité d'accès, de téléchargement et de mise en œuvre, à la clarté de sa syntaxe, à son côté « open source », au fait qu'il soit interprété plutôt que compilé puis exécuté, permettant de voir directement les résultats des instructions s'afficher sans étape préalable de compilation. Python a visé dès son origine une grande simplicité d'écriture, tout en conservant tous les mécanismes de programmation objet de haut niveau. Il cherche à soulager au maximum le programmeur des problèmes syntaxiques non essentiels aux fonctionnalités clés du programme. Les informaticiens disent souvent de lui qu'il constitue un excellent langage de prototypage, à remplacer par un langage plus « solide », plus « robuste » (Java, .Net ou C++) lorsqu'on arrive aux termes de l'application. Autre avantage certain : tout ce qui est nécessaire à l'utilisation du langage et à sa compréhension se trouve réuni sur un site unique.

> **CULTURE Communauté: un site unique**
>
> La communauté Python reste très structurée, autour d'un seul site web.
>
> ▸ https://www.python.org
>
> C'est un atout considérable, surtout lors de l'apprentissage et de la découverte du langage : toutes les sources restent accessibles et disponibles. Monsieur Tout-le-Monde peut participer à l'évolution du produit, mais la prise en charge officielle des évolutions reste sous la responsabilité d'un seul. À quelques subtilités près, Python est dans le prolongement de l'aventure « open source », dont le représentant le plus emblématique reste Linux. Il pourrait devenir le langage de programmation phare de l'open source, tout comme Linux est celui du système d'exploitation. Il semble que les éditeurs informatiques, aussi bien Oracle que Microsoft, aient décidé d'évoluer pour leur propre bébé, vers ce même modèle de développement. Java est en effet devenu open source, et le projet Mono poursuit donc l'aventure .Net en open source.
>
> Pour un retour aux sources du logiciel libre et de l'open source :
>
> 📖 *Richard Stallman et la révolution du logiciel libre - Une biographie autorisée,* Eyrolles 2010

Par sa simplicité d'usage, Python s'impose assez naturellement lorsqu'on démarre la programmation. De nombreuses universités le préfèrent aujourd'hui à Java et C++. Sa popularité n'a cessé de croître et de nombreuses solutions logicielles dans le monde Linux ou Microsoft y ont recours.

> **CULTURE D'où vient le nom « Python » ?**
>
> Python ne doit rien au reptile. Il se réfère aux humoristes anglais que sont les Monty Python, lesquels ont révolutionné dans les années 1970 et 1980 à la fois l'humour et la télévision ; d'où la nécessité de les remplacer par un jumeau ouvert sur le Web et la programmation !

Défaut : la simplicité !

Revers de la médaille, la simplicité de sa syntaxe se retourne contre Python ; l'absence de typage explicite et de compilation devient un défaut. Pour les critiques, il est difficile d'aborder des projets complexes dans un idiome aussi primitif. Peut-on écrire Hamlet en espéranto ? C'est le Python qui se mord la queue !

Tout langage de programmation est toujours à la recherche d'un Graal au carrefour de la simplicité d'usage et d'écriture, de l'efficience machine et de la robustesse. Au vu du nombre et de la diversité des programmeurs, on peut douter qu'il soit possible de le trouver un jour. Il est plutôt difficile de rationaliser ses préférences, et il en va

– presque ! – des guerres de langages comme de celles de religions. Nous ne nous positionnerons pas dans ce débat, Python nous étant de toute façon imposé par Django, comme Java est imposé par la technologie JSP.

En pratique Simplicité ou puissance ?

Python est très souvent plébiscité pour la simplicité de son fonctionnement, ce qui en fait un langage de choix pour l'apprentissage et l'enseignement du code. La programmation est, de fait, très interactive. Vous tapez `1+1` à l'écran et `2` apparaît comme par magie. On arrive au résultat escompté par des écritures plus simples et plus intuitives, donc plus rapidement.

Nous restons pourtant un peu sceptiques quant à l'extension de cette même simplicité à la totalité de la syntaxe. Python est un langage puissant, car il est à la fois orienté objet et procédural. Pour l'essentiel, il n'a rien à envier à des langages comme Java ou C++ et exige donc de maîtriser, comme pour ceux-ci, toutes les bases logiques de la programmation afin de parvenir à des codes d'une certaine sophistication.

Ce langage de programmation veut préserver la simplicité qui caractérise les langages de script interprétés plutôt que compilés :

- exécutions traduites dans un *bytecode* intermédiaire et s'exécutant au fur et à mesure qu'elles sont rencontrées ;
- disponible pour toutes les plates-formes ;
- pas de typage statique ;
- structures de données très simples d'emploi (listes, dictionnaires et chaînes de caractères).

Il souhaite en outre préserver toutes les fonctionnalités qui caractérisent les langages puissants (orienté objet, ramasse-miettes, héritage multiple et bibliothèques d'utilitaires très fournies, comme nous le verrons dans les chapitres qui suivent). Une telle hybridation, pour autant qu'elle soit réussie, en ferait un langage de tout premier choix pour le prototypage de projet, quitte à revenir par la suite à des langages plus robustes pour la phase finale du projet (comme C++ et Java, avec lesquels, d'ailleurs, Python se couple parfaitement : il peut hériter ou spécialiser des classes Java ou C++).

Les bases : variables et mémoire centrale

Déclaration et initialisation des variables

Pendant l'exécution d'un programme, les données que ce dernier manipule sont stockées en mémoire centrale. Les variables permettent de manipuler ces données sans avoir à se préoccuper de l'adresse explicite qu'elles occuperont effectivement en mémoire. Pour cela, il suffit de leur choisir un nom. Bien entendu, cela n'est possible que parce qu'il existe un programme de traduction du programme (l'interpréteur) qui, à l'insu du programmeur mais pour son plus grand confort, s'occupe d'attribuer une adresse à chaque variable et de superviser tous les éventuels futurs changements d'adresse.

DÉFINITION Variable

Une variable est un nom servant à repérer l'emplacement précis de la mémoire centrale (l'adresse de cet emplacement) où le programme stocke une donnée qu'il manipule. Une variable peut être assimilée à une boîte aux lettres portant un nom. Par exemple, `a=5` signifie : « à l'adresse mémoire référencée par `a` – autrement dit, dans la boîte aux lettres dénommée `a` –, se trouve la valeur `5` ». Nous utilisons plus fréquemment l'abus de langage « la variable `a` vaut `5` ».

Étant donné la liberté autorisée dans le choix du nom des variables, il est préférable, pour de simples raisons mnémotechniques mais également pour améliorer la lisibilité des programmes, de choisir des noms de variables en fonction de ce qu'elles représentent réellement. Préférerez des dénominations parlantes telles que `color`, `size` ou `price` à `x`, `y` ou `z`.

En Python, la simple déclaration d'une variable ne suffit pas à la créer. Après avoir choisi son nom, il est nécessaire de lui affecter une valeur initiale.

EXEMPLE 3.1 Déclaration et initialisation de variables

```
my_number=5
pi=3.14159
small_sentence= "Quoi de neuf ?"
```

Type des variables

Comme le montre l'exemple précédent, différents types d'information (nombres, chaînes de caractères...) peuvent être placés dans une variable, et il est capital de connaître comment la valeur qui s'y trouve a été codée. Cette distinction correspond à la notion de *type*, fondamentale en informatique, puisqu'elle débouche in fine sur le codage binaire de la variable (un entier numérique sur 32 bits et un caractère sur 16 bits, par exemple), ainsi que sur les usages qui peuvent en être faits (on ne peut pas multiplier un caractère par un nombre). On aura ainsi :

- une variable recevant une valeur numérique entière, du type `int` ;
- une variable recevant un réel, du type `float` ;
- une variable recevant au moins un caractère, du type `string`.

Il s'agit là des trois types dits simples, qui nous occuperont pour l'essentiel dans la suite.

Modification et transtypage des variables

L'instruction d'affectation réalise donc la création et la mémorisation de la variable, l'attribution d'un type à la variable, la création et la mémorisation d'une valeur et, finalement, l'établissement d'un lien entre le nom de la variable et l'emplacement mémoire. C'est ainsi qu'on a les deux instructions suivantes.

EXEMPLE 3.2 Modifier une variable

```
my_variable = 5
my_variable = 2.567
```

Ces deux instructions modifient simplement le contenu de la « boîte aux lettres » `my_variable`. À la première ligne, on indique qu'à l'adresse `my_variable` est stockée la valeur `5` et, à la seconde, on remplace cette valeur par `2.567`. Après exécution des deux lignes, la valeur sauvegardée en mémoire à l'adresse `my_variable` est donc `2.567`.

Notons au passage que le type de `my_variable` a changé : il est passé de `int` à `float`. Cette spécificité est une facilité essentielle de plus permise par le langage Python. À la différence d'autres langages de programmation plus contraignants, Python est dit *typé dynamiquement* et non *statiquement*.

> **DÉFINITION Typage dynamique et typage statique**
>
> Avec le typage dynamique, il n'est plus nécessaire de préciser à l'avance le type des informations exploitées dans le programme, celui-ci devenant « implicite ». Python devine le type par la valeur que nous installons dans la « boîte aux lettres » – et ce type peut changer au fil des valeurs que la boîte va contenir. Le choix entre typages statique et dynamique fait partie de ces controverses qui ont amusé, distrait et même déchiré la communauté informatique depuis la nuit des temps (les années 1960, en informatique).

Copie de variables

Nous pouvons également prendre le contenu de `my_variable` et le copier dans `your_variable` par une simple instruction.

SYNTAXE

```
your_variable=my_variable
```

Le contenu de `my_variable` reste inchangé, car il s'agit d'un recopiage de valeur et non d'un transport physique à proprement parler (ici la métaphore de la boîte aux lettres montre ses limites). En fait, l'information est dupliquée d'un lieu de la mémoire vers un autre.

Se renseigner sur une variable

Si l'on comprend que la valeur affectée à une variable peut évoluer dans le temps, on comprend tout autant qu'il est possible de réaliser toutes sortes d'opérations sur ces variables, autorisées par leurs types. Nous détaillerons pratiquement certaines de ces opérations par la suite. Nous allons voir qu'outre l'abstraction offerte par les variables, le langage nous offre toute une bibliothèque d'utilitaires. Citons d'ores et déjà les deux fonctions prédéfinies suivantes : `type(variable_name)`, qui affiche le type de la variable mise entre parenthèses et s'avère très utile pour vérifier ce qui y a été installé jusqu'ici, et `print(variable_name)`, qui affiche à l'écran la valeur stockée à l'adresse désignée par la variable `variable_name`.

Quelques opérations sur les types simples

Le type int

Le code suivant illustre des opérations réalisées dans la console interactive de Python, sur des variables de type entier (`int`).

> **SYNTAXE Commentaires**
>
> Les lignes débutant par # sont des commentaires en Python – donc non exécutées – et seront utilisées ici pour éclairer le comportement des instructions.

Les >>> que vous verrez apparaître par la suite sont produits par l'environnement de développement et sont une « invite » à taper vos instructions Python. Les informations retournées par Python sont présentées en italique.

EXEMPLE 3.3 Opérations sur des variables de type int

```
>>> my_variable = 3
>>> print (my_variable)
3
>>> type(my_variable)
<class 'int'>
>>> your_variable=4
>>> my_variable=your_variable
>>> print (my_variable)
4
>>> my_variable = his_variable ❸
# Une erreur apparaît car his_variable n'existe pas
Traceback (most recent call last):
```

```
  File "<pyshell#23>", line 1, in <module>
    my_variable = his_variable
NameError: name 'his_variable' is not defined
>>> my_variable = my_variable + 3 ❶
>>> my_variable # Dans la console interactive de Python, le seul appel de
# la variable suffit à donner sa valeur sans qu'il soit nécessaire
# d'utiliser print explicitement.
7
>>> my_variable = my_variable/2 ❺
>>> my_variable
3.5
# Python transforme ici la valeur entière en un réel comme résultat de la
division.
# Si vous préférez comme simple résultat la valeur entière,
# vous pouvez utiliser la double division «//».
>>> my_variable + 3 = 5 ❹
SyntaxError: can't assign to operator
# On ne peut pas écrire n'importe quoi et il faut respecter un minimum de
# syntaxe python.
>>> my_variable+=3 ❷ # Raccourci d'écriture!!!
>>> my_variable
6.5
>>>
```

Outre l'affectation, les opérations mathématiques sur les valeurs contenues dans les variables font partie des premières instructions élémentaires comprises par tout processeur. Ainsi, `my_variable=your_variable+1` signifie que la valeur contenue dans `my_variable` va prendre celle contenue dans `your_variable` augmentée de 1 (ici, on est plutôt en présence de deux classes d'instructions élémentaires : une addition et un déplacement de valeur d'une variable à l'autre). Nous pouvons aussi constater que l'expression `my_variable=my_variable+3` signifie que la nouvelle valeur de `my_variable` est égale à l'ancienne augmentée de 3 ❶. On peut d'ailleurs en raccourcir l'écriture : `my_variable+=3` ❷.

Nous pouvons d'ores et déjà répertorier deux formes d'erreurs. La première consiste à effectuer des opérations sur une variable qui n'a pas été initialisée au préalable ❸. Dans l'exemple, on ne peut en effet assigner la valeur de `his_variable` à `my_variable`, car aucune valeur n'a préalablement été assignée à `his_variable`. La ligne ❹, quant à elle, montre que la liberté d'écriture n'est pas totale : il y a certaines règles de syntaxe et conventions à respecter, et nous en découvrirons d'autres par la suite.

EN PRATIQUE Compilé/interprété : détection des erreurs de syntaxe

Pour les langages de programmation de type « compilés », c'est le compilateur qui s'occupe en général de repérer ces erreurs de syntaxe, alors que, dans Python (« interprété »), tout se passe à l'exécution. De nombreux informaticiens en tiennent compte un peu tard pour s'apercevoir d'une erreur, d'où la préférence qu'ils expriment pour les autres langages requérant l'étape de compilation (et le typage statique que cette compilation requiert). C'est en cela qu'ils jugent ces concurrents plus robustes : de nombreuses « idioties » sont détectées dès la compilation, vous évitant l'humiliation en public d'un plantage lors de l'exécution de votre programme.

Le type float

Le code suivant illustre des opérations élémentaires sur des réels.

EXEMPLE 3.3 Opérations sur des variables de type float

```
>>> your_variable=3.0
>>> my_variable=your_variable/2 ❶
>>> my_variable
1.5
>>> type(my_variable)
<class 'float'>
>>> print (my_variable)
1.5
>>> print (my_Variable) ❷

Traceback (most recent call last):
  File "<pyshell#40>", line 1, in <module>
    print my_Variable
NameError: name 'my_Variable' is not defined
```

Côté erreur, on peut ajouter que Python est sensible à la casse, c'est-à-dire qu'il différencie majuscules et minuscules : `my_Variable` ❶ et `my_variable` ❷ sont deux références différentes.

Le type string

Pour en terminer avec ces types simples, le code suivant illustre des exemples concernant des variables de type `string` (des chaînes de caractères).

EXEMPLE 3.4 Opérations sur des variables de type string

```
>>> sentence1="le framework"
>>> sentence2=" Django"
>>> sentence1+=sentence2 ❶
>>> sentence1
```

```
'le framework Django'
>>> sentence2*=3 ❷
>>> sentence2
' Django Django Django'
>>> print (sentence2[1]) ❸ # On saute le caractère blanc du début de ligne
D
>>> sentence2 += 5 ❹

Traceback (most recent call last):
  File "<pyshell#49>", line 1, in <module>
    sentence2 += 5
TypeError: must be str, not int
>>> sentence2="sentence1" ❺
>>> sentence2
'sentence1'
```

On constate ici que des opérations sur les littéraux sont possibles : le + en présence de deux `string` sert à les concaténer ❶, alors que le * sert à répéter un littéral ❷. Remarquons également que la chaîne de caractères se présente comme une collection de caractères indexés, le premier élément de la chaîne étant repéré par la valeur 0, le second la valeur 1 ❸, etc.

> **EN PRATIQUE Indexation des collections: partir de 0 et non de 1**
>
> Dans la plupart des langages de programmation, le premier élément d'une collection est toujours indexé par 0. Le dernier se trouve donc indexé par la longueur de la collection moins un. Commencer un tableau à « un » plutôt qu'à « zéro » est une source d'erreur classique en programmation.

Enfin, remarquons qu'il est interdit de concaténer deux éléments de types différents, un `string` et un nombre naturel par exemple ❹. À nouveau, l'erreur se produira à l'exécution, étant donné l'absence de typage statique et d'une étape préalable de compilation.

Une chaîne de caractères se distingue par la présence des apostrophes. En l'absence de celles-ci, la signification de l'expression peut être tout autre. À la ligne ❶, c'est la variable `sentence1` (sans apostrophes) qui est prise en compte, alors qu' à la ligne ❺, c'est la chaîne « `sentence1` » (entre apostrophes doubles) qui est affectée à la variable `sentence2`.

> **SYNTAXE Python et les apostrophes simples et doubles**
>
> Contrairement à d'autres langages, Python ne fait pas de différence entre les apostrophes simples et les doubles.

Les types composites : listes et dictionnaires

Nous avons jusqu'ici vu des données de types simples à savoir les `int`, les `float` et les `string`. Il existe également des types composites, qui regroupent en leur sein plusieurs entités de types simples.

Nous en avons déjà vu un cas particulier. En effet, les chaînes de caractères sont des collections de caractères, chacun de type `string`. Ici, toutes les entités sont du même type.

Les autres données composites qui nous intéresseront par la suite sont les *listes* et les *dictionnaires*. L'utilité de ces collections est de répéter un même traitement sur chacun des éléments composant la collection. Par exemple, si l'on souhaitait mettre toutes les lettres d'un mot en majuscules, il serait stupide de réécrire cette opération autant de fois qu'il y a de lettres dans le mot ; autant ne l'écrire qu'une fois et placer cette opération dans une boucle qui balaiera tout le mot. Collections et *instructions de boucle* vont souvent de pair.

Les listes

Nous avons vu que, dans une chaîne de caractères, chaque élément est indexé par une valeur entière numérotée à partir de 0. Les listes ne sont qu'une généralisation de ce principe aux autres types : entiers, réels, caractères, chaînes. Le code suivant clarifie leur utilisation.

EXEMPLE 3.6 Opérations sur des listes

```
>>> my_list=["journal",9,2.7134,"pi"] ❶
>>> my_list[0]
'journal'
>>> print (my_list[3])
pi
>>> type(my_list[1])
<class 'int'>
>>> my_list[4] ❷

Traceback (most recent call last):
  File "<pyshell#59>", line 1, in <module>
    my_list[4]
IndexError: list index out of range
# Erreur car on a dépassé la capacité de la liste !!!
>>> my_list.append("bazar") ❸
>>> my_list
['journal', 9, 2.7134, 'pi', 'bazar']
>>> my_list.insert(4,"truc") ❹
>>> my_list
['journal', 9, 2.7134, 'pi', 'truc', 'bazar']
```

```
>>> len(my_list) ➎ # donne la longueur de la liste
6
```

On voit clairement ➊ qu'une liste est une série d'entités de types simples, chacune étant accessible par l'intermédiaire de son index : `0,1,2`... Attention à ne pas dépasser la longueur initiale de la liste ➋, déterminée lors de son initialisation. Pour ajouter un élément en fin de liste ➌, il suffit d'utiliser l'instruction `append`, alors que pour insérer un nouvel élément dans la liste en une position précise, il faut utiliser l'instruction `insert` ➍. L'instruction `len` retourne quant à elle le nombre d'éléments de la liste ➎.

L'indexation des éléments de la liste peut également s'effectuer en se référant à l'exemple suivant.

Exemple 3.7 Opérations sur des listes

```
>>> my_text = "hello" + " world"
>>> my_text[2]
'l'
>>> my_text[0:2] # a:b signifie «de a inclus à b exclu»
'he'
>>> my_text[:4]
'hell'
>>> my_text[6:]
'world'
>>> my_text[-1]
'd'
```

Les dictionnaires

Les dictionnaires, derniers types composites, sont quant à eux une généralisation des listes. Chaque élément est indexé non plus grâce à sa position dans la liste, mais au moyen d'un élément choisi parmi les trois types simples. Il s'agit donc d'une sorte de matrice, 2 × n d'éléments simples, dont ceux de la première colonne réalisent l'index ou la clé (`key`) d'accès au second.

L'exemple traité dans le code clarifiera les idées.

Exemple 3.8 Opérations sur des dictionnaires

```
>>> dic={"computer":"ordinateur"}
>>> dic["mouse"]="souris" ➊
>>> dic["mouse"]
'souris'
>>> dic[2]="two" ➊
>>> dic
{2: 'two', 'computer': 'ordinateur', 'mouse': 'souris'}
```

```
>>> dic.keys()
[2, 'computer', 'mouse']
>>> del dic[2]
>>> dic
{'computer': 'ordinateur', 'mouse': 'souris'}
```

Pareillement aux listes, les dictionnaires sont un type dynamique : on peut ajouter *dynamiquement*, c'est-à-dire même après une première initialisation, des éléments au dictionnaire ❶. Ainsi, après la création de celui-ci, nous l'avons enrichi de `souris` et `two` indexés respectivement par `mouse` et `2`. Les éléments de la première colonne servent à accéder à leurs pendants dans la seconde. L'ordre d'apparition des éléments n'a plus aucune importance dans les dictionnaires, car l'indexation de chaque élément ne se fait plus par sa position. On recourt à cette instruction `del` pour effacer des éléments du dictionnaire.

Les instructions de contrôle

Jusqu'ici, les exemples ont montré comment l'interpréteur Python parcourait le code de manière séquentielle. Ainsi, lorsqu'une séquence d'instructions est lue, l'interpréteur les exécute les unes à la suite des autres dans l'ordre où elles sont écrites et où il les découvre. Cette exécution systématique présente des limitations dans de nombreux cas. Des instructions de rupture de séquence apparaissent donc nécessaires. Certaines instructions élémentaires des processeurs ont la charge de modifier la séquence naturelle d'exécution du programme en bifurquant vers une nouvelle instruction qui n'est plus la suivante. En substance, il existe deux types d'instructions qui permettent de rompre avec la séquence en cours : la *forme conditionnelle* et la *forme répétitive*.

Les instructions conditionnelles

Ce type d'instruction permet au code de suivre différents chemins suivant les circonstances. Il s'agit, en quelque sorte, d'un aiguillage dans le programme.

Aiguillage à deux directions : instruction if (...) else

L'instruction conditionnelle `if (...) else` teste une condition et, en fonction du résultat, décide du chemin à suivre dans le programme. La syntaxe est la suivante.

SYNTAXE. Instruction if (...) else

```
if condition: ❹
  block1 ❶
else: ❹
  block2 ❷
block3 ❸
```

L'évaluation de la condition renvoie un résultat « vrai » ou « faux » ; on dit de cette expression qu'elle possède une *valeur booléenne*. Le `block1` ❶ est un ensemble d'instructions qui ne seront exécutées que si la condition est vérifiée. Si la condition est fausse, c'est le `block2` ❷ qui sera appliqué. Dans un cas comme dans l'autre, le programme continuera en exécutant le `block3` ❸.

Remarquons la présence essentielle des deux-points ❹ et du retrait devant `block1` ❶ et `block2` ❷. Les deux-points marquent la fin de la condition. Toutes les instructions à exécuter « comme un seul bloc » doivent impérativement être identiquement décalées légèrement vers la droite. En l'absence de cette indentation, l'interpréteur retournerait une erreur.

DÉFINITION Indentation

On dit du code décalé vers la droite qu'il est *indenté*.
En Python, l'indentation est fondamentale. Elle fait intégralement partie de la syntaxe du langage. Ce qui était une bonne pratique d'écriture de code, ayant pour finalité d'en aérer la présentation (et généralement suivie par la majorité des programmeurs, tous langages confondus), s'est trouvé transformé en une règle d'écriture stricte.

Selon l'indentation choisie pour une instruction quelconque, le résultat à l'exécution s'avère très différent, comme l'illustre l'exemple de code suivant. En ❶, l'instruction `print ("c'est faux")` est indentée comme `a=6` ; elle fait donc partie du bloc conditionné par `a>10` et ne s'exécute pas, puisque la condition n'est pas vérifiée. En ❷, l'instruction `print ("c'est faux")` est indentée comme `print ("c'est vrai")` ; elle fait donc partie du bloc conditionné par `a<10` et s'exécute.

EXEMPLE 3.9 Indentation dans l'instruction if

```
>>> a=5
>>> if a<10:
        print ("c'est vrai")
   if a>10:
      a=6
      print ("c'est faux") ❶

c'est vrai

>>> if a<10:
```

```
  print ("c'est vrai")
  if a>10:
    a=6
  print ("c'est faux") ❷

c'est vrai
c'est faux
```

Toutes les instructions à exécuter lorsque la condition n'est pas satisfaite doivent être regroupées sous le mot-clé `else`.

DÉFINITION Else

Else signifie « autre » en anglais ; `else` représente tous les cas non couverts par la condition du `if`.

EXEMPLE 3.10 **Instruction if (...) else**

```
>>> a=10
>>> if a<10:
  print ("a inférieur à 10")
else:
  print ("a supérieur ou égal à 10")

a supérieur ou égal à 10
```

Notez, là encore, la présence des deux-points terminant le `else` et l'indentation. En théorie, et en l'absence des invites >>>, le `else` se trouve comme il se doit en dessous du `if`.

Aiguillage à plus de deux directions : instruction if (...) elif (...) else

Imaginons maintenant un aiguillage à plus de deux directions. Les conditions doivent être disjointes. En effet, l'ordinateur ne s'accommodant pas d'incertitudes, son comportement face à plusieurs conditions validées en même temps serait très ambigu. Il y a dans l'exemple qui suit deux situations particulières, correspondant aux conditions 1 et 2, et un bloc `else` reprenant toutes les autres situations.

SYNTAXE. **Aiguillage à plus de deux directions**

```
if condition1:
  block1
elif condition2:
  block2
else:
  block3
```

DÉFINITION elif

`elif` est une concaténation de `else` et `if` et pourrait se traduire par « sinon si ».

On peut définir autant de situations disjointes qu'on le souhaite en ajoutant des blocs `elif`.

SYNTAXE. Aiguillage à plus de trois directions

```
if condition1:
   block1
elif condition2:
   block2
elif condition3:
   block3
else:
   block4
```

Un des avantages du `elif` est de pouvoir aligner toutes les conditions disjointes les unes en dessous des autres, sans être contraint de décaler de plus en plus vers la droite à chaque condition (la largeur du papier n'y suffirait pas). C'est une alternative simple au couple `switch/case`, un classique des autres langages de programmation.

Les boucles

Ce type d'instruction permet au programme de répéter, de compter ou d'accumuler, avec une économie d'écriture considérable.

La boucle while

La syntaxe de cette instruction se présente comme suit.

SYNTAXE. Boucle while

```
while condition:
   block
```

Comme pour la condition `if`, les deux-points (qui terminent la condition) et l'indentation du bloc à exécuter sont indispensables. Tant que la condition est vérifiée, c'est l'ensemble du bloc, c'est-à-dire la suite d'instructions indentées de la même manière, qui va être exécuté. Dès que la condition cesse d'être vérifiée, le bloc est ignoré et le programme passe à la suite. On peut d'ores et déjà voir apparaître deux problèmes :

- l'*initialisation des variables* composant la condition avant de procéder à l'évaluation ;
- le *risque d'une boucle infinie* en présence d'une condition toujours vérifiée.

Il faut donc veiller à faire évoluer dans le bloc la valeur d'au moins une des variables intervenant dans la condition, ce qui permettra à la boucle de s'interrompre.

La boucle est un mode de programmation évitant de réécrire un bloc d'instructions autant de fois qu'on souhaite l'exécuter.

EXEMPLE 3.11 **Boucle while**

```
counter=1 ❶
while counter <= 2: ❷
  block1
  counter = counter + 1
block2
```

Lors de l'exécution du code qui précède, le `block1` va être répété deux fois : en effet, au démarrage, le compteur vaut 1 ❶. La condition ❷ étant vérifiée, on va exécuter le `block1` et incrémenter le compteur : la valeur de ce dernier est donc 2 à présent. À la fin de l'exécution du bloc, la condition du `while` est à nouveau testée. Comme elle est toujours vérifiée, le `block1` va s'exécuter encore une fois et le compteur passera à 3. À ce stade-ci, la condition n'est plus validée et les instructions subordonnées au `while` seront ignorées. Le `block2` sera exécuté et le code ira de l'avant.

Évidemment, même si la répétition est ici limitée (seulement deux fois), on imagine aisément l'économie d'écriture dans le cas où nous souhaiterions exécuter 350 fois le `block1`. Remarquons que si le compteur n'était pas incrémenté de 1 à chaque tour, la condition serait toujours vérifiée et le `block1` s'exécuterait à l'infini.

EXEMPLE 3.12 **Boucle while**

```
>>> counter = 0
>>> while counter < 4:
  print (counter)
  counter += 1

0
1
2
3
```

La boucle for (...) in

L'instruction `for (...) in` est une autre forme de boucle, qui permet cette fois d'itérer sur une collection de données, telle une liste ou un dictionnaire.

Le petit exemple qui suit l'illustre dans le cas d'une liste. L'avantage est double : il n'est pas nécessaire de connaître la taille de la collection, et la variable `x` incluse dans le `for (...) in` prend successivement la valeur de chaque élément de la collection.

Exemple 3.13 Boucle for (...) in

```
>>> my_list=["Bob","Jean","Pierre","Alain","Yves"]
>>> for x in my_list:
  print (x)

Bob
Jean
Pierre
Alain
Yves
```

Muni de ces différents éléments, il est aisé de comprendre le code suivant, impliquant un dictionnaire cette fois. Soit une collection d'étudiants, chacun ayant obtenu une note à un examen. Le programme qui suit, dans lequel de nombreuses lignes ne sont pas montrées, établit la moyenne des notes, ainsi que le nombre d'étudiants ayant raté l'examen. Sachez juste que `for x,y in students.items ()` permet de boucler à la fois sur la clé (`x`) et sur les éléments indexés par celle-ci (`y`).

Exemple 3.14 Boucle for

```
>>> average = 0
>>> # On crée un dictionnaire des notes indexées par les étudiants
>>> students = {"Bob":8,"Pierre":10,"Jean":7,"Alain":17}

>>> students_quantity=0
>>> failures_quantity=0
>>> for x,y in students.items():
  students_quantity+=1
  average+=y
  if y < 10:
    failures_quantity += 1

>>> average/=students_quantity
>>> average
10.5
>>> failures_quantity
2
```

Le petit code qui suit est inspiré d'un «jeu à boire» comme bien des étudiants en ont connu, notamment à l'Université libre de Bruxelles, où on l'appelle le «ding ding bottle». Ce jeu tout simple consiste à énumérer les nombres à tour de rôle et, si le nombre est un multiple de 5 ou de 7, à le remplacer respectivement par «ding ding» ou «bottle» (on imagine que si chaque erreur se solde par l'ingurgitation cul sec d'un verre, les erreurs s'enchaînent de plus en plus vite). Voici une version Python d'une sobriété sans égale de ce petit jeu décapant.

EXEMPLE 3.15 Ding ding bottle en Python

```
>>> counter=0
while counter < 20:
  if (counter % 5 == 0) and (counter % 7 == 0):
    print ("ding ding bottle")
  elif (counter % 5 == 0):
    print ("ding ding")
  elif (counter % 7 == 0):
    print ("bottle")
  else:
    print (counter)
  counter += 1

ding ding bottle
1
2
3
4
ding ding
6
bottle
8
9
ding ding
11
12
13
bottle
ding ding
16
17
18
19
```

Pour ceux qui sont allergiques à la boucle `while`, il est possible de réutiliser la version `for` d'une manière très similaire (avec l'instruction `range`), comme dans le petit exemple qui suit (démarche plus voisine de la plupart des autres langages de programmation).

```
>>> for i in range(3):
    print (i)

0
1
2
```

Les fonctions

Dans Python comme dans tous les langages de programmation, il est possible de découper le programme en blocs fonctionnels, appelés « fonctions » ou « procédures », qui peuvent être appelés partout dans le code. Ces fonctions rendent le programme plus modulaire et plus clair en évitant des répétitions de blocs d'instructions parfois longs. Le comportement et le résultat des fonctions dépendront des arguments reçus en entrée. L'exemple simple illustré ci-après est la définition de la fonction `cube(x)` qui renvoie le cube de l'argument `x`. Après avoir défini la fonction, on l'appelle 4 fois à l'intérieur d'une boucle.

EXEMPLE 3.16 Fonction

```
>>> def cube(x):
    return x*x*x ❶

>>> counter = 1
>>> while counter < 5:
    print(cube(counter))
    counter+=1

1
8
27
64
```

L'exécution de la fonction se termine en renvoyant le résultat du code via le mot-clé `return` ❶. On pourra, bien sûr, appeler la fonction partout où cela s'avère nécessaire. L'appel de la fonction à l'intérieur d'un code interrompt la séquence en cours (afin d'exécuter les instructions de la fonction). Ce que le code faisait jusque-là est sauvegardé dans une zone mémoire dédiée, de sorte qu'une fois la fonction achevée, le code puisse reprendre son cours là où il en était resté.

Comme autre exemple, la fonction `reverse` décrite ci-après inverse une chaîne de caractères passée en argument. Elle est ensuite exécutée sur tous les éléments d'une liste.

EXEMPLE 3.17 Exemple de fonction

```
>>> def reverse(x):
    i=""
    n=0
    for a in x:
      n+=1
    counter = n
    while counter > 0:
      i+=x[counter-1]
      counter-=1
```

```
    return i

>>> reverse("Bersini")
'inisreB'

>>> my_list=["Jean","Paul","Jacques"]
>>> n=0
>>> for x in my_list:
    my_list[n]=reverse(x)
    n+=1

>>> my_list
['naeJ', 'luaP', 'seuqcaJ']
```

Les variables locales et les variables globales

Lorsqu'on passe un argument dans une fonction, il est important de comprendre qu'il s'agit là d'une *variable locale* (à la différence de *globale*), qui n'aura d'existence que le temps de l'exécution de la fonction. Lorsque cette dernière est terminée, toutes les variables passées en arguments disparaissent de la zone de mémoire locale associée à la seule fonction. Le petit programme qui suit devrait vous permettre de mieux saisir ce principe.

EXEMPLE 3.18 Exemple de fonction

```
>>> def test(x): ❷
    x+=1
    print (x)
>>> x=5 ❶
>>> test(x)
6
>>> x
5
```

Alors que la variable `x` prend la valeur `5` au départ de l'exécution de la fonction ❶, le fait qu'elle soit incrémentée de 1 à l'intérieur de la fonction ne modifie en rien sa valeur originale, car cette incrémentation n'affecte qu'une copie locale de la variable ❷, qui disparaîtra de la mémoire aussitôt l'exécution de la fonction terminée. La variable originale, elle, sera préservée dans une zone mémoire dédiée et sera récupérée intacte à l'issue de l'appel de la fonction. Bien que les deux variables portent le même nom, elles ne sont en rien confondues par le programme : en ❶, `x` est une variable globale (valable pour le programme principal), alors qu'en ❷, c'est une variable locale (limitée à la fonction).

S'il est nécessaire, à l'intérieur d'une fonction, de modifier une variable globale déclarée et initialisée en dehors de la fonction, comme le petit code suivant l'illustre (mais c'est une pratique déconseillée), il est toujours possible d'utiliser le mot-clé `global`.

Exemple 3.19 Exemple de fonction

```
>>> def test(): ❷
   global x
   x+=1
   print (x)
>>> x=5 ❶
>>> test()
6
>>> x
6
```

La programmation objet

Les classes et les objets

En programmation objet, on répartit les instructions dans des *classes* représentant les acteurs de la réalité que le programme se doit d'affronter. Ainsi, une application bancaire reprendra comme classes «les clients», «les comptes en banque», «les opérations», «les emprunts», etc. Chaque classe est à la source d'un ensemble d'instances appelées *objets* et qui ne se différencient les unes des autres que par les valeurs prises par leurs attributs.

Une classe se définit par ses *attributs*, qui décrivent ce qu'elle *est*, et ses *méthodes*, qui décrivent ce qu'elle *fait*. Chaque objet possède à un moment donné pour ses attributs des valeurs qui lui sont propres et sur lesquelles les méthodes agissent. Les méthodes sont déclarées exactement comme des fonctions, mais elles ne portent que sur les attributs de la classe. L'état de l'objet évolue dans le temps au fur et à mesure de l'exécution des méthodes sur cet objet. Décortiquons le code suivant.

Exemple 3.19 Programmation orientée objet en Python

```
class Client:
 # Le constructeur définit et initialise les attributs de l'objet
   def __init__(self,name,first_name,address,age):
     self.__name=name # par la présence des «__» les attributs
                      # deviennent privés.
     self.__first_name=first_name
     self.__age=age
     self.__address=address # Ici nous recourons à l'utilisation
                            # des «property».
   def get_name(self):
     return self.__name
```

```
        def get_address(self):
          return self.__address

        def move_out(self,new_address): ❻
          self.__address=new_address

        def get_age(self):
          return "age : " + str(self.__age)

        def get_old(self): ❼
          self.__age+=1

        def __str__(self): ❹
          return "client : " + self.__first_name + " " + self.__name

        # accès indirect par les méthodes

        address = property(get_address, move_out)

# création d'un premier client
client1 = Client("Bersini","Hugues","rue Louise",20) ❸

# création d'un deuxième client
client2 = Client("Lenders","Pascale","rue Juliette",30) ❸

# exécution des méthodes sur les objets clients
# d'abord la méthode __str__ appelée de manière implicite
print (client1) ❺
print (client2)
client1.__name="Dupont" ❷
# on ne peut pas accéder à l'attribut privé __nom
print (client1)
print (client1.get_address())
# la première manière de modifier l'adresse
client1.move_out("rue Juliette")
print (client1.get_address())
# la deuxième manière de modifier l'adresse
# en recourant aux property
client1.address = "rue Louise"
# la seule manière de modifier l'âge
client2.get_old()
print (client2.get_age())
```

Résultat de l'exécution

```
>>>
client : Hugues Bersini
client : Pascale Lenders
client : Hugues Bersini
```

```
rue Louise
rue Juliette
age : 31
>>>
```

La classe `Client` possède quatre attributs *privés* ❶, c'est-à-dire inaccessibles de l'extérieur de la classe. C'est la présence de __, précédant le nom de l'attribut, qui leur donne ce caractère « privé ». Ainsi, lorsque plus bas dans le code on essaie de modifier le nom de `client1` ❷, le changement ne s'effectue pas, ou plutôt s'effectue sur une autre variable créée à la volée, mais pas sur l'attribut qui nous intéresse ici. L'orienté objet, pour des raisons de stabilisation de code, favorise l'*encapsulation* de la plupart des caractéristiques de la classe (les attributs comme la plupart des méthodes). Tout ce qui est encapsulé ou privé peut se trouver modifié sans affecter en rien les autres parties du code qui accèderont à la classe client (accès restreint à ses seules parties publiques) ; c'est pourquoi l'encapsulation est garante d'une stabilité dans le temps.

Une autre manière de forcer cette même encapsulation, comme nous le pratiquons dans le seul cas de l'adresse, est de recourir à l'utilisation des « property ». Cette fois, un seul _ suffit pour indiquer que l'accès à cet attribut se fera dorénavant de manière indirecte, par l'entremise des deux méthodes `get_address` et `move_out`. À la différence du double __, cette fois c'est une incitation à utiliser les méthodes plutôt qu'une obligation.

C'est le *constructeur* `__init__` qui se charge d'initialiser les attributs privés. Il est appelé lors de la création de l'objet. Dans le code, deux objets `client1` et `client2` sont ainsi créés ❸.

La méthode `__str__` est *héritée* de la super-classe `object` et est *redéfinie* dans la classe `Client` ❹ (nous expliquerons l'héritage et la « redéfinition » plus tard) ; elle est appelée de manière implicite à chaque fois que l'on affiche l'objet ❺ (en fait à chaque fois que l'on veut associer une chaîne de caractères à l'objet, par exemple lors d'un `print` ou d'une concaténation).

L'adresse et l'âge étant deux attributs privés, la seule manière d'y accéder est d'appeler les méthodes publiques (aucun __ ne précède leur déclaration). Ainsi, seule la méthode `move_out` ❻ pourra modifier l'adresse et la méthode `get_old` ❼ l'âge du client. Le recours aux « properties » est une alternative dans le cas de l'adresse, car c'est bien, une fois encore, la méthode `move_out` qui affectera indirectement l'adresse malgré l'apparent accès direct à l'attribut.

DÉFINITION Mot-clé self

Le mot-clé `self` est indispensable dès qu'il s'agit de faire référence à l'objet lui-même. De fait, toutes les méthodes portant sur l'**objet** se doivent de recevoir ce dernier, c'est-à-dire `self`, en paramètre.

L'association entre classes

La pratique de l'orienté objet consiste d'abord et avant tout en l'éclatement de l'application logicielle entre les classes constitutives du projet. Ainsi, si dans un logiciel bancaire le client veut retirer 1 000 euros de son compte en banque, c'est l'objet `client` qui sollicitera la méthode `withdraw(1000)` exécutée sur le compte en question. Ce déclenchement de la méthode `withdraw` sur le compte, provoqué par le client, est appelé dans le jargon objet un « envoi de message ». Tous les ingrédients d'un message s'y retrouvent : l'expéditeur (objet `client`), le destinataire (objet `bank_account`) et le contenu du message (appel à la méthode `withdraw(1000)`).

Dans le diagramme de classes UML représenté ci-après, chaque objet `client` est associé à un ensemble d'objets `bank_account` et, en retour, chaque objet `bank_account` est associé à un et un seul `client`. Cette association « 1-n » est bidirectionnelle. Le code qui suit réalise cette association entre les deux classes. Son exécution se limite à créer un client et un compte en banque, puis à permettre au client de déposer un certain montant sur son compte. Pour ce faire, le client va envoyer le message `deposit(1000)` sur le compte qu'il aura sélectionné. Notez également l'apparition d'attributs *statiques* dans la classe `bank_account` : le modèle utile à la composition du numéro de compte et le nombre de comptes créés (qui seront tous deux utilisés pour attribuer un numéro de compte au client).

DÉFINITION Attributs statiques (ou variables de classe)

Les attributs statiques sont associés à la **classe** plutôt qu'aux objets (ils sont soulignés dans le diagramme de classe). Ils n'ont besoin que de la classe pour exister et être utilisés. Ils le sont d'ailleurs en faisant toujours allusion à leur classe (comme dans `BankAccount.account_quantity`). Leur utilisation ne nécessite donc pas de recourir au mot-clé `self`. Tout ce qui est statique peut exister sans objet.

Figure 3–1 Clients et comptes

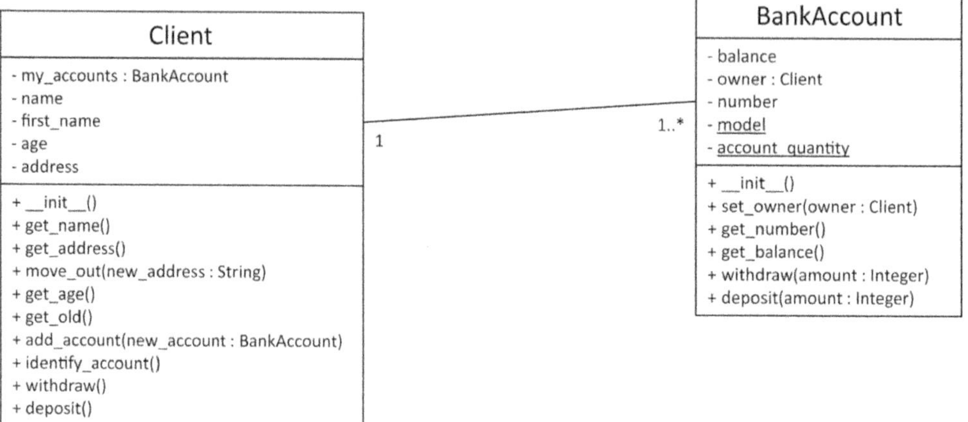

EXEMPLE 3.20 Implémentation du diagramme en Python

```
class BankAccount:
    __model="210-" # attribut statique
    __account_quantity=0 # attribut statique

    def __init__ (self):
        self.__balance=0
        self.__owner=""
        self.__number=BankAccount.__model + \ # a la ligne
            str(BankAccount.__account_quantity)
        BankAccount.__account_quantity+=1

    def set_owner(self,owner):
        self.__owner = owner

    def get_number(self):
        return self.__number

    def get_balance(self):
        return self.__balance

    def withdraw(self,amount):
        self.__balance-=amount

    def deposit(self,amount):
        self.__balance+=amount

    def __str__(self):
        return "le solde du compte : " + self.__number + \
                " est : " + str(self.__balance)
```

```
class Client:

    # Le constructeur initialise les attributs de l'objet
    def __init__(self,name,first_name,address,age):
        self.__name=name
        self.__first_name=first_name
        self.__age=age
        self.__address=address
        self.__my_accounts=[]

    def get_name(self):
        return self.__name
    def get_address(self):
        return self.__address

    def move_out(self,new_address):
        self.__address=new_address

    def get_age(self):
        return "age: " + str(self.__age)

    def get_old(self):
        self.__age+=1

    def __str__(self):
        return "client : " + self.__first_name + \
            " " + self.__name

    # cette méthode ajoute un compte dans la liste du client
    # elle s'assure également que le compte ait bien son client

    def add_account(self,new_account):
        self.__my_accounts.append(new_account)
        new_account.set_owner(self)

    def identify_account(self):
        print ("Sur quel compte ?")
        res=None
        x=input("?") # cette instruction permet de lire un string
                     # à l'ecran en affichant un "?"
        for c in self.__my_accounts:
            if c.get_number() == x:
                res=c
                break
        return res

    def withdraw(self):
        c=self.identify_account()
        print ("quel montant ?")
```

```
            x=int(input("?"))
            c.withdraw(x)

        def deposit(self):
            c=self.identify_account()
            print ("quel montant ?")
            x=int(input("?"))
            # le string lu a l'ecran devra etre modifie en int
            c.deposit(x)

# création d'un premier client
client1 = Client("Bersini","Hugues","rue Louise",20)
# création d'un premier compte
account1= BankAccount()
print (account1)
# ajout du compte dans la liste des comptes du client
client1.add_account(account1)
# le client dépose de l'argent sur son compte
client1.deposit()
print (account1)
```

Résultat de l'exécution

```
>>>
le solde du compte : 210-0 est : 0
Sur quel compte ?
?210-0
quel montant ?
?1000
le solde du compte : 210-0 est : 1000
>>>
```

Héritage et polymorphisme

En orienté objet, la deuxième manière de découper l'application en classes est de recourir au mécanisme de l'*héritage* qui permet de considérer les classes à différents niveaux de généralité. On parlera ici de classes parentes (ou super-classes) pour les plus génériques et de classes filles (ou sous-classes) pour celles qui en héritent. Les classes s'installent ainsi dans une taxonomie, des plus génériques aux plus spécifiques.

Les classes filles héritent des attributs et des méthodes de leurs parents et peuvent se distinguer de trois manières :

- en ajoutant de **nouveaux attributs** qui leur seront propres ;
- en ajoutant de **nouvelles méthodes** qui leur seront propres ;

- en redéfinissant des méthodes déjà présentes dans les classes parentes (la **redéfinition** signifiant qu'on reprend exactement la même signature de la méthode – nom et argument – , mais qu'on lui associe un code différent).

Dans le code et le diagramme de classes qui suivent, la classe `SavingsAccount` hérite de la classe `BankAccount`, via les parenthèses. Elle ne possède en propre que deux attributs statiques : le `minimum_balance` ❶, en deçà duquel le client ne peut débiter son solde, et un taux d'intérêt ❷. Elle ajoute une méthode particulière pour calculer son intérêt ❸ et redéfinit la méthode `withdraw` ❹ en prenant en considération la contrainte du solde minimal. Si nécessaire, elle peut rappeler la méthode prévue dans la classe mère (en la référant par `BankAccount.withdraw(self, amount)`). Par ailleurs, le solde étant privé dans la classe mère, il n'est accessible que par l'entremise de la méthode `get_balance()` ❺. Ici, il n'est pas nécessaire de lever une ambiguïté sur l'appel en faisant explicitement allusion à la classe mère, puisque la méthode n'est pas redéfinie.

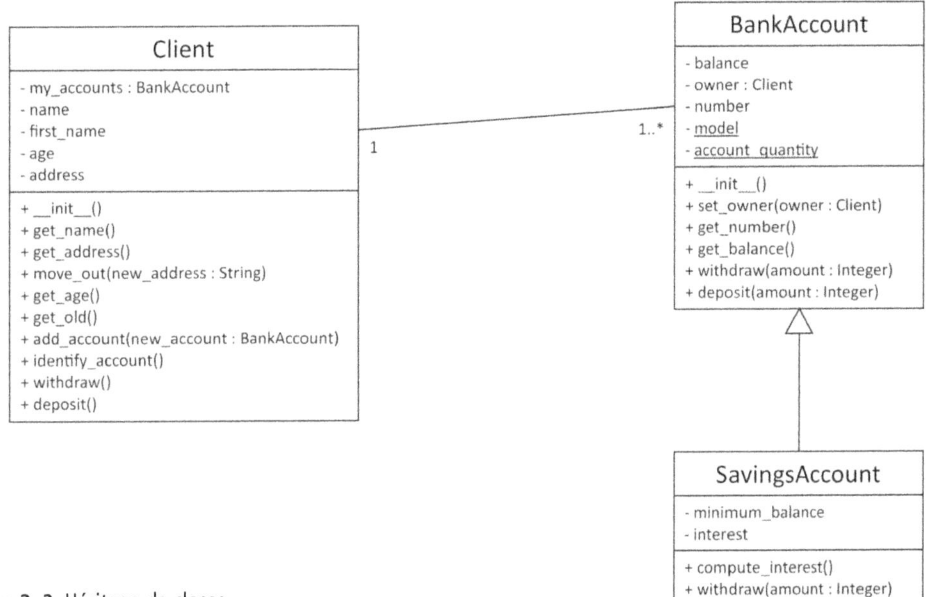

Figure 3–2 Héritage de classe

EXEMPLE 3.21 Implémentation du diagramme en Python

```
class SavingsAccount(BankAccount):
    __minimum_balance=0 ❶ # attribut statique
    __interest = 0.1 ❷ # attribut statique

    def compute_interest(self): ❸
        self.deposit(self.get_balance() * SavingsAccount.__interest)
```

```
    def withdraw(self,amount): ❹
        if (self.get_balance() ❺ - amount) >= \
        SavingsAccount.__minimum_balance:
            BankAccount.withdraw(self, amount)
            # appel de la methode de la classe mère
        else:
            print ("pas assez d'argent sur le compte")
```

Dans les instructions qui suivent, on voit que le client dépose d'abord 1 000 € sur son compte, puis souhaite en retirer 2 000. Comme le compte en question s'avère un livret d'épargne et non un compte en banque quelconque, c'est bien la version redéfinie de la méthode `withdraw` du livret d'épargne qui sera appelée.

EXEMPLE 3.22 Utilisation des classes définies

```
# création d'un premier client
client1 = Client("Bersini","Hugues","rue Louise",20)

# création d'un premier compte
account1= SavingsAccount()
print (account1)
# ajout du compte dans la liste des comptes du client
client1.add_account(account1)
# le client dépose de l'argent sur son compte
client1.deposit()
print (account1)
# le client retire de l'argent du compte
client1.withdraw()
```

Résultat de l'exécution

```
>>>
le solde du compte : 210-0 est : 0
Sur quel compte ?
?210-0
quel montant ?
?1000
le solde du compte : 210-0 est : 1000
Sur quel compte ?
?210-0
quel montant ?
?2000
pas assez d'argent sur le compte
```

> **DÉFINITION Polymorphisme**
>
> L'appel de la méthode, redéfinie en fonction de la nature de la sous-classe sur laquelle cette méthode s'exerce, est appelé *polymorphisme*.

On conçoit aisément l'avantage du polymorphisme en présence d'un ensemble d'objets qui sont tous issus de classes filles différentes, chacune ayant sa propre implantation de la méthode withdraw. Envoyer le même message sur tous ces objets aura des effets différents selon le type de classe fille dont est issu l'objet. Cela permettra à la classe expéditrice d'envoyer un même message à plusieurs sous-classes de la classe BankAccount, sans se préoccuper plus que nécessaire de leur nature ultime. Chacune exécutera le message à sa manière, et c'est tout ce qu'on lui demande.

Nous avons déjà rencontré un exemple de redéfinition et de polymorphisme avec la méthode __str__, qui associe un string à un objet. Dans le même ordre d'idée, plus loin dans le livre, Django fera usage de la redéfinition de la méthode __unicode__, qui permet également une représentation des objets sous forme de caractère.

Passage d'objet comme argument d'une fonction

Le petit code qui suit pourrait vous surprendre.

```
>>> my_list=[1,2,3]
>>> def modify_list(li):
        li.append(5)
>>> modify_list(my_list)
>>> my_list
[1, 2, 3, 5]
```

Cette fois, c'est bien la liste originale passée en argument qui se voit modifiée par la fonction modify_list. En Python, les listes sont des objets comme les autres. Or, lorsqu'une fonction reçoit un objet en argument, c'est en fait la référence de cet objet (laquelle fait office d'adresse) qu'elle reçoit et non une copie de l'objet – ce qui lui permet d'agir directement sur cette adresse par conséquent et, in fine, sur l'objet original.

De même, en nous basant sur la classe Client du code précédent, nous pouvons tout autant imaginer une méthode change_age(client) définie comme suit :

```
>>> def change_age(client):
        client.get_old()
>>> change_age(client1)
>>> client1.get_age()
'age : 21'
>>> change_age(client1)
>>> client1.get_age()
'age : 22'
```

L'effet porte, là encore, sur l'objet original passé en paramètre.

Import et from : accès aux bibliothèques Python

Comme dans tous les langages, le programmeur Python fait un très large usage de fonctionnalités déjà codées et installées dans des modules couramment appelés bibliothèques (*libraries* en anglais). Toutefois, avant de pouvoir les utiliser, il faut évidemment les localiser et donc indiquer à l'exécution où elles se cachent (ou, plus précisément, quels noms elles portent).

En Python, cela se fait par l'entremise des instructions `import` ❶ (on écrira alors, séparés par un point, le nom de la bibliothèque et, le suivant directement, celui de la fonction à utiliser ❷) et/ou `from` ❸ pour éviter de devoir réécrire le nom de la bibliothèque pour toutes les fonctions utilisées. L'exemple qui suit illustre ces instructions.

EXEMPLE 3.22 Utilisation des classes définies

```
>>> # Je souhaite obtenir un nombre aléatoire entre 1 et 10
>>> print (random.randint(1,10))

Traceback (most recent call last):
  File "<pyshell#1>", line 1, in <module>
    print (random.randint(1,10))
NameError: name 'random' is not defined
>>> import random ❶ # j'importe la bibliothèque random
# un nombre au hasard entre 1 et 10
>>> print (random.randint(1,10)) ❷
7 # Le résultat sera peut-être différent pour vous !

>>> my_list=["a","b","c","d","e","f"]
>>> print(my_list)
['a', 'b', 'c', 'd', 'e', 'f']
# J'utilise une autre fonction du module random
>>> random.shuffle(my_list) ❷
>>> my_list
['c', 'b', 'e', 'a', 'f', 'd']
Instructions import et from

# Je veux avoir l'heure à ce moment précis
>>> datetime.now()
Traceback (most recent call last):
  File "<pyshell#0>", line 1, in <module>NameError: name 'datetime' is not
defined
# j'importe la fonctionnalité qui me le permet: datetime
>>> from datetime import datetime ❸
# Si toutes les fonctions de cette bibliothèque m'intéressent,
# je peux également écrire «from datetime import *».
```

```
>>> datetime.now()
datetime.datetime(2017, 6, 23, 0, 9, 11, 584553)
# datetime.now() me donne l'heure dans un format particulier.
```

Ai-je bien compris ?

- Comment peut-on changer le type d'une variable ?
- Quelle est la différence entre une liste et un dictionnaire ?
- Que permet l'héritage entre classes ? Qu'est-ce que le polymorphisme ?

4

Bases du HTML 5, CSS et JavaScript

Ce chapitre va s'intéresser aux langages de présentation des pages web, HTML 5 et CSS, ainsi qu'à la manière de rendre les pages plus interactives et plus dynamiques côté client, par l'utilisation du JavaScript. Ces trois technologies sont devenues incontournables, quelle que soit la plate-forme de développement web choisie.

SOMMAIRE

L'objectif de ce chapitre est de présenter brièvement HTML, CSS et JavaScript, pas d'en étudier tous les aspects. Le but est de vous donner les bases élémentaires pour réaliser vos premiers sites. Si le besoin s'en fait sentir, n'hésitez pas à approfondir ces trois sujets par le biais d'autres livres ou sources d'informations. De nombreux ouvrages abordent ces technologies à différents degrés de profondeur.

> **À LIRE HTML, CSS et JavaScript**
>
> - Jean Engels, *HTML 5 et CSS 3*, Eyrolles 2012
> - Rodolphe Rimelé, *HTML 5 – Une référence pour le développeur web*, Eyrolles 2017
> - Raphaël Goetter, *CSS avancées*, Eyrolles 2012
> - Christophe Porteneuve, *Bien développer pour le Web 2.0*, Eyrolles 2009
> - Thierry Templier et Arnaud Gougeon, *JavaScript pour le Web 2.0*, Eyrolles 2007

Créer un site web, qu'il soit statique ou dynamique, c'est avant tout créer des *pages web*. Ces dernières contiennent l'information que l'on désire partager et afficher. Dans ce chapitre, nous allons étudier les langages et technologies qui permettent de les construire.

Le premier de ces langages est HTML *(HyperText Markup Language)* ; il décrit *le contenu et la structure* d'une page web. Nous nous intéresserons ensuite aux CSS *(Cascaded Style Sheets)*, qui décrivent *l'aspect* d'une page web (couleurs, polices, position des éléments, etc.). Nous terminerons par un aperçu de JavaScript, qui ajoute de l'interactivité et du dynamisme aux pages web.

On retrouve à un autre niveau la fameuse trinité modèle-vue-contrôleur évoquée au chapitre 2. Ici, c'est HTML qui s'occupe du modèle et de l'information à présenter, les CSS de l'aspect et JavaScript du contrôle. La recette gagnante est de séparer au mieux ces trois aspects du site web, de les confier à des spécialistes différents et de jouer au mieux la division du travail.

Ces trois langages sont exécutés et interprétés *côté client* par le navigateur web, contrairement à Python ou Java qui sont des langages exécutés *côté serveur*. Reprenons le schéma vu au chapitre 1 pour mieux saisir cette distinction.

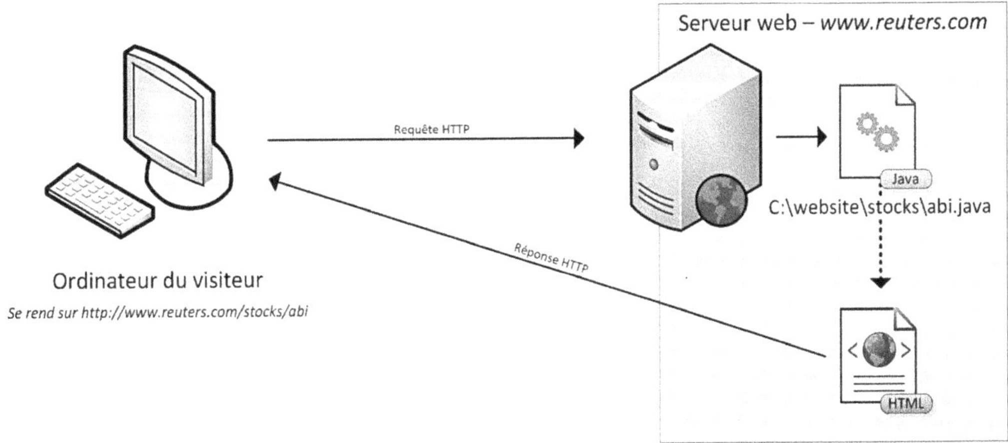

Figure 4–1 Création d'une page dynamique

Sur ce schéma, un internaute désire consulter le site de Reuters. Le serveur web de Reuters est contacté par le navigateur de l'internaute. Java (il pourrait s'agir de Python, ASP.Net ou PHP) entre alors en action pour créer la page à renvoyer ; plus précisément, Java écrit le code HTML (accompagné de ses CSS et JavaScript) à renvoyer au navigateur. Le code Java est donc exécuté *côté serveur*. Lorsque la page web parvient au navigateur, ce dernier en interprète le HTML, les CSS et le JavaScript, afin d'en construire son rendu graphique et de l'afficher à l'écran. Ces trois langages sont donc exécutés *côté client* par le navigateur.

EN PRATIQUE Partage du travail sur le Web

Le développement web exige de répartir les rôles entre ce qui doit s'exécuter côté serveur et ce qui doit s'exécuter côté client. Ainsi, l'accès à la base de données s'exécute côté serveur, alors que la saisie d'un formulaire s'exécute côté client.

Il n'est donc pas nécessaire d'avoir un serveur web pour construire une page web et visualiser son rendu : on peut très bien composer la page à l'aide d'un éditeur HTML et la visualiser avec un navigateur, sans passer par un serveur web. C'est ce que nous ferons tout au long de ce chapitre pour tester nos pages HTML, CSS et JavaScript. Laissons notre serveur se reposer un peu ; nous ne tarderons pas à le solliciter de nouveau.

Structurer les pages web avec HTML 5

Nous l'avons évoqué au chapitre 1, HTML constitue l'un des trois fondements du Web. Ce langage imaginé par Tim Berners-Lee sert à construire des pages et à les lier entre elles par des liens hypertextes.

HTML est un sigle qui signifie *HyperText Markup Language* (et non « HyperTrop Moche Langage », comme les mauvais esprits le pensent). Que signifie exactement ce sigle ?

- **Language** : HTML est effectivement un langage (vous le saviez déjà !). Il obéit à des règles d'écriture et à une sémantique bien précises. Des erreurs de syntaxe sont aisément détectables.
- **Markup** : la traduction française est « balise ». Ce langage est construit à l'aide de balises (qu'on retrouve parfois sous les yeux des webmestres qui travaillent tard dans la nuit). Nous reviendrons abondamment sur cette notion par la suite.
- **HyperText** : la navigation dans le site se fait interactive, via l'insertion dans chaque page de liens vers d'autres pages : les *liens hypertextes*.

> **CULTURE HTML, plus de vingt ans déjà**
>
> HTML est un langage relativement ancien (inventé à la fin des années 1980) et qui a beaucoup évolué au fil de ses versions successives. Les premières années, il se modifia sous l'impulsion des développeurs de navigateurs. Par conséquent, aucune norme réellement formelle ne s'imposait et il fallait parfois compter avec des implémentations différentes du langage d'un navigateur à l'autre. Vers le milieu des années 1990, un effort de normalisation fut accompli par la création d'un consortium, le *World Wide Web Consortium* (abrégé en W3C), dont la mission était, et est toujours, de normaliser les technologies du Web.

Au départ, HTML était destiné à représenter à la fois le contenu d'une page web et son aspect graphique. À partir de la quatrième version du langage, dans un esprit de séparation des fonctionnalités, son rôle a évolué afin de se concentrer uniquement sur le contenu et la structure de la page. L'aspect graphique n'était plus du ressort de HTML, mais des CSS.

Récemment, le langage a encore subi une évolution majeure avec l'introduction d'une cinquième version. Elle standardise de nombreuses nouvelles fonctionnalités, comme l'ajout de vidéos ou de sons dans une page. Nous étudierons cette version, car elle est largement utilisée par les développeurs, que ce soit pour les sites web ou pour les applications mobiles.

Rentrons maintenant dans le vif du sujet, en introduisant le concept de balise qui nous amènera très rapidement à écrire notre première page web HTML et à ressentir les premiers frissons des webmestres.

Le concept de « balise »

DÉFINITION Balise

Les documents HTML sont construits à l'aide de balises, que l'on nomme *tags* ou *markups* en anglais. Ces éléments se distinguent facilement du contenu réel d'une page. Ils permettent de l'annoter et de lui donner une sémantique.

Imaginons une page web nommée « Ma collection de chats siamois ». Sans indication, le navigateur ne peut pas savoir ce que ces mots représentent. On va donc utiliser des balises pour entourer le texte et signifier au navigateur qu'il s'agit du titre de la page. En HTML, on écrira : `<title>Ma collection de chats siamois</title>`. Difficile de faire plus simple, non ?

Cet exemple nous montre que les balises HTML sont construites à l'aide de chevrons < et > entourant leurs noms (dans notre exemple, le nom de la balise est `title`). Deuxième constat : notre texte est entouré par une balise ouvrante `<title>` et une balise fermante `</title>`, qui délimitent où commence et où finit le titre, la balise fermante se distinguant par la barre oblique ajoutée après le premier chevron. Les balises – à l'instar de leurs petites copines, parenthèses ou accolades – fonctionnent toujours par deux : une ouvrante et une fermante.

Les balises HTML peuvent être *imbriquées* pour indiquer qu'un élément se trouve dans un autre. Par exemple, si notre page contient un *article*, lui-même composé de plusieurs *sections*, le code HTML se présentera comme suit.

EXEMPLE 4.1 Balises imbriquées

```
<article>
    La Bretagne, un pays à voir.
    <section>
      Introduction
      Bla bla
    </section>
    <section>
      Historique
      Bla bla
    </section>
</article>
```

En revanche, les éléments ne peuvent jamais se chevaucher. On ne pourrait pas écrire le code suivant.

Exemple 4.2 Mauvais exemple : des balises qui se chevauchent

```
<article>
    La Bretagne, un pays à voir.
    <section>
      Introduction
      Bla bla
</article>
<!-- Erreur! Il faut refermer la balise <section> avant de refermer
<article>. -->
    </section>
```

Le schéma suivant représente ce concept d'imbrication d'éléments en HTML : à gauche ce qu'il faut faire, à droite ce qu'on ne peut pas faire.

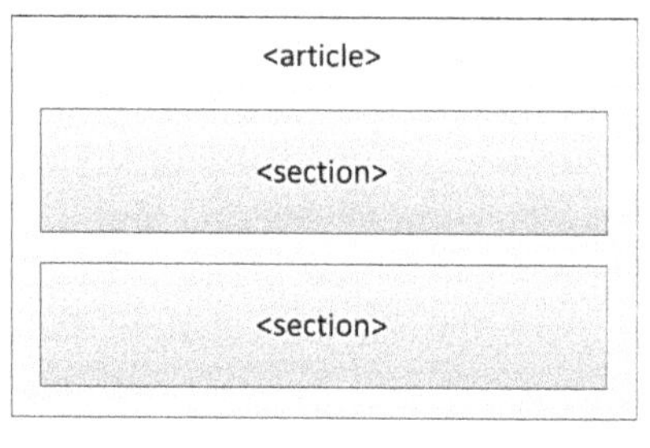

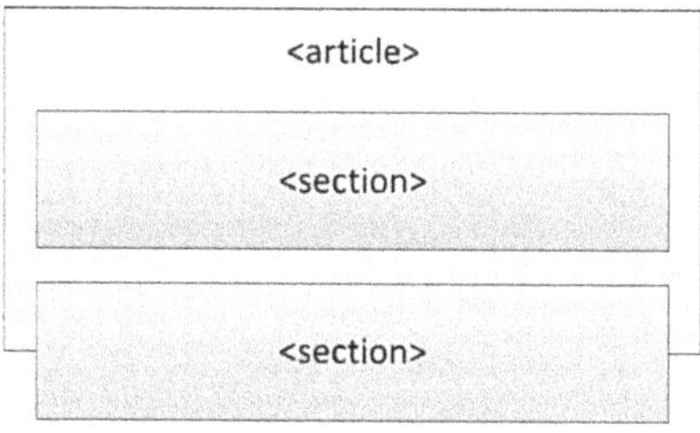

Figure 4–2 Imbrication d'éléments en HTML

> **Définition Attribut**
>
> Les balises peuvent être enrichies d'informations diverses par l'ajout d'**attributs**.

Imaginons que, dans notre page, nous souhaitions préciser qu'un article est en français et qu'un autre est en anglais. L'attribut `lang` permet cet enrichissement. On écrirait plutôt les lignes suivantes.

Exemple 4.3 Attribut lang

```
<article lang="fr">
    La Bretagne, un pays à voir.
</article>
<article lang="en">
    Brittany, a country to be seen.
</article>
```

SYNTAXE Attribut

Les attributs se placent *dans* les balises. La valeur de l'attribut, entourée de guillemets, est séparée du nom de l'attribut par un signe = (égal).

Tous les attributs possibles sont définis dans le standard HTML, et vous ne pouvez pas en inventer d'autres. Nous utiliserons abondamment les attributs par la suite ; ils se révèlent souvent le complément indispensable de certaines balises.

Structure d'un document HTML

Maintenant que nous avons présenté le concept de balise, nous pouvons nous intéresser à la construction d'un document HTML et à sa structure générale. Cela nous permettra de créer notre première page HTML.

Un document HTML commence toujours par la ligne suivante, qui sert à préciser au navigateur qu'il a affaire à du HTML dans sa dernière version (dans notre cas, la 5).

SYNTAXE. La première ligne d'un document HTML

```
<!DOCTYPE html>
```

Ensuite se construit le document HTML proprement dit, qui commence toujours par une balise racine `html` englobant tout le reste du document. Vous remarquerez que nous avons défini un attribut dans la balise `html` ❶. Facultatif, il précise la langue du document : ici, le français (nos amis belges mettront `fr-be`).

À l'intérieur de la balise `html`, notre document est scindé en deux grandes parties :

- la balise `head` ❷ représente l'en-tête du document, qui contient toutes les informations annexes au document (par exemple son titre, son auteur, sa date de création) ;
- la balise `body` ❸ définit le corps du document et contient le contenu de la page à afficher par le navigateur.

SYNTAXE. Forme globale d'un document HTML 5

```
<!DOCTYPE html>
<html lang="fr"> ❶
  <head> ❷
    Contenu de l'en-tête…
  </head>
  <body> ❸
    Contenu du document…
  </body>
</html>
```

Ajoutons maintenant un titre à la page et un peu de chair au body.

EXEMPLE 4.4 Ajout de contenu et d'un titre

```
<!DOCTYPE html>
<html lang="fr">
  <head>
    <title>Histoire de la France</title>
  </head>
  <body>
    L'histoire de la France commence il y a très longtemps...
  </body>
</html>
```

Nous avons maintenant notre première page HTML complète, que l'on peut afficher dans un navigateur web. Pour ce faire, recopiez ce code dans un éditeur de texte (par exemple Notepad sous Windows). Enregistrez le fichier en lui donnant une extension .html. Vous pouvez maintenant l'ouvrir avec votre navigateur. Il affichera le renversant résultat de la figure suivante (nous avons utilisé Google Chrome). Larry Page n'en reviendrait pas : vous êtes presque prêt à postuler chez Google !

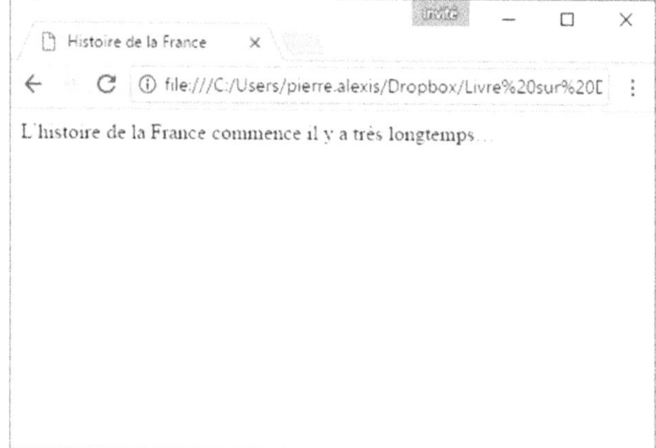

Figure 4–3
Notre première page web !

Le titre de la page a été récupéré par le navigateur pour nommer l'onglet. Le contenu de la balise body est affiché dans la zone principale du navigateur.

Avouons-le, la page que nous venons de créer est plutôt « brut de décoffrage ». Nous allons donc voir dans la section suivante d'autres balises HTML, qui nous permettront de rendre cette page un peu plus attrayante.

L'encodage de la page

Il se peut – tout dépend de votre ordinateur, de votre système d'exploitation et de l'éditeur de texte que vous utilisez pour vos fichiers HTML – que vous rencontriez le problème suivant lors de l'utilisation de Microsoft Edge ou un autre navigateur : tous les accents sont perdus ! En atteste la capture d'écran suivante.

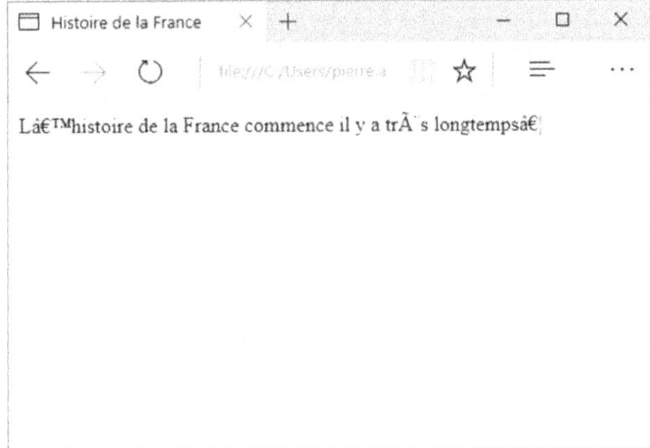

Figure 4–4
Notre première page web dans un triste état !

Ce triste résultat provient de l'absence d'attribut définissant l'encodage : le navigateur ne sait pas quel est l'encodage utilisé par la page et, pas de chance, Edge en présume un mauvais (alors que Chrome, lui, en a présumé un bon).

Mais que diable entend-on par encodage ? Un peu d'histoire... Aux prémices de l'informatique, la mémoire coûtait très cher : octet était presque synonyme de carat. En effet, on ne parlait pas en termes de téras, gigas ou mégas, mais plutôt en termes de bits, d'octets ou de kilo-octets dans le meilleur des cas.

On évitait donc à tout prix de consommer la mémoire. On décida de représenter les caractères manuscrits sur un octet (huit bits). Cela nous donna donc $2^8 = 256$ possibilités. Nos amis américains, inventeurs de l'informatique moderne, étaient satisfaits : 256 possibilités suffisent amplement à représenter tous les caractères qu'ils utilisent (chiffres, minuscules, majuscules, ponctuations, etc.). C'était oublier que le reste du monde ne fonctionne pas comme eux ! La langue française, avec ses accents, sa cédille, ses ligatures, etc., est plus riche dans sa palette de caractères ; cela ravit les poètes mais agace les informaticiens. Et que dire des Suédois, Danois ou Norvégiens qui possèdent en plus des voyelles bizarres (å, ö, etc.), et des Chinois dont les symboles se chiffrent en milliers ? 256 possibilités n'étaient clairement pas suffisantes pour représenter tous les caractères de toutes les langues.

On a alors imaginé un système palliatif pour que chaque langue puisse représenter ses caractères tout en gardant la taille d'un octet. On a décidé que les caractères communs (les 26 lettres, les 10 chiffres et les signes de ponctuation les plus courants) seraient codés en utilisant les 128 premières possibilités, les 128 restantes étant au libre choix de chaque pays/langue/culture. Par exemple, pour les francophones, le nombre 199 allait représenter la cédille majuscule. En revanche, en ouzbek, ce nombre représentera un signe dont on n'ose reproduire la graphie. Et les Chinois ? Malheureusement pour eux, avec 256 possibilités, il était impossible de représenter tous leurs symboles.

C'est pourquoi tout document textuel (comme HTML) doit être accompagné d'une mention qui indique quel encodage est utilisé. Ainsi, le navigateur sait s'il doit afficher une cédille ou un « o » avec *umlaut* s'il rencontre un octet qui vaut « 199 ». L'encodage sur un octet le plus souvent utilisé par les francophones est le « ISO 8859-1 » (on inventa par la suite l'ISO 8859-15 pour ajouter, par exemple, le symbole euro).

Le prix de la mémoire a chuté, et se limiter à un octet n'a plus de raison d'être. On a imaginé d'autres encodages qui utilisent 2, 4, voire 8 octets, afin de représenter les symboles qui foisonnent aux quatre coins du monde. Aujourd'hui, l'encodage « multi-octet » le plus populaire est l'UTF-8, car il est astucieux : les 128 premiers caractères sont toujours codés sur un octet, tandis que les caractères plus exotiques sont codés sur deux octets. Si le document ne contient que des caractères élémentaires (pas d'accents), il sera affiché correctement même si le navigateur n'est pas au courant qu'on travaille en UTF-8.

C'est ce qui donne parfois des résultats surprenants, comme dans notre exemple : notre document est codé en UTF-8, mais le navigateur pense qu'il a affaire à de l'ISO 8859-1. Dès lors, tous les caractères accentués sont représentés par deux caractères.

Pour conclure, lorsque vous créez un fichier HTML, assurez-vous de toujours savoir dans quel encodage votre éditeur fonctionne. Nous vous conseillons évidemment de travailler systématiquement en UTF-8. Il est ensuite recommandé de toujours préciser, dans votre code HTML, quel est l'encodage utilisé, afin que le navigateur ne soit pas contraint, lui-même, de tenter de le deviner. Cela se fait via l'attribut `charset` de la balise `meta`. Essayez le code suivant, et vous verrez : Edge ne sera plus perdu !

EXEMPLE 4.5 Précision de l'encodage

```
<!DOCTYPE html>
<html lang="fr">
  <head>
    <meta charset="utf-8">
    <title>Histoire de la France</title>
  </head>
  <body>
    L'histoire de la France commence il y a très longtemps…
  </body>
</html>
```

Quelques éléments HTML

HTML sert avant tout à décrire et à structurer le contenu des pages web. Les éléments que nous allons décrire dans les sections suivantes ajouteront une sémantique à nos textes (ce texte est un titre, ce texte est un lien, ce texte est une liste à puces, etc.) et structureront notre document.

Principaux éléments de structuration HTML

Dans notre premier exemple de page web, nous avons placé du texte directement dans la balise `body`. Ce n'est pas interdit, mais lorsque nous aurons beaucoup de texte, mieux vaudra le structurer. Plusieurs balises servent à clarifier le contenu.

- `<p>` ❶ représente un paragraphe de texte.
- `<article>` ❷ représente un article, c'est-à-dire un morceau du contenu de la page web qui peut être lu séparément du reste (exactement comme un article de journal). Cette balise contiendra généralement plusieurs paragraphes.
- `<section>` ❸ permet de regrouper des articles de formes ou de contenus similaires. Cette balise sert également à diviser un article en plusieurs morceaux (introduction, conclusion, etc.).
- `<h1>` ❹, `<h2>` ❺, `<h3>` ❻, etc. représentent des titres de niveaux différents. Un document aura généralement un seul titre de niveau un, ensuite plusieurs titres de niveaux deux, chacun comportant des titres de niveaux trois, et ainsi de suite. À ce stade, rien n'est précisé sur la taille graphique de ces différents niveaux de titres (c'est la responsabilité de CSS) : HTML se limite à constater que plusieurs niveaux de titres peuvent coexister.

À l'aide de ces premiers éléments, nous pouvons déjà réaliser un premier document nettement plus fourni. Le code suivant s'inspire de la page d'accueil d'un site de presse écrite. Cette page possède deux grandes sections : actualités nationales et actualités internationales. Dans chacune des sections, on retrouve plusieurs articles.

EXEMPLE 4.6 Page web au contenu structuré

```
<!DOCTYPE html>
<html lang="fr">
  <head>
    <meta charset="utf-8">
    <title>La Libre France - Actualités</title>
  </head>
  <body>
    <h1>Dernières actualités</h1> ❹
    <section> ❸
      <h2>Actualités nationales</h2> ❺
      <article> ❷
```

```
            <h3>65% des Français sont contre les sondages</h3> ❻
            <p>D'après un sondage TNS Sofres Ipsos CSA Ifop Médiamétrie,
            65% des Français sont contre les sondages contre 42% qui
            sont pour. Bla bla bla.</p> ❶
          </article>
          <article>
            <h3>Incendie dans une usine d'extincteurs</h3>
            <p>En Mayenne, le feu a pris ce matin dans une usine bla bla
              bla.</p>
          </article>
        </section>
        <section>
          <h2>Actualités internationales</h2>
          <article>
            <h3>Trump favorable à une intervention en Belgique</h3>
            <p>Suite aux problèmes communautaires, bla bla bla.</p>
          </article>
        </section>
      </body>
    </html>
```

Voici le résultat dans un navigateur.

Figure 4–5
Une page web structurée

Pour la plupart, les éléments de structuration n'ont pas de rendu visuel. Les titres sont mis en évidence (police plus grande et grasse), mais les articles et les sections n'ont rien permettant de les identifier du regard. Du moins est-ce ainsi par défaut, car à l'aide des CSS, on pourra modifier l'apparence de tous ces éléments à notre guise.

Éléments de structuration annexes : en-têtes, pieds de page et sections

Sur la plupart des sites web, les pages présentent de nombreux éléments annexes au contenu principal : des bannières, des menus, des pieds de page, des formulaires de recherche, etc. HTML 5 prévoit une série d'éléments permettant d'englober tout ce contenu annexe :

- <footer> ❶ représente un pied de page ou de section ;
- <header> ❷ représente un en-tête de page ou de section ;
- <aside> ❸ représente du contenu annexe, par exemple un menu ou un champ de recherche.

Passons immédiatement à un exemple illustrant l'usage de ces balises.

EXEMPLE 4.7 Page web au contenu structuré avec contenu annexe

```
<!DOCTYPE html>
<html lang="fr">
  <head>
    <meta charset="utf-8">
    <title>La Libre France - Actualités</title>
  </head>
  <body>
    <header> ❷
      <p>La Libre France, un journal où il fait bon lire.</p>
    </header>
    <aside> ❸
      <p>Nous sommes le 29 février 2012</p>
    </aside>
    <h1>Dernières actualités</h1>
    ...
    <footer> ❶
      <p>© La Libre France 2012</p>
    </footer>
  </body>
</html>
```

La figure suivante illustre le résultat de ce code dans un navigateur.

Figure 4–6
Une page web structurée avec du contenu annexe

Certes, le rendu n'en demeure pas moins laid (du moins d'une sobriété à la limite de l'austérité). Le positionnement du texte reste basique: les lignes se suivent simplement, alors qu'on pourrait s'attendre à ce que le contenu de la balise aside apparaisse ailleurs. Patience, la section sur les CSS nous apprendra comment procéder.

Les liens hypertextes

Pour définir un lien sur une page (par défaut un texte bleu souligné qui, lorsqu'on clique dessus, nous amène sur une autre page web), il faut utiliser la balise <a>. Pour définir la cible du lien, on utilise un attribut nommé href (voyez comme les attributs sont vite indispensables !). Le contenu de la balise est le texte du lien.

SYNTAXE. La balise <a>

```
<a href="adresse Internet">Texte du lien</a>
```

EXEMPLE 4.8 Page avec lien hypertexte

```
<!DOCTYPE html>
<html lang="fr">
  <head>
    <meta charset="utf-8">
    <title>La Libre France - Actualités</title>
  </head>
  <body>
    <h1>Sites partenaires</h1>
    <p><a href="http://www.lemonde.fr">Visiter le site du Monde !</a></p>
  </body>
</html>
```

Le résultat de ce code dans un navigateur est le suivant.

Figure 4–7 Exemple de rendu d'un lien hypertexte

Les listes

HTML permet également de définir des listes. Elles peuvent être de deux types :

- soit numérotées, auquel cas on utilisera la balise <ol> et les éléments seront numérotés automatiquement ;
- soit à puces, auquel cas on utilisera la balise <ul>.

Les éléments de la liste sont définis à l'aide de la balise <li>, que l'on répétera autant de fois qu'il y a d'éléments.

SYNTAXE. Liste

```
<ul>        # ou <ol>
  <li> item 1 </li>
  <li> item 2 </li>
  <li> ... </li>
</ul>       # ou </ol>
```

EXEMPLE 4.9 Page contenant une liste à puces

```
<!DOCTYPE html>
<html lang="fr">
  <head>
    <meta charset="utf-8">
    <title>La Libre France - Actualités</title>
  </head>
  <body>
    <h1>Pays de diffusion du journal</h1>
    <ul>
      <li>France</li>
      <li>Belgique</li>
      <li>Allemagne</li>
    </ul>
  </body>
</html>
```

Le résultat de ce code dans un navigateur est le suivant.

Figure 4–8
Exemple de rendu d'une liste HTML

Les images

Pour insérer une image dans une page web, on passe par trois balises différentes.

- `<figure>` représente une « figure » au sens large. Cela peut être une image, du code, un diagramme, etc.
- `<img>` représente l'image proprement dite. C'est à l'aide de son attribut `src` que l'on va définir où se trouve le fichier contenant l'image. La balise `<img>` sera placée dans la balise `<figure>`.
  Un second attribut, obligatoire, est à spécifier pour la balise : `alt`. Il ajoute un texte alternatif (invisible) décrivant l'image au cas où elle ne s'afficherait pas. Ce texte alternatif est également très important pour renseigner les internautes malvoyants (les navigateurs sont capables de « lire » ces textes alternatifs). Deux autres attributs sont intéressants : `width` et `height` : ils précisent la hauteur et la largeur de l'image en pixels. C'est très utile lorsque l'image est en cours de chargement ; le navigateur sait déjà quelle place elle va prendre et peut en tenir compte pour afficher correctement la page web.
- `<figcaption>` précise une légende pour la figure. Cette balise, optionnelle, sera placée dans la balise `<figure>`.

SYNTAXE. Les balises <figure>, <img> et <figcaption>

```
<figure>
  <img src="adresse du fichier image"
  alt="Texte court décrivant l'image" width="largeur en pixels"
  height="hauteur en pixels" /> ❶
  <figcaption> légende de l'image </figcaption>
</figure>
```

On remarque qu'à la différence de toutes celles rencontrées jusqu'à présent, la balise `<img>` n'est pas fermée ❶. Il s'agit d'un raccourci très utilisé : comme la balise n'a pas de contenu, plutôt que d'écrire `<img src="..."></img>`, on écrira `<img src="..." />`. La balise est dans ce cas à la fois ouvrante et fermante.

EXEMPLE 4.10 Page contenant une image

```
<!DOCTYPE html>
<html lang="fr">
  <head>
    <meta charset="utf-8">
    <title>La Libre France - Actualités</title>
  </head>
  <body>
    <h1>Partenaires</h1>
   <figure>
```

```
      <img src="https://www.google.be/images/srpr/logo3w.png"
      alt="The Google Logo" width="275" height="95" />
      <figcaption>Fig1. - Le Logo de Google.</figcaption>
    </figure>
  </body>
</html>
```

Le résultat de ce code dans un navigateur est le suivant.

Figure 4–9
Exemple de rendu d'une insertion d'image dans une page web

Mise en évidence du texte

HTML permet de définir des portions de texte à mettre en évidence. Deux balises sont utiles à cet effet :

- <strong> : le texte entouré par cette balise est défini comme « important » ;
- <em> : le texte entouré par cette balise est défini comme « avec emphase ».

SYNTAXE. Les balises <strong> et <em>

```
<p>Voici du <strong>texte important</strong> et du <em>texte mis en
emphase</em>.</p>
```

EXEMPLE 4.11 Page avec mise en évidence de texte

```
<!DOCTYPE html>
<html lang="fr">
  <head>
    <meta charset="utf-8">
    <title>La Libre France - Actualités</title>
  </head>
  <body>
```

```
    <h1>Mise en évidence de texte</h1>
    <p>Voici du <strong>texte important</strong> et du <em>texte
    mis en emphase</em>.</p>
  </body>
</html>
```

Voici le résultat de ce code dans un navigateur.

Figure 4–10
Exemple de rendu de texte mis en évidence

En pratique Erreur courante : <strong> et <em> ne correspondent pas au gras et à l'italique

Par défaut, les navigateurs mettent en gras les textes entourés de la balise `<strong>` et en italique ceux entourés de la balise `<em>`. Le raccourci (erroné) est vite pris de dire : « pour mettre un texte en gras, il suffit d'utiliser la balise `<strong>` ». C'est tout bonnement incorrect.
HTML ne sert qu'à définir et structurer le contenu d'une page et à lui donner une sémantique, certainement pas à s'occuper du formatage et de l'aspect du texte. HTML nous permet de dire simplement si un texte est *important* ou s'il a *de l'emphase*. Les goûts et les couleurs, c'est pour CSS : c'est à ce niveau qu'on définira comment doit apparaître un texte « important » ou « à emphase ». Certains le laisseront en gras, d'autres le mettront plutôt en rouge. Il se pourrait très bien qu'un jour, un navigateur perdu dans l'océan décide que, par défaut, les textes importants ne soient plus en gras, mais en bleu fluo.

Les formulaires

L'objectif de ce livre est de vous apprendre à réaliser des sites web dynamiques, en d'autres mots des sites web dont les pages sont créées dynamiquement par un serveur web.

Une des grandes forces du Web dynamique, c'est la possibilité de passer à une page web des paramètres, souvent renseignés par l'utilisateur lui-même.

SYNTAXE Insertion de paramètres dans les requêtes HTTP

Par exemple, sur la page de recherche de Google, nous avons un champ de recherche. Lorsque l'utilisateur entre la requête « Solvay » dans ce champ et clique sur le bouton *Recherche Google*, l'URL suivante est appelée :

▸ http://www.google.be/search?q=Solvay

Cette adresse n'est pas fictive, vous pouvez l'essayer dans votre navigateur. Plus précisément, c'est la page web `search` qui est appelée avec un paramètre nommé `q` et dont la valeur est `Solvay`.

Nous allons étudier comment insérer dans une page web des zones de texte et des boutons pour communiquer ce type d'information.

En termes HTML, on parle de « formulaires » lorsqu'il s'agit de récolter des informations auprès de l'utilisateur pour les transmettre en paramètres. Un formulaire peut contenir des zones de saisie de texte, des cases à cocher, des listes de choix, des boutons radio, etc. Chaque formulaire doit contenir un *bouton de soumission*.

DÉFINITION Bouton de soumission

Il s'agit d'un bouton qui, une fois pressé, appelle une URL, lui transmettant en paramètres tous les champs du formulaire.

Servons-nous d'un exemple pour mieux illustrer le concept de formulaires. Imaginons que l'on veuille refaire la page d'accueil de Google, exemple typique de concurrence déloyale. Cette page contient deux champs : une zone de texte et un bouton de soumission. Pour réaliser ce formulaire en HTML, nous allons utiliser deux balises.

- `<form>` représente le formulaire et entourera tous les champs du formulaire.
- `<input>` représente un champ. Son attribut `type` permet de définir la forme que prendra le champ. Pour une zone de saisie, on utilisera le type `text` ; pour le bouton de soumission, on utilisera le type `submit`.

Voici le code HTML de notre formulaire.

SYNTAXE. Formulaire de recherche type Google

```
<form action❶="http://www.google.be/search" method❷="get">
  Rechercher :❸
  <input type="text❹" name❺="q" />
  <input type="submit❻" value❼="Rechercher !" />
</form>
```

L'attribut `action` ❶ de la balise `form` sert à soumettre le formulaire et à appeler la page http://www.google.be/search.

L'attribut `method` ❷ (prenons la valeur `get` pour l'instant; nous discuterons plus loin d'une alternative) dit au navigateur que lorsqu'on clique sur le bouton de soumission du formulaire, les champs et leurs valeurs doivent être ajoutés à la fin de l'URL définie dans l'attribut `action`.

Ensuite, nous avons un petit texte ❸ suivi de nos deux champs. Le premier est de type `text` ❹. Il s'agit donc de la zone de saisie. L'attribut `name` ❺ sert à préciser le nom de ce champ et sera utilisé par le navigateur lorsqu'il devra construire l'URL. Le nom du champ sera le nom du paramètre ajouté à l'URL appelée.

Le second champ est de type `submit` ❻. Il s'agit du bouton de soumission. L'attribut `value` ❼ définit l'intitulé qui doit apparaître sur le bouton.

Voyons maintenant comment faire apparaître ce formulaire à travers un exemple de code HTML complet.

EXEMPLE 4.12 Page proposant un formulaire

```
<!DOCTYPE html>
<html lang="fr">
  <head>
    <meta charset="utf-8">
    <title>Google</title>
  </head>
  <body>
    <h1>Bienvenue sur ce faux Google !</h1>
    <form action="http://www.google.be/search" method="get">
      Rechercher :
      <input type="text" name="q" />
      <input type="submit" value="Rechercher !" />
    </form>
  </body>
</html>
```

Ce code produit le résultat suivant dans un navigateur.

Figure 4–11 Exemple de rendu d'un formulaire sur une page web

Lorsqu'on clique sur le bouton *Rechercher*, la page suivante est appelée. On constate que l'URL construite est bien celle attendue.

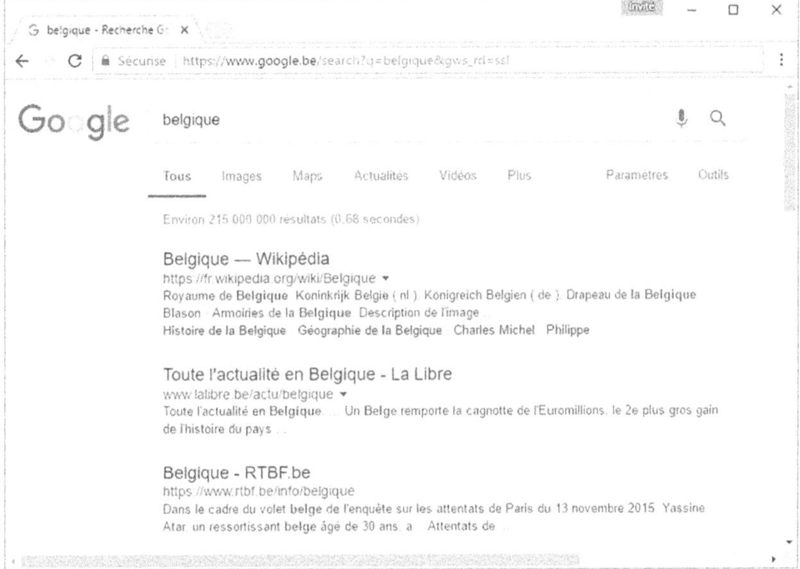

Figure 4–12
Page appelée lors de la soumission du formulaire

Autres éléments HTML

Il existe beaucoup d'autres éléments HTML. On pense à l'ajout des tableaux, des vidéos, des sons ou à ce qui vous permet d'enrichir vos formulaires avec d'autres types de champs ou d'affiner la sémantique de vos textes. Prenez cela comme une mise en bouche pour aller consulter d'autres ouvrages ou sites web.

OUTIL Écrire des pages web sans manipuler directement HTML 5

De nombreux logiciels de développement existent, tels Dreamweaver, qui vous permettent jusqu'à un certain point de vous passer de ce langage en obtenant directement à l'écran le résultat de vos manipulations (WYSIWYG – *What You See Is What You Get*).

Maintenant que nous avons appris les bases du HTML et que nous sommes capables de créer une page web, il est temps de passer à l'étape suivante, à savoir la mise en forme de la page à l'aide des CSS.

À LIRE

Rodolphe Rimelé, *HTML 5 - Une référence pour le développeur web*, Eyrolles 2017

Mettre en forme avec les feuilles de styles CSS

Lorsque le HTML est apparu, sa vocation première était de traiter tous les aspects d'une page web : à la fois son contenu et son apparence. Se trouvaient donc mélangées dans le code HTML des balises s'occupant de la sémantique du contenu (tel texte est un paragraphe, tel autre texte est un titre) et des balises de formatage (tel texte doit être bleu et souligné).

Avec le temps, et particulièrement à partir de la version 4 d'HTML, la définition du contenu proprement dit d'une page web et son aspect ont été tenus séparés. Les avantages sont les suivants.

- **Centralisation des instructions relatives à l'apparence d'un site web.** Ainsi, si on veut des titres en gras de taille « 16 », on ne le définira pas au niveau de chaque titre de chaque page du site, mais à un seul endroit, où il sera facile d'en modifier au besoin les caractéristiques.
- **Séparation des différentes tâches de développement.** La division du travail permet au développeur de ne s'occuper que du contenu brut des pages HTML, tandis qu'un graphiste web se charge de définir l'apparence que doit prendre le site. L'un ne doit pas s'aventurer dans le code de l'autre, sous risque de représailles !

CSS signifie *Cascading Style Sheets* (en français, « feuilles de styles en cascade »). Analysons plus en détail ce sigle :

- « feuilles de styles » désigne simplement le fait que CSS permet de « styler » une page web et que son code, bien séparé du HTML, est placé dans des « feuilles » ;
- « en cascade » désigne la possibilité de définir à plusieurs endroits des styles s'appliquant à un même élément, tandis que des règles de priorité se chargent de départager ces instructions de style afin de savoir lesquelles il faut réellement appliquer à l'élément.

Analysons maintenant deux principes de base des CSS : les propriétés et les sélections d'éléments.

Les propriétés CSS

Changer l'apparence d'un objet se fait via des *propriétés*. Elles sont nombreuses et variées. Citons quelques exemples :

- `background-color` définit la couleur d'arrière-plan d'un élément HTML ;
- `border-width` définit la taille de la bordure d'un élément ;
- `height` définit la hauteur d'un élément ;
- `font-family` définit la police à utiliser pour les textes (Times, Arial, etc.).

À chaque propriété est associée une *valeur*. On associera par exemple la valeur `red` à la propriété `background-color`. En CSS, cette affectation s'écrit comme suit.

EXEMPLE 4.13 **Affectation d'une valeur à une propriété CSS**

```
background-color: red;
```

La propriété et sa valeur sont séparées par un signe deux-points ; le tout est terminé par un point-virgule.

Les sélecteurs CSS

Les propriétés CSS servent à définir l'apparence d'une page web, mais encore faut-il préciser à quel(s) élément(s) elles s'appliquent. C'est le rôle des sélecteurs. Ces derniers sélectionnent un élément HTML ou plusieurs, au(x)quel(s) on va appliquer une propriété ou plusieurs.

La syntaxe générale se présente ainsi.

SYNTAXE. **Syntaxe générale CSS**

```
selecteur {
  propriete1: valeur1;
  propriete2: valeur2;
  ...
}
```

On définit d'abord un sélecteur. Ensuite, entres accolades, on insère toutes les propriétés CSS que l'on désire appliquer aux objets sélectionnés.

Sélectionner toutes les balises de même nom

Il y a de nombreuses manières de définir un sélecteur. On peut décider de sélectionner toutes les balises portant un même nom. Par exemple, si on veut que tous les paragraphes HTML aient un fond rouge, on écrira les lignes de code suivantes.

EXEMPLE 4.14 **Fond rouge pour tous les paragraphes**

```
p {
  background-color: red;
}
```

Le sélecteur est simplement `p`, le nom de la balise choisie.

Sélectionner un élément particulier : id en HTML et # en CSS

Si on désire mettre en rouge une partie de la page en particulier, telle une liste, la première étape sera de donner un identifiant à cette partie dans le code HTML. Pour ce faire, on utilise l'attribut `id` comme suit.

EXEMPLE 4.15 Identifier un élément HTML avec l'attribut id

```
<ul id="listeDesPays">
  <li>Belgique</li>
  <li>France</li>
  <li>Allemagne</li>
</ul>
```

> **ATTENTION ! Protocole**
>
> Un `id` ne doit évidemment être attribué qu'à un seul élément, sous peine d'ambiguïté.
> Par ailleurs, il ne doit pas être confondu avec l'attribut `name` que l'on retrouve dans les formulaires et que nous découvrirons par la suite.

Ensuite, en CSS, pour sélectionner précisément cette partie, on fonctionnera ainsi.

EXEMPLE 4.16 Fond rouge pour la liste « listeDesPays »

```
ul#listeDesPays {
  background-color: red;
}
```

Le sélecteur est alors agrémenté du signe dièse suivi de l'`id` de l'élément.

Sélectionner quelques éléments de même nature : class en HTML et . en CSS

Si l'on désire cibler plusieurs éléments de même nature, mais pas tous, c'est également possible. Imaginons que, dans notre liste de pays, nous souhaitions mettre en bleu tous les pays francophones. Pour cela, il faut d'abord, en HTML, marquer ces éléments comme étant similaires. Cela se fait via l'attribut `class` :

EXEMPLE 4.17 Marquer des éléments similaires

```
<ul id="listeDesPays">
  <li class="francophone">Belgique</li>
  <li class="francophone">France</li>
  <li>Allemagne</li>
</ul>
```

Un élément HTML peut avoir plusieurs classes. En voici un exemple.

EXEMPLE 4.18 **Plusieurs classes pour un élément**

```
<ul id="listeDesPays">
  <li class="francophone neerlandophone">Belgique</li>
  <li class="francophone">France</li>
  <li>Allemagne</li>
</ul>
```

En CSS, on cible ensuite tous les éléments de même classe.

EXEMPLE 4.19 **Fond bleu pour les pays francophones**

```
li.francophone {
  background-color: blue;
}
```

Le sélecteur est alors agrémenté d'un point suivi de la classe à cibler. Dans notre exemple, Belgique et France auront un fond bleu, car tous deux sont « au moins » de classe `francophone`.

Appliquer une propriété seulement quand l'élément est dans un état donné

On peut également appliquer un ensemble de propriétés à un élément lorsqu'il est dans un certain état. Le sélecteur est alors agrémenté d'un deux-points suivi de l'état à cibler. Exemple courant : imaginons que l'on veuille colorer en rouge les liens hypertextes au survol de la souris. Le code correspondant se présente ainsi.

EXEMPLE 4.20 **Liens en rouge au survol de la souris**

```
a:hover {
  color: red;
}
```

Ce sélecteur signifie « tous les éléments `a` lorsqu'ils sont survolés ».

Voici quelques états possibles pour les liens hypertextes :

- `link` : tous les liens non visités ;
- `visited` : tous les liens visités ;
- `hover` : tous les liens survolés ;
- `active` : tous les liens « actifs » (qui ont le focus).

Combiner les sélecteurs

On peut également « imbriquer » des sélecteurs pour plus de raffinement. Imaginons les listes suivantes.

EXEMPLE 4.21 Deux listes différentes, mais avec mêmes classes

```
<ul id="listeDesPays">
  <li class="francophone neerlandophone">Belgique</li>
  <li class="francophone">France</li>
  <li class="germanophone">Allemagne</li>
</ul>
<ul id="listeDesPresidents">
  <li class="francophone">Emmanuel Macron</li>
  <li class="anglophone">Donald Trump</li>
  <li class="francophone">Joseph Kabila</li>
</ul>
```

Ici, les mêmes classes ont été appliquées à deux listes différentes. Si l'on veut mettre en bleu les pays francophones, mais pas les présidents francophones, voici comment on l'écrira en CSS.

EXEMPLE 4.22 Fond bleu pour les pays francophones

```
ul#listeDesPays li.francophone {
  background-color: blue;
}
```

Dans ce cas, le sélecteur signifie « tous les éléments `li` qui ont la classe `francophone` et qui se trouvent dans un élément `ul` d'id`listeDesPays` ».

Si l'on veut appliquer un même ensemble de propriétés à plusieurs sélecteurs, il faut séparer ces derniers par des virgules.
Le code suivant :

EXEMPLE 4.23 Fond bleu pour les francophones et les anglophones

```
li.francophone, li.anglophone {
  background-color: blue;
}
```

est équivalent à :

EXEMPLE 4.24 Fond bleu pour les francophones et les anglophones

```
li.francophone {
  background-color: blue;
}

li.anglophone {
  background-color: blue;
}
```

On peut très bien combiner la sélection d'un élément et un état particulier, comme vous pouvez le voir ici.

EXEMPLE 4.25 **Liens vers Google en rouge au survol de la souris**

```
a#lienVersGoogle:hover {
  color: red;
}
```

Ce sélecteur signifie « lorsque l'élément `a` dont l'`id` est `lienVersGoogle` est survolé ».

Sélectionner tous les éléments

Enfin, sachez que l'étoile permet de sélectionner tous les éléments.

EXEMPLE 4.26 **Fond rouge pour tous (pénible au regard, on vous l'accorde)**

```
* {
  background-color: red;
}
```

D'autres sélecteurs existent encore, mais pour les découvrir, nous vous renvoyons à d'autres ouvrages ou sites web.

Lier CSS et HTML

Nous venons de voir comment cibler des éléments et modifier leur apparence grâce à des instructions CSS. Il vous reste à savoir où placer ce code. Plusieurs possibilités s'offrent à vous.

Placer le code CSS dans les balises HTML

Une première (mauvaise) possibilité consiste à placer directement des règles CSS au niveau des éléments HTML, à l'aide de l'attribut `style`. C'est ce qu'on appelle du CSS *inline*.

EXEMPLE 4.27 **Document HTML contenant des règles CSS**

```
<!DOCTYPE html>
<html lang="fr">
  <head>
    <meta charset="utf-8">
    <title>La Libre France - Actualités</title>
  </head>
  <body>
    <h1>Liste de pays</h1>
    <ul>
```

```
      <li style="background-color: red;">Belgique</li>
      <li style="background-color: red;">France</li>
      <li>Allemagne</li>
    </ul>
  </body>
</html>
```

Cette méthode est fortement déconseillée, car on perd tout l'avantage de la séparation du contenu et de la forme.

Placer le code CSS dans l'en-tête du fichier HTML

Deuxième solution : vous pouvez placer le code CSS dans l'en-tête du fichier HTML. C'est un peu mieux, mais pas optimal. Il faudra l'insérer dans une balise nommée <style>, elle-même placée dans la balise <head>.

EXEMPLE 4.28 Règles CSS placées dans le code HTML

```
<!DOCTYPE html>
<html lang="fr">
  <head>
    <meta charset="utf-8">
    <title>La Libre France - Actualités</title>
    <style>
      ul#listeDesPays li.francophone {
        background-color: blue;
      }
    </style>
  </head>
  <body>
    <h1>Liste de pays</h1>
    <ul id="listeDesPays">
      <li class="francophone neerlandophone">Belgique</li>
      <li class="francophone">France</li>
      <li>Allemagne</li>
    </ul>
  </body>
</html>
```

Cet exemple nous donne le rendu suivant

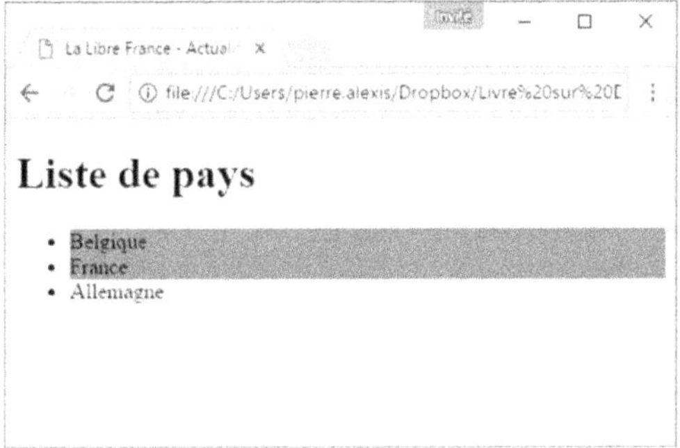

Figure 4–13
Notre premier CSS !

Placer le code CSS dans un fichier séparé

La troisième solution, préférable, consiste à placer le code dans un fichier séparé, auquel on donne l'extension `.css`. Ensuite, dans le HTML, on insère dans l'en-tête un lien vers ce fichier CSS.

EXEMPLE 4.29 Document HTML avec lien vers un fichier CSS

```
<!DOCTYPE html>
<html lang="fr">
  <head>
    <meta charset="utf-8">
    <title>La Libre France - Actualités</title>
    <link rel="stylesheet" type="text/css" href="styleAffreux.css" />
  </head>
  <body>
    <h1>Liste de pays</h1>
    <ul id="listeDesPays">
      <li class="francophone neerlandophone">Belgique</li>
      <li class="francophone">France</li>
      <li>Allemagne</li>
     </ul>
  </body>
</html>
```

EXEMPLE 4.30 Contenu de styleAffreux.css

```
ul#listeDesPays li.francophone {
  background-color: blue;
}
```

La meilleure solution reste de placer en effet son CSS dans un fichier. Ainsi, graphistes et développeurs peuvent travailler en totale indépendance, et le fichier CSS peut être utilisé pour plusieurs pages différentes. C'est votre première CSS, mais par la suite vous n'aurez de cesse de recourir à cette pratique !

Dans les sections suivantes, nous allons nous attarder sur quelques propriétés et concepts CSS bien utiles, et parfois peu aisés à appréhender.

Dimensions des éléments en CSS

CSS considère tout élément HTML comme une *boîte* ou, en d'autres mots, comme un rectangle possédant une largeur et une hauteur. Il convient d'être plus précis sur la notion de boîte. En effet, un élément peut posséder des marges extérieures, intérieures et des bordures, comme illustré à la figure suivante.

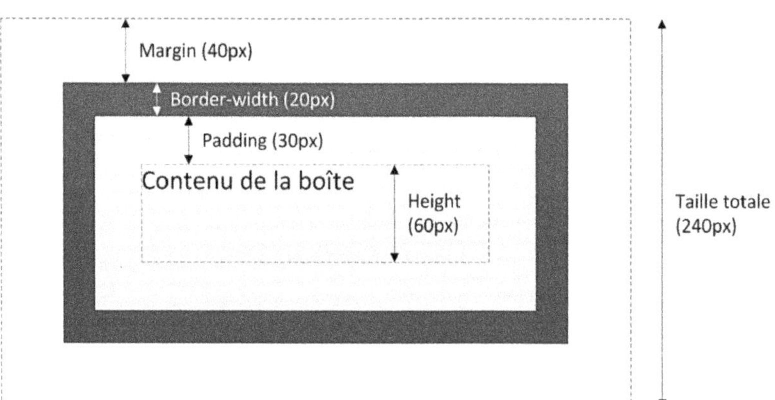

Figure 4–14
Le modèle de « boîte » CSS

Marge extérieure (appelée `margin` en anglais), marge intérieure (`padding`), bordure (`border`), hauteur (`height`) et largeur (`width`) peuvent être modifiées à notre guise via des propriétés CSS ad hoc. Pour l'élément représenté sur la figure, on aura le CSS suivant (on imagine que l'élément est un paragraphe).

EXEMPLE 4.31 Personnalisation des dimensions d'un élément

```
p {
   margin: 40px;
   padding: 30px;
   height: 60px;
   border: 20px solid black;
   width: 100%; ❶
}
```

À la lecture de ce code, on constate qu'on a défini une hauteur fixe en pixels. La largeur, en revanche, a été définie comme étant égale à 100 % ❶, ce qui signifie que la boîte va prendre toute la place disponible en largeur.

Chaque élément possède des valeurs par défaut pour ces différentes propriétés CSS. Par exemple, les paragraphes ont par défaut une marge verticale permettant de les espacer les uns des autres.

Modifier ces valeurs donne donc toute liberté pour changer l'aspect des pages web. Nous nous attarderons par la suite sur un exemple plus complet illustrant un usage judicieux de ces propriétés.

Imbrication des éléments (boîtes)

En CSS (ainsi qu'en HTML, et en Russie chez les poupées...), les éléments sont tous imbriqués. L'élément principal, qui englobe tous les autres, est le `html`. Ensuite, chaque élément peut lui-même englober d'autres éléments, qui eux-mêmes peuvent en englober d'autres, et ainsi de suite. La figure suivante illustre ce principe d'imbrication.

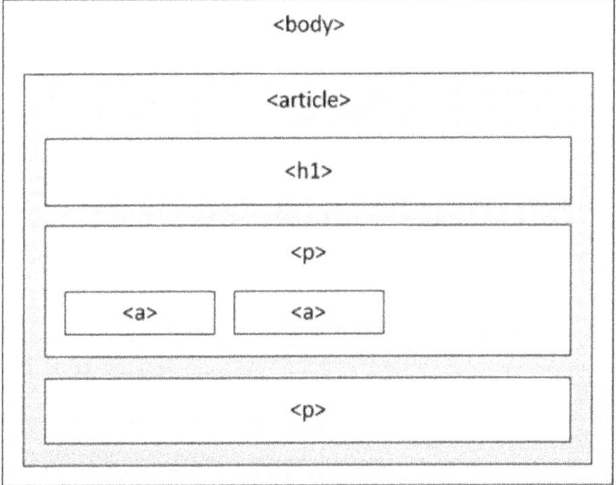

Figure 4–15
Imbrication de « boîtes » en CSS

Ce concept d'imbrication amène les notions suivantes :

- lorsqu'un élément en contient un autre, il est nommé « parent » ;
- un élément contenu dans un autre est nommé « enfant » ;
- tous les éléments enfants d'un même parent sont des « frères ».

Souvent, le comportement d'un enfant sera dépendant de celui de son parent et de ses frères. Lorsqu'on spécifie par exemple que la largeur d'un élément doit être égale à 100 %, c'est toujours par rapport au parent. L'élément prendra la totalité de la largeur héritée du parent, et non la totalité de la largeur de la fenêtre.

Positionnement par défaut des éléments en CSS

Positionner les éléments peut se révéler ardu si l'on ne comprend pas comment CSS procède.

En CSS, tous les éléments *frères* se suivent dans leur *parent*. En d'autres mots, ils sont placés « l'un après l'autre ». Cette expression diffère cependant en fonction du type d'éléments en présence. Fondamentalement, il existe deux types d'éléments.

- Les **éléments** `block` prennent (par défaut) la totalité de la largeur disponible. « Se suivre » signifie donc pour eux « être placés l'un en dessous de l'autre ». Les éléments de type `block` sont, par exemple, les paragraphes, les articles, les sections, les titres et les listes.
- Les **éléments** `inline` prennent la largeur de leurs contenus, comme les balises représentant des liens hypertextes. « Se suivre » signifie donc pour ces éléments « être placé l'un à côté de l'autre, avec éventuellement un retour à la ligne s'il n'y a plus de place horizontalement ». Les éléments de type `inline` sont, par exemple (et assez naturellement), les images, les liens hypertextes, les balises de mise en emphase et les boutons.

La figure suivante illustre ces deux concepts.

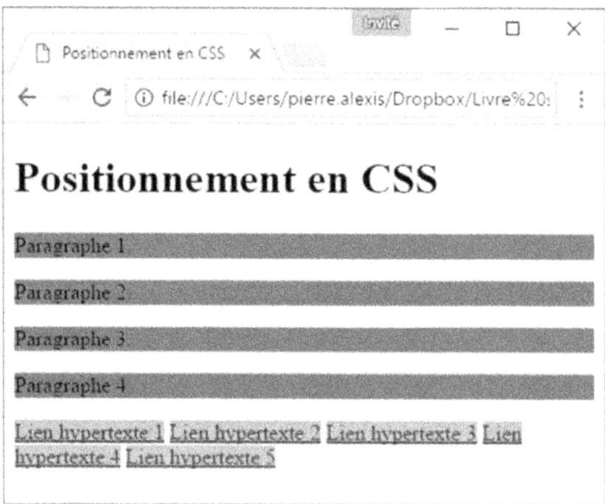

Figure 4–16
Positionnement en CSS

On voit clairement que les paragraphes prennent toute la largeur de la fenêtre (si on exclut les marges) et que les liens hypertextes prennent juste la largeur de leurs textes.

Lorsque des éléments frères sont positionnés en se suivant « l'un après l'autre », on dit qu'ils suivent le « flux courant ».

Il est important de noter que seuls les éléments de type `block` peuvent voir leurs dimensions modifiées à l'aide des propriétés `margin`, `width` et `height`.

Sortir certains éléments du flux

CSS permet de *sortir* des éléments du flux courant d'affichage. Ce mécanisme est un des plus complexes à comprendre, c'est pourquoi nous nous y attardons.

Lorsqu'on sort un élément du flux courant, il n'est plus placé par rapport à ses frères (qui se suivent « l'un après l'autre »). Un exemple est donné à la figure suivante.

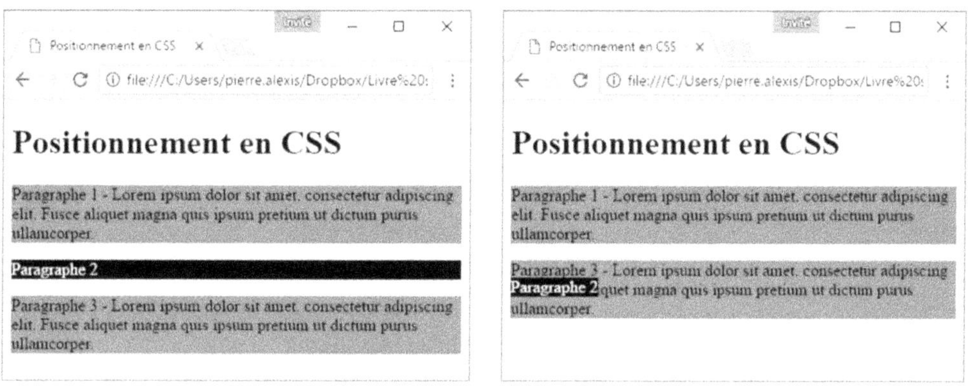

Figure 4–17 Le paragraphe 2 est sorti du flux courant.

Dans cet exemple, nous avons sorti le paragraphe 2 du flux. C'est triste pour ses frères, mais c'est comme s'il n'existait plus : le paragraphe 3 vient se placer après le paragraphe 1. Il est intéressant de noter également qu'après être sorti du flux, le paragraphe 2 a pris, par défaut, la largeur de son contenu.

La sortie du flux se fait via la propriété CSS `position`, qui peut prendre plusieurs valeurs, en fonction de ce que l'on désire.

- `static` : valeur par défaut de la propriété. Indique que l'élément doit rester dans le flux.
- `relative` : ne sort pas l'élément du flux, mais permet de décaler sa position par rapport à celle qu'il aurait dans le flux. Pour effectuer un décalage, on utilise les propriétés `top`, `left`, `right` et `bottom`.
- `absolute` : sort l'élément du flux. On peut également utiliser les propriétés CSS `top`, `left`, `right` et `bottom` pour définir le positionnement de l'élément, lequel se fera par rapport au premier élément parent qui a une position autre que statique. S'il n'y en a aucun, ce sera par rapport à l'élément racine `html` (en d'autres mots, par rapport au début de la page web).

La figure page suivante illustre les positions relative et absolue.

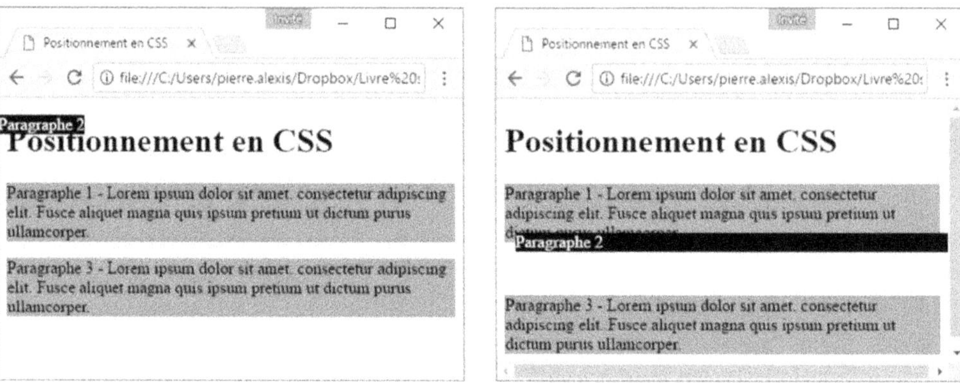

Figure 4–18 Exemple de positionnements absolu et relatif

Dans l'exemple de gauche, le paragraphe 2 a été mis en position `absolute` avec `top` et `left` à 0 à l'aide du code suivant.

EXEMPLE 4.32 Positionnement absolu du paragraphe 2

```
p#p2 {
  position: absolute;
  top: 0;
  left: 0;
}
```

Résultat : le paragraphe a été positionné en haut à gauche du premier élément parent qui n'est pas en position *statique*. Dans notre cas, le paragraphe a été placé par rapport au début de la page. Le paragraphe 3, quant à lui, est « remonté » pour prendre la place du paragraphe 2 qui a quitté le flux.

Dans l'exemple de droite, le paragraphe 2 a été mis en position `relative` avec `top` à -25 px et `left` à +10 px à l'aide du code suivant.

EXEMPLE 4.33 Positionnement relatif du paragraphe 2

```
p#p2 {
  position: relative;
  top: -25px;
  left: 10px;
}
```

Résultat, le paragraphe a été décalé par rapport à sa position initiale dans le flux : de 25 pixels vers le haut et de 10 pixels vers la droite. Ce décalage ne modifie en rien la position du paragraphe frère suivant (le paragraphe 3), qui agit comme si le paragraphe 2 était à sa position initiale dans le flux.

Application à un exemple concret plus complet

On vous l'accorde, les concepts de dimension et de positionnement introduits dans les sections précédentes restent assez abstraits. Pour y voir un peu plus clair, intéressons-nous maintenant à un exemple concret d'application de ces concepts.

Imaginons que l'on veuille créer une page web contenant les éléments suivants : un en-tête pour placer une bannière, un menu à gauche, un menu à droite et, au centre, le contenu réel de la page. On aimerait que la largeur des menus soit fixe, de même que la hauteur de la bannière. Sous forme de maquette, cela ressemblerait à ceci.

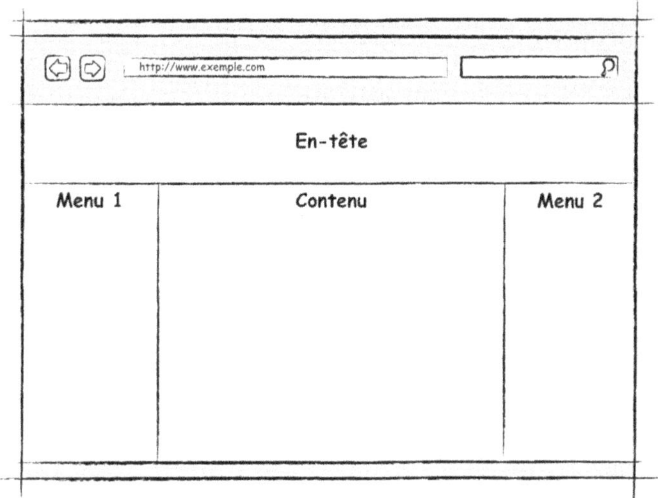

Figure 4–19
Maquette de notre page web d'exemple

Avant d'attaquer la CSS, écrivons d'abord le code HTML correspondant.

EXEMPLE 4.34 Code HTML de la page

```
<!DOCTYPE html>
<html lang="fr">
  <head>
    <meta charset="utf-8">
    <title>Ma page web</title>
  </head>
  <body>
    <header id="enTete">
      <p>En-tête de la page</p>
    </header>
    <aside id="menu1">
      <p>Ceci est le menu 1</p>
    </aside>
    <aside id="menu2">
```

```
            <p>Ceci est le menu 2</p>
        </aside>
        <section id="contenu">
            <h1>Contenu</h1>
            <p>Ceci est le contenu</p>
        </section>
    </body>
</html>
```

Pour mieux comprendre, nous avons coloré chacun des éléments à l'aide de cette CSS, dont les instructions sont placées dans l'en-tête de la page.

EXEMPLE 4.35 Mise en couleur des éléments

```
<head>
    <title>Ma page web</title>
    <style>
        header#enTete {
            background-color: red;
        }
        aside#menu1 {
            background-color: green;
        }
        aside#menu2 {
            background-color: yellow;
        }
        section#contenu {
            background-color: blue;
        }
    </style>
</head>
```

On constate, et c'est normal, que tous les éléments se suivent les uns après les autres puisque, par défaut, ils font tous partie du flux courant.

Essayons maintenant de placer le premier menu à gauche et le deuxième menu à droite. Pour ce faire, sortons-les du flux en leur attribuant une position absolue. Profitons-en pour leur donner ensuite une largeur fixe de 80px.

Nous ajoutons enfin les instructions CSS suivantes.

EXEMPLE 4.36 Positionnement absolu des menus

```
aside#menu1, aside#menu2 {
    top: 0;
    width: 80px;
    position: absolute;
}
```

```
aside#menu1 {
  background-color: green;
  left: 0;
}

aside#menu2 {
  background-color: yellow;
  right: 0;
}
```

On aimerait maintenant que les menus se trouvent sous la bannière ; il suffit de les déplacer vers le bas à l'aide de la propriété `top`. De même, on aimerait que la bannière ait une hauteur fixe de 50 pixels et qu'elle soit « collée » aux bords de la page ; nous allons pour cela passer cet élément en position absolue. Lorsqu'il s'agit de toucher à des propriétés telles que la hauteur et la position, il est souvent plus facile de travailler en position absolue, afin de ne pas subir des effets de bords dus au positionnement automatique dans le flux courant.

Nous allons donc écrire le code correspondant à cette procédure.

EXEMPLE 4.37 Positionnement absolu de l'en-tête

```
header#enTete {
  background-color: red;
  height: 50px;
  position: absolute; ❶
  top: 0; ❷
  left: 0; ❸
  width: 100%; ❹
}

aside#menu1, aside#menu2 {
  top: 50px;
  width: 80px;
  position: absolute;
}
```

Grâce à ce code, nous sortons le `header` du flux courant ❶, nous le plaçons tout en haut ❷ à gauche ❸ et lui demandons de prendre la totalité de la largeur ❹.

Le rendu est visible sur la figure suivante.

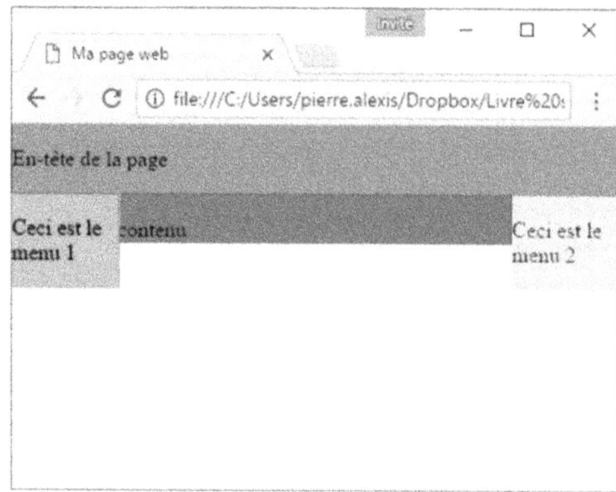

Figure 4–20
Positionnement de l'en-tête

Il reste un tout dernier problème à régler. Le contenu se trouve derrière les boîtes que nous avons placées en position absolue. Un moyen simple de résoudre ce problème consiste à ajouter des marges extérieures à la boîte de contenu : plus précisément, une marge en haut de taille égale à la hauteur de l'en-tête, et des marges à droite et à gauche de taille égale à la largeur des menus. Afin de ne pas « coller » la boîte de contenu aux boîtes qui l'entourent, nous allons augmenter ces trois marges de 10 pixels.

Voici le code qui y correspond.

EXEMPLE 4.38 Décalage du contenu

```
section#contenu {
  background-color: blue;
  margin-top: 60px;
  margin-left: 90px;
  margin-right: 90px;
}
```

Chose étrange, la boîte de contenu n'est certes pas collée à ses boîtes adjacentes, mais l'espace à droite et à gauche est plus important que celui d'en haut ! Pourtant, nous avons ajouté exactement 10 pixels à chacune des trois marges… L'explication est simple : le `body` possède lui aussi des marges qu'il va falloir annuler (si vous reprenez les premiers exemples, vous verrez que les boîtes du flux ne sont pas collées au bord de la page). Pour annuler les marges du `body`, on écrira le code qui suit.

EXEMPLE 4.39 Ajustement du décalage du contenu

```
body {
  margin: 0;
  padding: 0;
}
```

Le rendu est cette fois celui espéré.

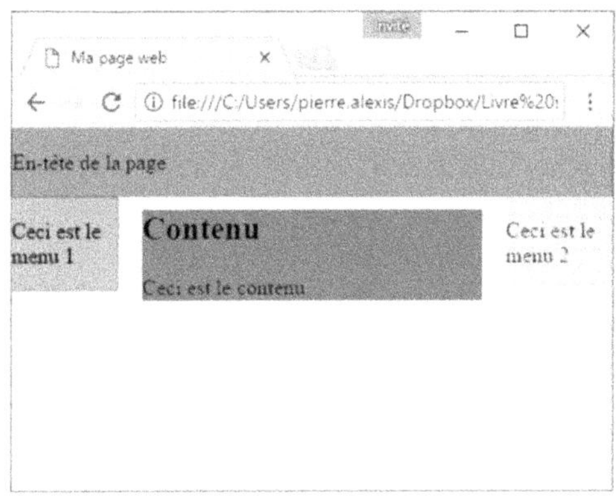

Figure 4–21 Ajustement du décalage du contenu

Créer un site web « responsive »

Avec l'avènement des smartphones, tablettes et autres appareils aux formes et tailles variées, s'est répandu un nouveau mode de conception des sites web : le design web adaptatif ou « responsive » en anglais. L'idée est d'adapter l'affichage d'un même site web en fonction de la taille de l'écran sur lequel il est consulté, et ce afin d'offrir un confort visuel optimal. Il est évident que sur un écran de 27 pouces on peut afficher bien plus de choses que sur le miniécran d'un téléphone 3,5 pouces, même si on le regarde avec des lunettes à triple foyer.

C'est la troisième version de CSS qui va nous apporter les outils nécessaires pour réaliser un design adaptatif. Et rassurons-nous, c'est beaucoup plus simple qu'on ne pourrait le craindre. La clé réside dans l'utilisation des *medias queries* qui permettent d'appliquer des règles CSS différentes selon la taille de l'écran.

Un exemple valant mille discours, passons directement à la pratique. Reprenons notre page créée précédemment et imaginons qu'on veuille modifier son *layout* pour les petits écrans dont la largeur est inférieure à 500 pixels et ne plus afficher l'en-tête, ni le deuxième menu. Seuls doivent rester le menu de premier niveau et le bloc de contenu, positionnés l'un en dessous de l'autre.

On va utiliser deux *medias queries* et organiser le code ainsi.

EXEMPLE 4.40 Syntaxe générale CSS

```
# instructions CSS pour tous les écrans ❶

@media (min-width:500px) {
  # instructions CSS pour les grands écrans ❷
}

@media (max-width:499px) {
  # instructions CSS pour les petits écrans ❸
}
```

Nous avons maintenant trois blocs de code CSS. Dans le premier ❶, en dehors des instructions `@media`, nous allons placer les instructions CSS qui sont valables pour tous les écrans, la couleur de fond de l'en-tête et des menus. Dans le deuxième bloc ❷, sous l'instruction `@media (min-width:500px)`, nous allons placer le code CSS valable pour les écrans dont la taille est supérieure à 500 pixels. Enfin, dans le troisième bloc ❸, sous l'instruction `@media (max-width:499px)`, nous allons placer le code qui concerne les écrans dont la taille est inférieure à 499 pixels.

Pour réaliser le layout désiré en fonction de la taille, voici le code complet à écrire en CSS.

EXEMPLE 4.41 Un layout différent en fonction de la taille de l'écran

```
body {
  margin: 0;
  padding: 0;
}

header#enTete {
  background-color: red;
}

aside#menu1 {
  background-color: green;
}

aside#menu2 {
  background-color: yellow;
}

section#contenu {
  background-color: blue;
}

@media (min-width:500px) {
  section#contenu {
    margin-top: 60px;
    margin-left: 90px;
    margin-right: 90px;
  }
  aside#menu2 {
    right: 0;
  }
  aside#menu1 {
    left: 0;
  }
  aside#menu1, aside#menu2 {
    top: 50px;
    width: 80px;
```

```
    position: absolute;
  }
  header#enTete {
    height: 50px;
    position: absolute;
    top: 0;
    left: 0;
    width: 100%;
  }
}

@media (max-width:499px) {
  header#enTete, aside#menu2 {
    display: none;
  }
  aside#menu1 {
    position: absolute;
    top: 0;
    left: 0;
    width: 100%;
  }
  section#contenu {
    margin-top: 60px;
  }
}
```

Ouvrez la page dans votre navigateur favori, redimensionnez sa fenêtre et, ô magie, en deçà d'une certaine taille, devant vos yeux écarquillés, le layout de notre site change complètement ! En atteste l'image suivante.

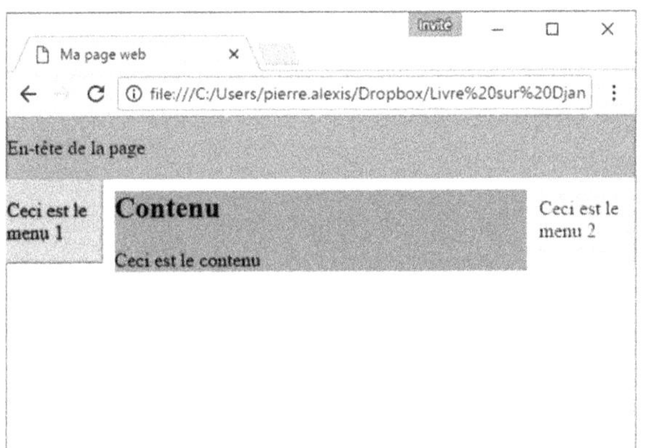

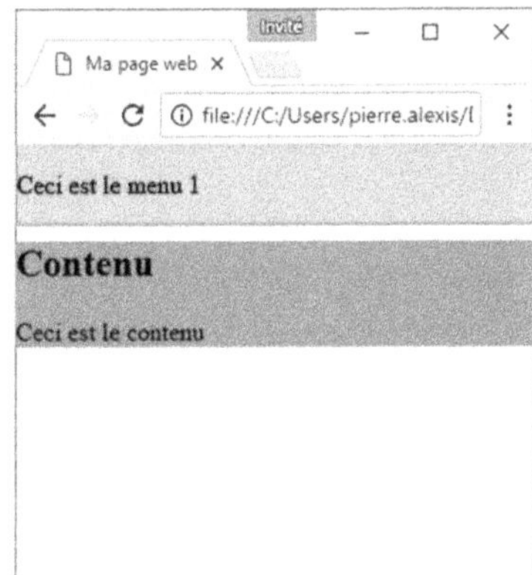

Figure 4–22 Notre page web est responsive !

Nous terminons ici notre tour d'horizon des CSS. Nous avons volontairement omis de vous parler en détail de toutes les propriétés possibles, car elles sont pour la plupart triviales à utiliser. Il était préférable de se focaliser sur les quelques concepts difficiles à comprendre et à maîtriser.

> **À LIRE Ressources sur les CSS**
>
> Afin d'avoir un aperçu exhaustif de toutes les propriétés possibles et de leurs utilisations, nous ne pouvons que vous conseiller de vous référer au site web suivant, qui contient une référence complète sur les CSS, agrémentée de nombreux exemples et de tutoriels.
>
> ▸ http://www.w3schools.com/
>
> Nous recommandons également l'ouvrage de Raphaël Goetter :
>
> 📖 Raphaël Goetter, *CSS avancées*, Eyrolles 2012

Dynamiser les pages web « à la volée » avec JavaScript

Les pages web que nous avons créées jusqu'à présent sont dépourvues de dynamisme et d'interactivité avec l'internaute. Une fois affichées par le navigateur, elles ne bougent plus (si l'on excepte le côté « responsive » de nos pages). Leur aspect demeure identique, tandis que tous leurs éléments restent à la même place et conservent leur apparence.

Or, dans certains cas, il serait intéressant de pouvoir modifier l'aspect de la page en fonction d'*événements*. Vous pourrez par exemple :

- faire apparaître un menu lorsque la souris survole un texte ou une image ;
- avoir des liens « lire la suite » qui, lorsqu'on clique dessus, affichent la suite du texte que l'on est en train de lire *sur la même page* ;
- valider un champ de formulaire lorsque l'utilisateur saisit sa valeur et afficher, le cas échéant, un message d'erreur dans le cas d'une saisie incorrecte, avant même que le formulaire ne soit soumis au serveur.

Le DHTML *(Dynamic HTML)* ajoute ce genre de dynamisme et d'interactivité à une page web. Il ne s'agit pas d'un langage à proprement parler, mais d'une combinaison de technologies. Notez que l'expression « *dynamic HTML* » n'est plus très à la mode, mais qu'étant donné qu'il exprime parfaitement ce dont il s'agit, nous le conserverons dans cet ouvrage.

Les événements

Le DHTML se base sur la notion d'*événement*. HTML prévoit en effet une série d'événements associés à ses éléments. On aura par exemple :

- `click` : se produit lorsqu'on clique sur un élément ;
- `dblclick` : se produit lorsqu'on double-clique sur un élément ;
- `mouseover` : se produit lorsqu'on passe la souris sur un élément ;
- `change` : se produit lorsque la valeur d'un champ de formulaire change.

C'est à ces événements que l'on va réagir à l'aide du code approprié, qui changera l'aspect et le contenu de la page.

Langage de programmation de scripts

La deuxième technologie nécessaire pour dynamiser le HTML est le langage de programmation de scripts. Celui-ci est chargé d'adapter l'aspect et le contenu d'une page web, en réaction à des événements. On pourra à la fois modifier le HTML de la page (ajouter des éléments, en retirer, changer leur contenu) et modifier les CSS du document.

Les deux principaux langages qui peuvent être utilisés sont le JavaScript et le VBScript. Ce dernier n'étant utilisable que sous Internet Explorer, c'est tout naturellement JavaScript qui a rencontré les faveurs de la majorité des développeurs, notamment parce qu'il est compatible avec tous les navigateurs.

Pour l'essentiel, ce livre se concentre sur un dynamisme qui se déploie côté serveur, mais nous retrouverons JavaScript en appoint de Django dans le dernier chapitre, lorsqu'il sera question de répartir un peu d'interactivité aussi du côté client. Il est en effet capital d'ores et déjà de noter que ces langages de scripts s'exécutent *côté client*, c'est-à-dire dans le navigateur et non dans le serveur.

La syntaxe de JavaScript est proche de celle de Java, mais plus simple (mais n'allez jamais le répéter à un programmeur Java susceptible !). Nous n'allons pas étudier en détail cette syntaxe ; les exemples que nous vous proposerons suffiront à sa compréhension.

Un premier exemple de DHTML

Imaginons que nous ayons dans notre page HTML un article composé de deux paragraphes. Le premier représente un petit texte « d'accroche », le second est l'article dans son intégralité. Par défaut, on veut que seul le premier paragraphe soit affiché et que l'autre ne soit visible que lorsqu'on clique sur un lien « Lire l'article complet ».

EXEMPLE 4.42 Code HTML d'un article de deux paragraphes

```
<!DOCTYPE html>
<html lang="fr">
  <head>
    <title>Ma page web</title>
  </head>
  <body>
    <article id="contenu">
      <p id="accroche">Le Président est mort (<a href="#" ➊>lire l'article
      complet</a>)</p>
      <p id="articleComplet">Hier soir, après avoir visionné la dernière
      comédie d'Alain Chabat, le Président a déclaré
      «Je suis mort de rire!»</p>
    </article>
  </body>
</html>
```

Le rendu est, sans surprise, le suivant.

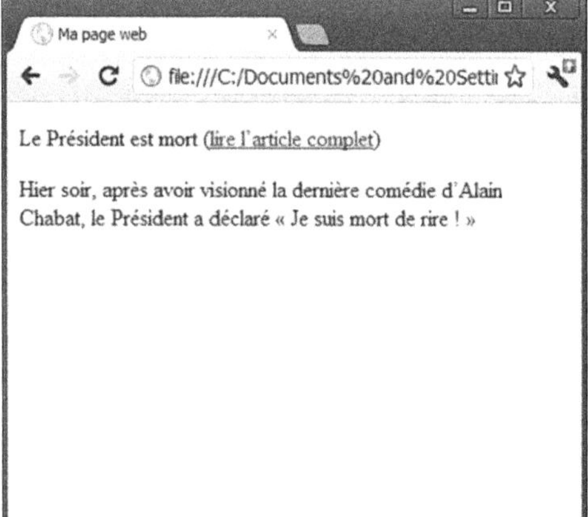

Figure 4–23 Un article composé de deux paragraphes et un lien

Notez que, comme cible pour le lien, nous avons mis # ➊. Cela permet de rester sur la page lorsqu'on clique sur le lien.

Afin que le deuxième paragraphe soit par défaut invisible, nous allons ajouter le code CSS suivant.

EXEMPLE 4.43 Masquage du paragraphe

```
p#articleComplet {
  display: none;
}
```

Passons maintenant à l'écriture du code JavaScript. Au clic de la souris sur le lien, nous allons simplement changer le code CSS du paragraphe (et sa propriété `display`) pour le rendre à nouveau visible. Le code se présentera comme suit.

EXEMPLE 4.44 Code JavaScript pour réafficher le paragraphe

```
document.getElementById('articleComplet').style.display='block'
```

Ce code va chercher l'élément dont l'`id` est `articleComplet`, puis modifie sa propriété CSS `display`. Nous assignons à cette propriété la valeur `block`, car un paragraphe est un élément de ce type.

Où mettre ce code ? Le placer directement au niveau du lien peut être une solution.

EXEMPLE 4.45 Masquage du paragraphe

```
<a href="#" onclick=
"document.getElementById('articleComplet').style.display='block'">lire
l'article complet</a>
```

Le code est placé dans l'attribut `onclick` de l'élément `a`. Il se déclenchera lors du clic sur le lien.

Le code peut aussi être placé dans une balise `<script>` située dans l'en-tête du document. Dans ce cas, il devra être écrit dans une *fonction*, qui sera appelée via l'événement `onclick`.

EXEMPLE 4.46 Le code est mis dans l'en-tête

```
<script type="text/javascript">
  function afficherArticleComplet()
  {
    document.getElementById('articleComplet').style.display='block'
  }
</script>
```

EXEMPLE 4.47 Appel de la fonction au niveau du lien

```
<a href="#" onclick="afficherArticleComplet()">lire l'article complet</a>
```

Une autre possibilité, toujours dans l'idée de séparer au mieux les métiers, est de placer le code dans un fichier séparé d'extension `.js`, que l'on liera à notre HTML, comme suit, à l'aide de la balise placée dans l'en-tête.

SYNTAXE. Inclusion d'un fichier .js dans le HTML

```
<head>
  <script type="text/javascript" src="monJavaScript.js"></script>
</head>
```

jQuery et les frameworks JavaScript

Aux prémices du DHTML, un casse-tête venait entraver le travail des développeurs : d'un navigateur à l'autre, le code JavaScript n'était pas tout à fait le même pour arriver à un résultat identique. Par exemple, pour récupérer un élément à partir de son `id`, il existait plusieurs méthodes.

EXEMPLE 4.48 Récupération d'un élément par son id

```
/* Méthode standard */
document.getElementById(ID)

/* Internet Explorer */
document.all(ID)

/* Netscape */
eval('document.' + ID)
```

Il n'était donc pas rare de voir du code ressemblant à « If Internet Explorer Alors, If Firefox Alors, etc. ».

Afin de faciliter la vie des développeurs, sont apparus des *frameworks* JavaScript dont l'objectif était de cacher cette complexité. Le framework offrait alors ses propres fonctions, lesquelles se chargeaient d'écrire le bon code pour le bon navigateur. Le rôle de ces frameworks s'est très vite étendu pour compiler et offrir des fonctions nouvelles souvent utilisées par les développeurs. Aujourd'hui, un des frameworks les plus connus et utilisés est jQuery. Il permet entre autres de :

- simplifier et enrichir l'accès aux éléments de la page ;
- simplifier et enrichir la gestion des événements ;
- appliquer des effets et des animations éléments d'une page web ;
- simplifier l'application de styles à des éléments.

Écrit en JavaScript, jQuery est donc devenu *le* framework du DHTML par excellence.

Concrètement, jQuery se présente sous la forme d'un fichier JavaScript comprenant une série de fonctions. Ce fichier est téléchargeable sur le site officiel du framework. Une fois téléchargé, pour l'utiliser, il suffit de l'inclure dans l'en-tête du fichier HTML.

SYNTAXE. **Inclusion du framework jQuery**

```
<head>
  <script type="text/javascript" src="jquery-3.2.1.min.js"></script>
</head>
```

Une fois le framework inclus, celui-ci s'utilise notamment via la fonction `$`, qui sélectionne des éléments de la page web.

SYNTAXE. **Sélection d'éléments en jQuery**

```
$('*') /* Sélectionne tous les éléments */
$('#bla') /* Sélectionne l'élément portant l'id «bla» */
$('.fr') /* Sélectionne tous les éléments de classe «fr» */
```

On le voit, la sélection d'éléments s'opère de la même manière que dans les CSS.

Les éléments étant sélectionnés, on peut les manipuler.

SYNTAXE. **Manipulation d'éléments en jQuery**

```
$('#bla').hide() /* Cache l'élément */
$('#bla').fadeIn() /* Affiche l'élément avec un effet de fondu */
$('#bla').addClass() /* Ajoute à l'élément une classe CSS */
$('#bla').outerHeight() /* Récupère la hauteur totale d'un élément */
$('#bla').css("background-color","yellow") /* Change la couleur de
                                               fond de l'élément */
```

De nombreuses autres possibilités sont offertes par jQuery. Nous ne les présenterons pas ici, l'objectif étant de vous offrir juste un petit aperçu de cette technologie et de son rôle dans le cadre du développement web.

> **À LIRE jQuery**
>
> Si vous désirez en apprendre plus sur jQuery :
>
> Éric Sarrion, *jQuery 1.7 et jQuery UI*, 2e édition, Eyrolles 2012

Ai-je bien compris ?

- Quel rapport peut-on faire entre le modèle MVC et l'ensemble HTML-CSS-JavaScript ?
- Quelles différences y a-t-il entre jQuery, DHTML et JavaScript ?
- En CSS, quelle est la différence entre les positionnements « absolu » et « relatif » ?

5

Mise en application : un site web inspiré de Facebook

Ce chapitre présente le projet de développement qui servira de base à tous les autres chapitres : Trombinoscoop. Tout projet web démarre par la rédaction de ses cas d'utilisation (use cases) et la conception de ses wireframes d'une part, et par la constitution d'une base de données relationnelle côté serveur d'autre part. Quelques rappels théoriques sur le modèle relationnel se révèlent indispensables. Django exige que le modèle de données soit réalisé via un diagramme de classes, donc dans une perspective purement orientée objet. Par conséquent, quelques lignes sont consacrées à l'épineux problème de la mise en correspondance entre le modèle relationnel et le modèle objet.

SOMMAIRE

Cette section décrit le projet de site web que nous réaliserons à partir de Django. Son développement sera exposé sous forme de tutoriel qui servira de fil conducteur à l'apprentissage du framework Django. Il sera construit progressivement, à mesure que de nouvelles notions seront introduites. Il permettra de comprendre par la pratique et concrètement chaque aspect du framework.

Comme pour tout projet de développement informatique, nous allons également passer par une phase préalable d'*analyse*. Décrire brièvement les fonctionnalités que l'on désire voir sur le site web ne suffit pas. Avant d'écrire la moindre ligne de code, il est important de se poser un instant et de prendre un peu de recul, pour réfléchir à ce que l'on va réellement développer et à la structure de certains éléments du code.

C'est pourquoi ce chapitre se propose également de vous présenter brièvement quelques méthodes d'analyse. Rassurez-vous, cet exposé sera plus que sommaire, à mille lieues de la complexité que l'on trouve parfois dans certains projets réels. Nous allons nous limiter à décrire et exploiter trois éléments d'analyse.

- Les *use cases* du site web (ou, en français, « cas d'utilisation ») entrevus dans le chapitre deux. Ils décrivent sommairement les fonctionnalités principales du site et délimitent l'étendue du projet. À quoi ce site va-t-il bien pouvoir servir ?
- Les *wireframes* du site web, plus en rapport avec la conception graphique. En d'autres mots, on va décrire les différents écrans du site web et leur enchaînement (« lorsque je clique sur tel bouton, j'arrive sur tel écran »).
- Le *modèle objet* de la base de données. Il est en effet déjà utile à ce stade de réfléchir sur les données que l'on voudra sauvegarder et traiter dans notre site web.

Les **use cases**, les **wireframes** et le **modèle objet** ne doivent pas être figés : ils peuvent être modifiés et évoluer au gré des développements.

Notre site web : Trombinoscoop

Notre projet trouve ses origines (fictives) à l'Université libre de Bruxelles, qui avait lancé il y a une dizaine d'années un carnet d'adresses électronique. Ce carnet reprenait les coordonnées de l'ensemble des membres de la communauté universitaire et permettait d'y effectuer des recherches.

En découvrant ce carnet web un peu statique, Marc Van Saltberg, étudiant en informatique de l'Université, eut une idée géniale pour le rendre plus personnel et plus vivant : pourquoi ne pas créer un site web où chaque personne gèrerait elle-même son profil, pourrait indiquer quels sont ses amis et publier des messages (à destination de tous ou uniquement de ses amis).

Une fois développé, le site de Marc connut un tel succès qu'il décida de le rendre accessible à d'autres universités, puis également au monde non universitaire. On connaît la suite de cette fameuse histoire belge : le succès du site fut planétaire et, quelques années après, il comptait des millions d'utilisateurs (ce qui permit à Marc de créer une entreprise florissante, cotée en Bourse et valant aujourd'hui plusieurs centaines de milliards d'euros).

> PRÉCISION **Toute ressemblance...**
>
> Oui, c'est bien l'histoire de Facebook que nous venons de vous conter. Nous avons juste changé les noms de personnes et de lieux...

C'est ce site web, dans sa première version basique et élémentaire, que nous allons réaliser dans les chapitres suivants. Avant toute chose, Marc, tout geek qu'il est, a dû procéder à un peu d'analyse.

Les cas d'utilisation

Il est important de bien définir les premières fonctionnalités que l'on veut offrir. Par la suite, d'autres fonctionnalités pourront enrichir le site, mais la première analyse par cas d'utilisation ne doit pas couvrir tous les cas possibles au départ du développement.

> DÉFINITION **Diagrammes de cas d'utilisation**
>
> Il s'agit de diagrammes très simples, reprenant un intitulé court pour chacune des fonctionnalités et une ligne vers un utilisateur pour indiquer qui va faire usage de cette fonction. Le lien d'inclusion entre les cas d'utilisation permet de différencier les raisons essentielles pour lesquelles on utilise le site des étapes nécessaires pour y parvenir (ici, par exemple, l'authentification), souvent communes à plusieurs cas d'utilisation.

La figure 5.1, page suivante, expose les différents objectifs de notre projet Trombinoscoop.

Figure 5–1
Cas d'utilisation de Trombinoscoop

Nous avons identifié huit use cases essentiels en plus de la session d'authentification, tous utilisés exclusivement par un même acteur que l'on dénommera simplement *l'internaute.*

Maquette du site : les wireframes

Élaborer l'aspect du site et sa navigabilité peut se faire assez tôt, en identifiant l'organisation visuelle et le mode d'emploi de chaque page. Il faut s'interroger sur les informations accessibles sur les pages, ainsi que sur les fonctionnalités rendues disponibles pour chacune d'entre elles. Des priorités devront être établies, aussi bien entre ces informations qu'entre ces fonctionnalités. Pour cela, il est souhaitable d'envisager certains scénarios d'utilisation pour concevoir et tester au mieux l'aspect et le mode d'utilisation de la page.

Ces étapes nécessiteront la réalisation d'une succession de maquettes visuelles appelées wireframes en anglais.

DÉFINITION Wireframes

Il s'agit de dessins *grossiers* représentant sommairement chacun des écrans du futur site web. Les wireframes doivent permettre au premier coup d'œil de se faire une idée du contenu et des fonctionnalités de chaque page, ainsi que des liens qui les unissent.

Pour imaginer les écrans de Trombinoscoop, il faut partir des cas d'utilisation que nous venons de définir. Tous nos cas doivent être couverts. Attention : plusieurs écrans seront parfois nécessaires pour un seul cas d'utilisation et, inversement, un écran peut très bien proposer plusieurs cas d'utilisation.

Pour imaginer les écrans, il n'y a malheureusement pas de recette miracle. Seules l'imagination, l'inspiration et l'expérience vous amèneront à un résultat probant.

Pour Trombinoscoop, nous sommes arrivés à la définition de six écrans.

- L'écran d'authentification est le premier écran à apparaître lorsqu'on arrive sur le site.
- Un écran sert à se créer un compte si l'on n'en possède pas encore.
- L'écran d'accueil est l'écran principal du site. Il affiche un résumé du profil de l'utilisateur connecté, les messages publiés par ses amis et la liste de ses amis. C'est à partir de cet écran que l'utilisateur pourra publier de nouveaux messages. Cet écran offre également des liens permettant d'ajouter un ami, consulter ou modifier son profil.
- Un écran sert à l'utilisateur pour modifier son profil.
- Un écran affiche le profil de l'utilisateur.
- Un écran composé d'un seul champ permet d'ajouter quelqu'un à sa liste d'amis sur la base de son courriel.

Une fois ces écrans imaginés, il reste à les coucher sur le papier sous forme de wireframes. Un crayon et un papier suffisent amplement. Il n'est nul besoin d'utiliser des logiciels graphiques complexes ou d'être un graphiste hors pair : un assemblage primitif de carrés et de rectangles devrait faire l'affaire.

L'écran d'authentification

Cet écran est le premier qui s'affiche lorsqu'on arrive sur le site web Trombinoscoop. Il contient simplement un formulaire de login et un lien vers la page de création de compte pour les visiteurs qui ne possèderaient pas encore de compte (voir figure 5-2).

L'écran de création d'un compte

Cet écran collecte diverses informations personnelles, différentes selon que l'on crée un compte « étudiant » ou « employé ». Du code JavaScript devra être écrit pour afficher les bons champs à compléter (voir figure 5-3).

L'écran d'accueil

Il s'agit de l'écran principal du site. Il reprend dans l'en-tête un bref résumé du profil de l'utilisateur, au centre l'ensemble des messages des amis, et dans la colonne de droite la liste des amis.

On voit clairement que cet écran *réalise* plusieurs cas d'utilisation à la fois ; il s'agit d'un exemple parfait de *non-bijectivité* entre « cas d'utilisation » et « écran » (voir figure 5-4).

L'écran de modification du profil

Cet écran, très proche de celui de création d'un profil, permet simplement de modifier les informations personnelles sur l'internaute (voir figure 5-5).

L'écran d'affichage d'un profil

Cet écran affiche soit le profil de l'utilisateur connecté, soit celui de l'un de ses amis (voir figure 5-6).

L'écran d'ajout d'un ami

Cet écran très simple sert à ajouter un ami à partir de son adresse e-mail (voir figure 5-7).

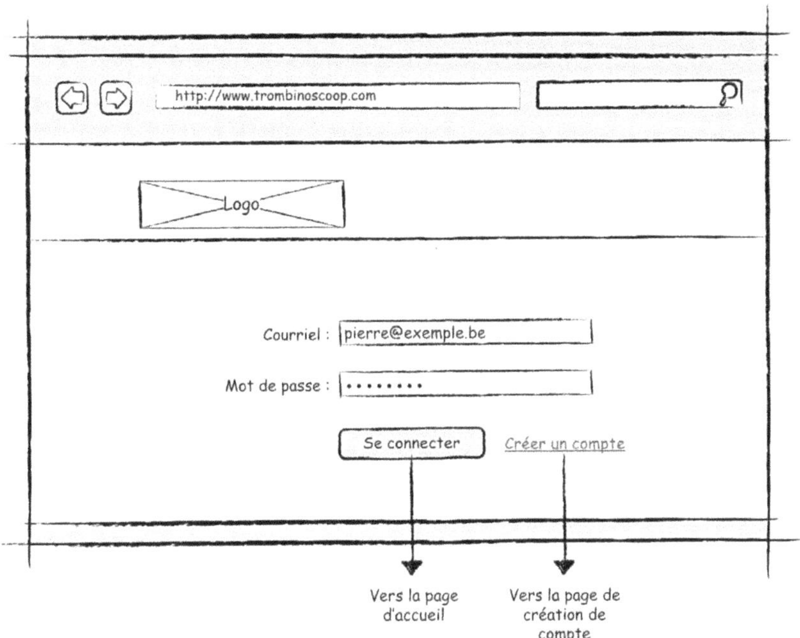

Figure 5–2
Wireframe de l'écran d'authentification

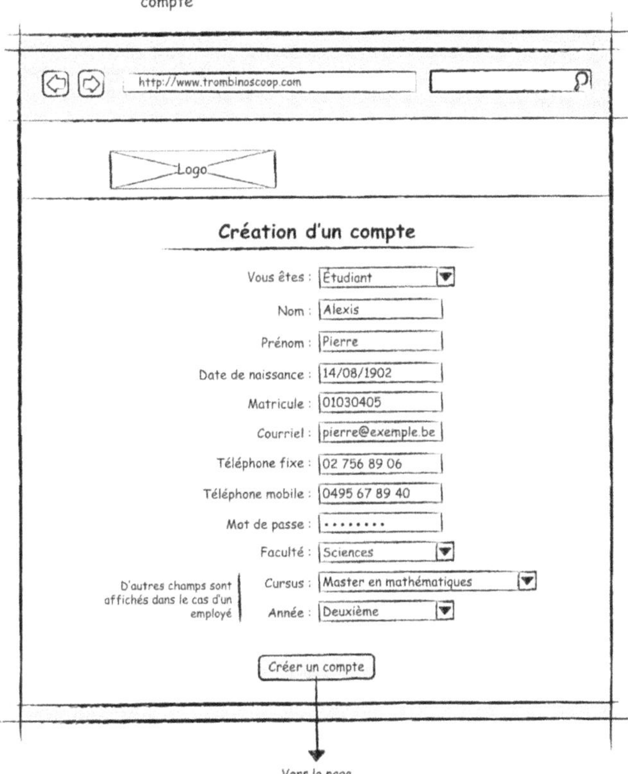

Figure 5–3
Wireframe de l'écran de création d'un compte

Figure 5–4
Wireframe de l'écran d'accueil

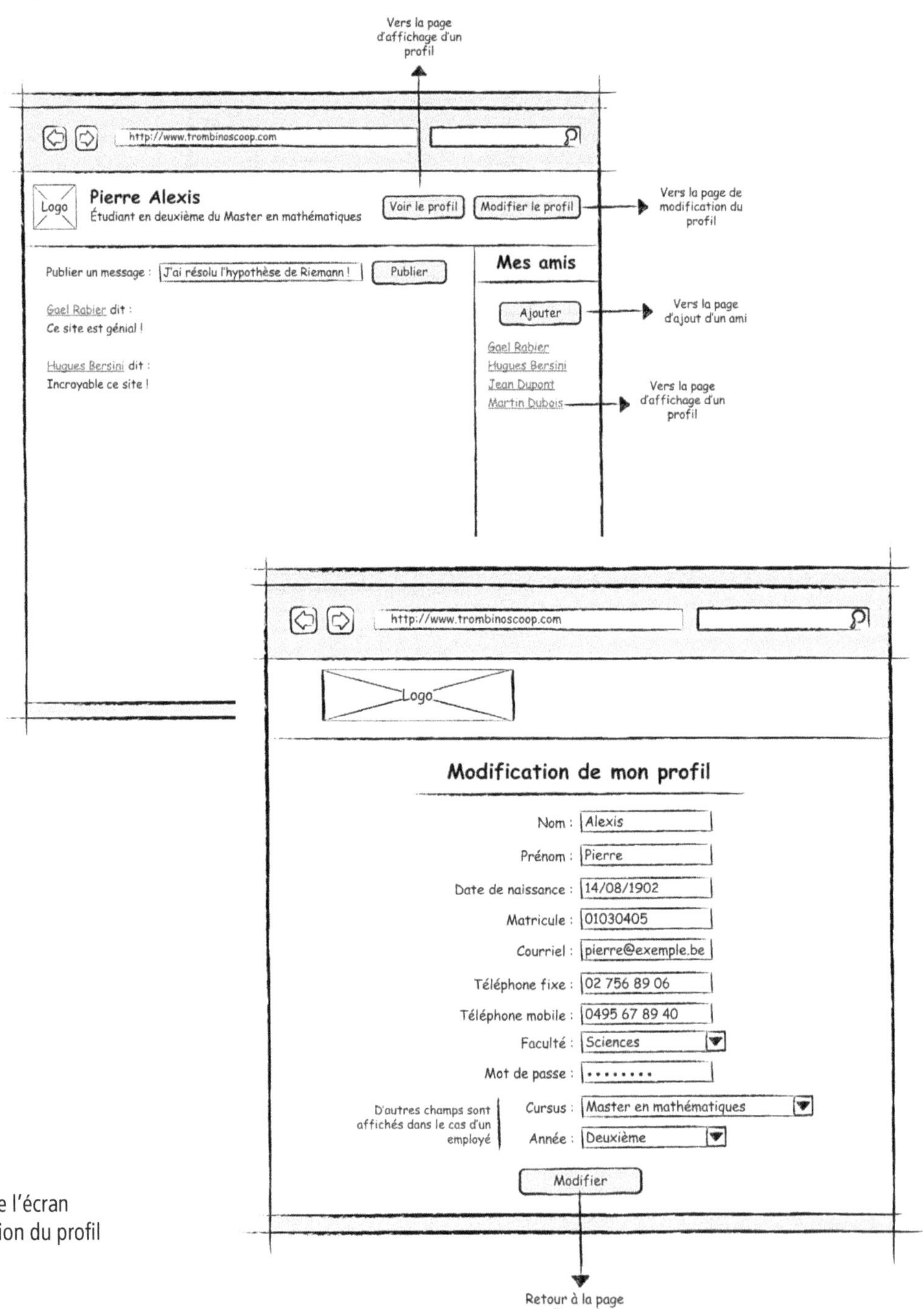

Figure 5–5
Wireframe de l'écran de modification du profil

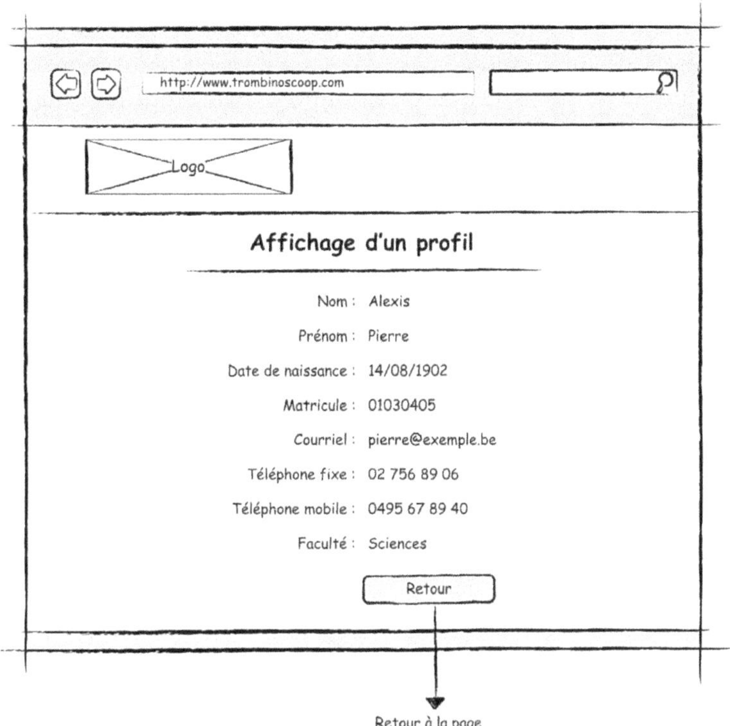

Figure 5–6
Wireframe de l'écran d'affichage d'un profil

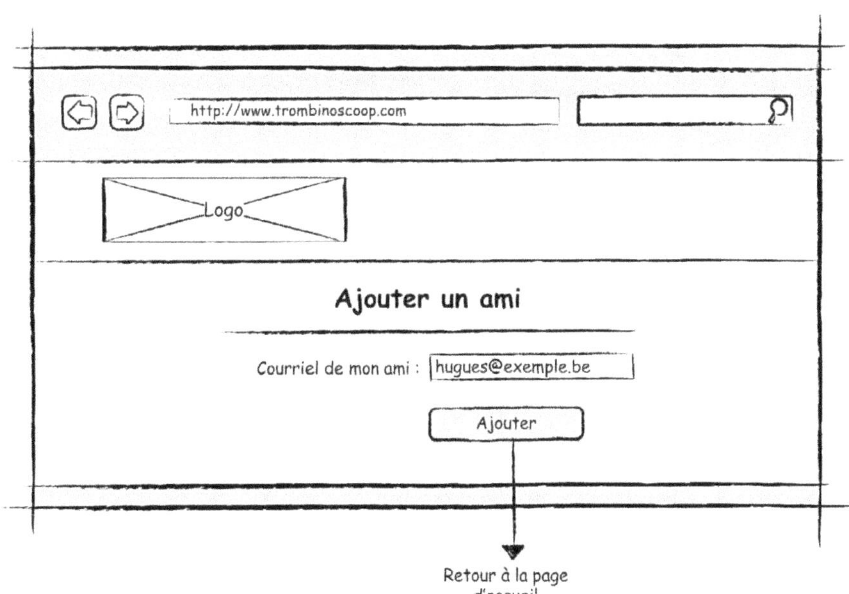

Figure 5–7
Wireframe de l'écran d'ajout d'un ami

Scénario complet du site

Les wireframes permettent de comprendre en un coup d'œil les enchaînements entre les écrans. C'est pourquoi nous avons réalisé un dessin reprenant tous les écrans du site et leurs liens, avec, pour chaque lien, l'événement qui est à l'origine du passage d'un écran à l'autre.

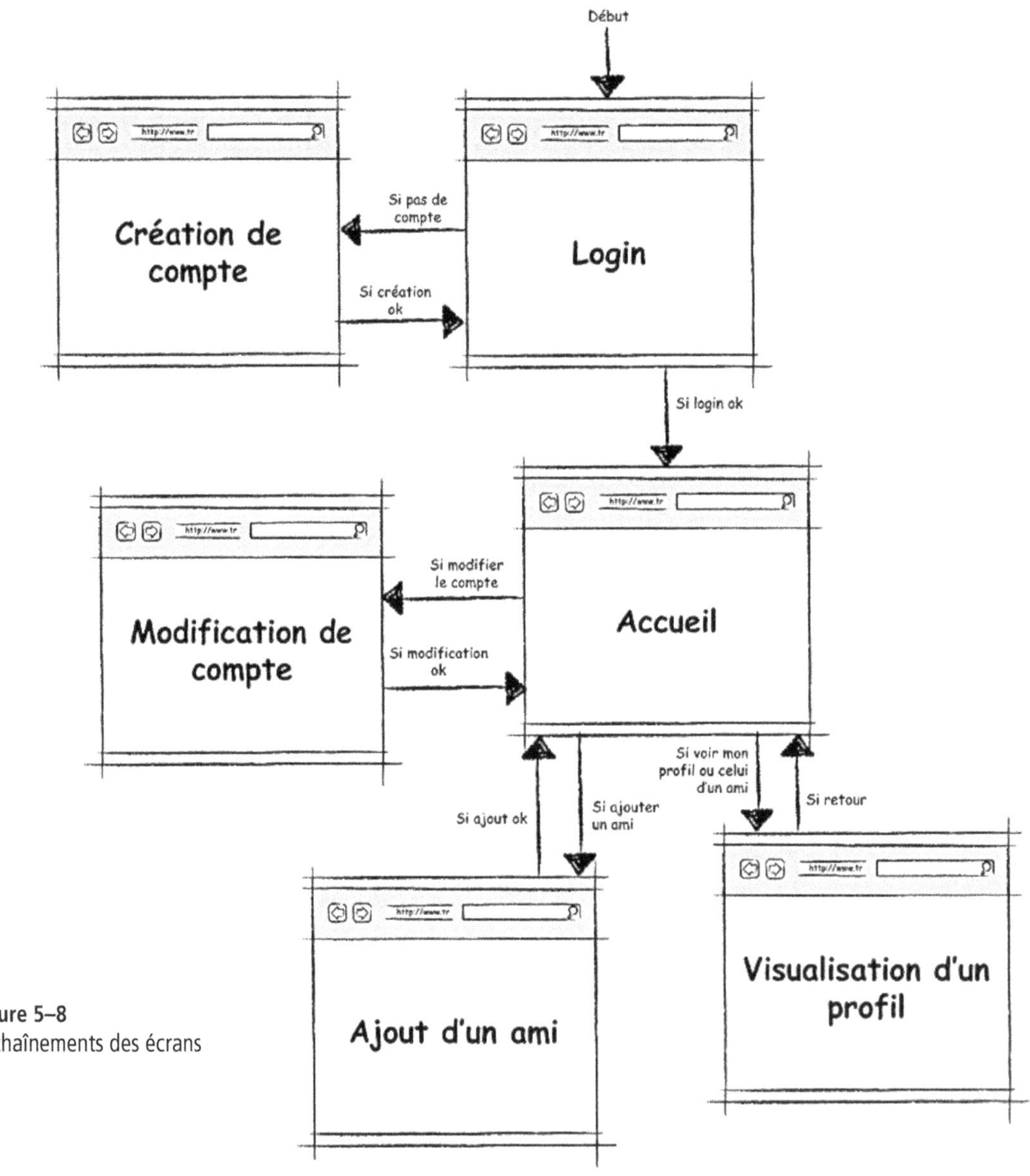

Figure 5–8
Enchaînements des écrans

EN PRATIQUE Et l'aspect réel du site? Un aperçu du design web...

Les wireframes sont plutôt sommaires et austères. C'est normal: leur vocation est de poser les premières briques du site et de son architecture. Elles serviront essentiellement à la production des pages HTML. Elles ne sont pas là pour représenter au pixel près l'aspect final du site web.

L'objectif de ce livre n'étant pas de former de futurs Andy Warhol, les aspects graphiques seront un peu laissés pour compte; sur Trombinoscoop, le graphisme se résume à sa plus simple expression. Néanmoins, les wireframes ne sont pas suffisantes pour définir l'intégralité du *look and feel* du site web. Vous pouvez forger une identité visuelle au site web, ce petit « je ne sais quoi » qui va rendre votre Trombinoscoop unique et incontournable. Couleurs, polices, dispositions précises, logo de l'entreprise, etc. devront être réfléchis et définis. Cette tâche sera généralement dévolue à un graphiste qui réalisera des maquettes beaucoup plus élaborées du site web, représentant le rendu exact que doivent avoir les pages. Cette tâche parfois négligée est en réalité assez ardue. Il faut parvenir à l'équilibre ô combien délicat entre sobriété, esthétique, facilité d'emploi et exhaustivité. L'identité visuelle du site doit se maintenir pendant la navigation.

À cette fin, il est capital que le site soit évalué par les futurs utilisateurs dès ses premières ébauches, de manière à corriger ou réorienter au plus vite sa conception. Toutes les nouvelles méthodologies de développement informatique (telle la programmation agile) exigent de fonctionner de manière très itérative et très réactive, en gardant toujours le futur utilisateur dans la boucle. Il n'est plus question de rémunérer des analystes pendant deux ans, travaillant seuls dans leur coin, sans que le client ne soit tenu informé des étapes successives et nécessairement testables du logiciel. Le site devra être en évaluation permanente et très rapidement expérimenté sur tous les principaux navigateurs et systèmes d'exploitation, ainsi que pour différentes tailles d'écran. Le site doit être très facile d'emploi et certaines règles de conception (comme les « trois clics maximum » pour dénicher une information) gagnent à être suivies.

De nombreux ouvrages existent, entièrement dédiés à cette matière de plus en plus exigeante:

- http://www.editions-eyrolles.com/Collection/12270/design-web

Modèle de données et petit rappel sur les bases de données relationnelles

Une des premières missions, très sensible, qui échoit aux informaticiens, c'est de concevoir la base de données qui stockera les données du site web.

Les bases de données relationnelles restent le moyen le plus répandu stocker l'information de manière permanente. Depuis quelques années, l'explosion des technologies de type «big data» a donné naissance à des systèmes de stockage de l'information qui se détachent quelque peu du mode relationnel, essentiellement pour des raisons de performance. Dans cet ouvrage, nous nous restreindrons aux bases de données relationnelles, mais l'essentiel de ce qui va suivre pourrait aisément se généraliser aux solutions de stockage dites NoSQL comme MongoBD, Cassandra ou HBase.

Les programmes, quel que soit leur langage, doivent s'interfacer avec ce mode de stockage à un moment ou un autre de leur exécution pour accéder aux informations ou en entreposer de nouvelles.

Les raisons de l'éternel quasi-monopole des bases de données relationnelles sont nombreuses.

- Tout d'abord, à l'instar de l'approche orientée objet, les données sont concentrées dans des structures de type « objet ». Les informations à stocker le sont en tant que valeurs d'attributs, regroupées dans des structures appelées *tables*, très proches en l'esprit des « classes » de la programmation objet. Chaque instance de table, obtenue en fixant les valeurs d'attributs pour un cas donné, et qui donnerait naissance à un objet dans le cas de la classe, donne ici naissance à un *enregistrement*. Nous parlerons des différences essentielles que présentent tables et classes dans la suite du chapitre.
- Une deuxième raison réside dans l'existence d'un mode d'organisation de ces tables, dit *relationnel*, dont la qualité première est d'éviter d'avoir à reproduire la même information plusieurs fois. On imagine aisément tous les problèmes liés à la duplication des informations : mises à jour plus pénibles et erreurs d'encodage plus probables. Chaque table se doit de coder un et un seul concept donné, et il est nécessaire de séparer l'encodage des informations dans des tables distinctes, mais conservant toutefois des relations qui permettent, à partir de l'une d'entre elles, de retrouver les informations de l'autre.

EN PRATIQUE Différence entre liens entre tables et liens entre classes

Nous verrons que l'existence de ces relations entre les tables, conceptuellement proches des liens d'association entre les classes, intensifie davantage la ressemblance avec l'approche objet dont Python est un digne représentant. C'est pourtant dans le mécanisme qui concrétise ces relations que réside toute la différence entre les bases de données relationnelles et la manière dont les objets existent et se réfèrent les uns aux autres dans la mémoire de l'ordinateur. Aujourd'hui encore, la façon différente dont s'associent les tables dans une base de données relationnelle et les classes dans un diagramme UML donne des cheveux gris à des légions d'informaticiens.

- Une troisième raison se trouve dans la quantité importante de solutions techniques disponibles aujourd'hui, pour gérer de façon automatique des problèmes aussi critiques que les sauvegardes automatisées, les accès concurrentiels (quand plusieurs accès doivent s'opérer simultanément), les accès sécurisés et fiabilisés, les accès de type transactionnel (quand une étape défaillante dans une succession d'opérations rend caduques toutes les opérations effectuées jusque-là), le stockage réparti sur plusieurs ordinateurs, etc.

Nous allons par la suite décrire en détail la base de données sur laquelle reposera le site Trombinoscoop : les tables et les différentes relations qui les lient. Nous en profiterons pour glisser quelques rappels essentiels à la bonne pratique des bases de données relationnelles.

Clé primaire et clé étrangère

Relation 1-n

Débutons par la table `Employee` que nous voyons illustrée ci-après.

Figure 5–9
Table « Employee »

Employee	
PK	registration_id
	name first_name function email phone service_id

Le premier attribut de la table, et le plus important, est appelé *clé primaire*. Tout employé de l'Université libre de Bruxelles possède un matricule qui permet de l'identifier. On conçoit l'existence d'un tel attribut dans une base de données. Ni le nom, ni le prénom, ni l'adresse, ni l'âge ne permettrait l'accès unique à un employé donné. C'est par l'attribut clé primaire que l'on parvient à tous les enregistrements désirés et à eux seuls. Le système de gestion de la base de données sait, à partir d'une valeur donnée unique de cet attribut, retrouver l'enregistrement unique qui lui correspond. Aucun membre de notre université ne partage son matricule avec un autre.

DÉFINITION Clé primaire

La clé primaire d'une table est l'attribut qui permet d'accéder, de manière unique et sans aucune équivoque, à un des enregistrements de la table. La valeur de cet attribut doit être distincte pour chaque enregistrement, un nombre entier étant ce qu'il y a de plus courant. Souvent, il n'existe pas d'attribut « naturel » qui puisse faire office de clé primaire. Dans ce cas, on en ajoute un, artificiel, que l'on nomme généralement `id`. Il s'agit alors d'un champ « technique » qui ne correspond à rien dans la réalité.

Chaque employé de l'université fait partie d'un service. Chaque service est composé d'un nombre important d'employés et se caractérise lui-même par un ensemble d'attributs qui lui sont propres : la dénomination du service, le nombre de ses employés, sa localisation (son campus), la faculté à laquelle il appartient, etc.

EN PRATIQUE Pas de duplication d'information

Bien sûr, il serait théoriquement nécessaire d'ajouter toutes les informations du service qui l'héberge pour chaque employé, mais on conçoit bien le ridicule qu'il y a à répéter ces mêmes informations pour tous les employés d'un même service. Et c'est sans compter les multiples sources d'erreurs que la répétition de ces mêmes informations risque de causer. Rappelez-vous la doctrine première de tout informaticien qui se respecte : séparer les informations, de manière à ce que l'on puisse affecter une partie de celles-ci sans en affecter une autre. Il serait stupide, si le service venait à déménager ou à changer de nom, d'avoir à répercuter ce changement sur tous les employés de ce service.

La solution, illustrée dans la figure qui suit, est de recourir à une autre table pour y stocker ce qui ne concerne que les services et d'établir une relation *1-n* avec la table `Employee` (un employé appartient à 1 service et chaque service englobe *n* employés). Dans le modèle dit « relationnel », les informations à stocker sont regroupées selon leur nature dans des tables mises en relation par un mécanisme de jointure de clés : de la clé primaire (PK sur la figure, ou *Primary Key*) à la clé étrangère (FK ou *Foreign Key*).

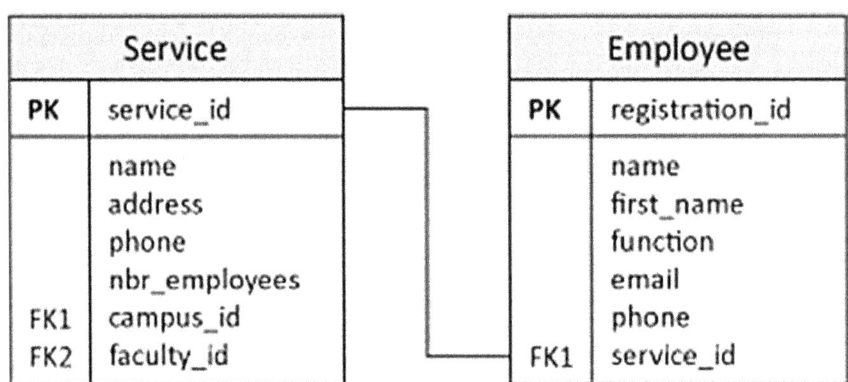

Figure 5–10 Tables « Employee » et « Service »

Ainsi, un des attributs de l'employé est la clé étrangère du service, qui ne peut prendre que les seules valeurs prises par la clé primaire de ces mêmes services. Pour obtenir les informations du service à partir de l'employé, il suffit de connaître la valeur de sa clé étrangère et de se référer à la table `Service`. De la sorte, chaque service n'apparaît plus qu'une seule fois, même s'il est partagé par de nombreux employés. C'est le lien (qui apparaît dans le graphique) entre la clé primaire d'une table et la clé étrangère de l'autre qui indique, pour chaque enregistrement de la deuxième table (chaque employé), quel est son correspondant unique dans la première (son unique service).

Relation 1-1

Même si cette « division du travail » coule de source dans le cas d'une relation *1-n* entre les deux tables, une semblable division peut également résulter d'une relation *1-1* entre deux tables. Ainsi, imaginons que chaque employé occupe un seul bureau et qu'un bureau, lorsqu'il est occupé, ne le soit que par un seul employé. Bien qu'il s'agisse d'une relation *1-1*, garder séparées les deux tables et les informations qu'elles contiennent témoigne d'une bonne pratique de conception. En effet, les notions de bureau et d'employé restent bien distinctes et il est logique de séparer les informations relatives à l'un et à l'autre.

A priori, la clé étrangère pourrait cette fois se trouver dans l'une ou l'autre des deux tables. C'est la nature du problème qui déterminera l'emplacement à privilégier. On peut imaginer que, s'il est impossible pour un employé de se trouver sans bureau, l'inverse n'est pas vrai ; un bureau pourrait dès lors rester inoccupé. Dans ce cas, on conçoit qu'il est préférable de mettre la clé étrangère du bureau dans la table `Employee` plutôt que l'inverse.

Relation n-n

La chose se corse un peu avec l'introduction de la table `Campus` et de son lien avec la table `Faculty` (voir figure suivante). En effet, une faculté peut se trouver sur plusieurs campus et un campus héberger plusieurs facultés. Si nous nous limitons à ces deux tables, comment résoudre l'emplacement de la clé étrangère ? Elle devrait théoriquement figurer dans les deux tables.

Plaçons-nous du côté `Faculty`. La présence de plusieurs facultés sur le même campus « 1 » se fait par les enregistrements suivants : 1-1, 2-1, 3-1, 4-2, 5-2 (voir tableau 5-1). Malheureusement, cette manière de faire ne permet pas de dire que la faculté « 1 » se trouve aussi sur le campus « 2 ». Le même problème se poserait du côté de la table `Campus` si l'on inversait les relations en sauvegardant la clé primaire de la faculté comme clé étrangère dans la table `Campus`.

Tableau 5–1 Relation Faculty-Campus

Id_primaire_faculty	Id_étrangère_campus
1	1
2	1
3	1
4	2
5	2

La solution au problème consiste en l'addition d'une table dite de « jonction » (voir figure suivante). Elle joint les facultés aux campus (et réciproquement) par l'entremise de deux relations *1-n*, l'une entre les facultés et la table de jonction et l'autre entre les campus et la table de jonction. Cette table contient les enregistrements repris dans le tableau 5-2, qui situent les facultés « 1 » et « 2 » sur le campus « 1 », mais aussi sur le campus « 2 ». Comme le tableau et le schéma relationnel le montrent, une clé primaire est également requise dans la table de jonction, étant donné qu'une autre table, par exemple `Service` dans notre schéma, pourrait s'y rattacher.

Tableau 5–2 La table de jonction « Faculty-Campus »

Id_primaire-campus/faculty	Id_étrangère_faculty	Id_étrangère_campus
1	1	1
2	2	1
3	1	1
4	2	2

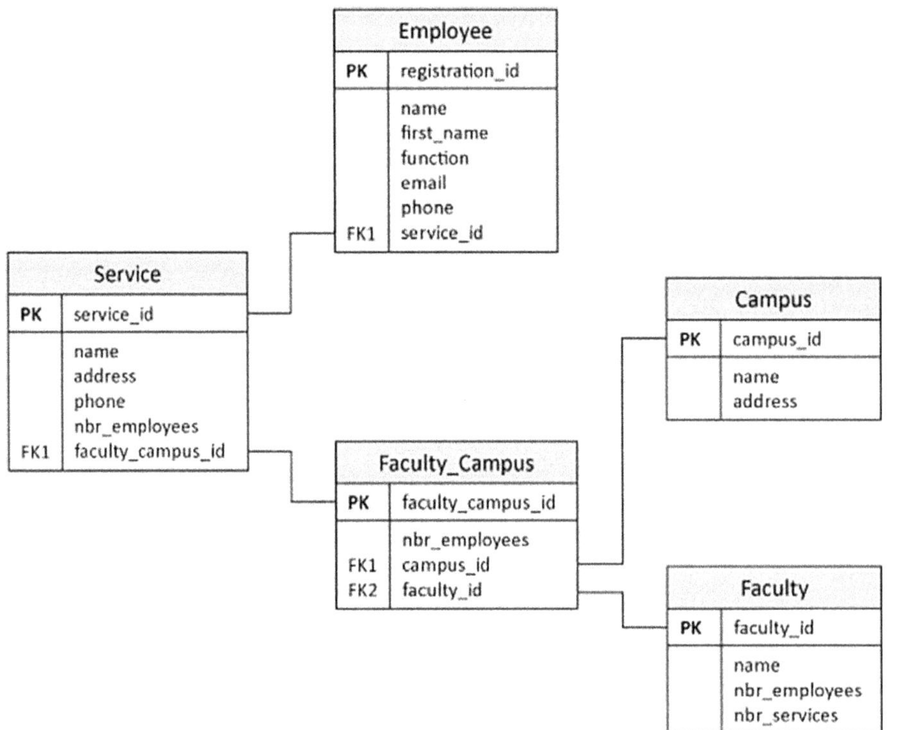

Figure 5–11 Diagramme relationnel complet

La problématique de la mise en correspondance relationnel/objet

Peut-être vous trouvez-vous un peu dérouté par ces deux méthodes représentant la même information : le relationnel d'un côté et l'orienté objet de l'autre. En fait, c'est leurs histoires respectives qui justifient ces deux méthodes et leurs différences, et plus d'un informaticien y a perdu son latin (euh, « son assembleur »).

Le relationnel se préoccupe du stockage efficace des données. Il se doit de fonctionner quel que soit le mode final de stockage des données, que ces données soient d'ailleurs stockées ou pas. Les enregistrements doivent être accessibles où qu'ils se cachent. C'est la valeur de la clé primaire qui rend cet accès possible et unique.

L'orienté objet, lui, trouve sa source dans un mode de programmation plus proche de notre mode de pensée. En orienté objet, il s'agit de programmation, donc de traitement des données; par conséquent, les informations à traiter sont installées d'office dans une mémoire centrale informatique. Cette mémoire et son accès font partie intégrante de la programmation. L'adresse de son emplacement suffit à singulariser un objet. Pour accéder à cet objet, il suffit de connaître son adresse mémoire; un objet ne pourra jamais se trouver qu'à une seule adresse.

En substance, **l'adresse de l'orienté objet fait office de clé primaire du relationnel.** Très logiquement, un objet peut faire référence à un autre objet, tout simplement si l'on connaît son adresse. Pour un enregistrement, cette même référence nécessite de joindre la clé primaire qui se trouve d'un côté à la clé étrangère située de l'autre.

Une relation *n-n* ne pose pas de problème particulier en orienté objet. Chaque objet possède un tableau d'adresses permettant d'accéder à ceux auxquels il se trouve associé. Le relationnel exige une table intermédiaire de jonction.

Avec Django

Django vous épargne de saisir parfaitement cette mise en correspondance et vous fait grâce de ces différences en ne travaillant que dans un esprit orienté objet (bien que les données se trouvent finalement stockées en mode relationnel). En Django, le modèle de données est réalisé sous la forme d'un diagramme de classes (voir chapitre 3), en utilisant tous les modes possibles de mise en relation entre objets (association et héritage). Procéder avec Django vous permet de travailler dans un «esprit objet», même sans rien connaître du fonctionnement des bases de données relationnelles. Cette indifférence vis-à-vis du relationnel et du langage SQL est une des qualités de Django les plus appréciées.

Néanmoins, cela ne dispense pas de comprendre, fût-ce sommairement, le fonctionnement des bases de données relationnelles (nous décrirons un peu le SQL au prochain chapitre), qui restent à la base de tout site dynamique.

Retour au modèle de données de Trombinoscoop: son diagramme de classes

Après cette parenthèse rappelant les principes de base du modèle relationnel, reprenons sans plus attendre notre cahier des charges du début du chapitre et réfléchissons aux données qu'il sera nécessaire de stocker dans une base pour réaliser Trombinoscoop.

Cette étude se fera dans une perspective pleinement objet et fera appel au diagramme de classes, même si les données sont finalement stockées et gérées dans une base de données relationnelle.

Des personnes : étudiants et employés

Le premier objet qui nous vient naturellement à l'esprit est le concept « d'utilisateur ». Il va en effet falloir stocker quelque part les comptes utilisateurs qui sont créés sur notre site, avec toutes leurs données : ce sera l'objet `Person`. Oui, oui, sans « deux-n-e », à l'anglaise. Dès à présent, nous allons utiliser la langue de Shakespeare pour nommer nos objets et attributs. Et pourquoi ? Parce qu'il s'agit là d'une convention largement répandue, qui facilite le partage et la maintenabilité des codes développés lorsque des développeurs proviennent d'horizons différents.

Comme il existe deux types d'utilisateurs (étudiants et employés), nous allons dériver cet objet `Person` en deux sous-objets. Nous nous reposons pour cela sur le concept d'*héritage*. Tous les attributs communs (nom, prénom, etc.) composeront l'objet `Person`, tandis que les champs spécifiques seront placés dans les sous-objets respectifs (par exemple l'année d'étude pour un étudiant, qui n'a aucun sens pour un employé). Le diagramme de classes résultant est présenté sur la figure suivante.

> **EN PRATIQUE Django: héritage et relationnel**
>
> Bien que la notion d'héritage n'existe pas dans le monde relationnel, Django va s'occuper de la mise en correspondance et de créer les tables relationnelles nécessaires à cela.

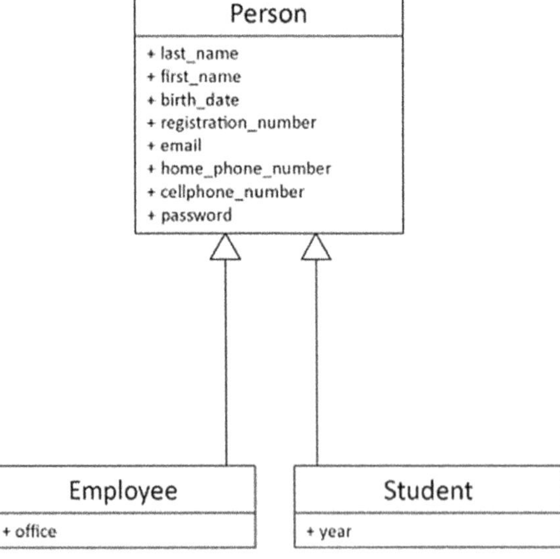

Figure 5–12 « Person », « Employee » et « Student » dans notre modèle de données

... qui travaillent ou étudient à l'université

Le lecteur attentif aura remarqué qu'il manque dans ce modèle certains attributs pourtant présents dans nos maquettes graphiques. Par exemple, la faculté des utilisateurs ne se retrouve nulle part. De même, aucun attribut ne permet de stocker le cursus de l'étudiant. À ce stade, on peut juste enregistrer que l'étudiant est en deuxième année, mais non en Sciences mathématiques dans la faculté des Sciences.

Nous allons ajouter des concepts séparés pour ces informations, plutôt que d'en faire des attributs des objets `Person` ou `Student`. Sous forme de diagramme de classes, notre nouveau modèle de données se présente comme suit.

> **EN PRATIQUE Séparer les concepts**
>
> Nous retrouvons bien évidemment les raisons fondamentales motivant l'établissement de relations entre les tables, plutôt que de tout « entasser » dans une gigantesque table unique : économiser l'encodage, éviter les erreurs et faciliter la mise à jour.

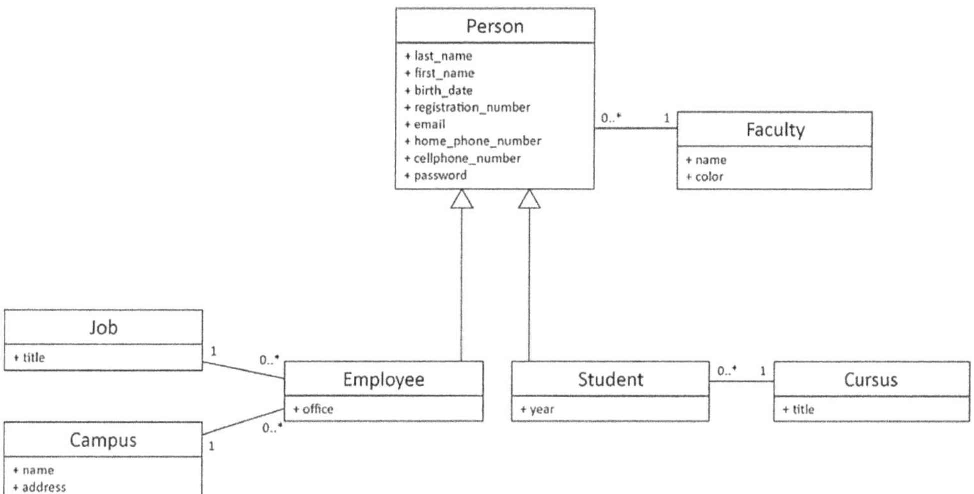

Figure 5–13 « Person », « Employee » et « Student » agrémentés de leurs objets annexes

Nous avons ajouté le concept de `Faculty` à `Person` ; en effet, qu'on soit étudiant ou employé, on appartient à une faculté. Les employés ont un `Job` (secrétaire, professeur, technicien, etc.) et sont affectés à un `Campus` (sur lequel se trouvent leurs bureaux). Les étudiants suivent un `Cursus` (par exemple « Master en Sciences physiques »).

Entre ces concepts, nous avons représenté des liens, dotés de *cardinalités*. Ces dernières sont faciles à comprendre. Prenons le lien qui relie `Person` à `Faculty`. Le `1` signifie qu'à chaque personne correspond une seule faculté. Le `0..*` signifie qu'à chaque faculté peut correspondre entre zéro et une infinité de personnes.

EN PRATIQUE Attention : soyez attentifs à la position des informations de cardinalité !

Un objet `Person` sera toujours associé à une seule faculté, alors qu'une faculté, elle, se trouve associée à un nombre indéterminé de personnes.

EN PRATIQUE Django : les aspects relationnels sont masqués

Vous pouvez constater que les attributs « techniques » (les `id`) qui servent à lier les objets les uns aux autres n'ont pas été représentés. Comme nous l'avons vu, c'est le framework Django qui se charge de les créer sur la seule base des relations définies. Django vous dissimule entièrement le modèle relationnel qui s'occupe du stockage et du traitement des données.

... et qui échangent des messages avec des amis

À ce stade, nous avons toutes nos données pour représenter les profils de nos utilisateurs. Il reste néanmoins deux données à sauvegarder : les amis d'un utilisateur et les messages qu'il publie (et ce, même si l'immense majorité des messages transmis sur les sites sociaux ne mériterait pas un tel gaspillage de bits à sauvegarder).

Pour les messages, rien n'est plus simple. Il suffit de créer un objet `Message` lié à `Person`. On indiquera à l'aide des cardinalités qu'une personne peut publier autant de messages qu'elle veut, tandis qu'un message est écrit par une seule personne, ce qui correspond à une relation *1-n*.

Pour représenter les amis, c'est également assez simple. Qu'est-ce qu'un ami au fond, sinon une personne ? On va donc simplement relier l'objet `Person` à lui-même, en précisant à l'aide des cardinalités qu'une personne peut être liée à une infinité d'autres personnes (c'est maintenant le nombre d'amis sur Facebook qui supplante le plus costaud des papas). Il s'agira donc d'une relation *n-n*, qui sera possible grâce à une table de jonction.

Notre modèle de données final ressemblera à celui de la figure ci-contre. C'est celui-là même que nous implémenterons par la suite avec Django.

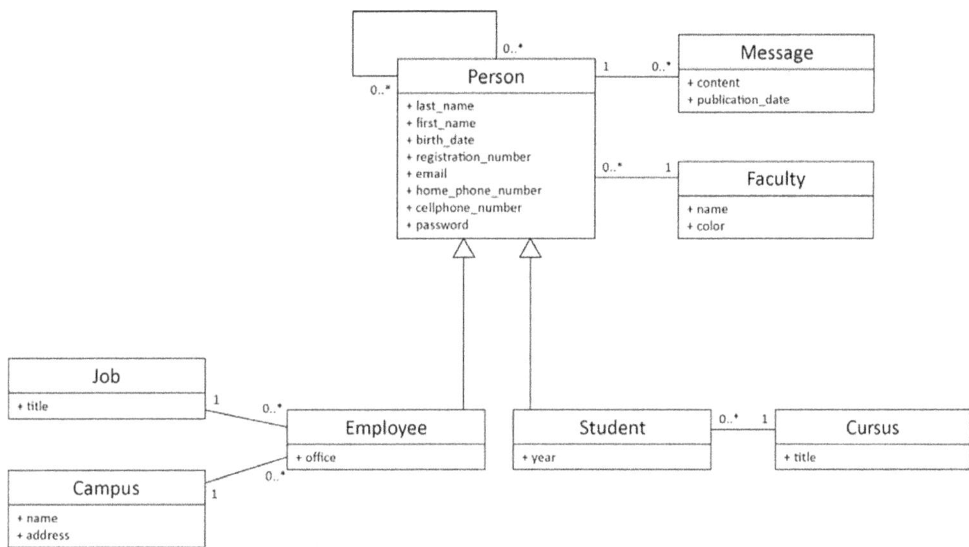

Figure 5–14 Modèle de données final de Trombinoscoop

Ai-je bien compris ?

- Quelles différences existe-t-il entre modèle objet et modèle relationnel ?
- À quoi les cas d'utilisation et les wireframes servent-ils ?
- Comment représente-t-on une relation *n-n* en modèle objet et en modèle relationnel ?

6

Premier contact avec les bases relationnelles et SQL à partir d'un exemple en CGI

Le site web doit pouvoir interroger et modifier la base relationnelle où sont stockées toutes les données du modèle. Il lui faut pour cela un langage particulier : le SQL. Les notions de SQL dont nous aurons besoin par la suite, mais qui sont le plus souvent cachées par le framework Django, seront exposées dans un contexte web réalisé en CGI. Cette technologie n'est plus de mise aujourd'hui s'agissant du développement web côté serveur, mais, à titre pédagogique, ce chapitre nous permettra de l'évoquer pour illustrer parfaitement le mélange des genres qu'il vous faut éviter.
L'installation des outils de développement est expliquée en annexe (voir p. 339).

SOMMAIRE

- Aperçu des requêtes SQL côté serveur
- Introduction à CGI : un condensé des mauvaises pratiques du Web

Dans le chapitre précédent, nous avons élaboré notre modèle de données et décidé de stocker les informations de notre projet dans une base de données relationnelle. Il nous faut maintenant étudier comment faire communiquer notre site avec ces bases. C'est le rôle du langage SQL *(Structured Query Language)*.

Il y a quelques années, la mise en place de l'interactivité et de la dynamique côté serveur recourait à la technologie CGI *(Common Gateway Interface)*. Cette technologie s'accommode de petits scripts côté serveur, écrits en langage interprété (comme Perl ou Python) ou en langage compilé (très souvent C++), qui créent sur le fil des pages HTML pour les renvoyer et les afficher côté client.

Rien ne vous interdit de continuer à la pratiquer… au risque d'être confronté à de sérieux maux de tête ! Nous vous le déconseillons très vivement néanmoins – sinon en désespoir de cause. Vous pourriez être tenté de l'utiliser pour de très petits projets mais, même dans ce cas-là, des alternatives plus pratiques sont disponibles. Citons par exemple *Bottle.py*, aussi facile à prendre en main que le CGI, mais qui vous aidera à mieux structurer votre code.

Malgré tout, nous vous présentons la technologie CGI très succinctement dans deux optiques :

- d'une part pour **mettre rapidement en pratique les notions de SQL** qui vous seront nécessaires pour comprendre les chapitres suivants, bien que souvent cachées par les objets de Django ;
- d'autre part pour vous **montrer**, à titre pédagogique, **ce qu'il ne faut pas faire** : un code fourre-tout dans lequel se mélangent de façon indigeste langage de programmation, HTML et SQL.

Pour illustrer notre propos, nous allons « construire » un simple carnet d'adresses web. Trois fonctionnalités seront développées : « afficher tous les employés de l'université », « les afficher par service » et « ajouter de nouveaux employés ».

> EN PRATIQUE **Et si on faisait le site Trombinoscoop en CGI ?**
>
> En guise d'exemple, nous pourrions développer en CGI notre projet Trombinoscoop. Mais ce serait de fait une tâche titanesque des plus fastidieuses, et un si gros projet n'est pas utile pour vous donner un aperçu de la technologie CGI. C'est pourquoi nous allons nous atteler à un projet beaucoup plus modeste : un simple carnet d'adresses électronique.

Aussi modeste soit ce carnet d'adresses, nous n'allons pas nous épargner la phase d'analyse, afin de déterminer exactement ce que l'on veut développer et d'esquisser le résultat final attendu.

Analyse du carnet d'adresses : des cas d'utilisation au modèle de données

Trois cas d'utilisation simples

Les cas d'utilisation sont très simples et découlent des trois fonctionnalités que nous avons énumérées à la section précédente.

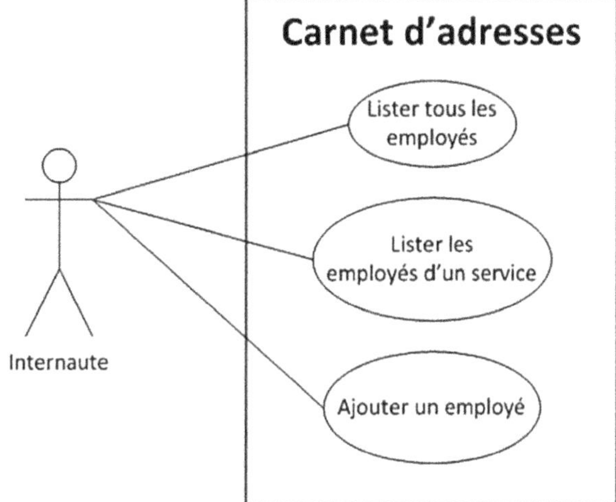

Figure 6–1
Cas d'utilisation du carnet d'adresses

Maquette des écrans (wireframes)

Les wireframes sont également assez simples. Nous avons regroupé tous les écrans et leurs liens sur seul dessin (voir figure 6-2, page suivante).

Figure 6–2
Maquette des écrans
du carnet d'adresses

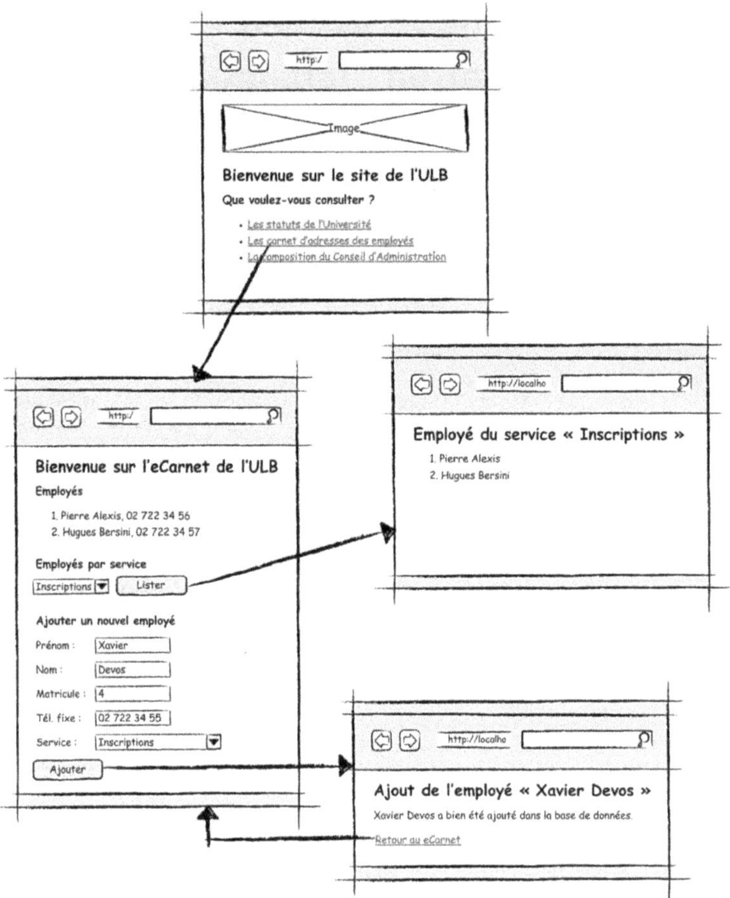

Le modèle de données du carnet

Le modèle de données de notre carnet d'adresses électronique sera similaire à celui que nous avons produit pour Trombinoscoop au chapitre précédent.

Seuls deux objets sont définis dans notre modèle : `Employee` et `Service`, avec un lien `0..* - 1` les unissant : un service par employé et de multiples employés par service.

Figure 6–3 Modèle de données conceptuel du carnet d'adresses

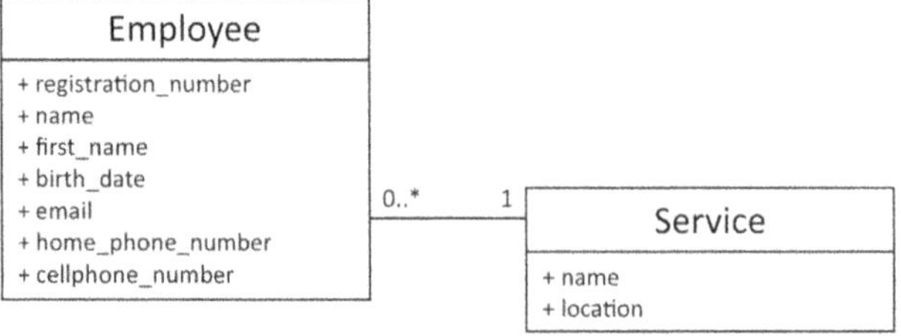

Ce modèle est dit « conceptuel », car il ne représente pas exactement les tables que nous allons implémenter dans la base de données. Plusieurs modifications d'ordre technique doivent être apportées au modèle.

- La plus importante est l'ajout de clés dans les deux tables. Nous avons vu que toute table devait posséder un attribut identifiant chacun de ses enregistrements de manière unique.
  Pour la table `Employee`, le matricule constituera parfaitement la clé primaire. En revanche, aucun attribut de la table `Service` ne peut jouer ce rôle. `Name`, par exemple, n'est pas un bon candidat de clé, car on peut très bien imaginer plusieurs services qui portent le même nom au sein de l'Université (par exemple « Secrétariat »). On va donc ajouter un attribut nommé `id`.

> **EN PRATIQUE Comparaison : clé primaire en CGI et avec Django**
>
> La technologie CGI a recours explicitement aux bases de données relationnelles, mais Django, que nous découvrirons par la suite, pourrait réaliser cet ajout à notre place et de manière transparente.

  Cet `id` de service sera également la clé étrangère de la table `Employee`, sous le nom `id_service`. L'ajout de ces deux attributs d'identification dans les tables `Employee` et `Service` n'est rien d'autre que l'expression concrète de la relation *1-n* qui les unit.
- Les espaces et accents doivent être supprimés, car les bases de données n'en sont pas friandes.

Notre modèle va donc devenir le suivant.

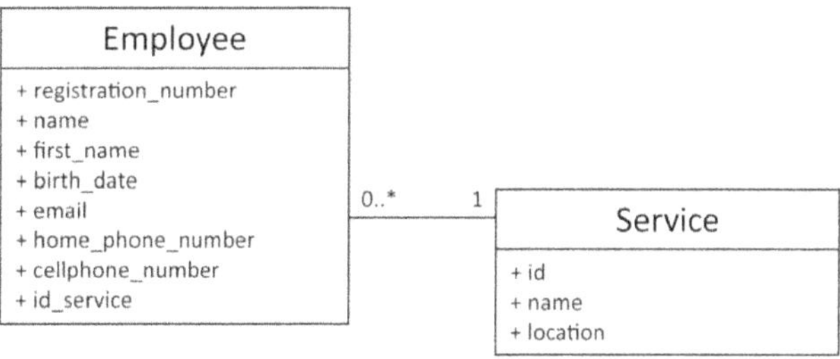

Figure 6–4
Modèle de données technique du carnet d'adresses

Création de la base de données avec SQLite

Pour notre base de données, nous allons utiliser le logiciel libre SQLite. Il s'agit d'un système de gestion de bases de données (SGBD) très léger et très facile d'emploi (que l'on retrouve également dans l'univers Android), qui n'utilise qu'un unique fichier pour encoder les bases de données. Ces dernières sont très facilement exploitables sous Python, nativement, et sans à avoir à installer la moindre bibliothèque supplémentaire.

EN PRATIQUE Outil: créer une base de données SQLite

Pour créer une base de données SQLite, il existe de nombreux petits utilitaires libres et gratuits. Nous avons utilisé *SQLite Database Browser*, disponible librement à l'adresse suivante:

- http://sqlitebrowser.org/

Cet utilitaire fonctionne sur Windows, Linux et Mac OS X.

Créer notre base de données à l'aide de SQLite Database Browser, sur la base du modèle que nous avons défini, est assez élémentaire. Vous devriez rapidement obtenir le résultat de la figure suivante.

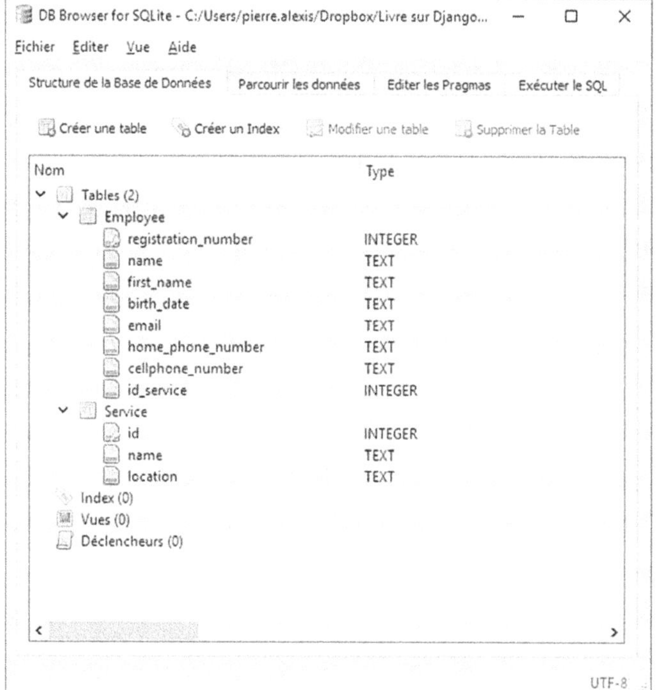

Figure 6–5
Création de la base de données SQLite

Notez que chaque attribut doit être typé et que trois types de données ont été utilisés: `TEXT`, `NUMERIC` et `INTEGER PRIMARY KEY`. Nos champs sont pour la plupart textuels. Un nom, c'est du texte. Un téléphone en est aussi, car il peut contenir des caractères non numériques (par exemple le numéro +32 (0)789 56 78 90). Seuls nos identifiants et notre matricule sont numériques ou entiers. Quant à `INTEGER PRIMARY KEY`, c'est tout simplement la clé primaire.

Une fois la base de données créée, n'hésitez pas à vous familiariser avec ce logiciel élémentaire et à y encoder quelques données d'exemple.

Accès à la base de données via SQL

Notre site web nécessite d'accéder à la base de données. En Django, cet accès se fera via des objets Python. En CGI en revanche, nous n'avons aucun framework pour nous aider à accéder à la base de données. Nous allons donc devoir utiliser un langage nommé SQL, que tous les informaticiens pratiquent allègrement.

DÉFINITION SQL

Le sigle de ce langage signifie *Structured Query Language*, ou « Langage de requêtes structurées ». C'est devenu le standard incontournable du « monde relationnel », et toute application informatique devant s'interfacer avec une base de données relationnelle ne peut le faire qu'en « s'exprimant » dans ce langage. SQL est un standard bien installé aujourd'hui, que l'on retrouve à l'œuvre chez tous les acteurs importants du monde des bases de données relationnelles, tels MySQL, PostgreSQL, Oracle, Microsoft Access, Sybase ou Informix. Il est devenu partie intégrante du matériel de base que tout informaticien se doit d'inclure dans ses bagages pour monter à l'assaut de son premier sommet web.

DÉFINITION Usage du SQL dans Django

Nous l'avons vu, en Django, l'usage de SQL sera « caché » dans la grande majorité des cas. Le framework se charge de traduire lui-même les accès à la base de données. C'est une de ses qualités majeures, qui permet d'interfacer une même application Django avec n'importe quel SGBD.

Syntaxe des requêtes SQL les plus courantes

Comme son nom l'indique, SQL est basé sur un concept de « requêtes », qui permettent la création des tables et des relations, la consultation, l'insertion, l'effacement et la modification des enregistrements, ainsi que la définition des permissions au niveau des utilisateurs. Voici un très bref aperçu de la construction des requêtes SQL les plus utilisées.

SYNTAXE. SELECT pour lire les enregistrements

```
SELECT [ALL] | [DISTINCT]
<liste des noms de colonnes> | *
FROM <Liste des tables>
[WHERE <condition logique>]
```

Notez que la barre verticale sépare des options. Par exemple, soit on liste des noms de colonnes, soit on les choisit toutes avec l'étoile.

Les crochets, quant à eux, désignent des éléments optionnels. Il n'est donc pas obligé d'y avoir une clause `WHERE`.

SYNTAXE. INSERT pour insérer de nouveaux enregistrements

```
INSERT INTO Nom_de_la_table
(colonne1,colonne2,colonne3,...)
VALUES (Valeur1, Valeur2, Valeur3, ...)
```

SYNTAXE. UPDATE pour mettre à jour des enregistrements

```
UPDATE Nom_de_la_table
SET Colonne = Valeur
[WHERE qualification]
```

SYNTAXE. DELETE pour effacer des enregistrements

```
DELETE FROM Nom_de_la_table
WHERE qualification
```

Quelques exemples liés à notre base de données

Nous verrons par la suite des exemples concrets de requêtes SQL. D'ores et déjà, pour obtenir les noms et prénoms de tous les employés classés par ordre alphabétique du nom, il faudrait écrire en SQL :

EXEMPLE 6.1 Notre première requête SQL

```
SELECT first_name, name FROM Employee ORDER BY name
```

Si la requête porte sur plusieurs tables mises en relation (par exemple obtenir tous les employés travaillant dans le deuxième service), il faudrait écrire :

EXEMPLE 6.2 Requête sur des tables liées

```
SELECT Employee.first_name, Employee.name, Service.name
FROM Employee, Service
WHERE Employee.id_service = Service.id AND Service.id = 2
ORDER BY Employee.name
```

Ce que l'on trouve dans le `WHERE` est une *condition de jointure*. C'est grâce à elle que l'on va préciser comment chaque enregistrement d'une table peut être lié à un ou plusieurs enregistrement(s) d'une autre table. C'est ici que se met en place le lien reliant les deux tables et qui apparaît dans le graphique de la base de données : en égalisant ces deux clés, on peut passer d'une table à l'autre.

Voici maintenant une requête qui se limite à corriger le nom d'un des employés.

EXEMPLE 6.3 **Corriger le nom d'un employé**

```
UPDATE Employee SET name = "Bersini" WHERE registration_number = 2
```

Réalisation du carnet d'adresses avec SQL et CGI

Lancement d'un serveur web Python

La mise en place d'un site web en CGI requiert l'exécution d'un programme côté serveur que nous appellerons le « serveur web », dont une version très simple vous est fournie ci-après. Il s'agit d'un petit programme Python qu'il vous faut toujours exécuter avant toute chose. Il suffit de lancer la console généralement fournie lors de l'installation de Python.

SYNTAXE. **Démarrage du serveur web Python pour Windows**

```
from http.server import CGIHTTPRequestHandler, HTTPServer

httpd = HTTPServer(('', 8080), CGIHTTPRequestHandler)
print("Demarrage du serveur web...")
httpd.serve_forever()
```

Ce script démarre l'exécution d'un serveur web à même votre ordinateur sur le port local 8080. Pour accéder à notre site web, nous devrons donc introduire l'adresse http://localhost:8080 dans notre navigateur.

DÉFINITION **Port**

Un port est un canal de communication que votre ordinateur met à disposition pour communiquer avec d'autres.

Nous venons de créer un serveur CGI basique. Il permet de *servir* deux types de pages :

- des pages statiques : toutes les pages placées dans le répertoire qui contient notre script seront servies de manière statique. C'est là qu'on va placer nos pages écrites en pur HTML et qui ne comportent aucun code Python ;
- des pages dynamiques : toutes les pages placées dans le sous-dossier `cgi-bin` seront d'abord envoyées à l'interpréteur Python.

Les figures suivantes illustrent ces deux cas de figure.

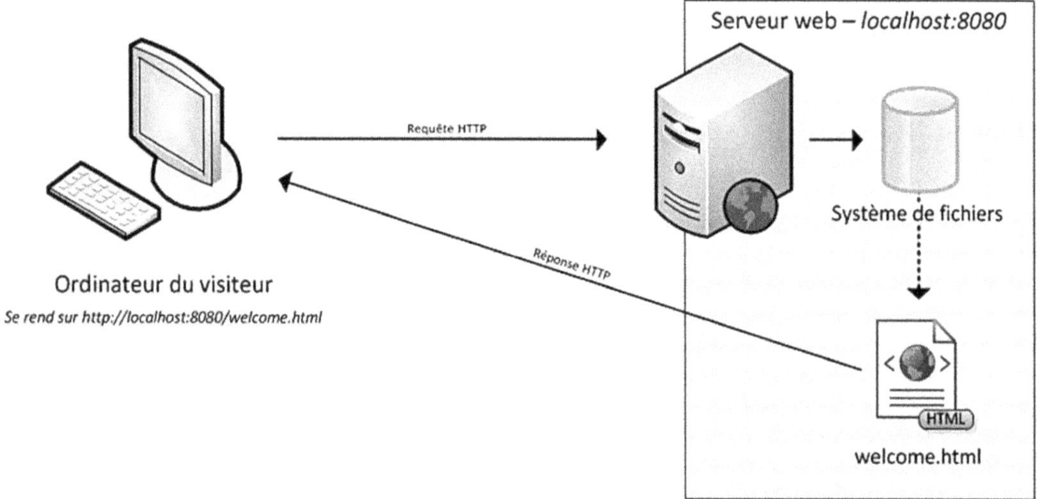

Figure 6–6 Comportement du serveur web lorsqu'on visite la page « welcome.html »

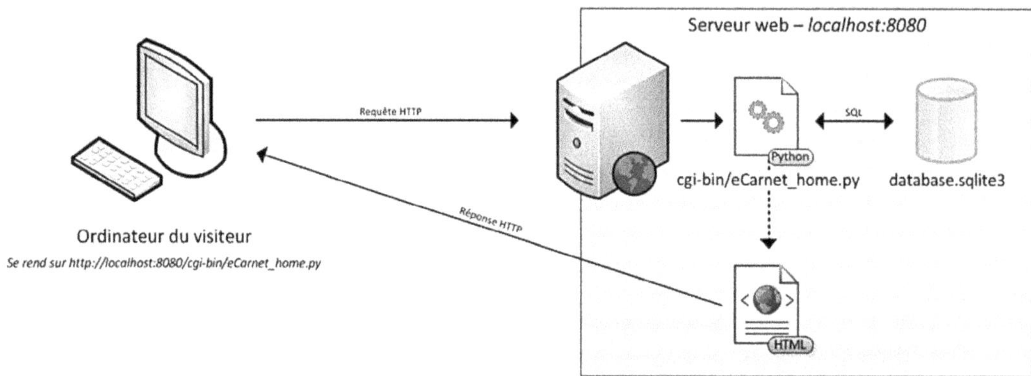

Figure 6–7 Comportement du serveur web lorsqu'on visite la page « cgi-bin/eCarnet_home.py »

Dans le premier cas, on visite une page statique. Le serveur web va donc simplement la chercher dans le système de fichiers et renvoie son contenu.

Dans le second cas, dynamique, le serveur web exécute préalablement le script Python correspondant. Ce script a besoin de se connecter à la base de données `database.sqlite3` pour créer la page HTML.

Passons maintenant aux développements de nos différentes pages.

L'écran d'accueil de l'ULB

L'écran d'accueil est une page entièrement statique, composée uniquement en HTML, qui doit donc être placée dans le même dossier que le script Python exécutant le serveur web.

EXEMPLE 6.4 **Carnet d'adresses. Le fichier welcome.html**

```
<?xml version="1.0" encoding="UTF-8" ?>
<!DOCTYPE html>
<html xmlns="http://www.w3.org/1999/xhtml" lang="fr">
  <head>
    <title>Université libre de Bruxelles</title>
  </head>
  <body>
    <img src="logo_ulb.png"
    alt="Logo de l'ULB" width="656" height="80" />
    <h1>Bienvenue sur le site de l'ULB</h1>
    <section>
      <h2>Que voulez-vous consulter ?</h2>
      <ul>
        <li><a href="statuts.html">Les statuts de
        l'Université</a></li>
        <li><a href="cgi-bin/eCarnet_home.py">Le carnet
        d'adresses des employés</a>❶</li>
        <li><a href="ca.html">La composition du Conseil
        d'Administration</a></li>
      </ul>
    </section>
  </body>
</html>
```

Le deuxième lien ❶ propose d'accéder à notre carnet d'adresses. Il pointe vers le script `cgi-bin/eCarnet_home.py`, qui va se charger de créer notre deuxième écran.

Visuellement, voici à quoi ressemble notre première page statique.

Figure 6–8
Notre page d'accueil

La page principale du carnet d'adresses

Cette page est la plus compliquée de ce minisite ; elle sert de point d'entrée à un certain nombre de fonctionnalités.

Voici le code de notre deuxième page qui, cette fois-ci, est dynamique et produite par l'exécution d'un code Python.

EXEMPLE 6.5 Carnet d'adresses. Le fichier cgi-bin/eCarnet_home.py

```
#!/usr/bin/env python ❶
# -*- coding: utf-8 -*- ❷

import sqlite3 ❸
import sys ❹
import codecs

sys.stdout = codecs.getwriter("utf-8")(sys.stdout.detach())

print("Content-Type: application/xhtml+xml; charset=utf-8\n") ❺

# Partie statique de la page HTML
print("""<?xml version="1.0" encoding="UTF-8"?>
<!DOCTYPE html>
<html xmlns="http://www.w3.org/1999/xhtml" lang="fr">
 <head>
 <title>eCarnet - Home</title>
 </head>
 <body>
 <h1>Bienvenue sur l'eCarnet de l'ULB</h1>
 <h2>Employés</h2>
""")
```

```
# Connexion à la base de données
db_connection = sqlite3.connect('database.sqlite3') ❻
db_connection.row_factory = sqlite3.Row
cursor = db_connection.cursor() ❼

# Sélection des enregistrements
cursor.execute("SELECT first_name, name, phone_number FROM Employee") ❽

# Création de la liste des employés
rows = cursor.fetchall() ❾
print(' <ol>')
for row in rows: ❿
  print(' <li>' + row['first_name'] + ' ' + row['name'] + ', '
            ➥ + row['phone_number'] + '</li>') ⓫
print(' </ol>')
# Formulaire de recherche des employés d'un service
print("""<h2>Employés par service</h2> ⓬
<form action="eCarnet_service.py" method="get"> ⓯
<p><select name="service">""")
cursor.execute ("SELECT id, name FROM service") ⓰
rows = cursor.fetchall()
for row in rows: ⓱
  print(' <option value="' + str(row['id']) + '">'
            ➥ + row['name'] + '</option>') ⓭
print(""" </select><input type="submit ⓮" value="Lister" /></p>
 </form>""")
# Formulaire d'ajout d'un nouvel employé
print(""" <h2>Ajouter un nouvel employé</h2>
 <form action="eCarnet_add_employee.py" method="get">
 <p>Prénom : <input type="text" name="first_name" /></p>
 <p>Nom : <input type="text" name="name" /></p>
 <p>Matricule : <input type="text" name="registration_number" /></p>
 <p>Tél. fixe : <input type="text" name="phone_number" /></p>
 <p>Service : <select name="service">""")

for row in rows:
  print(' <option value="' + str(row['id']) + '">' + row['name']
            ➥ + '</option>')
print(""" </select></p>
 <p><input type="submit" value="Ajouter" /></p>
 </form>
 </body>
</html>""")
db_connection.close() ⓲
```

Le rendu de cette page est présenté sur la figure suivante.

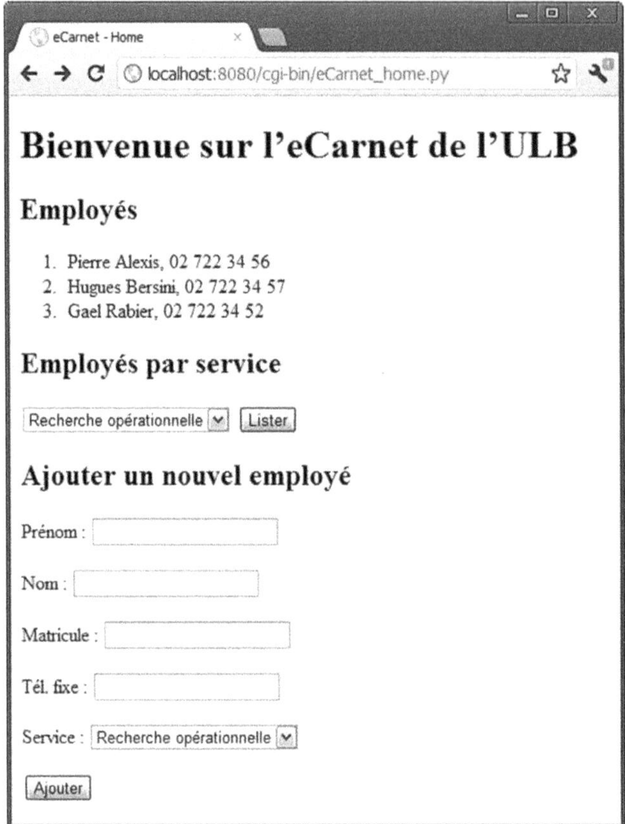

Figure 6–9
Page principale de notre carnet d'adresses

Ne nous attardons pas sur l'apparence de la page et passons plutôt en revue ce mélange indigeste de Python et d'HTML.

La première ligne indique, pour les systèmes Unix, que l'interpréteur Python doit être utilisé ❶. La deuxième indique à l'interpréteur Python que le fichier est encodé en UTF-8 ❷ (voir le chapitre 4, page 70). Ensuite, nous importons la bibliothèque `sqlite3` ❸ pour nous interfacer à la base de données. Les trois lignes qui suivent ❹ peuvent être nécessaires si vous rencontrez des problèmes avec les accents à l'exécution de vos scripts Python. Elles assurent que les chaînes de caractères seront bien comprises en UTF-8. Il faut également indiquer au serveur web quel type de contenu nous allons renvoyer dans la requête HTTP ❺, en l'occurrence une page XHTML encodée en UTF-8.

Ensuite vient du HTML. Remarquez que nous devons à chaque fois faire usage de la fonction Python `print`, dès qu'il s'agit d'écrire du HTML « à la volée ». Passons outre ces lignes faciles à comprendre et sautons directement au point ❻.

Le but de cet extrait de code est de construire la liste HTML qui énumère tous nos employés. On se connecte à la base de données à l'aide de la méthode `connect` de

SQLite, laquelle crée un objet que nous stockons dans la variable `db_connection`. C'est sur cet objet que nous enverrons nos requêtes SQL.

EN PRATIQUE Attention à l'emplacement des fichiers

La base de données doit se trouver dans le même dossier que le script Python qui a servi à lancer notre site web, donc *pas* dans le dossier `cgi-bin`.

Ensuite, nous allons récupérer les listes des employés via SQL. On procède d'abord à l'obtention d'un objet `cursor` ❼ qui envoie la requête SQL `SELECT` à la base de données et en récupère les résultats : noms, prénoms et numéros de téléphone ❽.

Les résultats renvoyés par la base de données sont extraits via la méthode `fetchall` du curseur. Ils sont placés dans une variable liste que nous nommons `rows` ❾. Nous pouvons maintenant parcourir cette liste à l'aide d'une boucle ❿ pour passer en revue tous ses éléments. À mesure que l'on parcourt l'ensemble des résultats, on crée les éléments HTML `<li>` de notre liste ⓫. Une fois la liste construite, nous pouvons passer au formulaire de recherche des employés d'un service. La première ligne écrit le titre en HTML ⓬. Ensuite, nous créons un formulaire HTML qui va contenir deux champs :

- une liste de choix reprenant tous les services disponibles ⓭ ;
- un bouton de soumission ⓮.

À la soumission du formulaire, nous aimerions être redirigés vers le script `eCarnet_service.py`. C'est ce que mentionne l'attribut `action` de l'élément `form` ⓯. Pour établir notre liste de choix avec tous les services, nous devons également faire une requête sur la base de données ⓰ et boucler sur les résultats ⓱ afin de créer toutes les « options » possibles.

Nous créons de manière similaire le formulaire d'ajout d'un employé, dont nous vous laissons le plaisir d'analyser le code.

Il est important de toujours « clôturer » toute interaction avec la base de données, de manière à libérer celle-ci pour de nouveaux usages. Cette obligation est satisfaite par l'entremise de l'instruction `db.close()` ⓲.

Une fois le script terminé, le HTML résultant est envoyé en réponse à la requête HTTP d'origine.

EXEMPLE 6.6 Carnet d'adresses. Le HTML créé par le script

```
<?xml version="1.0" encoding="UTF-8" ?>
<!DOCTYPE html>
<html xmlns="http://www.w3.org/1999/xhtml" lang="fr">
  <head>
    <title>eCarnet - Home</title>
```

```
  </head>
  <body>
    <h1>Bienvenue sur l'eCarnet de l'ULB</h1>
    <h2>Employés</h2>
    <ol>
      <li>Pierre Alexis, 02 722 34 56</li>
      <li>Hugues Bersini, 02 722 34 57</li>
      <li>Gael Rabier, 02 722 34 52</li>
    </ol>
    <h2>Employés par service</h2>
    <form action="eCarnet_service.py" method="get">
      <p><select name="service">
        <option value="1">Recherche opérationnelle</option>
        <option value="2">Inscriptions</option>
        <option value="3">Comptabilité</option>
        <option value="4">Informatique</option>
      </select>
      <input type="submit" value="Lister" /></p>
    </form>
    <h2>Ajouter un nouvel employé</h2>
    <form action="eCarnet_add_employee.py" method="get">
      <p>Prénom : <input type="text" name="first_name" /></p>
      <p>Nom : <input type="text" name="name" /></p>
      <p>Matricule : <input type="text" name="registration_number" /></p>
      <p>Tél. fixe : <input type="text" name="phone_number" /></p>
      <p>Service : <select name="service">
        <option value="1">Recherche opérationnelle</option>
        <option value="2">Inscriptions</option>
        <option value="3">Comptabilité</option>
        <option value="4">Informatique</option>
      </select></p>
      <p><input type="submit" value="Ajouter" /></p>
    </form>
  </body>
</html>
```

La liste des employés d'un service

Le code de la page listant les employés d'un service n'est pas vraiment plus compliqué. Le voici.

EXEMPLE 6.7 Carnet d'adresses. Le fichier cgi-bin/eCarnet_service.py

```
#!/usr/bin/env python
# -*- coding: utf-8 -*-

import sqlite3
```

```
import cgi
import sys
import codecs

sys.stdout = codecs.getwriter("utf-8")(sys.stdout.detach())

print("Content-Type: application/xhtml+xml; charset=utf-8\n")

print("""<?xml version="1.0" encoding="UTF-8"?>
<!DOCTYPE html>
<html xmlns="http://www.w3.org/1999/xhtml" lang="fr">
 <head>
 <title>eCarnet - Employés d'un service</title>
 </head>
 <body>""")
form = cgi.FieldStorage()
service_id = str(form["service"].value) ❶
db_connection = sqlite3.connect('database.sqlite3')
db_connection.row_factory = sqlite3.Row
cursor = db_connection.cursor()
cursor.execute("SELECT name FROM Service WHERE id=" + service_id)
row = cursor.fetchone()
service_name = str(row['name']) ❷

print(' <h1>Employés du service « ' + service_name + ' »</h1>') ❸

cursor.execute("SELECT first_name, name, phone_number FROM Employee WHERE
              ➥ id_service=" + service_id) ❹
rows = cursor.fetchall()

print(' <ol>')for row in rows:
   print(' <li>' + row['first_name'] + ', ' + row['name'] + ', '
              ➥ + row['phone_number'] + '</li>') ❺
print(""" </ol>
 </body>'
</html>""")
db_connection.close()
```

La subtilité dans ce script, par rapport au précédent, est le passage d'un paramètre ❶. En effet, ce code permet de lister les employés d'un service en particulier. Mais lequel ? Cette information doit bien lui être transmise…

Au niveau HTML, le paramètre a été défini dans le formulaire de notre écran décrit précédemment, dont revoici le code tel que créé par Python.

EXEMPLE 6.8 Carnet d'adresses. Formulaire de sélection d'un service

```
<form action="eCarnet_service.py" method="get">
   <p><select name="service">
     <option value="1">Recherche opérationnelle</option>
     <option value="2">Inscriptions</option>
     <option value="3">Comptabilité</option>
     <option value="4">Informatique</option>
   </select></p>
   <p><input type="submit" value="Lister" /></p>
</form>
```

Un attribut HTML est important ici : l'attribut `name` du `select`, dont la valeur est `service`. Le service sélectionné par l'utilisateur sera bien transmis via un paramètre nommé `service`. La valeur qui sera donnée à ce paramètre sera son `id`, puisque c'est ce que nous avons mis dans les attributs `value` de chacune des « options ». Ainsi donc, si l'on choisit le service « Inscriptions » et si l'on clique sur le bouton, l'URL appelée sera la suivante : http://localhost:8080/cgi-bin/eCarnet_service.py?service=2.

Il reste à récupérer la valeur de ce paramètre dans notre script `eCarnet_service.py`. Cela se fait via les lignes suivantes que nous rappelons ici.

EXEMPLE 6.9 Carnet d'adresses. Récupération d'un paramètre dans le script

```
import cgi
...
form = cgi.FieldStorage()
service_id = str(form["service"].value)
```

Nous devons utiliser la bibliothèque `cgi`. Ensuite, la méthode `FieldStorage` récupère, sous forme d'un dictionnaire, l'ensemble des paramètres passés au script ❶. On en extrait alors l'élément nommé `service`, avant de le convertir en un `string`, car il servira à construire les requêtes SQL, qui sont des requêtes textuelles.

Le reste du code de notre page liste les employés d'un service. On récupère d'abord dans la base de données le nom du service ❷ (à ce stade, on ne connaît que son `id`) afin de pouvoir personnaliser le titre de la page ❸. Ensuite, on récupère tous les employés du service en question à l'aide d'une requête SQL plus ciblée ❹ et on les affiche ❺.

Visuellement, le résultat est le suivant.

Figure 6–10
Page affichant les employés d'un service

Ajout d'un employé

La dernière fonctionnalité à implémenter est l'ajout d'un nouvel employé en spécifiant son matricule, son prénom, son nom, son téléphone fixe et son service. L'obtention de son service se fait par la même petite liste déroulante que précédemment.

Cette fonctionnalité requiert l'exécution d'un nouveau script Python `eCarnet_add_employee`, dont voici le code.

EXEMPLE 6.10 Carnet d'adresses. Le fichier eCarnet_add_employee.py

```
#!/usr/bin/env python
# -*- coding: utf-8 -*-

import sqlite3
import cgi
import sys
import codecs

sys.stdout = codecs.getwriter("utf-8")(sys.stdout.detach())

print("Content-Type: application/xhtml+xml; charset=utf-8\n")

print("""<?xml version="1.0" encoding="UTF-8" ?>
<!DOCTYPE html>
<html xmlns="http://www.w3.org/1999/xhtml" lang="fr">
 <head>
 <title>eCarnet - Ajout d'un employé</title>
 </head>
 <body>""")
form = cgi.FieldStorage()
id_service = str(form["service"].value)
name = str(form["name"].value)
first_name = str(form["first_name"].value)
registration_number = str(form["registration_number"].value)
```

```
phone_number = str(form["phone_number"].value)

db_connection = sqlite3.connect('database.sqlite3')
db_connection.row_factory = sqlite3.Row
cursor = db_connection.cursor()
❶ cursor.execute("INSERT INTO employe(registration_number, first_name, name,
            ➥ phone_number,id_service) VALUES (?, ?, ?, ?, ?)",
            ➥ (registration_number, first_name, name, phone_number,
            ➥ id_service))
db_connection.commit() ❷
db_connection.close()

print(' <h1>Ajout de l\'employé «' + first_name + ' ' + name + ' »</h1>')
print(' <p>' + first_name + ' ' + name + ' a bien été ajouté dans la base '
            ➥ + 'de données.</p>')

print(""" <p><a href="eCarnet_home.py">Retour au eCarnet.</a></p>
 </body>
</html>""")
```

L'insertion d'un nouvel enregistrement dans la table des employés se fait par l'exécution, sur l'objet `cursor`, d'une requête `INSERT` dont les valeurs nécessaires (`VALUES`) sont obtenues via le formulaire `form` ❶. Notez les points d'interrogation de la requête qui sont remplacés automatiquement par les valeurs spécifiées dans le deuxième paramètre de la fonction `execute`. C'est un raccourci d'écriture non négligeable car cela évite de devoir construire le `string` de la requête par concaténation.

L'exécution seule de la requête ne suffit pas. Il faut également penser à faire un `commit` ❷ sur le curseur afin que les données soient effectivement enregistrées dans la base de données. Une fois le nouvel employé ajouté, on affiche un message pour expliquer que « tout va bien » et on propose un lien permettant de revenir à la page principale de notre eCarnet. Visuellement, le code donne ceci.

Figure 6–11
Ajout d'un employé dans la base de données

CGI : ce qu'il ne faut plus faire

Vous l'aurez constaté, nous ne portons pas la technologie CGI dans nos cœurs d'informaticiens (de ceux qui battent au gigahertz). Avouons-le, notre funeste tableau est quelque peu exagéré. Quand nous prétendons que « rien de bon ne peut sortir de CGI », ce n'est pas tout à fait vrai. Cela nous aura au moins permis de vous expliquer un des langages phares de l'informatique, SQL. De surcroît, on peut très bien réaliser des sites web complexes au rendu agréable et ergonomique à partir de CGI. Le problème se situe en réalité au niveau du code et de son organisation : CGI amène très rapidement d'infâmes codes « spaghetti » impossibles à maintenir.

Plus concrètement, en vous référant à notre exemple de site en CGI, vous aurez pu constater que les fichiers réalisés souffrent d'un terrible mélange des genres : HTML, Python et SQL se retrouvent mêlés les uns aux autres dans un même fichier. Un concepteur web ne pourra donc pas travailler sur son HTML pendant qu'un programmeur avancera sur le code Python. Pire, ce mélange des genres impose au concepteur web de comprendre le code Python pour savoir où il devra modifier son code HTML et comment.

Vous remarquerez également que de nombreuses lignes de code se répètent et que les « copier-coller » foisonnent. C'est le cas par exemple de l'en-tête de nos HTML : dans tous les scripts, il est plus ou moins le même, alors qu'il doit être possible de ne le définir qu'en un seul endroit.

Certes, nous pourrions utiliser toute la puissance de Python et de l'orienté objet pour améliorer la structure du code. Dans ce cas, en réalité, cela reviendrait à entamer la construction de notre propre framework en lieu et place de Django, recommencer ce projet logiciel dont un jour des journalistes du lointain Kansas ont saisi toute l'utilité et le temps que cela permettrait d'épargner.

En matière de facilité de conception et de stabilité de code, il y a donc beaucoup d'améliorations possibles. Et ça tombe plutôt bien, car c'est là que Django va faire toute la différence. Découvrons donc ce framework magique.

Ai-je bien compris ?

- À quoi le langage SQL sert-il ?
- Comment, en CGI, un serveur peut-il retourner à la fois du contenu statique et du contenu dynamique ?

DEUXIÈME PARTIE

Mise en application avec Django

Dans cette deuxième partie, nous allons construire notre site Trombinoscoop en nous appuyant sur le framework Django. Nous détaillerons chacune des étapes d'élaboration d'un site web :

- « vues » Django (correspondant à l'aspect Contrôle du MVC) ;
- « templates » Django (correspondant à l'aspect Vue du MVC) ;
- formulaires ;
- « modèles » Django (correspondant à l'aspect Modèle du MVC) ;
- gestion des sessions ;
- suppléments en Ajax ;
- mise en production de Trombinoscoop.

7

Les vues Django : orchestration et architecture

Ce chapitre nous initie à l'utilisation du framework Django ; il va nous permettre d'en découvrir les premiers aspects : URL et « Views ». MVC, la recette de conception fondamentale de tout développement web mise en place par Django, commencera à être mieux comprise. Un premier projet Django sera réalisé, se bornant à renvoyer une page HTML très élémentaire, un peu comme on le ferait pour une application statique toute basique.

SOMMAIRE

- Modèle MVC selon Django
- Utilité des vues
- Définition des URL
- Définition des méthodes « vues »
- Création d'un projet Django dans Eclipse
- Réalisation de notre première page web
- Démarrage et test d'un projet dans Eclipse

Django, le framework que nous allons utiliser pour développer notre site web Trombinoscoop, obéit à la philosophie de développement MVC. Comme nous l'avons vu dans les chapitres précédents, cette architecture se propose de découper le développement et le code en trois grandes parties.

> **Django et le MVC**
>
> Bien antérieur à Django, le modèle MVC ne lui est pas spécifique. Il est également proposé par de nombreux autres frameworks tels que Symfony, Zend Framework, Laravel pour PHP.

- Le modèle *(model)* représente la partie « données » de l'application : leur représentation, leur sauvegarde, leur récupération et leur traitement.
- La vue *(view)* représente l'interface (dans notre cas « graphique ») de l'application. C'est dans la vue que l'on va gérer et définir les écrans HTML de notre applicatif.
- Le contrôleur *(controller)* agit comme le chef d'orchestre de l'applicatif. Il sert de lien entre le modèle et la vue. Plus concrètement, le contrôleur va recevoir les requêtes HTTP, appeler les méthodes ad hoc du modèle et de la vue, puis retourner la page HTML produite.

Django utilise d'autres termes pour désigner les trois composantes de l'architecture MVC :

- à la place des *vues*, on parlera de *templates* ;
- à la place des *contrôleurs*, on utilisera *vues (views)* ;
- pour le *modèle* – coup de chance ! – Django garde le même terme..

> **EN PRATIQUE Attention : terminologie MTV**
>
> Par la suite, nous allons utiliser la terminologie propre à Django : MTV (*Model Templates Views* – non, il ne s'agit pas de la chaîne de télévision...).

L'objectif de ce chapitre est d'étudier les vues Django. On peut se passer des deux autres composantes (le modèle et les templates) pour réaliser un site web fonctionnel, mais on ne peut en aucun cas faire l'impasse sur les vues.

Ce chapitre sera également l'occasion de commencer le développement de notre site « Trombinoscoop ». Le développement sera très progressif, afin de vous permettre d'appréhender pas à pas chacune des composantes de Django. Le premier pas sera une page d'accueil affichant un message de bienvenue. Attendez un peu pour des pages web plus riches en fonctionnalités et en contenu !

EN PRATIQUE N'hésitez jamais à googliser

Il est possible que vous rencontriez quelques difficultés non anticipées dans cet ouvrage, dans l'installation des différents outils logiciels par exemple, dans l'agencement des différents répertoires, lors du téléchargement des suites logicielles nécessaires, en utilisant la base de données ou en passant d'un navigateur à l'autre... L'informatique se devrait d'être une science exacte, mais les nombreuses couches superposées et les nombreux compléments logiciels qui nous permettent de faire nos achats en ligne ne sont pas toujours aussi finement compris et aussi stables que nous ne le voudrions. Dès lors, un seul réflexe : Google ! Dépité, vous n'aurez qu'à mettre dans la barre de recherche le texte d'erreur tel que vous le rencontrez et, en théorie, quelques secondes devraient suffire à vous redonner le sourire en vous fournissant le correctif qui vous tirera de ce mauvais pas. Nous ne sommes pas omniscients, mais Google quasiment.

Utilité des vues

Pour comprendre précisément l'utilité des vues Django, reprenons le schéma modélisant la visite d'une page web quelconque par un internaute.

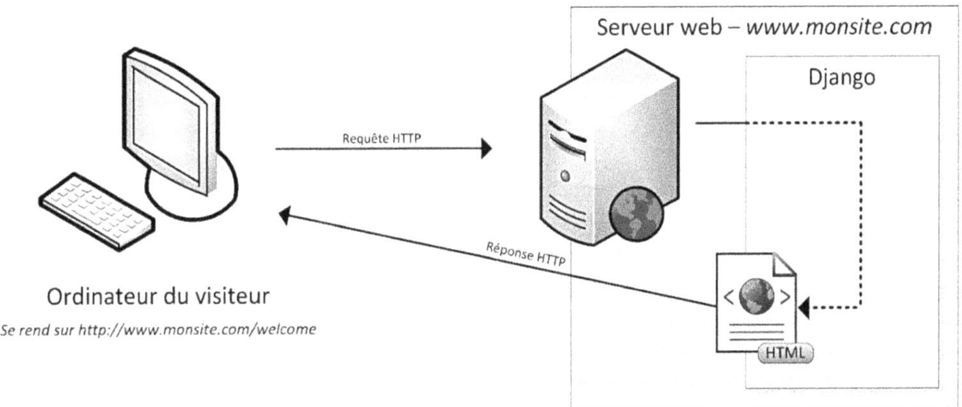

Figure 7–1 Élaboration d'une page dynamique par Django

Imaginons qu'un internaute désire se rendre sur notre site web, et plus précisément sur la page d'accueil de ce site dont le nom est `welcome`. Il entre l'URL http://www.monsite.com/welcome. Nous verrons par la suite par quoi il faut remplacer www.monsite.com dans cette URL, car il est évident que vous ne possédez pas ce nom de domaine. Le navigateur contacte notre serveur web et lui envoie une requête HTTP, dans laquelle on retrouve :

- le nom de la page, dans notre cas `welcome` ;
- les éventuels paramètres passés à la page (aucun dans notre cas, car nous allons pour l'instant laisser cet aspect de côté) ;
- diverses informations au sujet de l'internaute : la version de son navigateur, sa langue, etc.

À la réception de la requête, le serveur web la transmet telle quelle à Django : charge à ce dernier de la décoder et d'agir en conséquence.

Le **premier rôle des vues Django** est alors de lister toutes les pages possibles ou, en d'autres mots, toutes les URL possibles. Les vues au sens de Django vont réquisitionner deux fichiers Python : `urls.py` et `views.py`. Dans notre exemple, il va falloir préciser que l'URL welcome existe et qu'il y aura du traitement à faire dessus. Pour chacune des URL possibles, on précise dans le fichier `views.py` quelle fonction Python doit être appelée pour traiter la requête et, au final, écrire le HTML à renvoyer au navigateur. Les traitements réalisés par ces fonctions constituent le **deuxième rôle des vues Django**.

Le fichier urls.py

La définition des URL possibles se fait dans un fichier nommé `urls.py`. Il contient essentiellement une liste de correspondances entre des URL et des fonctions Python.

EXEMPLE 7.1 Fichier urls.py

```
from django.conf.urls import url

urlpatterns = [
   url('^welcome$', myproject.views.welcome),
   url('^login$', myproject.views.login),
   url('^logout$', myproject.views.logout),
   url('^$', myproject.views.welcome)
]
```

`urlpatterns` est une liste Python qui contient toutes les correspondances URL/fonction à appeler. Il est important que cette liste porte ce nom-là : Django attend cette dénomination précise. Par ailleurs, cette liste doit contenir les correspondances sous un certain format attendu par Django, d'où la création d'objets `url` dans celle-ci.

On inclut dans cette liste autant d'objets qu'il y a d'URL dans notre site (dans notre exemple, nous avons défini quatre URL ; la liste comprend donc quatre objets). Ils sont créés comme suit.

SYNTAXE. Objets url passés à la liste urlpatterns

```
url(URL, fonction à appeler)
```

Que contiennent exactement ces objets ?

- « URL » est une *expression régulière*. Dans nos exemples, nous utiliserons exclusivement des expressions régulières triviales qui font correspondre une fonction Python à une et une seule chaîne de caractères. Retenez simplement que, dans ce cas, l'expression régulière se résume au nom de la page entouré par les caractères `^` et `$`.
- « Fonction à appeler » est simplement la fonction Python à appeler en réponse à l'appel de cette URL.

DÉFINITION Expression régulière

Il s'agit d'un motif qui décrit une ou *plusieurs* chaîne(s) de caractères possible(s). À l'aide des expressions régulières, on peut, par exemple, exprimer la correspondance suivante : « pour toutes les URL qui commencent par `article-`, on appelle la fonction Python `showArticle` » via un objet `url('^article-',myproject.views.showArticle)`.

À partir de ces explications, on comprend désormais mieux le fichier `urls.py` que nous vous avons donné en exemple. Quatre URL y ont été définies, à l'aide de quatre objets : le premier pour la page welcome, le second pour la page login, le troisième pour la page logout et le dernier, un peu spécial, pour la page « sans nom ». Cette dernière page est appelée lorsqu'on entre l'adresse suivante dans le navigateur : http://www.monsite.com/ (aucun nom de page n'est précisé). On parle également de page par défaut.

Nous sommes persuadés que vous brûlez d'envie de déjà lancer Eclipse, créer un projet et taper les lignes de code que nous venons de voir dans un fichier `urls.py`. N'en faites rien ! Nous verrons bientôt comment construire pas à pas notre premier projet Django dans Eclipse. Avant tout, attardons-nous sur un autre fichier d'une très grande importance : `views.py`.

Le fichier views.py

Le rôle du fichier `views.py` est de définir toutes les fonctions Python déclarées dans les tuples. Ces fonctions sont appelées des « vues ».

Chacune de ces vues reçoit toujours en entrée un objet représentant la requête HTTP et dont les informations transmises pourront être exploitées. Pour fournir une réponse HTTP à la requête qu'elle a reçue, chaque vue doit construire une page HTML à renvoyer vers l'utilisateur. D'un appel à l'autre de cette même fonction, le HTML renvoyé pourra être différent. Là résident toute la saveur et la subtilité de la mise en place de sites web dynamiques : leur contenu évolue au fil du temps.

Sans plus attendre, passons à un exemple de fichier `views.py`.

EXEMPLE 7.2 **Un fichier views.py**

```
from django.http import HttpResponse ❷

def welcome(request): ❶
    return HttpResponse('<html><body><p>Bienvenue!</p></body></html>')
```

Dans ce fichier, nous avons défini une fonction nommée `welcome` ❶, laquelle sera appelée lorsqu'on entrera l'URL http://www.monsite.com/welcome (comme défini dans `urls.py`).

Cette fonction accepte un paramètre `request`. Nous ne l'utiliserons pas pour le moment, mais sachez qu'il contient toutes les données de la requête HTTP.

Ensuite, cette fonction retourne un objet de type `HttpResponse` (type que nous avons dû importer d'une bibliothèque Django, d'où la ligne ❷). Dans le constructeur de cet objet, nous passons simplement le code HTML à renvoyer sous forme de texte. Nous avons volontairement écrit du HTML simplifié (même invalide) afin de ne pas compliquer l'exemple. C'est aussi simple que cela ; ces trois lignes suffisent à produire notre première page web.

Un dessin vaut souvent mieux qu'un long discours ; résumons donc ce que nous venons de voir sur un schéma.

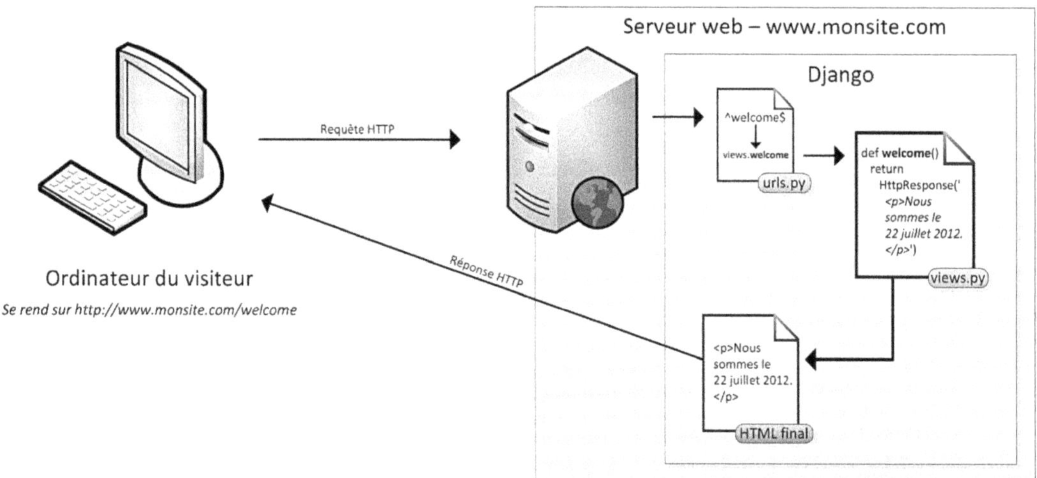

Figure 7–2 urls.py et views.py au sein de Django

On constate qu'à la réception de la requête, Django va avant tout trouver une correspondance entre la page demandée et une vue Python. Django va appeler la vue trouvée et la charger de produire en retour le HTML qui sera renvoyé tel quel en réponse.

Jusqu'à présent, l'exemple reste théorique et nous ne l'avons pas encore codé réellement dans notre éditeur Eclipse. De même, le résultat n'est pas encore apparu dans un navigateur. Remédions-y en découvrant comment, très pratiquement, réaliser cette petite application dans Eclipse.

> **Installation d'Eclipse**
>
> Nous expliquons comment installer notre environnement de développement dans l'annexe.

Enfin ! Notre première page web en Django

Lancement de l'environnement Eclipse et création du projet

Tout d'abord, il nous faut lancer Eclipse. Nous arrivons sur l'écran d'accueil.

Pour démarrer un nouveau projet, cliquez sur le menu *File > New > Project...* Dans la boîte de dialogue qui apparaît, choisissez *PyDev Django Project*.

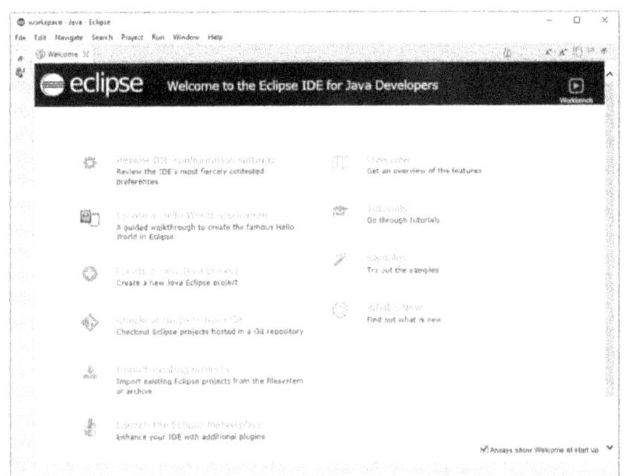

Figure 7–3 Écran d'accueil d'Eclipse

Figure 7–4 Création d'un projet Django

Après avoir cliqué sur *Next*, un assistant de création de projet se lance. À la première étape, il suffit de donner un nom au projet.

Cliquez alors sur *Next*. Django vous propose de lier un projet, cliquez simplement sur *Next* sans rien sélectionner. L'écran suivant demande quelle version de Django utiliser, ainsi que quelques paramètres relatifs à la base de données. Les valeurs par défaut peuvent être laissées.

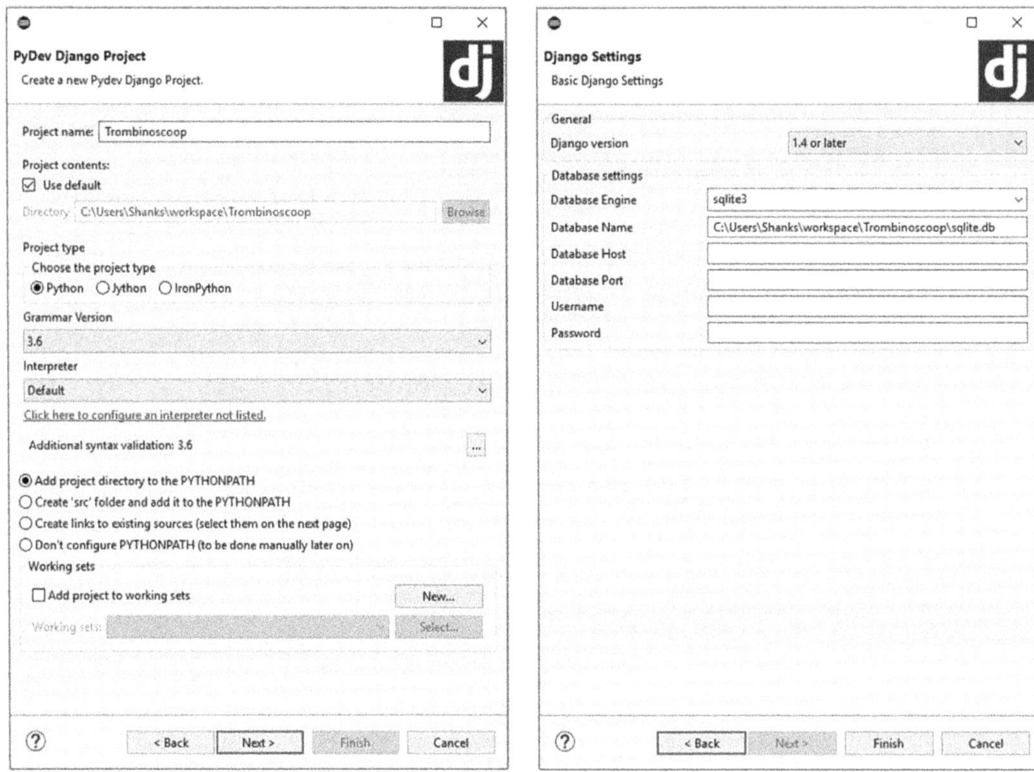

Figure 7–5 Deuxième étape de la création d'un projet

Figure 7–6 Troisième étape de la création d'un projet

Cliquez sur *Finish*. Le projet est créé et apparaît dans l'écran principal d'Eclipse.

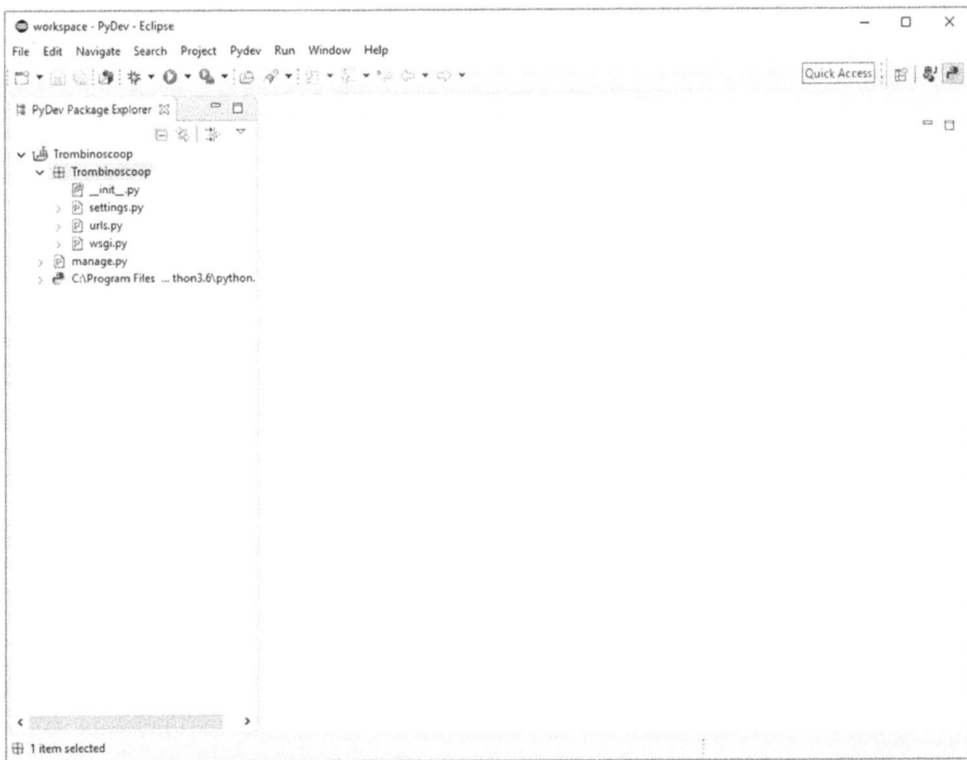

Figure 7–7 Le projet fraîchement créé

Remarquez que plusieurs fichiers sont déjà créés, dont `urls.py`. C'est normal, puisque nous avons créé un projet de type « Django » et qu'Eclipse sait quels fichiers doivent obligatoirement figurer dans un tel projet.

EN PRATIQUE Au fait, quid de l'encodage ?

Nous avons vu au chapitre 4 qu'on devait toujours préciser l'encodage de nos fichiers, au risque d'avoir des problèmes avec les accents et autres caractères exotiques.

Plus précisément, il faut :

- s'assurer que l'encodage dans lequel l'éditeur (ici Eclipse) travaille est le bon (nous aimerions de l'UTF-8) ;
- s'assurer que le navigateur est bien prévenu de l'encodage utilisé pour nos pages.

Par défaut, Eclipse ne travaille pas en UTF-8. Changeons donc ça !

Rendez-vous dans le menu *Windows > Preferences*. Dans la boîte de dialogue qui apparaît, cliquez sur la catégorie *Web*. Au sein de cette catégorie, sélectionnez successivement les sous-catégories *CSS Files* et *HTML Files* et, pour chacune d'elles, changez le paramètre *Text file encoding* en *UTF-8*.

EN PRATIQUE Au fait, quid de l'encodage ?

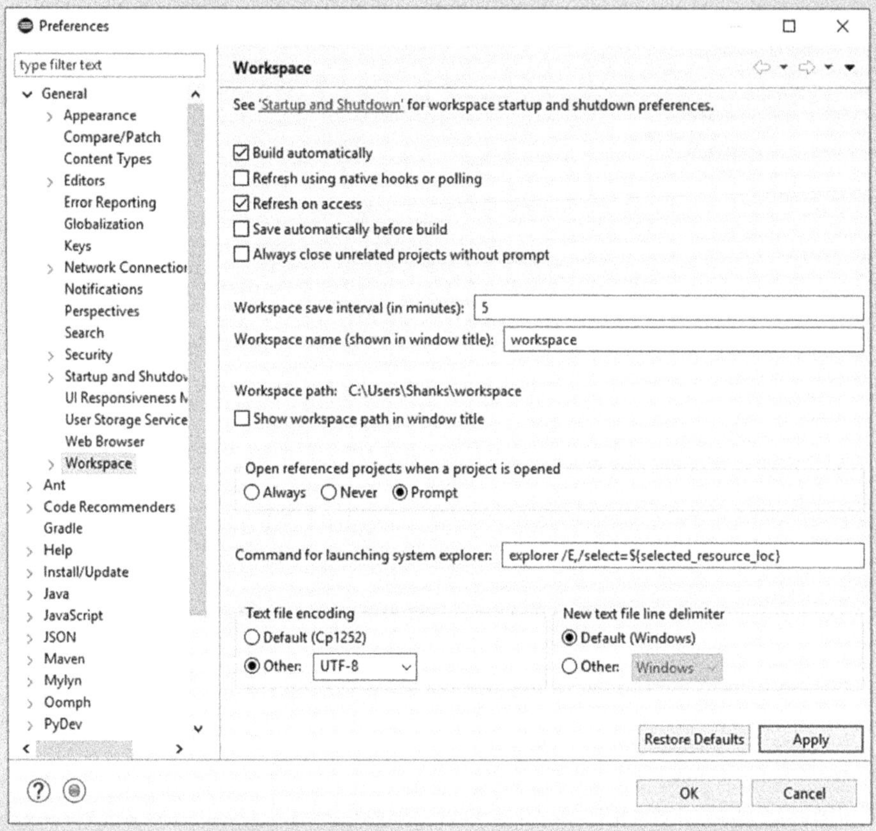

Figure 7–8 Changement de l'encodage par défaut d'Eclipse

Très important, comme nous venons de changer l'encodage par défaut d'Eclipse, tous les fichiers Python créés le seront en UTF-8. Si par malheur vous utilisez dans votre code un caractère accentué ou exotique (donc codé sur deux octets), le compilateur Python ne va rien comprendre et va râler… Pour éviter cela, nous vous conseillons d'ajouter, au début de tous vos fichiers Python, la ligne suivante :

```
# -*- coding: utf-8 -*-
```

Cela informera le compilateur qu'il a affaire à de l'UTF-8.

Le fichier urls.py

Nous pouvons maintenant éditer directement le fichier `urls.py` en double-cliquant dessus. Remplacez tout le code préexistant par celui-ci.

EXEMPLE 7.3 Contenu de notre premier fichier urls.py

```
from django.conf.urls import url

urlpatterns = [
  url('^welcome$', welcome)
]
```

À l'aide de ce code, nous avons prévu une seule page « fonction », nommée `welcome`. Un indicateur rouge dans la marge indique qu'Eclipse ne trouve pas la méthode `myproject.views.welcome`.

```
urlpatterns = [
    url(r'^welcome$', welcome),
]
```

Figure 7–9
Eclipse ne trouve pas la méthode welcome !

Pas de panique ! C'est tout à fait normal : nous ne l'avons pas encore définie, et Eclipse ne peut pas la sortir de nulle part.

Le fichier views.py

Le fichier `views.py` n'est pas créé par défaut ; il faut le faire manuellement. Pour cela, cliquez-droit sur le dossier `Trombinoscoop` qui contient nos autres fichiers et choisissez *New > PyDev Module*.

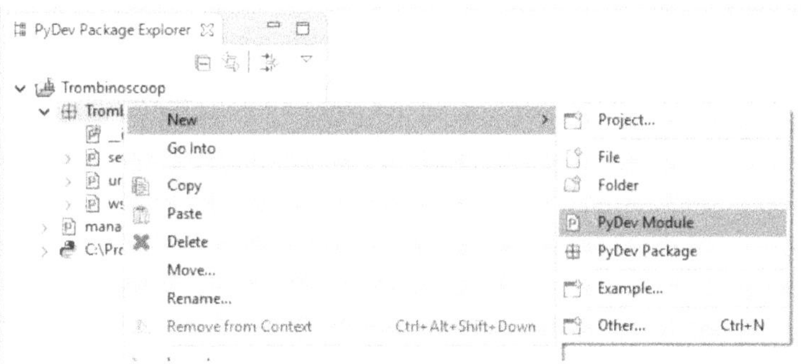

Figure 7–10
Ajout d'un module

Dans la fenêtre qui apparaît, précisez le nom du fichier (`views`) sans l'extension `py`.

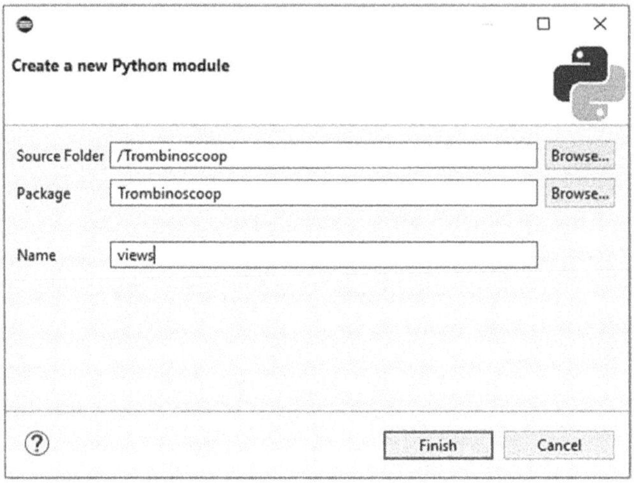

Figure 7–11
Deuxième étape de l'ajout d'un module

Cliquez sur *Finish*, et le fichier est créé. Vous pouvez maintenant y ajouter le code suivant.

EXEMPLE 7.4 Contenu de notre premier fichier views.py

```
from django.http import HttpResponse

def welcome(request):
    return HttpResponse("""<!DOCTYPE html>
<html>
  <head>
    <meta charset="utf-8">
    <title>Trombinoscoop</title>
  </head>
  <body>
    <p>Bienvenue sur Trombinoscoop!</p>
  </body>)
</html>""")
```

Nous avons cette fois-ci écrit un HTML plus complet et correct. Pour gagner en lisibilité en ne tassant pas tout sur une seule ligne, on met trois guillemets signalant à Python le début d'une longue chaîne de caractères qui peut continuer sur plusieurs lignes.

Importation de la fonction dans urls.py

Si vous retournez dans le fichier `urls.py`, vous constatez qu'Eclipse ne trouve toujours pas la fonction `welcome`. En effet, il faut tout d'abord l'importer (ce qu'on fait avec l'instruction ❶). Nous obtenons finalement le fichier `urls.py` complet suivant.

EXEMPLE 7.5 Contenu final de notre premier fichier urls.py

```
from django.conf.urls import url
from Trombinoscoop.views import welcome ❶

urlpatterns = [
  url('^welcome$', welcome)
]
```

Test de notre ébauche de site

Nous pouvons maintenant tester notre site. Python et Django sont livrés par défaut avec un serveur web léger qui permet de tester très simplement nos merveilleux sites web. Pour lancer ce serveur web, rien n'est plus simple ; cela se passe au niveau de l'icône suivante dans la barre d'outils.

Figure 7–12
Bouton permettant le démarrage du serveur web

Ne cliquez pas encore dessus, car il faut d'abord se positionner au niveau du projet en le sélectionnant dans l'explorateur de fichiers.

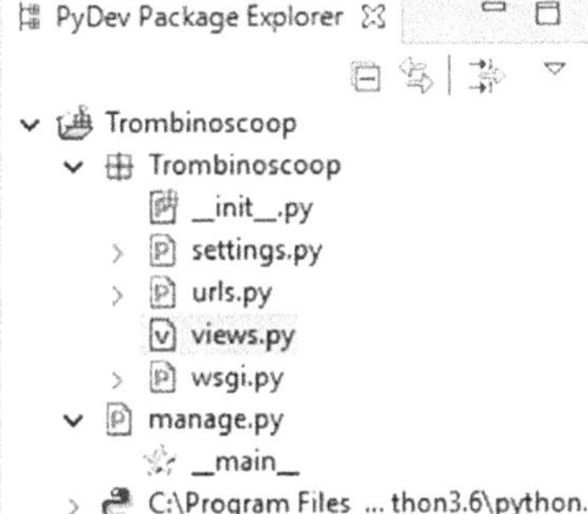

Figure 7–13
Sélection du projet avant de démarrer le serveur web

Ensuite, on peut cliquer sur l'icône « play » verte, ou plutôt sur sa petite flèche annexe qui affiche un menu déroulant. Choisissez *Run As > 1 PyDev: Django*.

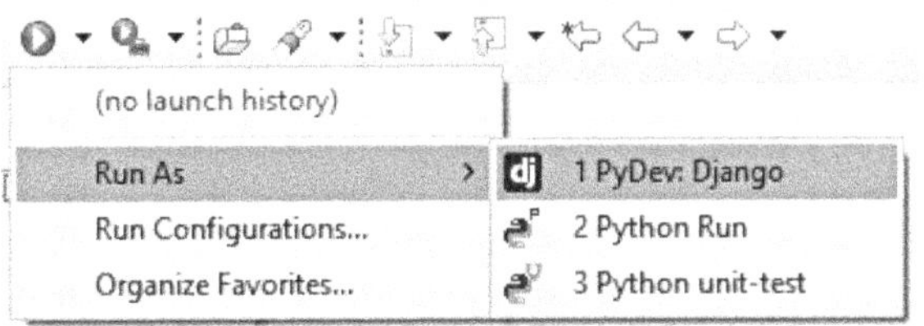

Figure 7–14
Démarrage du projet

À ce stade, Eclipse lance une série de validations du code et démarre le serveur web. Si tout s'est bien passé, on doit lire dans la console le texte qui suit.

EXEMPLE 7.6 Résultat : validation du code et démarrage du serveur

```
Performing system checks...

System check identified no issues (0 silenced).

You have 13 unapplied migration(s). Your project may not work properly until
you apply the migrations for app(s): admin, auth, contenttypes, sessions.
Run 'python manage.py migrate' to apply them.
May 20, 2017 - 22:55:09
Django version 1.11.1, using settings 'Trombinoscoop.settings'
Starting development server at http://127.0.0.1:8000/
Quit the server with CTRL-BREAK.
```

EN PRATIQUE En cas d'erreur...

Oh, pas d'erreur... parfait ! Sinon, revenez au début du chapitre et assurez-vous que vous nous avez suivis au doigt et à l'œil.

Un message nous indique également au moyen de quelle adresse on accède au serveur web : `http://127.0.0.1:8000/`. Il s'agit en réalité de l'adresse IP locale de *votre* machine. Vous comprenez donc maintenant pourquoi et comment remplacer le http://www.monsite.com/ que nous avons utilisé de manière fictive tout au long de ce chapitre.

Notez également que l'adresse proposée dans la console contient *un numéro de port* (8000). D'habitude, lorsqu'on consulte un site web, on ne spécifie pas ce numéro de port. En effet, les navigateurs utilisent par défaut le port 80, et les serveurs web sont configurés pour tourner sur ce dernier. Cependant, comme le serveur web exploite ici un autre port, il faut le spécifier.

Pour tester notre premier site web, il suffira donc de lancer un navigateur et de se rendre à l'adresse suivante : `http://127.0.0.1:8000/welcome`. Le rendu sera comme suit.

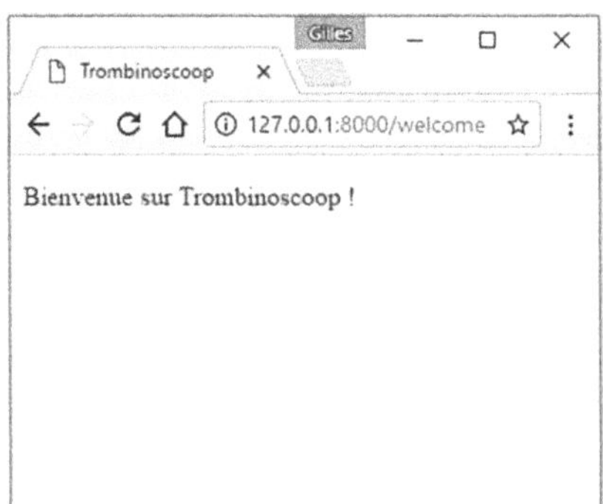

Figure 7–15
Résultat de notre première page web !

Bel effort, mais...

Ce premier site web – ou plutôt cette première page web – est déjà un très bel effort, certes. Mais deux remarques s'imposent.

- La page web est entièrement statique ; il n'y a aucun élément variable. On aurait très bien pu obtenir exactement et beaucoup plus simplement le même résultat en écrivant du code HTML dans un fichier `.html`. Or, rappelons-le, notre objectif est de réaliser des sites *dynamiques*, pas du HTML amorphe.
- Le code HTML de la page se trouve au milieu du code Python, ce qui veut dire qu'il faut modifier le programme Python si on veut modifier des éléments purement esthétiques. De plus, cela ne permet pas d'éditer le code HTML de manière conviviale. Enfin, si deux personnes différentes doivent s'occuper l'une du Python et l'autre du HTML, elles vont très probablement finir par s'étriper sur ce fichier.

Les templates Django permettent de pallier ces problèmes et de séparer le code HTML du code Python, tout en laissant la possibilité d'insérer dans le code HTML des éléments variables. C'est l'objectif du prochain chapitre.

Ai-je bien compris ?

- Quel changement Django apporte-t-il au sigle « MVC » ?
- À quoi les fichiers `urls.py` et `views.py` servent-ils ?
- Dans ce chapitre, quelles composantes du modèle MVC avons-nous implémentées ? Et quelles sont celles que nous n'avons pas mises en œuvre ?

8

Les templates Django : séparation et réutilisation des rendus HTML

Tout en continuant le développement de notre projet « Trombinoscoop », ce chapitre aide à comprendre comment la mise en place des « templates » dans Django isole les instructions HTML (dédiées à la présentation du site web) des instructions Python (plus centrées sur son fonctionnement). Le rôle et l'utilisation des templates constituent l'essentiel de ce qui va suivre.

SOMMAIRE

- Introduction aux templates de Django, qui séparent au mieux le HTML du code Python
- Description de tout ce que l'on peut faire et produire à partir de ces templates
- Suite de notre projet Trombinoscoop

Au chapitre précédent, nous avons étudié l'une des premières composantes du modèle MTV *(Model Templates Views)* de Django: les vues. Cela nous a permis de réaliser la première page, certes plutôt basique, de notre site web. Cependant, notre code est entaché de l'affreux mélange HTML/Python. Rappelez-vous la nécessaire séparation que les informaticiens de qualité exigent entre l'interface et le contrôle. Heureusement, les templates Django sont là pour nous aider à tenir séparés les deux types de codes. Ils conduisent à réutiliser facilement les lignes de HTML et à éviter des duplications intempestives de code.

L'objectif de ce chapitre est d'étudier les templates Django et de les appliquer à la page de login de notre site web Trombinoscoop.

Principe des templates

Les templates Django sont avant tout des fichiers HTML. Toutefois, nous serions face à un problème de taille s'ils ne se réduisaient qu'à du HTML stupidement statique! C'est pourquoi les templates introduisent une notion d'«éléments variables», qui ajoutent un certain dynamisme au HTML produit.

Imaginons une page de bienvenue dans laquelle apparaîtrait le message «Bienvenue Pierre», Pierre étant le prénom de l'internaute connecté. Créons le template de notre page de bienvenue.

EXEMPLE 8.1 Template d'une page de bienvenue personnalisée

```
<!DOCTYPE html>
<html>
  <head>
    <meta charset="utf-8">
    <title>Bienvenue sur notre site</title>
  </head>
  <body>
    <p>Bienvenue {{ logged_user_name }}</p>
  </body>
</html>
```

Ce template ressemble à s'y méprendre à un simple fichier HTML. Néanmoins, ouvrez l'œil et regardez plus attentivement: l'élément `{{ logged_user_name }}` devrait retenir votre attention. Les doubles accolades indiquent qu'il s'agit d'une variable que Django va interpréter et remplacer par sa vraie valeur au moment de l'utilisation du template.

L'utilisation d'un template s'avère très simple. L'idée est de nettoyer les vues de ce HTML inopportun. Nous n'utiliserons plus le code présenté au chapitre précédent.

EXEMPLE 8.2 Production de HTML directement dans la vue

```
from django.http import HttpResponse
def welcome(request):
    logged_user_name = 'Pierre'
    return HttpResponse('<html><body><p>Bienvenue ' + logged_user_name
            ➥ + '</p></body></html>')
```

À la place, nous allons plutôt tirer profit de la fonction `render` ❶, à laquelle on passe en paramètre un nom de template, suivi de la valeur de tous les paramètres qui jalonnent le template. Le code HTML a disparu comme par magie de l'utilisation des vues.

EXEMPLE 8.3 Appel à un template

```
from django.shortcuts import render
def welcome(request):
    return render ❶(request, 'my_template.html',
            ➥ {'logged_user_name': 'Pierre'})
```

Réalisons maintenant notre premier template.

Notre premier template

Nous allons repartir du code que nous avons laissé au chapitre précédent et faire migrer tout le HTML dans un template afin d'illustrer le rôle et l'utilisation de ce dernier.

EN PRATIQUE Installation supplémentaire : Web Developer Tools

Si vous n'avez pas encore installé les « Web Developper Tools », c'est le moment ! Voyez la manipulation en annexe.

EN PRATIQUE Configuration : encore une histoire d'encodage !

Deux éditeurs viennent d'être ajoutés : un pour le HTML, un pour les CSS. Il va falloir les configurer pour qu'ils produisent du code en UTF-8.
Cela se fait dans le menu *Windows > Preferences*. Dans la boîte de dialogue qui apparaît, rendez-vous dans la catégorie *General > Workspace* et changez le paramètre *Text file encoding* en *UTF-8*.

Élaborons notre premier template. Commençons par créer un nouveau dossier à la racine de notre projet, qui nous servira à stocker tous nos templates. Cliquez-droit sur le paquet `Trombinoscoop` qui se trouve dans le projet et, dans le menu déroulant, choisissez *New > Folder*.

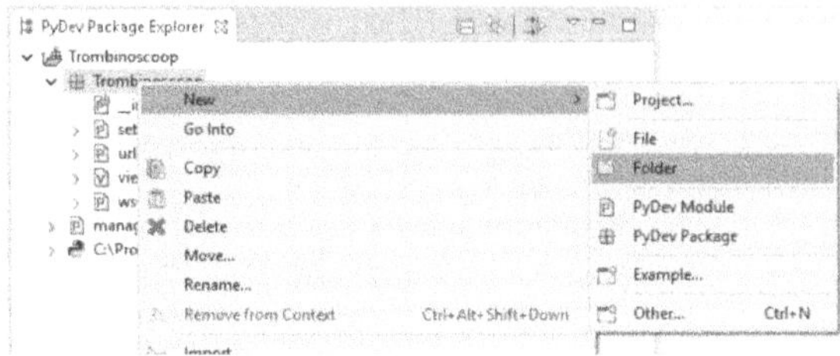

Figure 8–1
Création du dossier qui contiendra nos templates

Nommons ce dossier `templates`. Il vous faut ensuite expliquer à Django où aller chercher les templates : cela se définit dans le fichier `settings.py`, qui se trouve déjà dans le projet.

CONFIGURATION. Spécification du dossier dans lequel se trouvent les templates

```
TEMPLATES[0]['DIRS'] = [os.path.join(BASE_DIR,'templates')]
```

Cette ligne est à placer à la toute fin du fichier `settings.py`.

Nous pouvons maintenant créer notre premier template : cliquez-droit sur le dossier que nous venons de créer et choisissez *New > File*. Donnez-lui le nom `welcome.html`. Dans ce fichier, recopiez comme suit tout le code HTML que nous avions placé dans `views.py`.

EXEMPLE 8.4 Code HTML du template welcome.html

```
<!DOCTYPE html>
<html>
  <head>
    <meta charset="utf-8">
    <title>Trombinoscoop</title>

  </head>
  <body>
    <p>Bienvenue sur Trombinoscoop !</p>
  </body>
</html>
```

Il ne nous reste plus maintenant qu'à modifier la vue afin que celle-ci fasse appel à notre template. Pour ce faire, remplacez le code de `views.py` par les lignes qui suivent.

EXEMPLE 8.5 Appel du template welcome.html dans la vue

```
# -*- coding: utf-8 -*-

from django.shortcuts import render

def welcome(request):
    return render(request, 'welcome.html')
```

Et voilà ! Nous pouvons maintenant redémarrer notre projet pour voir ce que cela donne, en cliquant sur l'icône ▶.

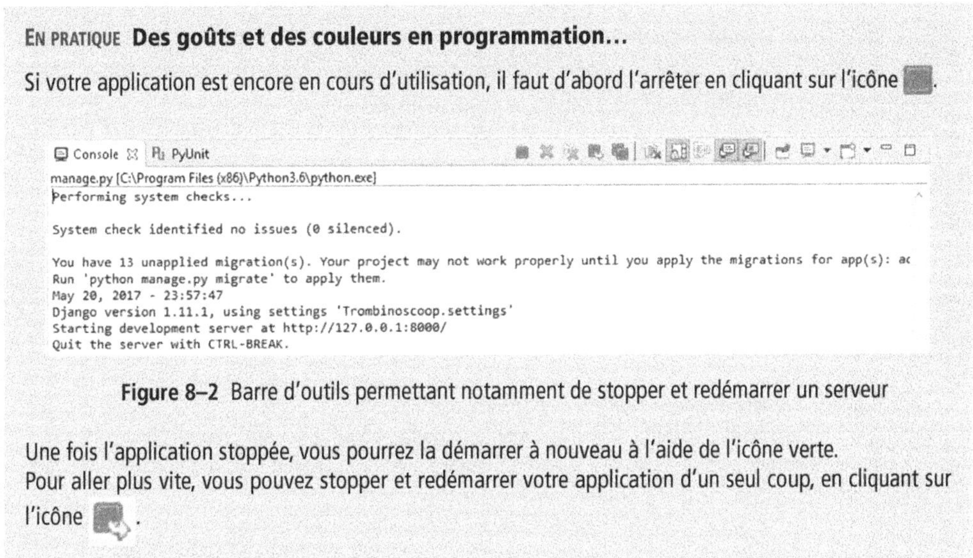

EN PRATIQUE Des goûts et des couleurs en programmation…

Si votre application est encore en cours d'utilisation, il faut d'abord l'arrêter en cliquant sur l'icône ■.

Figure 8–2 Barre d'outils permettant notamment de stopper et redémarrer un serveur

Une fois l'application stoppée, vous pourrez la démarrer à nouveau à l'aide de l'icône verte.
Pour aller plus vite, vous pouvez stopper et redémarrer votre application d'un seul coup, en cliquant sur l'icône ■.

Testons l'URL dans un navigateur. Nous obtenons exactement le même résultat qu'au chapitre précédent… si ce n'est que maintenant, notre code HTML n'est plus mélangé à celui de Python ! Cela fait une énorme différence !

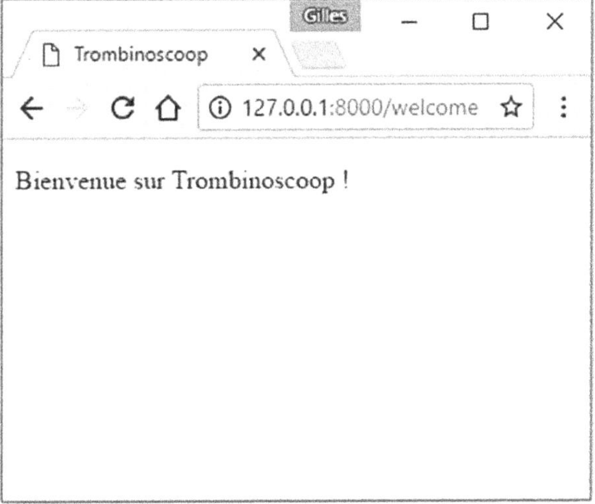

Figure 8–3
Le rendu est le même qu'au chapitre précédent.

Dynamisons ce premier template

Pour l'instant, notre template n'est autre qu'un fichier HTML aussi statique qu'un escalier en marbre blanc. Voyons maintenant comment y inclure du contenu dynamique : par exemple, la date et l'heure courante. Dans notre template, cette information temporelle va se retrouver en variable ❶.

EXEMPLE 8.6 Ajout d'une variable dans welcome.html

```
<!DOCTYPE html>
<html>
  <head>
    <meta charset="utf-8">
    <title>Trombinoscoop</title>
  </head>
  <body>
    <p>Bienvenue sur Trombinoscoop!</p>
    <p>Nous sommes le {{ current_date_time }}. ❶</p>
  </body>
</html>
```

Au niveau de notre vue, nous allons transmettre la date et l'heure courantes au template sous forme de paramètres ❷.

EXEMPLE 8.7 Transmission d'un paramètre au template welcome.html

```
# -*- coding: utf-8 -*-

from django.shortcuts import render
from datetime import datetime ❸

def welcome(request):
    return render(request, 'welcome.html',
                                     {'current_date_time': datetime.now} ❷)
```

N'oubliez pas le nouvel import ❸ pour que Python puisse jouer avec dates et heures.

Voici le résultat dans un navigateur.

Figure 8–4 La date est affichée de manière dynamique.

La date et l'heure sont affichées de façon dynamique : la page change maintenant à chaque visite.

Ce premier exemple de template dynamique est l'occasion de résumer le fonctionnement de Django tel que nous l'avons vu jusqu'à présent. Schématiquement, voici ce qui se passe lorsqu'on nous visitons la page `welcome` :

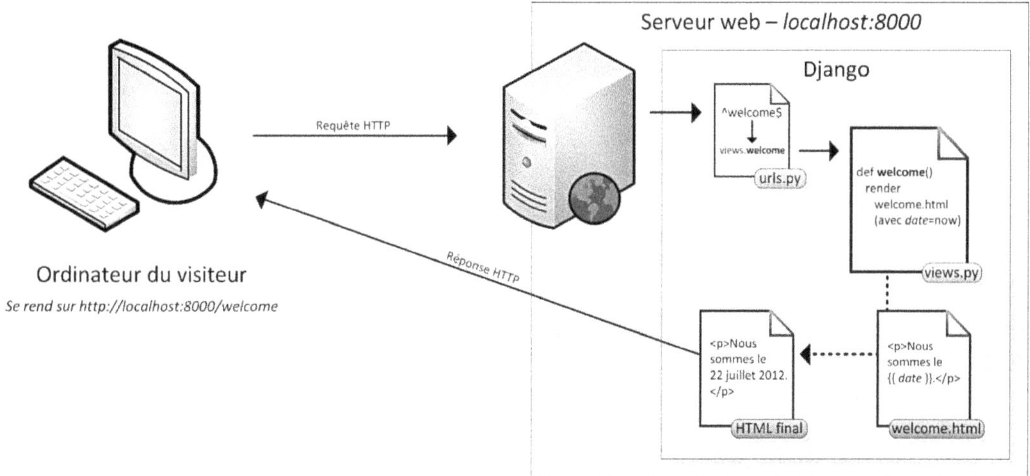

Figure 8–5 Fonctionnement de Django

Lorsqu'on visite l'URL http://127.0.0.1:8000/welcome, le navigateur envoie une requête HTTP au serveur web `localhost` pour lui demander la page `welcome`. Immédiatement après avoir reçu la requête, le serveur web passe la main à Django. Le traitement commence dans le fichier `urls.py`, où l'on va tenter de trouver une correspondance entre l'URL demandée et une fonction de `views.py` : dans notre cas, `views.welcome` doit être appelée.

La fonction `views.welcome` appelle alors le template `welcome.html` en lui passant en paramètre la date du jour. Le moteur Django remplace dans le template la variable `date` (ainsi nommée dans le schéma, mais appelée `current_date_time` dans le code) par cette valeur transmise. Le HTML final est enfin prêt à être renvoyé en réponse au navigateur client. Superbe division du travail : personne n'empiète sur les plates-bandes des autres.

Le langage des templates

Nous avons expliqué comment insérer une variable dans un template, afin qu'elle puisse être dynamiquement remplacée par une valeur. Ce n'est pas la seule construction possible ; il existe d'autres instructions pour dynamiser les templates. Les concepteurs de Django appellent cela le « langage des templates ». Faisons un petit tour d'horizon.

Les variables

Nous avons déjà vu que les variables étaient entourées de doubles accolades comme vous le voyez ci-dessous.

SYNTAXE EXEMPLE. **Variable dans un template**

```
<p>Bonjour {{ name }} !</p>
```

Notons que les variables peuvent être des attributs d'objets Python. En voici un exemple.

SYNTAXE EXEMPLE. **Variable utilisant un attribut d'un objet dans un template**

```
<p>Bonjour {{ person.name }} !</p>
```

On peut également cibler le x-ième élément d'une liste.

SYNTAXE EXEMPLE. **Impression du deuxième élément d'une liste**

```
<p>Bonjour {{ my_list.1 }} !</p>
```

Formatage des variables

Les variables, avant d'être incluses dans le HTML final, peuvent être formatées à l'aide de filtres. Par exemple, si l'on désire convertir une variable en minuscules, on écrira le code comme suit.

SYNTAXE EXEMPLE. **Le nom est imprimé en minuscules.**

```
<p>Bonjour {{ name|lower }} !</p>
```

Ainsi, si le nom transmis au template est `ALEXIS`, le HTML retourné sera comme suit.

EXEMPLE 8.8 **Résultat HTML**

```
<p>Bonjour alexis !</p>
```

On peut également convertir le premier élément d'une liste en minuscules, à l'aide de ce filtre.

SYNTAXE EXEMPLE. **Syntaxe exemple. Convertit le premier élément de la liste en minuscules.**

```
<p>Bonjour {{ my_list|first|lower }} !</p>
```

Dernier exemple de filtre : on peut afficher la longueur d'une variable, comme ceci.

SYNTAXE EXEMPLE. **Donne la longueur de la variable**

```
<p>Votre nom fait {{ name|length }} caractères !</p>
```

Il existe de nombreux autres filtres. Vous en trouverez la liste exhaustive dans la documentation (très bien faite !) de Django, disponible sur le site officiel.

Sauts conditionnels et boucles

Il est également possible de prévoir des sauts conditionnels et des boucles dans des templates Django. C'est très pratique si l'on désire, par exemple, afficher tous les éléments d'une liste : on va boucler sur chacun d'eux. Au niveau du code, un `if` donnera le code que voici.

SYNTAXE EXEMPLE. **Un saut conditionnel dans un template**

```
{% if person.gender == "F" %}
  <p>Chère Madame {{ name }},</p>
{% else %}
  <p>Cher Monsieur {{ name }},</p>
{% endif %}
```

Remarquez en passant les `{% ... %}` utilisés pour entourer les instructions, alors que nous avions des `{{ ... }}` pour afficher des variables.

On peut également utiliser les opérateurs booléens `and`, `or` et `not` pour construire des conditions plus complexes.

Pour écrire une boucle, voici comment on procédera.

SYNTAXE EXEMPLE. Une boucle dans un template

```
<ul>
{% for book in books %}
<li>{{ book.title }}</li>
{% endfor %}
</ul>
```

Ce code est assez simple à comprendre : nous itérons sur chaque élément d'une liste de livres. Et pour chacun, nous imprimons un élément `<li>` HTML.

Nous insistons sur le caractère élémentaire des instructions des templates : c'est entièrement voulu par Django et la philosophie MTV. Seuls des traitements simples doivent être réalisés dans les templates. Les traitements Python compliqués sont à reporter dans les vues et les modèles. On ne le répètera jamais assez : template = aspect, alors que views = intelligence.

Héritage et réutilisation de templates

La puissance des templates Django réside dans la possibilité de créer des templates génériques qui contiennent tout le HTML commun à un ensemble de pages. En effet, en-têtes, pieds de page, menus sont souvent identiques d'une page à l'autre sur un même site web. Afin de s'épargner de la besogne, le code HTML de ces parties-là sera placé dans une page de base. Les pages de contenu, quant à elles, dériveront ou hériteront chacune de cette page de base et ne contiendront que le code HTML du contenu qui leur est propre. On retrouve en quelque sorte ce même mécanisme d'héritage inhérent à la programmation orientée objet.

Ici, un exemple vaut mieux qu'un long discours. Imaginons que dans notre site web figurent les deux pages suivantes.

EXEMPLE 8.9 Une première page

```
<!DOCTYPE html>
<html>
  <head>
    <meta charset="utf-8">
    <title>Bienvenue</title>
  </head>
  <body>
    <p>Bienvenue sur Trombinoscoop !</p>
  </body>
</html>
```

EXEMPLE 8.10 Une deuxième page

```
<!DOCTYPE html>
<html>
  <head>
    <meta charset="utf-8">
    <title>Copyright</title>
  </head>
  <body>
    <p>Ce site est soumis aux lois du Copyright.</p>
  </body>
</html>
```

Les seules différences entre ces deux pages sont mises en exergue. Nous allons créer un template `base.html` contenant le code commun.

EXEMPLE 8.11 Template base.html constitué du code commun

```
<!DOCTYPE html>
<html>
  <head>
    <meta charset="utf-8">
    <title></title>
  </head>
  <body>
    <p></p>
  </body>
</html>
```

Dans ce template de base, nous allons définir des « blocs », qui pourront être redéfinis par les templates « enfants » qui en dérivent. Utilisons pour cela deux instructions `block` : l'une pour accueillir le titre de la page ❶ et l'autre pour recevoir le contenu ❷.

EXEMPLE 8.12 Template base.html avec des « blocs » à personnaliser via les templates enfants

```
<!DOCTYPE html>
<html>
  <head>
    <meta charset="utf-8">
    <title>{% block title %}{% endblock %} ❶</title>
  </head>
  <body>
    <p>{% block content %}{% endblock %} ❷</p>
  </body>
</html>
```

Nos deux pages seront ensuite redéfinies comme suit.

EXEMPLE 8.13 **Première page redéfinie**

```
{% extends "base.html" %}

{% block title %}Bienvenue{% endblock %}

{% block content %}Bienvenue sur Trombinoscoop !{% endblock %}
```

EXEMPLE 8.14 **Deuxième page redéfinie**

```
{% extends "base.html" %}

{% block title %}Copyright{% endblock %}

{% block content %}Ce site est soumis aux lois du Copyright.{% endblock %}
```

Comment être insensible à cette économie !

Il est possible, de manière à mieux visualiser et comprendre l'organisation de vos fichiers `.html`, de recourir à un autre type de diagramme UML appelé le diagramme de composant qui, pour l'exemple simpliste précédent, se réduirait à ceci.

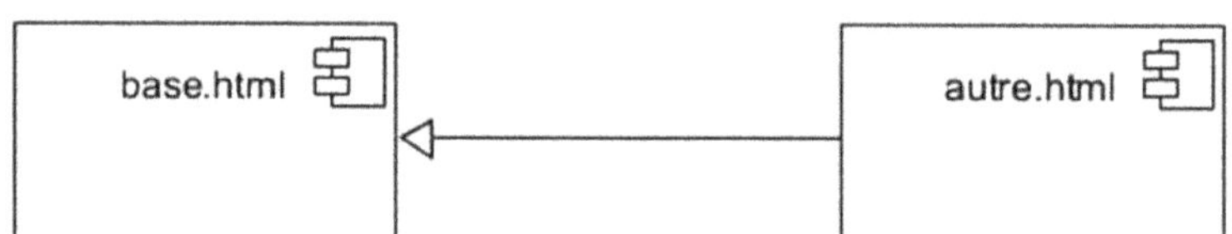

Figure 8–5 bis
Diagramme de composant

Et si on avançait dans la réalisation de Trombinoscoop ?

Pour l'instant, à l'exception d'une maigre page de bienvenue, les visiteurs de notre site n'ont pas beaucoup à se mettre sous la dent. Mettons donc en pratique ce que nous avons appris pour réaliser complètement la page de login.

Pour rappel, voici le wireframe de la page de login que nous devons implémenter.

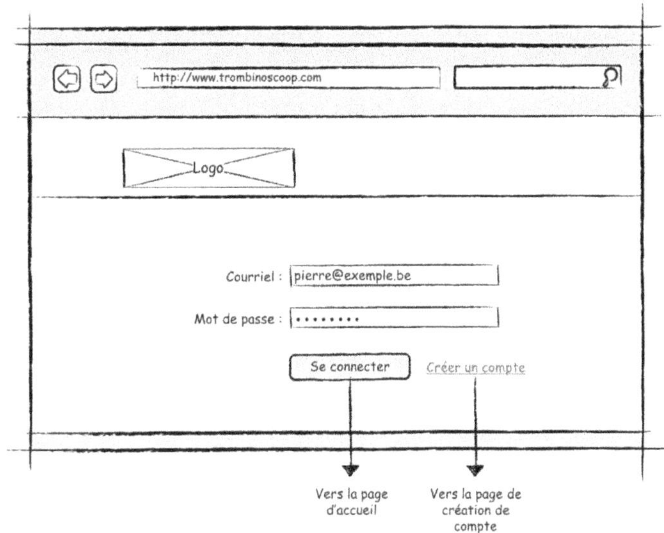

Figure 8–6
Wireframe de la page de login

Commençons par nous occuper du HTML de cette page. Comme nous l'avons signalé plus haut, nous allons utiliser les fonctionnalités d'héritage de Django afin de placer le code HTML commun à toutes les pages dans un template séparé. Allons-y.

Dans le dossier `templates` du projet, créez un nouveau fichier nommé `base.html`. Copiez-y le code qui suit.

EXEMPLE 8.15 Trombinoscoop. Contenu du fichier base.html

```
<!DOCTYPE html>
<html>
  <head>
    <meta charset="utf-8">
    <title>
      Trombinoscoop - {% block title %}Bienvenue{% endblock %}
    </title> ❻
  </head>
  <body ❶  id="{% block bodyId %}genericPage{% endblock %}"> ❺
    <header> ❷
    {% block headerContent %}{% endblock %}  ❹
    </header>
    <section id="content"> ❸
    {% block content %}{% endblock %}  ❹
    </section>
  </body>
</html>
```

Quelques explications s'imposent. Analysons tout d'abord la structure du contenu du `body` ❶. Elle est assez simple : nous avons simplement un en-tête ❷ suivi d'une section nommée `content` ❸. Le contenu des balises `header` et `section` sera précisé par les templates enfants, d'où la présence d'instructions `block` ❹. Par défaut, ces blocs sont vides.

À notre balise `body`, nous ajoutons un `id` égal à `genericPage` ❺, mais qui peut être modifié par un template enfant, de nouveau grâce à l'instruction `block`. Nous insistons sur la *possibilité* et non l'*obligation* qui est offerte à l'enfant de redéfinir le bloc. Si l'enfant ne redéfinit pas le bloc `bodyId`, alors c'est la valeur `genericPage` qui sera utilisée : on peut donc la voir comme une valeur par défaut.

Pourquoi avoir ajouté un tel `id` au `body` ? En fait, cela nous sera très utile dans l'écriture de nos instructions CSS, afin qu'elles ne s'appliquent qu'à une page et pas à une autre.

Enfin, un dernier élément mérite une explication : le titre de la page. Chaque page aura un titre qui commence par « Trombinoscoop – » ❻. Les templates enfants pourront compléter ce titre à leur guise. Par défaut, le titre est complété par « Bienvenue ».

Nous pouvons maintenant passer à l'écriture du HTML de la page de login. Créez un fichier nommé `login.html` dans le dossier `templates` et ajoutez-y le code suivant.

EXEMPLE 8.16 Trombinoscoop. Contenu du fichier login.html

```
{% extends "base.html" %} ❶

{% block title %}Connexion{% endblock %} ❷

{% block bodyId %}loginPage{% endblock %} ❸

{% block content %}
<form action="???" method="get"> ❺
  <p>
    <label for="email">Courriel :</label> ❹
    <input name="email" id="email" size="30" type="email" />
  </p>
  <p>
    <label for="password">Mot de passe :</label> ❹
    <input name="password" id="password" size="30" type="password" />
  </p>
  <p>
    <input type="submit" value="Se connecter"/>
    <a href="  ">Créer un compte</a> ❻
  </p>
</form>
{% endblock %}
```

Première instruction : `extends` signifie à Django que l'on va dériver ce nouveau template de `base.html`, plus générique ❶. Ensuite, nous donnons le titre « Connexion » à notre page ❷ et spécifions un `id` pour la balise `body` (`loginPage`) ❸.

Arrive le contenu réel de notre page de login, avec essentiellement un formulaire et des champs de connexion. Le formulaire contient trois paragraphes : un pour le champ `Courriel`, un autre pour le champ `Mot de passe` et un dernier pour le bouton de connexion et le lien vers la page de création de compte. Les deux champs textuels sont précédés par une balise `label`, qui entoure un texte représentant l'intitulé du champ ❹. Par exemple, l'intitulé du champ dont l'`id` est `email` est « Courriel : ». Enfin, notez que nous n'avons pas encore précisé l'attribut `action` ❺ du formulaire, ni la destination du lien hypertexte permettant de se créer un compte ❻. Nous nous en occuperons plus tard.

Nos HTML sont maintenant fin prêts. Il reste juste à ajouter une URL dans le fichier `urls.py` et une vue. Dans le fichier `urls.py`, nous proposons d'ajouter en réalité deux URL ❶.

EXEMPLE 8.17 Trombinoscoop. Contenu du fichier urls.py

```
# -*- coding: utf-8 -*-

from django.conf.urls import url
from Trombinoscoop.views import welcome, login ❷

urlpatterns = [
  url('^$', login), ❶
  url('^login$', login), ❶
  url('^welcome$', welcome)
]
```

Pourquoi deux URL pointant vers la même vue ? La première représente en réalité l'URL « vide » (http://127.0.0.1:8000/), celle qui est appelée sans aucun nom de page. La deuxième est celle qui nomme explicitement la page login.

Notez que nous avons également importé la fonction `login` du module `views` ❷ et qu'il nous faut maintenant l'implémenter. Voici donc les lignes que nous ajoutons dans le fichier `views.py`.

EXEMPLE 8.18 Trombinoscoop. Lignes à ajouter dans le fichier views.py

```
from django.http import render

def login(request):
  return render(request, 'login.html')
```

Tout est maintenant mis en place pour obtenir une première ébauche de notre page de login. Voyons à quoi elle ressemble dans un navigateur.

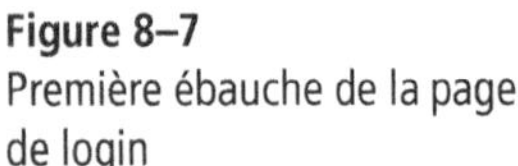

Figure 8–7 Première ébauche de la page de login

C'est simple, c'est efficace, mais c'est d'un laid ! Pour améliorer la page et la rendre plus fidèle au wireframe, il va falloir composer avec les CSS.

Amélioration visuelle de la page de login

Un site web, c'est une identité visuelle. Il nous faut donc un logo, dont nous avions prévu l'emplacement dans le wireframe, là où se trouve la bannière.

Sortons crayons, gomme et papier, ou lançons notre logiciel graphique favori, Gimp ou Photoshop. Après quelques clics, des litres de café noir, l'angoisse de la page blanche et tutti quanti… voici le résultat. Il va de soi que toute ressemblance avec un site existant ou ayant existé serait purement fortuite.

Figure 8–8 Le logo de Trombinoscoop

Doté de ce logo choc, nous pouvons commencer à écrire nos feuilles de styles. Créons tout d'abord un fichier `style.css` qui contiendra toutes nos instructions CSS. Mais au fait, où créer ce fichier ? Le placer dans l'arborescence du projet ne suffit pas, car le navigateur web ne saura pas à quelle URL le récupérer.

Les fichiers CSS, tout comme les images ou les fichiers JavaScript, sont des fichiers statiques. Pour ces fichiers-là, Django propose un mécanisme simple : il suffit de préciser dans la configuration du framework le dossier où nous placerons tous les fichiers statiques.

Rendez-vous donc dans le fichier de configuration de Django (`settings.py`) et complétez les sections suivantes, à la toute fin du fichier.

SYNTAXE EXEMPLE. Configuration. Emplacement des fichiers statiques

```
STATIC_URL = '/static/'

STATICFILES_DIRS = [
    os.path.join(BASE_DIR, 'static')
]
```

Ces lignes signifient deux choses :

- que les fichiers statiques seront accessibles via les URL commençant par `http://127.0.0.1:8000/static/` d'une part ;
- qu'ils seront placés dans un dossier nommé `static`, que nous mettrons à la racine du projet d'autre part. Créons le dossier `static` à la racine du projet, au même niveau que le dossier `templates`. Créons également un sous-dossier par type de fichier statique : `img`, `css` et `js`. Nous obtenons alors l'arborescence suivante, dans laquelle nous avons ajouté notre logo et le fichier `style.css`.

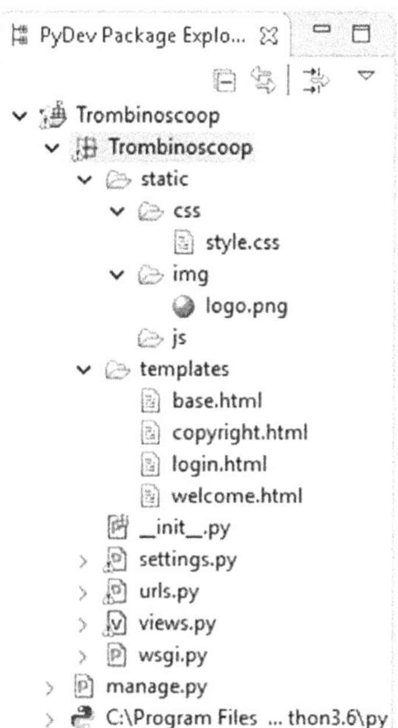

Figure 8–9 Arborescence des fichiers et dossiers du projet

Attaquons maintenant le CSS et commençons par styliser notre bannière. Pour l'instant, celle-ci n'apparaît pas, le contenu de la balise `header` étant vide. Donnons donc à cette balise une taille artificielle, colorons son fond en bleu et ajoutons notre logo.

EXEMPLE 8.19 Trombinoscoop. Description de la bannière dans style.css

```
header {
  position: absolute;
  left: 0;
  top: 0;
  height: 80px;
  width: 100%;
  background: #3b5998 url('../img/logo.png') ❶ no-repeat 50px 25px;
  border-bottom: 1px solid #133783;
}
```

Vous pouvez constater que l'URL de notre image de fond est un chemin relatif par rapport à l'emplacement du fichier CSS ❶ (les deux points permettent de « remonter » d'un répertoire). Il en est toujours ainsi pour les chemins relatifs mis dans des CSS.

Profitons également de ce premier travail dans `style.css` pour supprimer les marges du `body` et changer la police de notre document, ainsi que sa couleur.

EXEMPLE 8.20 Trombinoscoop. Marge du body et police du document

```
body {
  margin: 0;
  padding: 0;
  font-family: "Lucida Grande", Tahoma, Verdana, Arial, sans-serif;
  font-size: 11px;
  color: #000333;
}
```

Il reste à référencer le fichier CSS dans le HTML de nos pages. Dans le template `base.html`, ajoutez la ligne suivante au sein de la balise `<head>`.

EXEMPLE 8.20 Trombinoscoop. Référencement du fichier CSS dans base.html

```
<link rel="stylesheet" type="text/css" href="/static/css/style.css" />
```

> **EN PRATIQUE**
>
> Bien entendu, on pourrait remplacer `href="/static/css/style.css"` par un lien vers une variable STATIC_URL définie par vos soins : `href="{{STATIC_URL}}"`.

Nous pouvons maintenant tester ce que tout cela donne.

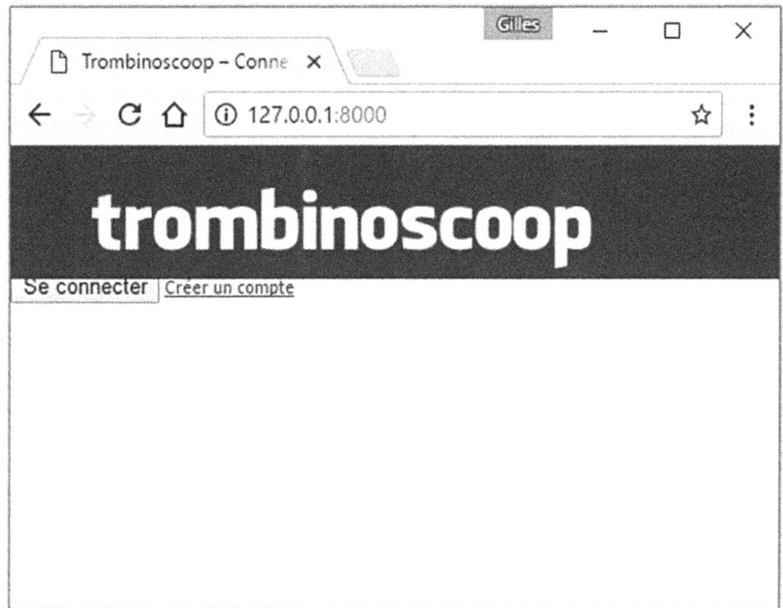

Figure 8–10
Rendu de notre bannière

C'est déjà beaucoup plus sympathique. Malheureusement, notre formulaire se trouve caché par la bannière. C'est logique, puisque cette dernière a été placée en position absolue. Le contenu de la page, qui est resté quant à lui dans le flux courant de positionnement, se retrouve derrière.

Remédions à cela et profitons de l'occasion pour améliorer l'aspect du formulaire selon notre goût, à l'aide du code suivant.

EXEMPLE 8.22 **Trombinoscoop. Positionnement et embellissement du formulaire dans style.css**

```
body#loginPage section#content { ❶
  position: absolute; ❷
  top: 150px; ❸
  left: 50%; ❺
  width: 500px; ❹
  margin: 0 0 0 -250px; ❻
  padding: 0;
}

form label { ❼
  display: block;
  width: 150px;
  float: left; ❽
  text-align: right;
  padding: 4px 10px 0 0;
}
```

```
form input[type="email"], form input[type="text"],
form input[type="password"]{
  display: block;
  width: 250px; ❾
  padding: 2px;
}

form input[type="submit"] { ❿
  margin: 0 20px 0 160px;
  border-style: solid;
  border-width: 1px;
  border-color: #d9dfea #0e1f5b #0e1f5b #d9dfea;
  background-color: #3b5998;
  color: #FFFFFF;
  padding: 2px 15px 3px 15px;
  text-align: center;
}

a { ⓫
  color: #3b5998;
}
```

On s'occupe tout d'abord de la `section` d'`id content` de la page `loginPage` ❶. On la positionne en absolu ❷, décalée vers le bas ❸ pour laisser la place à la bannière. On lui donne une largeur de 500 pixels ❹ (la boîte de login ne devant pas être très large). Petite astuce, on positionne cette boîte avec un `left` à 50 % ❺ et on lui donne une marge négative de 250 pixels ❻. Cela permet de centrer la boîte horizontalement: le 50 % positionne le bord gauche de la boîte juste au milieu de la page et la marge négative décale la boîte vers la droite de la moitié de sa largeur.

On s'occupe ensuite des `label` ❼ du formulaire. On les fait flotter à gauche, à l'aide de la propriété `float` ❽, qui retire le `label` du flux de positionnement courant et invite les éléments successifs restant dans le flux (en l'occurrence, ici, les `input`) à se positionner autour de la boîte flottante, et non pas à rester cachés derrière.

Ensuite, on modifie légèrement la taille des `input` de type `text` ❾. Pour finir, on habille le bouton de soumission du formulaire ❿ et on colore les liens hypertextes ⓫. Le résultat est visible sur la figure suivante.

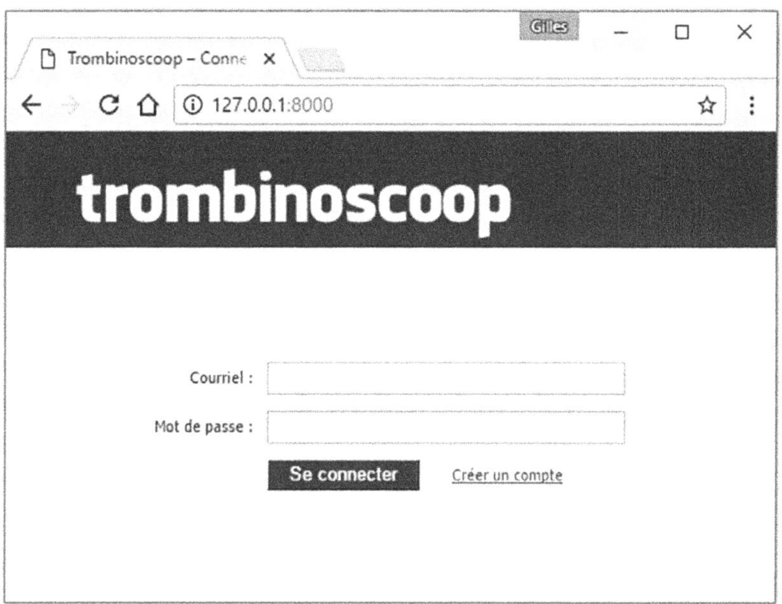

Figure 8–11
Rendu de la page de login

Notre page est certes bien plus jolie, mais pas très fonctionnelle. Si par mégarde nous cliquons sur le bouton *Se connecter* (avouez que c'est tentant !), c'est la bérézina. En effet, nous avons laissé des points d'interrogation dans l'attribut `action`. Dès le chapitre suivant, nous allons étudier comment gérer les formulaires.

EN PRATIQUE Application des modifications du fichier style.css

Pour la plupart, les navigateurs internet gardent en mémoire les fichiers avec l'extension `.css`, pour ne pas devoir les télécharger à nouveau à chaque fois que l'utilisateur change de page web ; cela rend la navigation plus rapide. Cependant, quand nous développons notre propre site web, cela peut nous mettre des bâtons dans les roues : nous modifions le fichier `style.css`, mais n'en voyons pas toujours les changements lorsque nous rafraîchissons la page !
Pour éviter ce problème, dans Google Chrome, prenez l'habitude d'ouvrir l'onglet *Outils de développement* en appuyant sur *F12*, ou en allant dans *Paramètres>Plus d'outils>Outils de développement*. Et lorsque vous modifiez votre fichier `style.css`, rafraîchissez la page avec *F5*. De cette façon, Google Chrome saura que vous êtes un développeur et ne gardera pas en mémoire le fichier `style.css`.

Ai-je bien compris ?

- Citez deux avantages des templates.
- Un template désire réutiliser du HTML déjà écrit dans un autre template. Comment procède-t-il ?
- Pouvez-vous décrire le cheminement effectué dans le code Python lorsqu'un internaute visite une page de votre site ?

9

Les formulaires Django

L'objectif de ce chapitre est d'étudier comment gérer les formulaires HTML avec Django. Nous nous poserons les questions suivantes :

- *Qu'allons-nous mettre comme URL dans l'attribut* `action` *?*
- *Comment allons-nous gérer dans Django la réception des données du formulaire ?*
- *Comment gérer des données de formulaire erronées ?*
- *Comment réagir lorsque toutes les données du formulaire sont correctes ?*

SOMMAIRE

- Comment réaliser les formulaires en Django ?
- Installation de nos premiers formulaires dans Trombinoscoop

Au chapitre précédent, nous avons vu ce qu'étaient les templates et les avons utilisés dans la page de login de Trombinoscoop, avec un résultat au final assez sympathique. Malheureusement, la page n'est pas vraiment opérationnelle. Si on clique sur le bouton *Se connecter*, rien ne se passe. Nous allons maintenant ajouter le code pour gérer ce formulaire et préciser notamment le contenu de l'attribut `action`.

Patron courant de gestion des formulaires

La gestion des formulaires suit souvent un même patron (pas le chef, mais le modèle ou le canevas). Lorsqu'on clique sur le bouton de soumission d'un formulaire, on rappelle la *même* page. Dans le cas de notre formulaire de login, on s'attend, lorsqu'on clique sur le bouton *Se connecter*, à arriver sur la page principale du site. Pourtant, ce n'est pas cette page que nous allons mettre dans l'attribut `action`, mais l'URL même de la page de login.

Au niveau de Django, la même vue sera appelée, mais elle recevra cette fois-ci une liste de paramètres. On prévoit généralement dans la vue de tester si les valeurs introduites sont valides. Si elles ne le sont pas, on affiche un message d'erreur dans la même page. Si elles le sont, on redirige l'utilisateur vers une autre page. Ainsi, on s'assure de toujours arriver sur la vraie page de destination du formulaire et en présence de données validées.

Reprenons l'exemple de la page de login. Si les données d'authentification introduites sont incorrectes à la soumission du formulaire, on réaffiche la page de login avec un message d'erreur. Sinon, si tout est bien, on redirige l'utilisateur vers la page principale du site.

Cette redirection s'opère grâce aux réponses HTTP de redirection. Le protocole HTTP permet de renvoyer autre chose que du HTML en réponse à une requête. On peut par exemple renvoyer une erreur (comme la fameuse erreur 404 lorsqu'une page n'existe pas) ou une instruction de redirection qui va demander au navigateur à l'origine de la requête d'aller voir ailleurs. En Django, lorsqu'on désire envoyer une telle réponse, on procède comme suit.

EXEMPLE 9.1 Réponse de redirection

```
return redirect('/welcome')
```

L'instruction `redirect` remplace le traditionnel `render`, qui permet de renvoyer du HTML. En recevant la réponse `redirect` de notre exemple, le navigateur sait qu'il doit se rendre sur la page web `welcome`; il ne vous désobéira pas !

Au niveau de la vue responsable de la page contenant un formulaire, nous nous en tiendrons à cette même philosophie. Prenons l'exemple de notre page de login. La logique sera donc la suivante (écrite en pseudo-code).

EXEMPLE 9.2 **Traitement du formulaire de login (pseudo-code)**

```
def login(request):
  si formulaire envoyé
    si paramètres pas ok
      on affiche la page de login avec une erreur
    sinon
      on redirige vers la page d'accueil
  sinon
    on affiche la page de login vierge de toute erreur
```

Il reste maintenant à savoir comment traduire ce pseudo-code en code effectif Python/Django. L'élément essentiel de cette démarche est le paramètre `request` de la méthode `login`.

L'objet request

L'objet `request`, premier paramètre de toutes nos méthodes `views`, revêt une importance capitale. À vous de parfaitement le saisir ! Cet objet, de type `HttpRequest`, nous permet d'accéder à toutes les informations encapsulées dans la requête HTTP, dont l'ensemble des paramètres passés à la page web.

Pour accéder à ces paramètres, il suffit d'utiliser les attributs `GET` et `POST` de l'objet `request`, qui sont eux-mêmes des objets se comportant comme des dictionnaires. Par exemple, si l'on désire connaître la valeur du paramètre `email` de notre formulaire de login, on écrira les lignes qui suivent.

SYNTAXE EXEMPLE. **Récupération d'un paramètre**

```
email = request.GET['email']
```

C'est aussi simple que cela !

À l'aide des objets `GET` et `POST`, on peut également vérifier qu'un paramètre a bel et bien été transmis.

SYNTAXE EXEMPLE. **Vérification qu'un paramètre a bien été transmis**

```
if 'email' not in request.GET:
  print('Parametre pas transmis!')
```

Il vous faut vérifier systématiquement qu'un paramètre a bien été transmis avant d'essayer de le récupérer ; cela fait d'ailleurs partie des bonnes pratiques… Sinon, c'est le plantage assuré.

EN PRATIQUE Quelle différence entre GET et POST ?

Il existe deux méthodes, GET et POST, pour passer des paramètres à une page web.
Avec la méthode GET, les paramètres et leurs valeurs sont ajoutés à la fin de l'URL, séparés du nom de la page web par un point d'interrogation. Lorsqu'on clique sur le bouton de soumission d'un formulaire, le navigateur construit l'URL en ajoutant tous les paramètres. Dans le cas de notre formulaire de login, cela donnerait : http://127.0.0.1:8000/login?email=test&password=test.
Avec la méthode POST, la transmission des paramètres est un peu différente. Ceux-ci ne sont pas ajoutés à la fin de l'URL, mais inclus directement dans la requête HTTP. En conséquence, on ne les voit pas. Alors que l'effet d'une URL construite avec des paramètres est de les voir dans la barre d'adresse du navigateur, les requêtes HTTP du navigateur ne les montrent pas.
Les développeurs différencient généralement l'utilisation de GET et POST selon que l'effet sur le serveur web est de modifier les données (POST) ou d'aller simplement chercher une donnée (GET). C'est d'autant plus vrai que GET limite le nombre d'informations qu'il est possible d'envoyer côté serveur, ce qui n'est pas le cas de POST.
C'est ce qui explique aussi pourquoi il existe en Django deux « dictionnaires » permettant de récupérer les paramètres : un pour les paramètres GET, un autre pour les paramètres POST. Il est d'ailleurs possible d'avoir à la fois des paramètres GET et POST.
Cette distinction explique finalement pourquoi, dans les formulaires HTML, il existe un attribut `method` qui précise au navigateur à l'aide de quelle méthode envoyer les paramètres. Pour notre part, nous allons parfois abuser de l'usage de la méthode GET, même lorsque les bonnes pratiques recommandent d'utiliser POST. Cela nous permet de voir ce qui est transmis et de faciliter la découverte du développement web. Important : n'utilisez pas GET pour des formulaires qui devraient être gérés avec un POST (sont typiquement concernés les formulaires de login, de création ou de modification de compte).

Ajout du formulaire dans la vue

Nous allons tout d'abord modifier les attributs `action` et `method` du formulaire dans `login.html`. Nous allons également ajouter la balise `csrf_token`, qui est automatiquement disponible dans tout template Django. Cette balise est une mesure de sécurité **imposée** par Django lorsque l'on manipule des formulaires avec la méthode `POST`, formulaires généralement utilisés pour des actions sensibles (login, création ou modification de contenu) ; il faut à tout prix éviter qu'ils soient victimes d'attaques de pirates. Une de ces attaques, très courante, se nomme *Cross-Site Request Forgery* (en abrégé CSRF). Sans rentrer dans les détails techniques, elle permet à un pirate de faire soumettre un formulaire par un brave et honnête internaute sans qu'il ne s'en rende compte. On imagine les conséquences désastreuses. Heureusement, le `csrf_token` est là pour y remédier ; alors, ne l'oubliez pas.

Finalement, nous ajoutons le code de traitement du formulaire dans la vue.

EXEMPLE 9.3 Trombinoscoop. Modification des attributs action et method du formulaire dans login.html

```
<form action="login" method="post">
{% csrf_token %}
```

EXEMPLE 9.4 Trombinoscoop. Traitement du formulaire dans views.py

```
# -*- coding: utf-8 -*-
from django.shortcuts import render, redirect ❶

def login(request):
  # Teste si formulaire a été envoyé
  if len(request.POST) > 0: ❷
    # Teste si les paramètres attendus ont été transmis
    if 'email' not in request.POST or 'password' not in request.POST: ❸
      error = "Veuillez entrer une adresse de courriel et un mot de passe."
      return render(request, 'login.html', {'error': error}) ❹
    else:
      email = request.POST['email'] ❺

      password = request.POST['password'] ❺
      # Teste si le mot de passe est le bon
      if password != 'sesame' or email != 'pierre@lxs.be': ❻
        error = "Adresse de courriel ou mot de passe erroné."
        return render(request, 'login.html', {'error': error}) ❼
      # Tout est bon, on va à la page d'accueil
      else:
        return redirect('/welcome') ❽
  # Le formulaire n'a pas été envoyé
  else:
    return render(request, 'login.html') ❾
```

Nous avons ajouté un import ❶, afin de pouvoir utiliser la fonction renvoyant une redirection HTTP.

Pour savoir si le formulaire a été envoyé, on regarde dans l'objet `request` si la liste des paramètres reçus est vide ou pas ❷. Si elle est vide, c'est qu'aucun paramètre n'a été transmis ; la page n'est donc pas appelée suite à la soumission de son formulaire. A contrario, si la liste n'est pas vide, c'est que le formulaire a été soumis.

Dans le cas où le formulaire a été soumis, on vérifie que ce sont bien les deux paramètres `email` et `password` qui ont été transmis. Ceux-ci doivent se trouver dans le dictionnaire `POST` de l'objet `request` ❸. Si ce n'est pas le cas, on réaffiche la page login, mais en passant un message d'erreur au template ❹.

Ensuite, on récupère la valeur des deux paramètres ❺ et on teste que le mot de passe et le login sont bien ceux attendus ❻. Si ce n'est pas le cas, on réaffiche la page de login, avec une erreur ❼. Si tout va bien, enfin, on peut rediriger l'internaute vers la page principale du site ❽.

Il reste le cas où le formulaire n'a pas été soumis. Dans ce cas, on affiche la page de login vierge de tout message d'erreur ❾.

Gestion du message d'erreur

La gestion du message d'erreur dans le template est triviale : s'il y en a un, on l'affiche, sinon on ne l'affiche pas. Il suffit d'ajouter le code figurant à la page suivante.

EXEMPLE 9.5 Trombinoscoop. Affichage du message d'erreur éventuel

```
<form action="login" method="post">
  {% csrf_token %}
  {% if error %}
  <p class="error">{{ error }}</p>
  {% endif %}
Suite du code du formulaire…
</form>
```

Présentation du message d'erreur

Nous avons spécifié une classe au paragraphe contenant le message d'erreur. Cela sert à personnaliser son apparence à l'aide de directives CSS. Vous pouvez par exemple mettre le message en rouge (l'effet est plus dramatique encore).

EXEMPLE 9.6 Trombinoscoop. Personnalisation de l'aspect du message d'erreur dans style.css

```
form p.error {
  margin-left: 160px;
  color: #d23d24;
}
```

Au final, lorsqu'on soumet le formulaire au moyen d'un identifiant incorrect ou d'un mauvais mot de passe, le résultat est le suivant.

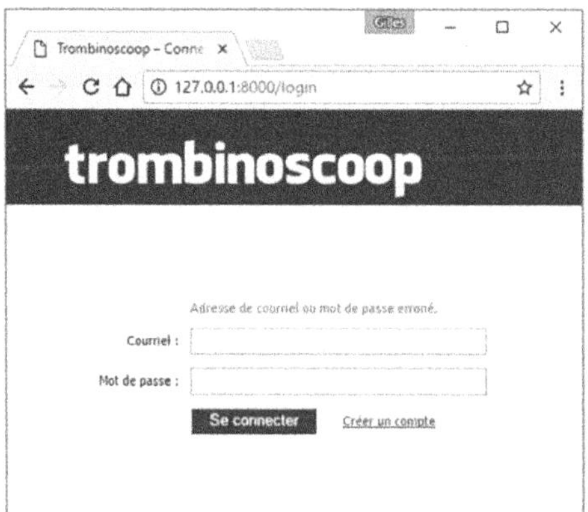

Figure 9–1 Rendu de la page de login avec erreur

Voilà qui n'est déjà pas si mal ! Cependant, les sections suivantes vous montreront qu'on peut faire le tout encore plus proprement.

La bibliothèque forms de Django

Le but de Django est de vous simplifier la vie et d'automatiser les tâches courantes afin que vous n'ayez pas à réinventer la roue.

Or, lorsqu'il s'agit de produire et gérer des formulaires, on est souvent amené à réécrire des lignes de code identiques d'une fois à l'autre. Django simplifie tout cela à l'aide de sa bibliothèque `forms`, qui offre nombre de possibilités.

- Ne plus devoir écrire soi-même le HTML d'un formulaire. Tous les `label` et `input` sont ajoutés par Django.
- Bénéficier d'une validation réalisée par Django, sans avoir à tout vérifier soi-même. Django est ainsi capable de valider si une donnée encodée par un utilisateur est bien une adresse e-mail.
- Réafficher le formulaire complété dans le cas où des erreurs auraient été détectées. Pour l'instant, dans notre version de la page de login, lorsque les données sont erronées, la page est réaffichée, mais toutes les données encodées par l'utilisateur sont effacées. Quand il n'y a que deux champs, ce n'est pas grave, mais dans le cas d'un formulaire de plusieurs dizaines de champs, cela peut passablement énerver le visiteur de votre site.
- Convertir dans des types Python les données soumises à partir d'un formulaire. Tous les paramètres qui accompagnent une requête HTTP sont textuels ; en conséquence, si un des champs d'un formulaire est numérique à la base (l'âge du capitaine, par exemple), pour être utilisable en Python, il va falloir convertir la donnée reçue en un type numérique. La bibliothèque `forms` de Django prend cela en charge.

Création d'un formulaire avec la bibliothèque forms

Si on désire utiliser la bibliothèque `forms`, la première étape consiste à définir le formulaire et ses champs. Pour ce faire, on crée une classe héritant de la classe `forms.Form`. Pour notre formulaire de login, cela donne le code suivant, que nous plaçons dans un nouveau fichier nommé `forms.py`, situé au même niveau que `views.py`.

EXEMPLE 9.7 **Trombinoscoop. Création d'un formulaire de login dans forms.py**

```
from django import forms ❶

class LoginForm(forms.Form): ❷
  email = forms.EmailField(label='Courriel')
  password = forms.CharField(label='Mot de passe',
                             widget = forms.PasswordInput) ❸
```

Tout d'abord, on importe la bibliothèque `forms` ❶. Ensuite, on définit notre formulaire de login en créant une classe `LoginForm` qui hérite de la classe `Form` ❷. Il reste à définir les deux champs du formulaire : le courriel et le mot de passe. On définit simplement deux attributs, qui sont de type champ (`Field`) : un de type `EmailField`, l'autre de type `CharField`. Pour les deux, nous avons également spécifié le label du champ, qui servira pour l'affichage.

SYNTAXE Pourquoi CharField et pas PasswordField ?

Car ce dernier n'existe tout simplement pas... Pour définir un champ de type « mot de passe », il faut utiliser un `CharField` et changer son rendu à l'aide du `widget = forms.PasswordInput` ❸.

SYNTAXE D'autres types de champs...

Il existe de nombreux autres types de champs prévus par Django : `BooleanField`, `ChoiceField`, `ComboField`, `DateField`, `IntegerField`, etc.

Intégration du formulaire dans la vue et le template

La classe formulaire définie, nous pouvons l'utiliser dans nos templates, après en avoir créé une instance dans la vue. Nous allons donc d'abord modifier notre vue comme suit (n'oubliez pas le nouvel import ❶).

EXEMPLE 9.8 Trombinoscoop. Utilisation du LoginForm dans la vue

```
from Trombinoscoop.forms import LoginForm ❶
from django.shortcuts import render
def login(request):
   form = LoginForm()
   return render(request, 'login.html', {'form': form})
```

Nous avons pour l'instant laissé de côté tout ce qui concernait la validation du formulaire. Le but ici est d'observer la création automatique du formulaire dans le template. Remplaçons le code du template par ces lignes.

EXEMPLE 9.9 Trombinoscoop. Utilisation du LoginForm dans le template

```
{% extends "base.html" %}

{% block title %}Connexion{% endblock %}

{% block bodyId %}loginPage{% endblock %}
```

```
{% block content %}
<form action="login" method="post">
  {% csrf_token %}
  {{ form.as_p }} ❶
  <p>
   <input type="submit" value="Se connecter" />
    <a href="???">Créer un compte</a>
  </p>
</form>
{% endblock %}
```

Pour « imprimer » le formulaire, on utilise la méthode `as_p` ❶ de l'objet `form` passé en paramètre depuis la vue. Cette méthode a pour effet de mettre chaque champ dans un paragraphe, exactement comme nous l'avions fait manuellement précédemment. Il existe également les méthodes `as_table`, qui produit le formulaire sous forme de tableau (en plaçant chaque champ dans une ligne du tableau), et `as_ul`, qui produit des éléments de liste.

Remarquez que la fonction `as_p` ne fait que produire les champs du formulaire, charge à nous de définir le formulaire en lui-même (la balise `form`) et d'ajouter le bouton de soumission.

Si on teste ce code, voici le rendu qu'on obtient dans le navigateur.

Figure 9–2
Rendu de la page de login en utilisant la bibliothèque « forms »

Le résultat est identique au précédent ! Et pour cause, Django a écrit exactement le même HTML que nous (à quelques détails près).

EXEMPLE 9.10 Trombinoscoop. HTML créé pour le formulaire

```
<form action="login" method="post">
    <input type='hidden' name='csrfmiddlewaretoken'
value='3wau4WUhxz6Kq9e6vWPbPJJAVbcycUKWwLApowdET8b1TL2uxaHbEiSrV8vMrfuP' /> ❶
  <p>
    <label for="id_email">Courriel :</label> ❷
    <input type="text" name="email" required ❸ id="id_email" /> ❹
  </p>
  <p>
    <label for="id_password">Mot de passe :</label> ❷
    <input type="password" name="password" required ❸ id="id_password" /> ❹
  </p>
  <p>
    <input type="submit" value="Se connecter" />
    <a href="???">Créer un compte</a>
  </p>
</form>
```

Les différences sont les suivantes.

- Un champ de type hidden avec le nom csrfmiddlewaretoken est apparu. Celui-ci est en fait généré par la balise csrf_token que vous devez ajouter pour chaque formulaire de type POST. Ce champ est invisible de l'utilisateur et sera automatiquement géré par Django. La seule chose à laquelle vous deviez penser est d'ajouter la balise dans le template.
- Les `id` choisis pour les champs ne sont pas les mêmes. Peu importe. D'une part, nous ne les utilisons pas dans les CSS ; d'autre part, Django reste cohérent en utilisant la même valeur d'`id` pour l'attribut `for` de l'élément `label` ❷ et l'attribut `id` de l'élément `input` ❹.
- Un attribut required ❸ a été ajouté pour les deux champs. Cela demande au navigateur de ne soumettre le formulaire que si tous les champs ont été complétés.
- Il n'y a pas d'attribut `size` pour donner une longueur au champ.

Toutes ces différences peuvent facilement être corrigées. Django permet de personnaliser très finement la manière dont sont rendus les formulaires : on peut changer la manière dont les `id` sont produits ou encore demander qu'un champ de courriel ait un `input` de type `email`. Vous n'aurez aucun mal à trouver des explications complémentaires sur Internet.

Validation du formulaire

Voyons maintenant comment valider notre formulaire, afin de retrouver le comportement que nous avions auparavant.

Les formulaires Django possèdent une méthode intitulée `is_valid`. Elle autorise des validations de base : vérifier que les champs obligatoires sont fournis, vérifier que le courriel entré est bien une adresse valide, etc. La validation du mot de passe est en revanche un peu plus complexe ; il faudra la coder nous-mêmes. Heureusement, Django permet d'ajouter des validations propres.

Avant de nous atteler à la validation du mot de passe, voyons déjà à quoi va ressembler notre vue si nous voulons qu'elle reproduise le comportement que nous avions précédemment, à savoir tester la validité des champs, et, le cas échéant, rediriger l'utilisateur sur la page principale du site ou réafficher la page de login avec des erreurs.

Le code de la vue sera le suivant, beaucoup plus simple et facile à comprendre.

EXEMPLE 9.11 **Trombinoscoop. Traitement du formulaire dans views.py**

```
from Trombinoscoop.forms import LoginForm
from django.shortcuts import render, redirect
def login(request):
  # Teste si le formulaire a été envoyé
  if len(request.POST) > 0:
    form = LoginForm(request.POST) ❷
    if form.is_valid(): ❸
       return redirect('/welcome')
    else: ❹
       return render(request, 'login.html', {'form': form})
  else:
    form = LoginForm() ❶
    return render(request, 'login.html', {'form': form})
```

Le début est le même : on teste si le formulaire a été soumis. Si ce n'est pas le cas, on se crée un objet de type `LoginForm` vierge qu'on passe au template ❶. Si, au contraire, le formulaire a été soumis, on crée un objet de type `LoginForm` en lui passant cette fois-ci les données `POST` de la requête HTTP. On peut ensuite appliquer la méthode `is_valid` ❸ qui va vérifier la validité de tous les champs du formulaire : si le formulaire est valide, on redirige l'utilisateur, sinon on réaffiche la même page, mais avec un objet `form` contenant les messages d'erreur pour les champs incorrects ❹.

Voyons maintenant ce que cela donne dans un navigateur, lorsqu'on omet de préciser un mot de passe.

Figure 9–3 Gestion des erreurs avec HTML 5

Il existe une grosse différence par rapport à notre formulaire créé manuellement : un message d'erreur est affiché par le navigateur au niveau du champ destiné au mot de passe, et le formulaire n'est même pas envoyé.

Cela vient de l'attribut `required`, ajouté automatiquement par Django dans le code HTML du formulaire, qui précise, à destination du navigateur, quelques exigences sur les données à transmettre (dans notre cas, une valeur est requise ; le champ ne peut pas rester vide). Le navigateur, avec toute son intelligence, comprend ce paramètre et effectue lui-même une validation, en amont, avant la soumission du formulaire. S'il détecte une erreur, il l'affiche avant même que le formulaire ne soit soumis, avant même que le code Django ne soit exécuté sur le serveur par conséquent.

Question légitime que nous pourrions nous poser à ce stade : doit-on encore prévoir une gestion des erreurs dans notre code Django, puisque le navigateur est là pour bloquer en amont les erreurs d'encodage de l'utilisateur ?

La réponse est oui, oui et oui ! Pour plusieurs raisons fondamentales, on ne peut pas prendre l'hypothèse que le formulaire reçu du navigateur est exempt d'erreur.

- Tous les navigateurs n'implémentent pas la validation en amont, en particulier les plus anciens. Il s'agit d'un ajout récent, arrivé avec HTML 5.
- Il est possible de désactiver les validations faites par le navigateur ou de les outrepasser. Certains petits malins – pirates dans l'âme – n'hésiteront pas à en profiter pour tester votre site web, afin de voir comment il réagit avec des données non valides. Si aucune barrière n'est implémentée sur votre serveur, les conséquences peuvent être dramatiques.

En conclusion : ne faites jamais confiance aux données reçues par l'intermédiaire d'un formulaire. Considérez toujours qu'elles n'ont pas été validées, qu'elles pourraient être aberrantes et assurez-vous que votre code Django les revalide.

EN PRATIQUE Gestion des erreurs

Vous avez la possibilité de faire une prévalidation des formulaires au niveau du navigateur grâce à des attributs comme `required`, ou `type="email"`. Cela est pratique, mais loin d'être suffisant pour que votre application soit sécurisée. En téléchargeant un petit *add-on* ou en ayant un vieux navigateur, l'utilisateur peut vite court-circuiter cette validation.
Vous devez toujours valider les éléments reçus de l'utilisateur dans votre code Python qui n'est pas directement accessible par l'utilisateur. Une règle à garder en tête consiste à ne jamais faire confiance à ce que l'utilisateur envoie comme donnée ; il faut vous forcer à être paranoïaque et valider tous les champs reçus dans votre code.

On le voit, la gestion des erreurs est un peu différente de ce que nous avions dans notre version manuelle du formulaire. En réalité, il faut l'avouer, elle est plus complète : pour chaque champ erroné, un message d'erreur s'affiche (voire plusieurs, le cas échéant). En outre, l'adresse e-mail encodée par l'utilisateur a été reprise, alors que notre formulaire manuel remettait tous les champs à zéro.

EN PRATIQUE Gestion des erreurs dans notre formulaire manuel

Dans notre formulaire manuel, nous ne pouvions afficher qu'une seule erreur, en haut du formulaire. Et si deux champs étaient erronés, nous affichions d'abord la première erreur, puis, une fois celle-ci corrigée et le formulaire resoumis, nous affichions la deuxième. Avec les formulaires Django, le résultat est bien judicieux : toutes les erreurs sont présentées à la première soumission du formulaire, ce qui est plus pratique pour l'utilisateur final.

Présentation des messages d'erreur

Il serait bien de modifier nos CSS pour mieux positionner les messages d'erreurs et les afficher dans une autre couleur. Si on analyse le code HTML produit par Django, on constate que les messages d'erreurs sont en fait des listes `ul` de classe `errorlist` ❶.

EXEMPLE 9.12 Trombinoscoop. Code HTML produit par Django pour les messages d'erreurs

```
<ul class="errorlist"> ❶
  <li>Enter a valid email address.</li>
</ul>
<p>
  <label for="id_email">Courriel:</label>
  <input type="email" name="email" value="gilles.degols" required id="id_
email" />
```

```
</p>
<ul class="errorlist">
  <li>This field is required.</li>
</ul>
```

Dans nos CSS, par conséquent, nous écrirons le code suivant, à la place des instructions CSS que nous avions destinées au sélecteur `form p.error`.

EXEMPLE 9.13 Trombinoscoop. Présentation des messages d'erreurs

```
ul.errorlist {
  margin-left: 160px;
  padding: 0;
  list-style-type: none;
  color: #d23d24;
}
```

Le résultat obtenu est maintenant le suivant.

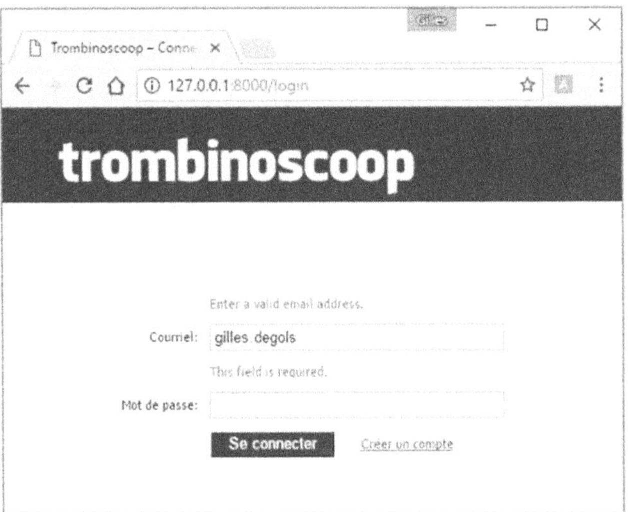

Figure 9–4 Nouvel aspect des messages d'erreurs

Validation de l'adresse de courriel et du mot de passe

Pour l'instant, si on entre un courriel et un mot de passe, tous deux choisis au hasard, le formulaire nous laisse rentrer sur le site. Ce n'est pas très sécurisé, tout cela !

Nous allons ajouter une validation qui concerne à la fois le champ de courriel et le champ de mot de passe ; cette validation interviendra donc au niveau du formulaire, et non au niveau d'un des champs. En d'autres mots, c'est dans la classe `LoginForm` que tout va se passer, et plus précisément dans la méthode `clean` de la classe qu'il faut ajouter ce genre de validation. Cette méthode sert, à la base, à retourner les champs « nettoyés », c'est-à-dire les champs valides et convertis dans un format de donnée Python.

Voici le code de la classe LoginForm dans son intégralité.

EXEMPLE 9.14 **Trombinoscoop. Ajout de la validation du courriel et du mot de passe**

```
from django import forms

class LoginForm(forms.Form):
  email = forms.EmailField(label='Courriel:')
  password = forms.CharField(label='Mot de passe:',
                              widget = forms.PasswordInput)
  def clean(self): ❶
    cleaned_data = super (LoginForm, self).clean() ❷
    email = cleaned_data.get("email") ❸
    password = cleaned_data.get("password") ❸


    # Vérifie que les deux champs sont valides
    if email and password: ❹
      if password != 'sesame' or email != 'pierre@lxs.be': ❺
        raise forms.ValidationError("Adresse de courriel
                                    ou mot de passe erroné.") ❻

    return cleaned_data ❼
```

Nous redéfinissons donc la méthode clean ❶. Tout d'abord, on appelle cette même fonction au niveau de la classe parente (c'est le super qui s'en charge ❷), car cette dernière effectue des traitements qu'on aimerait ne pas devoir réimplémenter. Ensuite, on récupère la valeur « nettoyée » des champs ❸. Si les champs n'étaient pas valides, les lignes cleaned_data.get retourneraient None.

Puis, on vérifie que les deux champs sont valides – c'est-à-dire différents de None – en s'assurant que les lignes cleaned_data.get ont retourné quelque chose ❹. En effet, il ne sert à rien de vérifier que le courriel et le mot de passe sont les bons, si les données ne satisfont déjà pas les contrôles basiques.

Ensuite, on peut contrôler que courriel et mot de passe sont bien ceux attendus ❺. Si ce n'est pas le cas, on retourne une erreur à l'aide de la méthode Python raise ❻. C'est ainsi que Django exige que l'on procède ; cela lui permet d'ajouter notre erreur à la liste de celles du formulaire.

Figure 9–5
Ajout de la vérification du courriel et du mot de passe

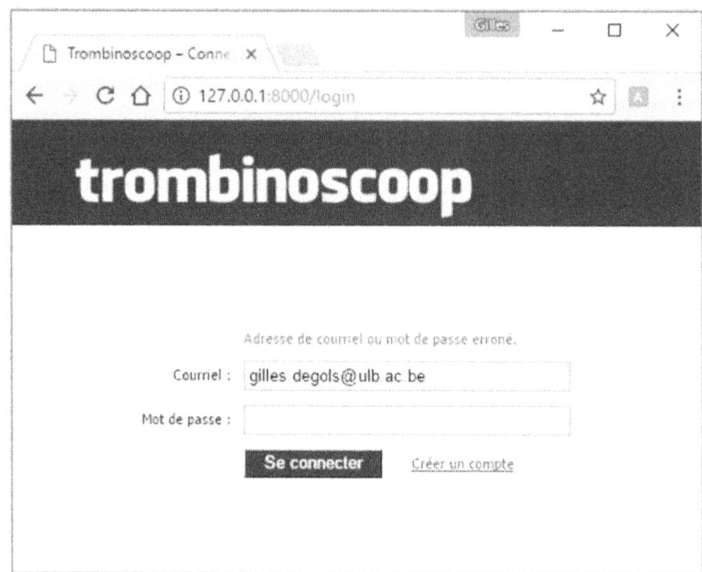

Enfin, on retourne les données nettoyées, car – ne l'oublions pas – cela reste, après tout, le but premier de cette méthode ❼.

Une fois ce code ajouté, si on entre une adresse e-mail et un mot de passe qui, pris séparément, sont valides mais ne correspondent pas à ce qu'on attend, on obtient le résultat présenté à la figure 9-5.

C'est exactement ce que l'on recherchait ! Et on peut constater que Django a signalé l'erreur au tout début du formulaire, avant le premier champ.

Faut-il se contenter d'un seul visiteur autorisé ?

Et voilà, notre page de login est terminée ! Enfin… presque. Pour l'instant, un seul utilisateur peut se connecter au site : celui dont le courriel et le mot de passe sont codés en dur dans le code Python. Pourtant, nous aimerions évidemment avoir plus d'un utilisateur pour notre site. Il est difficile d'imaginer Facebook avec un seul utilisateur et sans ami.

Il va donc falloir stocker nos utilisateurs dans une base de données, et la procédure d'authentification devra vérifier dans cette dernière si le courriel et le mot de passe entrés sont bien ceux attendus.

C'est l'objectif du chapitre suivant : créer notre base de données et apprendre comment y accéder.

Ai-je bien compris ?

- Comment les formulaires sont-ils habituellement traités dans une vue ? Pourquoi y-a-t-il une instruction de redirection ?
- À quoi l'objet `request` sert-il ?
- Quels avantages la bibliothèque Django `forms` apporte-t-elle?

10

Les modèles Django

L'objectif de ce chapitre est d'étudier comment mettre en place une base de données à l'aide des modèles Django et comment interagir avec elle. Plus précisément, nous allons apprendre à :
- *créer la base de données ;*
- *décrire les données à enregistrer dans la base de données ;*
- *insérer ces données dans la base ;*
- *accéder aux données pour les utiliser ensuite dans notre code.*

SOMMAIRE

Au chapitre précédent, nous avons appris à récupérer et utiliser les données d'un formulaire, essentiellement pour la mise en place de notre page d'authentification.

Cette page souffre d'un grand défaut: la vérification de l'adresse e-mail et du mot de passe est entièrement statique, ces deux données d'authentification étant inscrites directement dans le code Python. Il est donc très difficile d'ajouter de nouveaux utilisateurs. En réalité, un élément essentiel manque à notre application web : une base de données qui permettrait d'enregistrer plusieurs utilisateurs avec toutes leurs caractéristiques, et en particulier leurs adresses e-mail et leurs mots de passe.

Les modèles Django

Comme tout bon framework, Django offre une couche d'abstraction presque totale pour accéder aux bases de données et les gérer. La vision orientée objet du monde Python éclipse totalement l'aspect relationnel des données. En d'autres mots, on ne doit pas soi-même créer et définir la base de données ; on ne doit pas écrire la moindre ligne de SQL pour y accéder. Tout se fait de manière invisible. C'est à peine si l'on soupçonne l'existence d'une base pour stocker nos données. À l'heure où des technologies de stockage de données dites « NoSQL », s'écartant du schéma relationnel classique, ont le vent en poupe, ce n'est sans doute pas une si mauvaise chose.

Cette abstraction est réalisée à l'aide des *modèles*, qui définissent une fois pour toutes les données que l'on désire stocker, en respectant entièrement l'approche orientée objet ébauchée au chapitre 3. Toutes les données que l'on veut sauvegarder sont modélisées sous forme de classes qui possèdent des attributs et des méthodes. À partir de cette définition de classes, Django sera capable de :

- créer automatiquement une base de données contenant les tables et les champs nécessaires pour stocker les objets ;
- ajouter des méthodes permettant de créer, modifier et supprimer les objets depuis la base de données.

Afin de mieux comprendre ce principe, tentons de mettre en pratique le modèle de données que nous avons défini au chapitre 5.

Création d'un premier modèle

Pour rappel, le diagramme de classes du modèle à implémenter était le suivant.

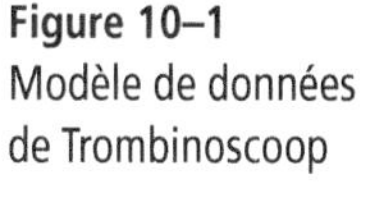

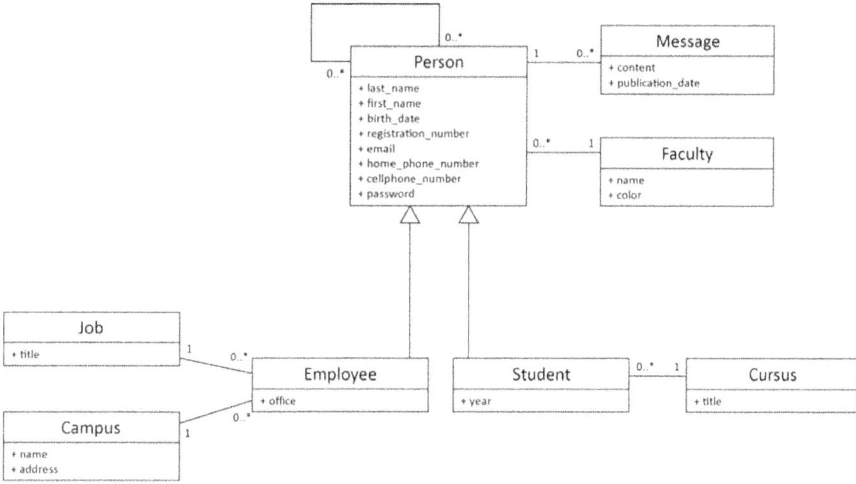

Figure 10–1
Modèle de données de Trombinoscoop

Le modèle Person

Démarrons progressivement et voyons d'abord comment s'occuper de l'objet `Person` à l'aide des modèles, sans se soucier des autres objets pour l'instant.

En Django, un *modèle* est une classe qui hérite de la classe `Model` fournie par Django. On a généralement une classe de type `Model` par objet que l'on désire sauvegarder (ou par table de la base de données). Dans notre cas, nous aurons donc un modèle dénommé `Person`. Ensuite, définir le modèle consiste essentiellement à lister les champs qui le composent, avec leur type.

On regroupe généralement les modèles dans un fichier nommé `models.py`. Créons donc ce fichier dans Eclipse, au même niveau que `views.py` et ajoutons le code suivant.

EXEMPLE 10.1 Trombinoscoop. Définition d'un premier modèle pour l'objet Person

```
# -*- coding: utf-8 -*-
from django.db import models ❶

class Person(models.Model): ❷
  registration_number = models.CharField(max_length=10)
  last_name = models.CharField(max_length=30)
  first_name = models.CharField(max_length=30)
  birth_date = models.DateField()
  email = models.EmailField()
  home_phone_number = models.CharField(max_length=20)
  cellphone_number = models.CharField(max_length=20)
  # Dans un cas reel, nous ne devrions pas stocker le mot de passe en clair.
  password = models.CharField(max_length=32)
```

C'est aussi simple que cela ! On importe la bibliothèque `models` ❶, on crée une classe `Person` héritant de `models.Model` ❷ et, pour terminer, on définit tous nos champs en leur donnant un type.

> **EN PRATIQUE Type des numéros de téléphone**
>
> Notez que nous utilisons des types textuels et non des types numériques pour les numéros de téléphone, car ces derniers peuvent contenir des caractères qui ne sont pas numériques : dièses, barres obliques, espaces, etc. (par exemple +32 412/34 56 78).

Avec ces informations, Django est capable de créer la base de données adéquate.

Configuration

Auparavant, il faut toutefois déclarer l'application Trombinoscoop dans `settings.py`. C'est obligatoire dès que l'on utilise des modèles. Il faut donc ajouter une ligne dans la liste `INSTALLED_APPS`.

CONFIGURATION. Déclaration de Trombinoscoop dans settings.py

```
INSTALLED_APPS = [
'django.contrib.admin',
'django.contrib.auth',
'django.contrib.contenttypes',
'django.contrib.sessions',
'django.contrib.messages',
'django.contrib.staticfiles',
'Trombinoscoop',
# Notez qu'il serait préférable de ne pas mettre de majuscule a un nom
d'application
]
```

Vérifions également les paramètres relatifs à la base de données. Ceux-ci se trouvent généralement par défaut dans `settings.py`.

CONFIGURATION. Paramètres de la base de données

```
DATABASES = {
     'default': {
          'ENGINE': 'django.db.backends.sqlite3',
          'NAME': os.path.join(BASE_DIR, 'db.sqlite3'),
     }
}
```

Comme vous pouvez le constater, le moteur de bases de données utilisé par Django est SQLite 3 ; cela tombe bien puisque nous l'avons déjà utilisé au chapitre 6. Quant à l'emplacement, le champ `NAME` demande à Django de créer la base de données dans le dossier du projet.

Création de la base de données et du compte administrateur (superuser)

Lançons maintenant la création de la base de données. Afin de gérer l'évolution de votre fichier `models.py` au cours de votre travail, Django a intégré un système permettant de mettre à jour la structure de la base de données SQLite3 correspondante. Ce système repose sur deux commandes, à exécuter dans l'ordre.

1. `makemigrations` demande à Django d'analyser votre fichier `models.py` et de le comparer à ses précédentes versions. Django va alors créer des fichiers de migration pour mettre à jour la base de données.
2. `migrate` dit à Django d'aller chercher tous les fichiers de migration précédemment créés et de les appliquer à la base de données existante.

Le terme « migration » vous dit probablement quelque chose. En effet, vous le voyiez apparaître à chaque fois que vous lanciez votre serveur Django :

```
You have 13 unapplied migration(s). Your project may not work properly until you
apply the migrations for app(s): admin, auth, contenttypes, sessions.

Run 'python manage.py migrate' to apply them.
```

Django détecte à chaque lancement du serveur si vous avez précédemment créé des migrations pour la base de données, via `makemigrations`, et vous avertit si vous avez oublié de les appliquer via `migrate`. Bien entendu, vous n'aviez rien créé initialement mais, au démarrage de chaque projet, Django a déjà une série de migrations préparées pour son fonctionnement interne (la gestion des utilisateurs, des sessions, etc.). Nous pourrions exécuter un `migrate` pour créer la base de données initiale de Django, mais nous allons directement ajouter une nouvelle migration pour notre objet `Person`, puis appliquer toutes les migrations en une fois.

La commande `makemigrations` est disponible dans les menus Eclipse, comme le montre la figure suivante (cliquez-droit sur le projet *Trombinoscoop*, ensuite sur le menu *Django* et enfin sur *Make Migrations (Django >= 1.7) (manage.py makemigrations)*).

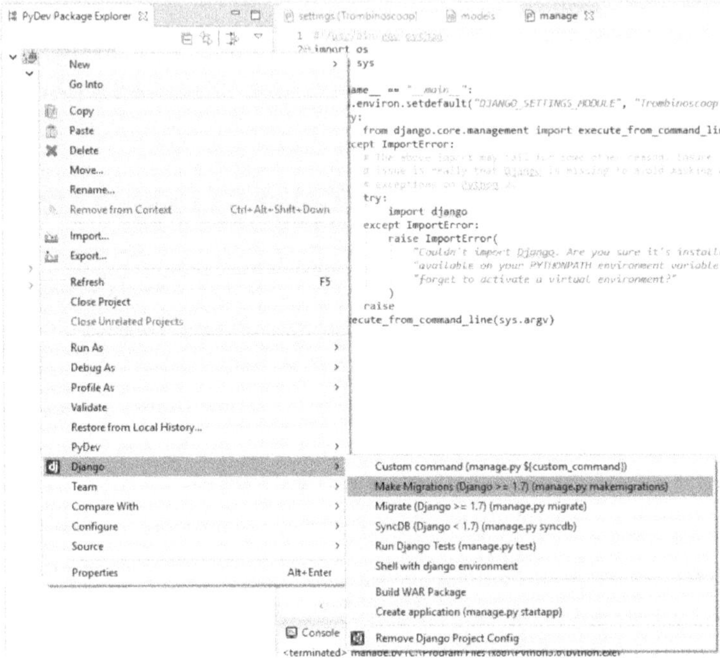

Figure 10–2
Création des migrations

Django vous demande alors le nom de l'application pour laquelle il doit exécuter la commande. Dans ce cas-ci, il s'agit du nom de notre projet, Trombinoscoop.

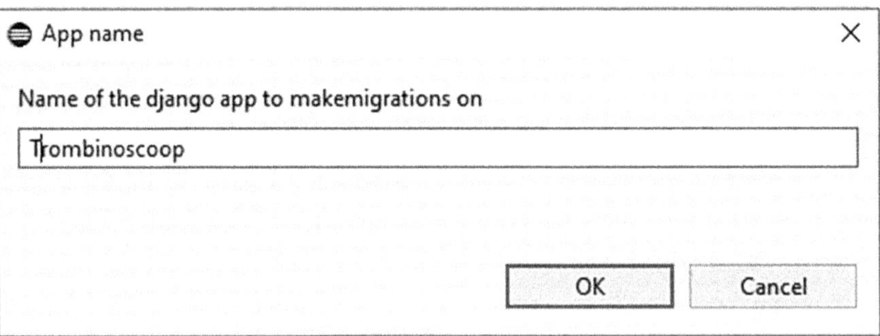

Figure 10–3
Nom de l'application

Dans la console, vous pouvez voir les migrations effectuées. Ici, il s'agit d'ajouter un nouvel objet appelé `Person` :

```
Migrations for 'Trombinoscoop':
  Trombinoscoop\migrations\0001_initial.py
    - Create model Person
Finished "C:\Users\Shanks\Dropbox\Livre sur Django\v2\Chapitre 10\
Trombinoscoop\manage.py makemigrations Trombinoscoop" execution.
```

Dans le menu *Eclipse*, un nouveau dossier *migrations* a été créé, qui contient deux fichiers Python générés automatiquement par Django, `__init__.py` et `0001_initial.py`. Toutes les migrations futures du projet Trombinoscoop se trouveront dans ce dossier.

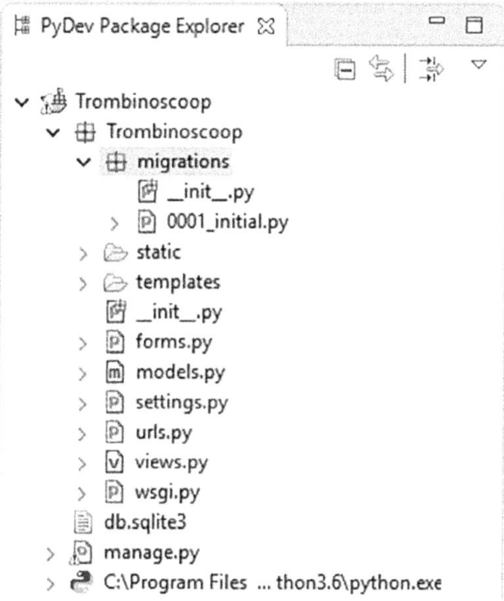

Figure 10–4
Le dossier contenant les migrations

Vous n'avez pas besoin de comprendre ces fichiers générés automatiquement; il ne nous reste plus qu'à appliquer ces migrations pour créer notre base de données avec `migrate`.

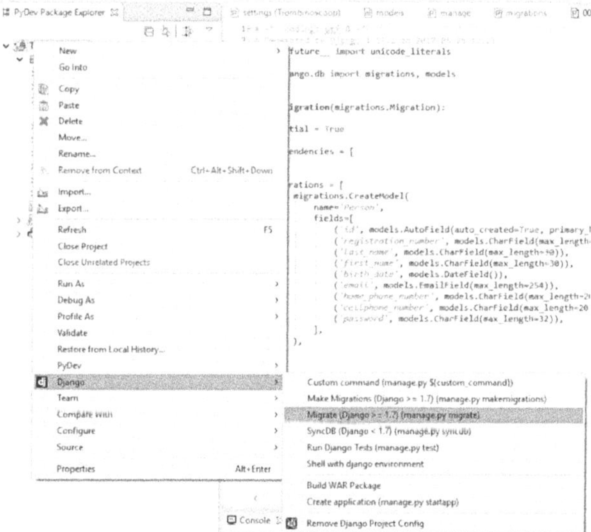

Figure 10–5
Exécution des migrations

Au lancement de cette commande, Django part à la recherche de tous les fichiers de migration et crée les tables correspondantes. Dans la console, on constate que Django est bien en train de créer la base de données.

EXEMPLE 10.2 Résultat. Création de la base de données par Django

```
Operations to perform:
  Apply all migrations: Trombinoscoop, admin, auth, contenttypes, sessions
Running migrations:
  Applying Trombinoscoop.0001_initial... OK
  Applying contenttypes.0001_initial... OK
  Applying auth.0001_initial... OK
  Applying admin.0001_initial... OK
  Applying admin.0002_logentry_remove_auto_add... OK
  Applying contenttypes.0002_remove_content_type_name... OK
  Applying auth.0002_alter_permission_name_max_length... OK
  Applying auth.0003_alter_user_email_max_length... OK
  Applying auth.0004_alter_user_username_opts... OK
  Applying auth.0005_alter_user_last_login_null... OK
  Applying auth.0006_require_contenttypes_0002... OK
  Applying auth.0007_alter_validators_add_error_messages... OK
  Applying auth.0008_alter_user_username_max_length... OK
  Applying sessions.0001_initial... OK
Finished "C:\Users\Shanks\Dropbox\Livre sur Django\v2\Chapitre 10\
Trombinoscoop\manage.py migrate" execution.
```

Vous obtenez alors un fichier `db.sqlite3` dans votre dossier de projet et, en l'ouvrant avec votre logiciel DB Browser for SQLite, vous pouvez voir la structure des tables utilisées par Django.

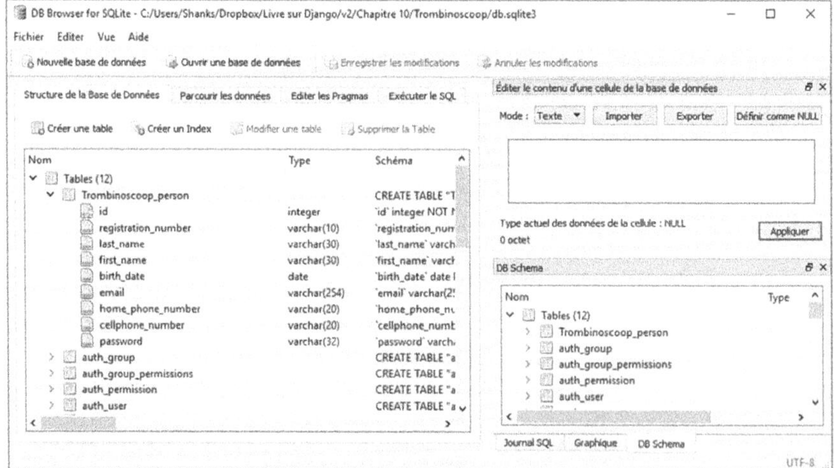

Figure 10–6 Ouverture de la base de données avec DB Browser for SQLite

> **EN PRATIQUE Première migration**
>
> Comme on peut le voir, le fichier de migration lié à votre projet a été exécuté avant les migrations internes de Django. Ici, cela ne pose pas de problème, mais si vous aviez des liens entre votre modèle et ceux liés au fonctionnement interne de Django, cela pourrait ne pas fonctionner. Dans ce cas-là, il faudra d'abord exécuter `migrate` pour créer la base de données initiale, puis un `makemigrations` pour votre propre `models.py` et à nouveau un `migrate` pour appliquer vos migrations.

Comme attendu, de nombreuses tables ont été créées pour les fonctionnalités de base du framework, mais celle qui nous intéresse le plus est celle liée à Person, la table `Trombinoscoop_person`. Tous les champs ont été créés conformément à nos desiderata. Un champ supplémentaire a cependant été ajouté : `id`. C'est la clé primaire identifiant de manière unique chaque enregistrement. Comme nous n'avons pas dit que le champ `registration_number` pouvait faire office de clé primaire, Django a pris l'initiative d'en créer une. Finalement, pourquoi ne pas la laisser ?

Création des autres modèles et de leurs liens

Le modèle Message : relation 1-n

> **EN PRATIQUE Liens entre les tables**
>
> - Les liens *1-n*. Exemple : une personne peut publier plusieurs messages, mais un message est rédigé par une seule personne.
> - Les liens *n-n*. Ils sont interdits dans le modèle relationnel : il faut le casser en deux liens *1-n*. Exemple : une faculté peut avoir des bâtiments sur plusieurs campus, tandis que chaque campus peut accueillir plusieurs facultés. La relation « ami » est un cas particulier de lien *n-n* à l'intérieur d'une même table.
> - Les liens *1-1*. Nous n'en avons pas dans notre modèle de données, mais ce serait le cas si on avait décidé de « couper » un objet en deux objets distincts, par exemple pour séparer des données confidentielles (les données d'authentification) de données publiques (le profil).

Créer les autres modèles de notre projet implique de définir les liens les unissant. En Django, cela s'exprime à l'aide de champs un peu particuliers :

- pour les liens *1-n*, on utilise le champ `models.ForeignKey` (clé étrangère... témoignage du modèle relationnel sous-jacent) ;
- pour les liens *n-n*, on utilise le champ `models.ManyToManyField` ;
- pour les liens *1-1*, on utilise le champ `models.OneToOneField`.

Commençons par ajouter l'objet `Message`.

EXEMPLE 10.3 Trombinoscoop. Ajout du modèle Message

```
from django.db import models

class Person(models.Model): ❷
   registration_number = models.CharField(max_length=10)
   last_name = models.CharField(max_length=30)
   first_name = models.CharField(max_length=30)
   birth_date = models.DateField()
   email = models.EmailField()
   home_phone_number = models.CharField(max_length=20)
   cellphone_number = models.CharField(max_length=20)
   password = models.CharField(max_length=32)

class Message(models.Model):
   author = models.ForeignKey('Person') ❶
   content = models.TextField()
   publication_date = models.DateField()
```

Comme un message correspond à une et une seule personne, nous avons ajouté un champ `ForeignKey` que nous avons nommé `author` et qui pointe vers la classe `Person` ❶. Du côté de la classe `Person`, il n'y a rien à ajouter. La relation devient implicite.

La relation « friend » : relation n-n

Ajoutons maintenant la relation « friend » qui lie des personnes entre elles et qui est de type *n-n*. Pour exprimer cette relation, il suffit d'ajouter un champ `ManyToManyField` qui pointe vers la classe elle-même `(self)` ❷. Ce champ, nous le nommons `friends` (au pluriel).

EXEMPLE 10.4 Trombinoscoop. Ajout de la relation « friend »

```
from django.db import models

class Person(models.Model): ❷
   registration_number = models.CharField(max_length=10)
   last_name = models.CharField(max_length=30)
   first_name = models.CharField(max_length=30)
   birth_date = models.DateField()
   email = models.EmailField()
   home_phone_number = models.CharField(max_length=20)
   cellphone_number = models.CharField(max_length=20)
   password = models.CharField(max_length=32)
   friends = models.ManyToManyField('self') ❷
```

Les modèles simples Faculty, Campus, Job et Cursus

Définissons ensuite les objets `Faculty`, `Campus`, `Job` et `Cursus`. Leur définition est élémentaire et ne nécessite aucune explication.

EXEMPLE 10.5 Trombinoscoop. Ajout des modèles Faculty, Campus, Job et Cursus

```
from django.db import models

class Faculty(models.Model):
  name = models.CharField(max_length=30)
  color = models.CharField(max_length=6)

class Campus(models.Model):
  name = models.CharField(max_length=30)
  address = models.CharField(max_length=60)

class Job(models.Model):
  title = models.CharField(max_length=30)

class Cursus(models.Model):
  title = models.CharField(max_length=30)
```

Les modèles Employee et Student : héritage

Il reste à définir les objets `Employee` et `Student`. C'est très simple : il suffit de créer deux nouveaux modèles qui héritent de la classe `Person`, exactement comme dans notre modèle conceptuel de données.

Django sait convertir cette hiérarchie de classes en tables dans la base de données, en ajoutant les liens nécessaires. En fait, il traduit le mécanisme d'héritage en une liaison *1-1* au sens du relationnel : une clé étrangère reliée à la table `Person` a été ajoutée dans les tables `Employee` et `Student`. Quand bien même le mécanisme d'héritage existe entre les classes dans le « monde objet » et non entre les tables dans le « monde relationnel », Django réussit à gérer la base de données relationnelle pour qu'elle tienne compte de cet héritage. Chapeau bas ! Voici le code de nos deux modèles.

EXEMPLE 10.6 Trombinoscoop. Modèles Employee et Student

```
from django.db import models

class Employee(Person):
  office = models.CharField(max_length=30)
  campus = models.ForeignKey('Campus')
  job = models.ForeignKey('Job')
```

```
class Student(Person):
  cursus = models.ForeignKey('Cursus')
  year = models.IntegerField()
```

En pratique L'ordre de définition des classes est très important

Définissez les classes dans le bon ordre. Ici, comme Python s'exécute en séquence, il faut qu'`Employee` et `Student` soit écrites après `Person`. Autrement, Python ne saura pas ce qu'on entend par `Person`, puisqu'il n'aura pas encore trouvé cette classe sur son chemin. Pour les `ForeignKey`, cela peut devenir vite compliqué de définir tout dans le bon ordre. Par conséquent, tant que vous n'oubliez pas les guillemets ou apostrophes autour du nom de la classe, vous ne devez pas vous soucier de l'ordre. Cette astuce ne fonctionne malheureusement pas lorsqu'on fait de l'héritage avec `Employee` et `Student`.

Le lien entre Faculty et Person : relation 1-n

Comme tout dernier détail, il nous reste à définir la relation *1-n* qui lie `Faculty` et `Person`.

Exemple 10.7 Trombinoscoop. Ajout de la Faculty à Person

```
from django.db import models

class Person(models.Model): ❷
  registration_number = models.CharField(max_length=10)
  last_name = models.CharField(max_length=30)
  first_name = models.CharField(max_length=30)
  birth_date = models.DateField()
  email = models.EmailField()
  home_phone_number = models.CharField(max_length=20)
  cellphone_number = models.CharField(max_length=20)
  password = models.CharField(max_length=32)
  friends = models.ManyToManyField('self')
  faculty = models.ForeignKey('Faculty')
```

Mise à jour de la base de données

Il ne reste plus qu'à mettre à jour notre base de données avec les deux commandes vues préalablement : `makemigrations` et `migrate`.

EN PRATIQUE La commande `migrate` met aussi à jour les données de la base

Lorsqu'on réexécute un `migrate`, la base de données voit sa structure modifiée, tout en conservant les données initiales adaptées à cette nouvelle structure. Que doit faire Django si vous décidez d'ajouter un nouveau champ `faculty` à votre classe `Person`, alors que votre base de données contient déjà des personnes ? Django ne peut pas inventer quelle sera la faculté des personnes précédemment créées ! Par défaut, il ne liera donc aucune `Faculty` aux objets `Person` préalablement créés. Cela pose un problème avec la définition de votre champ `faculty = models.ForeignKey('Faculty')` qui oblige à lier une `Person` à une `Faculty`. Bref, Django ne pourra pas appliquer la migration correctement.
Il y a deux solutions pour résoudre ce problème.

1. Supprimer la base de données existante et la recréer. Pour ce faire, il vous suffit de supprimer le fichier `db.sqlite3` dans le dossier de votre projet, puis de le regénérer avec `makemigrations` et `migrate` ; la base sera alors vierge de toutes données.
2. Ajouter un paramètre au champ `faculty` indiquant une valeur par défaut nulle (`default=None`) et qu'on accepte de ne pas toujours lier un objet `Person` à une `Faculty` (`null=True`).
   `faculty = models.ForeignKey('Faculty', default=None, null=True)`

Pour avoir une base de données lavée de tout soupçon, il est donc souvent conseillé de la détruire préalablement à l'exécution de la commande `migrate`. Attention : dans ce cas, on perd toutes les données déjà saisies dans la base.

EN PRATIQUE Migrations problématiques

Lorsque vous modifiez de façon exotique vos modèles, ou que votre base de données a été corrompue pour une raison quelconque, Django peut avoir du mal à appliquer certaines migrations lors de la phase `migrate`. Dans pareil cas, il est très fortement conseillé de supprimer votre fichier de base de données `db.sqlite3` et le dossier `migrations` situés dans votre dossier de projet, puis de refaire vos migrations depuis le début. Si elles ne veulent toujours pas s'exécuter, c'est que votre fichier `models.py` est très certainement la source du problème.

Utilisation des modèles

Maintenant que notre base de données est créée et que nos modèles sont définis, comment les utiliser ? Comment créer un nouvel enregistrement ? Comment récupérer un enregistrement existant ? Comment en supprimer un ?

Création et modification d'un enregistrement

Le code suivant illustre la création et la modification d'un enregistrement. Nous utiliserons plus tard ce genre de code dans notre projet. Vous pouvez aisément tester ces commandes dans une console Python associée au projet et que vous démarrez par la commande `python manage.py shell`.

SYNTAXE EXEMPLE. Création et modification d'un enregistrement

```
from datetime import datetime
from Trombinoscoop.models import Faculty, Student, Cursus

# Ici, l'objet a juste été créé en mémoire.
faculty = Faculty(name='Informatique', color='Bleu')
# Ici, l'objet est sauvé dans la base de données.
faculty.save()

# On crée un objet cursus, aussi nécessaire pour le Student.
cursus = Cursus(title='Sciences Informatique')
cursus.save()

# Ici, on crée une personne qui vient de naître liée à la faculté
# d'informatique, son avenir est tout tracé!
xavier = Student(registration_number='001',
                 last_name='Devos', first_name='Xavier',
                 birth_date= datetime.now(),
                 email='xavier@ulb.ac.be',
                 home_phone_number='+321122334',
                 cellphone_number='+32411223344',
                 password='test',
                 faculty=faculty,
                 cursus=cursus,
                 year=1)
# On le sauvegarde dans la base de données
xavier.save()
# Ici, on le modifie en mémoire
xavier.registration_number = '0123456789'
# Ici, on sauvegarde l'objet modifié dans la base de données
xavier.save()
```

Le code est assez explicite. Remarquez cependant que, lorsqu'on crée les objets `Faculty`, `Cursus` et `Person`, il faut fournir en paramètres tous les champs qui n'ont pas été déclarés optionnels (à l'aide de `null=True`). Pour l'objet `Student`, étant donné qu'il hérite de l'objet `Person`, il faut fournir tous les champs de `Person`, mais aussi ceux définis pour `Student`.

Récupération de plusieurs enregistrements

Le code suivant illustre la récupération de plusieurs enregistrements.

SYNTAXE EXEMPLE. **Récupération de plusieurs enregistrements**

```
# Récupération de tous les étudiants
students = Student.objects.all()

# Récupération de tous les étudiants de première année
students = Student.objects.filter(year=1)

# Récupération de tous les étudiants dont le nom commence par A
students = Student.objects.filter(last_name__startswith='A')
```

À nouveau, les exemples sont assez explicites. Notez que, pour appliquer un filtre comme `startswith` à un champ spécifique, on a mis deux tirets bas (_) entre `last_name` et `startswith`. La documentation Django vous apprendra tous les filtres disponibles.

Notez qu'en retour de toutes ces fonctions, on reçoit une liste d'objets de type `Student`.

Tri des données

On peut également trier les enregistrements. Prenons un exemple.

SYNTAXE EXEMPLE. **Tri d'enregistrements**

```
# Récupération de tous les étudiants de première année et tri
students = Student.objects.filter(year=1).order_by('last_name')
```

Attention ! Ne confondez pas `filter` et `order_by`. Le premier récupère un sous-ensemble de données, le second trie un ensemble de données.

Récupération d'un enregistrement unique

Le code suivant illustre la récupération d'un enregistrement unique (que ce soit sur la base de la clé primaire ou d'un autre champ).

SYNTAXE EXEMPLE. **Récupération d'un enregistrement unique**

```
# Récupération d'un enregistrement
xavier = Student.objects.get(id=1)
```

Attention, si zéro ou, au contraire, plus d'un enregistrement est récupéré, une exception est levée. Il vaut donc mieux être sûr de vous !

Suppression d'enregistrements

Le code suivant illustre la suppression d'un enregistrement ❶ ou plusieurs ❷.

SYNTAXE EXEMPLE. **Suppression d'enregistrements**

```
# Suppression de l'étudiant Xavier Devos
xavier = Student.objects.get(id=1)
xavier.delete() ❶

# Suppression de tous les étudiants
students = Student.objects.all()
students.delete() ❷
```

Accès à des objets « liés »

Imaginons que l'on veuille accéder à l'auteur d'un message. `Person` et `Message` sont deux modèles différents, unis par un lien *1-n*. Ce n'est, en fin de compte, pas plus compliqué que pour accéder à un attribut élémentaire, puisque dans notre classe `Message` il existe une `ForeignKey` nommée `author` faisant référence à l'objet `Person` qui a écrit le message.

SYNTAXE EXEMPLE. **Récupération de l'auteur d'un message**

```
message_author = Message.objects.get(id=1).author
```

En revanche, si on veut récupérer tous les messages d'une personne, c'est un peu plus subtil, car dans la classe `Person`, il n'y a aucun champ pour cela.

Heureusement, Django est là pour nous assister. Il crée automatiquement des attributs permettant de parcourir les relations en sens inverse : ces attributs sont toujours nommés en ajoutant `_set` au nom de la classe visée (écrit en minuscules). On peut donc facilement récupérer tous les messages d'une `Person`.

SYNTAXE EXEMPLE. **Récupération des messages de Xavier Devos**

```
xavier = Student.objects.get(matricule='0123456789')
messages_written_by_xavier = xavier.message_set.all()
```

En informatique, il existe souvent plusieurs façons d'obtenir le même résultat. Nous pourrions aussi utiliser un `filter` vu précédemment pour obtenir tous les messages de Xavier.

SYNTAXE EXEMPLE. **Récupération des messages de Xavier Devos**

```
xavier = Student.objects.get(matricule='0123456789')
messages_written_by_xavier = Message.objects.filter(author=xavier)
```

Remplissage de la base de données

Une fois la base de données créée, se pose la question de son remplissage initial. Tant que nous n'avons aucune page web créant de nouveaux utilisateurs, il nous est impossible d'injecter des données dans la base via le site web de Trombinoscoop.

Une solution possible est de passer directement par l'utilitaire DB Browser for SQLite, qui donne un accès direct à la base de données, sans passer par Django ou par du code Python. Cette solution est peu pratique : il faut comprendre comment Django a créé les tables et à quoi servent les champs techniques qu'il y a ajoutés. Par exemple, pour représenter la relation *n-n* qui lie des personnes à d'autres, Django a créé une table de liaison intermédiaire. S'il n'est pas très compliqué de comprendre comment elle fonctionne, il faut tout de même faire attention à ne pas introduire de données erronées.

Configuration de l'interface d'administration des bases de données

Django offre une autre solution, très simple et élégante, pour administrer la base de données durant les phases de développement (et même après). Il s'agit d'une interface d'administration activable en quelques lignes. Lors de la création de votre projet, Django active par défaut l'interface d'administration. Vérifiez quand même que vous avez bien gardé l'URL vers cette interface dans `urls.py`.

EXEMPLE 10.8 **Trombinoscoop. Contenu de urls.py**

```
from django.conf.urls import url
from Trombinoscoop.views import welcome, login
from django.contrib import admin
urlpatterns = [
    url('^$', login),
    url('^login$', login),
    url('^welcome$', welcome),
    url('^admin/', admin.site.urls)
]
```

Si vous essayez d'accéder à l'interface directement sur http://127.0.0.1:8000/admin/, vous verrez que vous êtes bloqué par une page demandant vos identifiants d'administrateur.

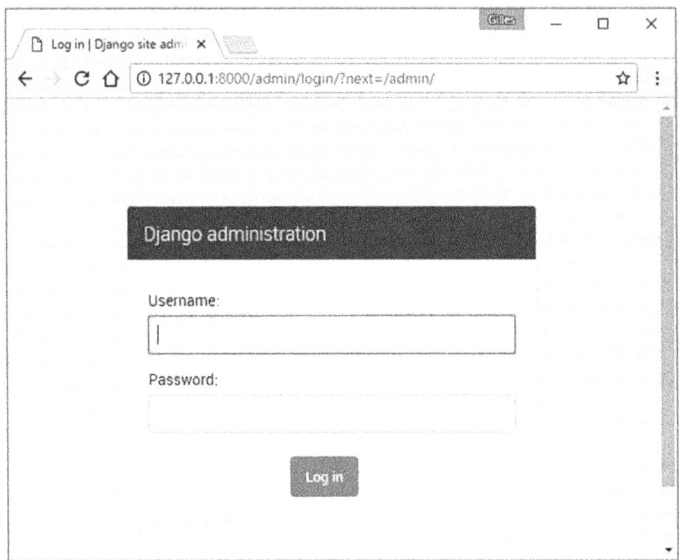

Figure 10–7
Accès à l'interface d'administration

Il vous faut donc dès lors créer un compte d'administrateur, appelé `superuser`. Dans votre projet Eclipse, sélectionnez `Django`, puis `Shell with django environment`).

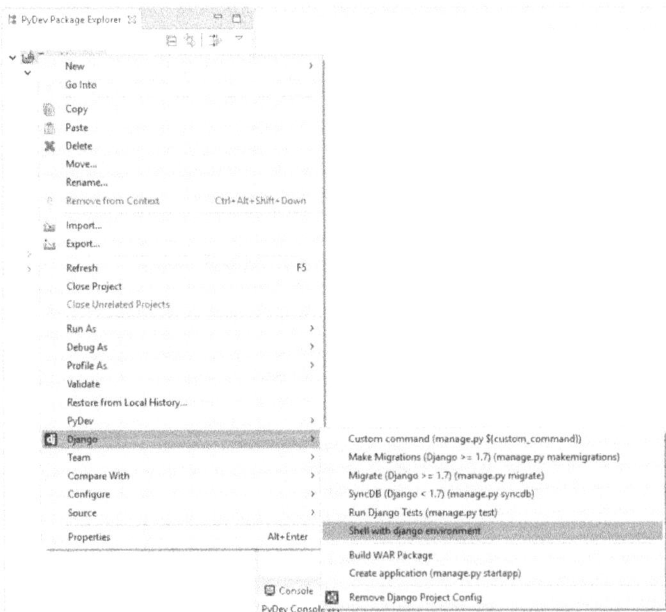

Figure 10–8
Ouverture de la console Python dans le projet Django

Entrez les lignes suivantes, en adaptant nom d'utilisateur, e-mail et mot de passe selon vos besoins.

```
from django.contrib.auth.models import User
User.objects.create_superuser(username='gilles',
              email='gilles.degols@ulb.ac.be',
              password='superadmin1')
```

Ajoutez bien un retour à la ligne après la seconde commande et vous obtiendrez alors un message en retour, similaire à `<User: gilles>`. Vous venez de créer un super-utilisateur, ou `superuser`, qui vous permettra d'accéder à l'interface d'administration de Django.

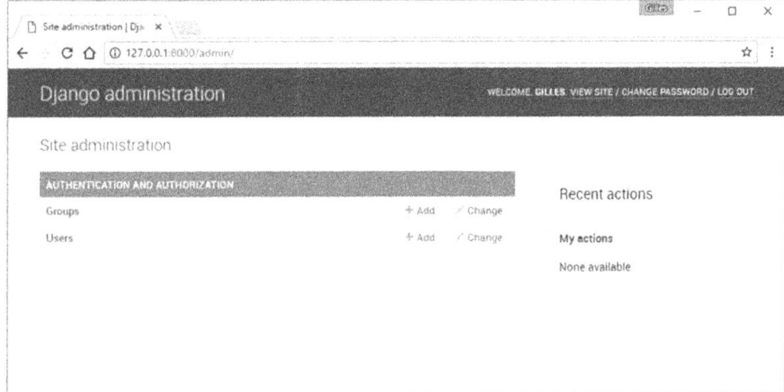

Figure 10–9
Interface administrateur de base

Comme vous pouvez le voir, cette interface est encore un peu vide ; elle contient seulement `Groups` et `Users`. Ce sont des objets gérés par Django et qui ne nous concernent pas pour le moment.

Pour que Django puisse afficher nos modèles, nous devons créer un fichier `admin.py`, au même niveau que nos autres fichiers Python. Dedans, nous allons lister tous les modèles qui doivent être gérés par le site d'administration.

EXEMPLE 10.9 **Trombinoscoop. Contenu de admin.py**

```
from django.contrib import admin
from Trombinoscoop.models import Faculty, Campus, Job,
                                     Cursus, Employee, Student, Message

admin.site.register(Faculty)
admin.site.register(Campus)
admin.site.register(Job)
admin.site.register(Cursus)
admin.site.register(Employee)
admin.site.register(Student)
admin.site.register(Message)
```

Nous avons volontairement omis le modèle `Person` (qui est une classe parente), car nous allons toujours créer soit des étudiants, soit des employés (les classes enfants, qui seules donneront naissance à de véritables objets).

Gestion de la base de données avec l'interface d'administration

Nous pouvons maintenant relancer le projet. En tapant l'URL http://127.0.0.1:8000/admin/, après nous être authentifié, nous obtenons la page ci-contre.

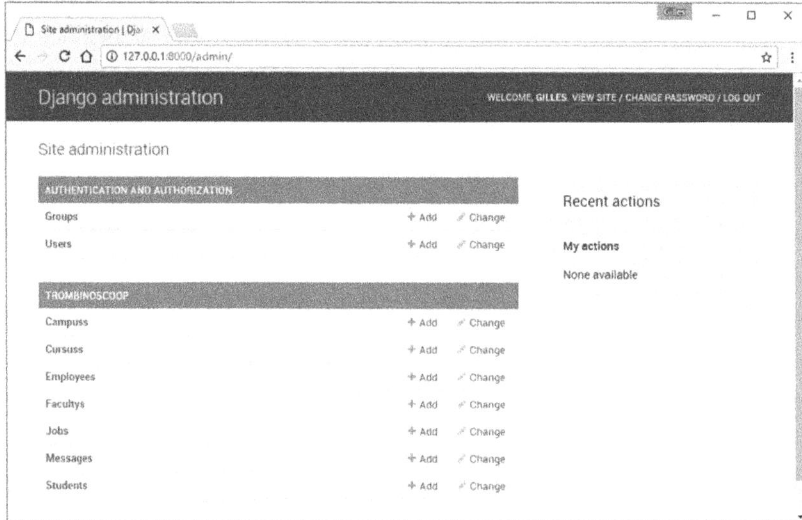

Figure 10–10
Liste des modèles que nous avions créés

Le nom d'utilisateur et le mot de passe attendus sont tout simplement ceux que vous avez choisis lors de la création de la base de données.

> **En pratique J'ai oublié mes identifiants**
>
> Nous vous avions prévenu, mais si vous ne vous les avez pas retenus, pas de panique : il suffit de détruire la base de données (en supprimant le fichier `db.sqlite3`) et de refaire une synchronisation.

Ajoutons quelques données d'exemple. Commençons par l'ajout d'un cursus. Pour ce faire, cliquez sur *Add* en regard de *Cursuss* (deux *s*, car Django essaye de mettre lui-même au pluriel le mot *Cursus*). À l'écran suivant, il suffit d'entrer un intitulé, par exemple « Master en Histoire ». Cliquez ensuite sur *Save and add another* pour sauver le cursus et en ajouter un deuxième, par exemple « Master en Géographie ». Cette fois-ci, cliquez sur *Save*. Django affiche alors la liste des cursus encodés dans notre base de données.

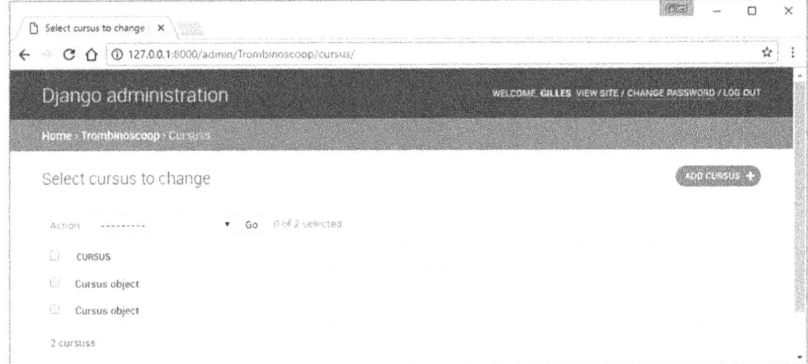

Figure 10–11
Liste des cursus encodés

Nous avons bien deux cursus, mais ils s'affichent tous les deux avec le même intitulé «`Cursus object`». C'est pourquoi Django ne sait pas quel attribut de l'objet `cursus` utiliser lorsqu'il doit l'afficher.

Heureusement, nous pouvons facilement y remédier en modifiant légèrement toutes les classes modèles et en ajoutant un peu de code. En fait, pour chacune de ces classes, il suffit de redéfinir la fonction `__str__`, comme présenté à la page suivante (surtout, ne touchez pas au code existant!).

EXEMPLE 10.10 Trombinoscoop. Redéfinition de la fonction __str__

```
class Faculty(models.Model):
  # Définition des champs
  def __str__(self):
      return self.name

class Person(models.Model):
  # Définition des champs
  def __str__(self):
      return self.first_name + " " + self.last_name

class Campus(models.Model):
  # Définition des champs
  def __str__(self):
      return self.name

class Job(models.Model):
  # Définition des champs
  def __str__(self):
      return self.title

class Cursus(models.Model):
  # Définition des champs
  def __str__(self):
      return self.title
```

```
class Message(models.Model):
  # Définition des champs
  def __str__(self):
      if len(self.content) > 20:
          return self.content[:19] + "..."
      else:
          return self.content
```

Nous avons découvert le principe de la redéfinition de méthodes dans le chapitre 3 consacré à l'orienté objet en Python. `__str__`associe une chaîne de caractères à l'objet. Django sait maintenant que les objets de type `Cursus` doivent s'afficher en utilisant leur `title` (pour autant que vous n'ayez pas oublié de redémarrer votre projet Django).

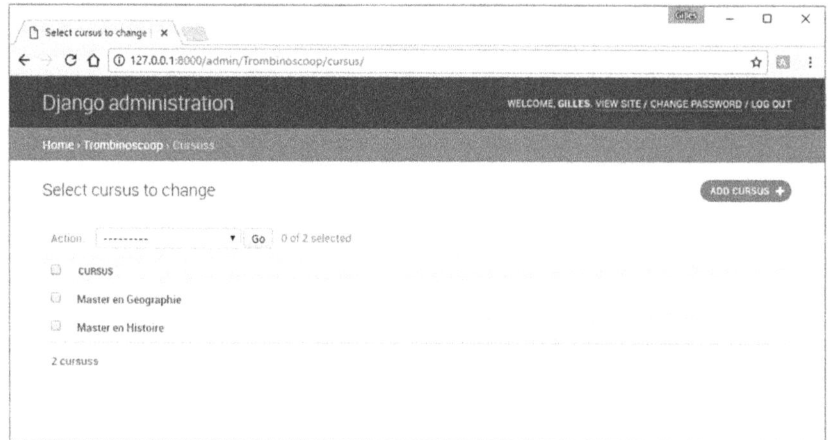

Figure 10–12
Liste des cursus encodés avec leur intitulé

Remarquez que pour la classe `Message`, notre fonction `__str__` est un peu plus complexe. Elle retourne le contenu du message, tronqué et suivi de points de suspension s'il est trop long (supérieur à 20 caractères).

Vous pouvez ensuite créer des cursus, des facultés, des étudiants, etc.

EN PRATIQUE De l'ordre, toujours de l'ordre !

Notez que les champs d'un étudiant sont pour la plupart obligatoires, y compris `cursus` et `faculty`. Il faut donc préalablement créer sa faculté et son cursus, au risque d'être bloqué à la création de l'étudiant, car on ne pourra pas fournir de valeur pour ces deux champs obligatoires.

Maintenant que nous sommes en mesure d'ajouter des données dans la base, nous pouvons enfin modifier notre procédure de login afin qu'elle fasse coïncider les données encodées par l'utilisateur avec celles de la base de données.

Authentification utilisant la base de données

Afin que notre authentification puisse s'effectuer à partir de la base de données, il faut modifier le code et le charger de vérifier que l'adresse de courriel et le mot de passe introduits sont corrects.

> **EN PRATIQUE Classe chargée des vérifications**
>
> Dans notre projet, c'est la classe `LoginForm` qui se charge de toutes les validations du formulaire d'authentification.

EXEMPLE 10.11 Trombinoscoop. Validation du mot de passe et du courriel utilisant la base de données

```
# -*- coding: utf-8 -*-

from django import forms
from Trombinoscoop.models import Person ❶

class LoginForm(forms.Form):
  email = forms.EmailField(label='Courriel :')
  password = forms.CharField(label='Mot de passe :',
             ➥ widget = forms.PasswordInput)
  def clean(self):
    cleaned_data = super(LoginForm, self).clean()
    email = cleaned_data.get("email")
    password = cleaned_data.get("password")

    # Vérifie que les deux champs sont valides
    if email and password:
      result = Person.objects.filter(password=password,
             ➥ email=email) ❷
      if len(result) != 1: ❸
        raise forms.ValidationError("Adresse de courriel ou mot de passe
             ➥ erroné(e).")

    return cleaned_data
```

Avec Django, deux lignes suffisent pour vérifier le mot de passe et le courriel en utilisant la base de données (trois lignes avec l'import ❶). La première cherche toute personne dont le mot de passe et l'adresse e-mail correspondent à ce qui a été entré dans le formulaire ❷. La deuxième vérifie qu'il n'y a qu'un seul résultat ❸.

En pratique Cohérence des données

Si plus d'une personne a été trouvée, nous faisons face à un gros problème d'incohérence des données... Il faudra impérativement s'assurer que deux enregistrements de personnes ne pourront avoir le même mot de passe et la même adresse – au moment de la création d'un compte sur le site, par exemple, et surtout en imposant une contrainte sur le modèle (`unique=True`). Dans un cas réel, on utiliserait `django.contrib.auth` (modèle : `User`).

Cette fois-ci, notre page d'authentification est véritablement terminée. Nous allons maintenant nous intéresser à la page de création de compte, pour laquelle nous allons recourir aux `ModelForm`.

Les ModelForm

Au chapitre précédent, nous avons vu que la classe `Form` de Django automatisait la gestion des formulaires et, en particulier, la création du code HTML correspondant.

Django permet d'aller encore plus loin dans l'automatisation des formulaires, en créant un formulaire sur la base d'un modèle. Cette fonctionnalité tire son existence d'un constat pratique : dans les sites web, il existe souvent des formulaires qui servent à créer un objet de la base de données et qui reprennent tous les champs de cet objet. C'est typiquement le cas dans Trombinoscoop : la page de création de compte possède pratiquement tous les champs du modèle `Student` ou `Employee`.

Les `ModelForm` s'utilisent pratiquement de la même manière que les `Form`. Ils ajoutent simplement une méthode `save` qui, une fois les données du formulaire validées, les sauvegardent dans la base de données.

Passons sans plus attendre à la réalisation de notre page de création de compte. Dans un premier temps, nous allons seulement permettre la création d'un profil étudiant.

Création du formulaire Étudiant dans le fichier forms.py

Exemple 10.12 Trombinoscoop. Création du ModelForm pour le modèle Student

```
from django import forms ❶
from Trombinoscoop.models import Student ❷

class StudentProfileForm(forms.ModelForm): ❸
  class Meta: ❹
      model = Student
      exclude = ('friends',)
```

On importe d'abord la bibliothèque `forms` ❶ et le modèle `Student` ❷. On crée ensuite la classe `StudentProfileForm` qui hérite de `ModelForm` ❸. À l'intérieur, on définit une autre classe, `Meta` ❹, qui sert à configurer notre formulaire et, en particulier, à préciser sur quel modèle il doit se baser. Cela se fait à l'aide de la ligne `model = Student`. Enfin, on termine en excluant l'attribut `friends` du modèle (ce n'est pas à la création du profil que l'utilisateur va préciser qui sont ses amis). N'oubliez pas la virgule après le '`friends`', sinon Python ne saura pas qu'`exclude` est un tuple avec un seul paramètre.

À l'aide de ces quelques lignes, notre formulaire est défini. Comme pour toutes les autres pages du site, il va falloir créer un template, une URL et une vue.

Création de l'URL et de la vue de création de compte

Nommons `Register` la page de création de compte et ajoutons-la à `urls.py`.

EXEMPLE 10.13 Trombinoscoop. Ajout de l'URL register

```
from django.conf.urls import url
from Trombinoscoop.views import welcome, login, register
from django.contrib import admin
urlpatterns = [
  url('^$', login),
  url('^login$', login),
  url('^welcome$', welcome),
  url('^register$', register),
  url('^admin/', admin.site.urls)
]
```

Cette URL appelle la vue `register`, que nous définissons comme suit.

EXEMPLE 10.14 Trombinoscoop. Définition de la vue register

```
from django.shortcuts import render, redirect
from Trombinoscoop.forms import StudentProfileForm
def register(request):
  if len(request.GET) > 0:
    form = StudentProfileForm(request.GET)
    if form.is_valid():
      form.save()
      return redirect('/login')
    else:
      return render(request,'user_profile.html', {'form': form})
  else:
    form = StudentProfileForm()
    return render(request, 'user_profile.html', {'form': form})
```

La logique de gestion du formulaire est exactement la même que pour le formulaire de login vu au chapitre précédent. La seule différence tient dans l'ajout de la ligne `form.save()` dans le cas où le formulaire est valide ; cette instruction a pour effet d'enregistrer dans la base de données les informations du formulaire, et donc de créer un nouvel étudiant. Une fois le nouvel utilisateur créé, on le redirige vers la page de login où il pourra s'authentifier.

Création du template de création de compte

Appelons-le `user_profile.html` ; le nom est volontairement générique, car nous allons probablement récupérer ce template pour la page de modification de compte.

Exemple 10.15 Trombinoscoop. Contenu de user_profile.html

```
{% extends "base.html" %}

{% block title %}Création d'un profil{% endblock %} ❶

{% block bodyId %}userProfilePage{% endblock %} ❷

{% block content %}
<h1>Création d'un compte</h1> ❺
<form action="register" method="get"> ❸
  {{ form.as_p }}
  <p>
    <input type="submit" value="Créer un compte" /> ❹
  </p>
</form>
{% endblock %}
```

On observe quelques petits changements par rapport à notre page de login : le titre de la page ❶, l'`id` de la balise `body` ❷, la page de destination de l'attribut `action` ❸, l'intitulé du bouton de soumission ❹ et l'ajout d'un titre `<h1>` ❺.

Un peu de mise en forme

Il reste un petit détail à régler : les CSS. Souvenez-vous, nous avions le code suivant pour positionner l'élément `section`.

Exemple 10.16 Trombinoscoop. Contenu actuel des CSS

```
body#loginPage section#content {
  position: absolute;
  top: 150px;
  left: 50%;
  width: 500px;
```

```
    margin: 0 0 0 -250px;
    padding: 0;
}
```

Ce code ne s'applique qu'aux éléments `section` dont l'`id` est `content`, qui se trouvent dans une balise `body` dont l'`id` est `loginPage`. Or, nous venons de changer l'`id` de la balise `body` pour notre nouveau template. Comme le positionnement tel qu'écrit convient aussi pour la page de création de compte, et sans doute pour les futures pages que nous allons créer, nous allons appliquer ce même style à toutes les pages, à l'exception de la position `top` que l'on va remonter un peu pour toutes les pages autres que celle du login. Par la même occasion, nous allons également améliorer l'aspect du titre qu'on a ajouté.

EXEMPLE 10.17 Trombinoscoop. Modification des CSS

```
body section#content {
    position: absolute;
    top: 110px;
    left: 50%;
    width: 500px;
    margin: 0 0 0 -250px;
    padding: 0;
}

body#loginPage section#content {
    top: 150px;
}

h1 {
    text-align: center;
    font-size: 22px;
    margin: 0px 60px 30px 60px;
    padding: 0 0 5px 0;
    color: #3b5998;
    border-bottom: 1px solid #3b5998;
}
```

Et voilà ! Maintenant nous allons pouvoir tester notre nouvelle page. Relancez le projet ; le résultat est le suivant lorsqu'on tape l'adresse http://127.0.0.1:8000/register. N'oubliez pas de préalablement entrer des objets `Faculty` et `Cursus` dans l'interface d'administration pour les voir listés dans le formulaire. Nous voilà capables d'enregistrer un nouvel utilisateur de notre site.

Figure 10–13
Création d'un compte

Rentrez les informations comme Django vous force à le faire (rappelez-vous que c'est lui qui joue maintenant les cerbères et valide le formulaire à sa manière). Avouons-le, le peu de code qu'il a fallu écrire pour obtenir cette page à tomber par terre est impressionnant !

Finalisation de la page de création de compte

Notre page nous permet pour l'instant de créer des comptes étudiants, mais pas de comptes employés. Dans nos wireframes, une option permettait de choisir la création de l'un ou l'autre profil, avec les champs qui apparaissaient ou disparaissaient selon l'option choisie.

En réalité, nous voulons donc un formulaire complexe, avec une partie commune et des champs propres à chaque type de profil. Comment réaliser cela en Django ? La réponse ne coule pas de source.

Création de deux formulaires : un pour les étudiants et un pour les employés

Le plus simple est d'inclure dans notre HTML deux formulaires : l'un reprenant tous les champs d'un étudiant et l'autre tous ceux d'un employé. Peu importe si certains champs se trouvent deux fois dans la page. Ajoutons au début de la page une liste déroulante pour choisir le type de profil à créer ; en fonction du choix de l'utilisateur, nous afficherons l'un ou l'autre formulaire.

Commençons par créer le formulaire basé sur le modèle `Employee`.

EXEMPLE 10.18 **Trombinoscoop. Création du ModelForm pour le modèle Employee**

```
from django import forms
from Trombinoscoop.models import Employee

class EmployeeProfileForm(forms.ModelForm):
  class Meta:
      model = Employee
      exclude = ('friends',)
```

Gestion des deux formulaires dans la vue

EXEMPLE 10.19 **Trombinoscoop. Gestion des deux formulaires dans la vue**

```
from Trombinoscoop.forms import StudentProfileForm, EmployeeProfileForm
from django.http import render, redirect

def register(request):
  if len(request.GET) > 0 and 'profileType' in request.GET: ❶
    studentForm = StudentProfileForm(prefix="st")
    employeeForm = EmployeeProfileForm(prefix="em")
    if request.GET['profileType'] == 'student': ❸
      studentForm = StudentProfileForm(request.GET, prefix="st")
      if studentForm.is_valid(): ❹
        studentForm.save()
        return redirect('/login')
    elif request.GET['profileType'] == 'employee':
      employeeForm = EmployeeProfileForm(request.GET, prefix="em")
      if employeeForm.is_valid():
        employeeForm.save()
        return redirect('/login')
    # Le formulaire envoyé n'est pas valide
    return render(request, 'user_profile.html',
                                    {'studentForm': studentForm,
                                     'employeeForm': employeeForm}) ❺
  else: ❷
    studentForm = StudentProfileForm(prefix="st")
```

```
        employeeForm = EmployeeProfileForm(prefix="em")
        return render(request, 'user_profile.html',
                                         {'studentForm': studentForm,
                                          'employeeForm': employeeForm})
```

Ce code est un peu plus subtil et comprend plusieurs petites astuces. La première, c'est que nous utilisons un paramètre supplémentaire qui nous permet de savoir quel formulaire a été envoyé. Ce paramètre s'appelle `profileType`, et nous devrons l'ajouter dans notre template. Il peut prendre deux valeurs :

- `student` s'il s'agit du formulaire de création d'un profil étudiant ;
- `employee` s'il s'agit du formulaire de création d'un profil employé.

À la première ligne, on vérifie si au moins un formulaire a été soumis, en évaluant le nombre de paramètres reçus ❶. On s'assure également qu'on a bien reçu le paramètre `profileType`.

Si aucun formulaire n'a été soumis ❷, c'est simple. On crée deux `ModelForm` vierges qu'on transmet à notre template. Jusque-là, c'est presque comme avant, si ce n'est qu'on a deux formulaires pour le prix d'un et qu'on les préfixe. Comme les champs sont pour la plupart communs aux deux types de personnes, le « préfixage » évite à Django de créer des `id` qui portent le même nom, alors que ceux-ci doivent être uniques dans notre HTML.

Si un formulaire a été soumis, on regarde lequel. Dans le cas du formulaire de création d'étudiant ❸, on crée un `ModelForm` étudiant qu'on initialise avec les données reçues et un `ModelForm` employé vierge. Ensuite, on vérifie si le formulaire étudiant est valide ❹. S'il l'est, tout va bien, on enregistre les données et on redirige l'utilisateur vers la page de login. Sinon, on réaffiche la page de création de profil en passant en paramètres les deux `ModelForm` ❺.

On réalise exactement l'inverse si c'est le formulaire de création d'employé qui est soumis.

Gestion des deux formulaires dans le template

Voyons maintenant ce que nous avons ajouté dans le template `user_profile.html`. Petit à petit, les choses se corsent.

EXEMPLE 10.20 Trombinoscoop. Gestion des deux formulaires dans le template

```
{% extends "base.html" %}

{% block title %}Création d'un profil{% endblock %}

{% block bodyId %}userProfilePage{% endblock %}
```

```
{% block content %}
<h1>Création d'un compte</h1>
<form> ❶
  <p>
    <label for="profileType">Vous êtes :</label>
      <select id="profileType">
      <option value="student" {% if studentForm.is_bound %} ❷
              selected="selected" {% endif %}>Étudiant</option>
      <option value="employee" {% if employeeForm.is_bound %}
              selected="selected" {% endif %}>Employé</option>
    </select>
  </p>
</form>

<form action="register" method="get" id="studentForm">
  {{ studentForm.as_p }}
  <p>
    <input type="hidden" name="profileType" value="student" /> ❸
    <input type="submit" value="Créer un compte" />
  </p>
</form>

<form action="register" method="get" id="employeeForm">
  {{ employeeForm.as_p }}
  <p>
    <input type="hidden" name="profileType" value="employee" /> ❸
    <input type="submit" value="Créer un compte" />
  </p>
</form>
{% endblock %}
```

Premier constat: nous avons trois formulaires, alors que nous nous attendions à n'en définir que deux.

Le premier formulaire est là pour accueillir la liste déroulante ❶. Ce n'est pas obligatoire, mais c'est plus facile du point de vue CSS. En plaçant la liste déroulante dans un formulaire, les styles que nous avons déjà définis s'appliqueront. De toute façon, ce formulaire ne possède ni bouton de soumission, ni attribut `action`.

Notre liste déroulante possède deux options, étudiant ou employé; c'est logique. Le code `{% if studentForm.is_bound %} selected="selected" {% endif %}` ❷ mérite en revanche une explication. Il permet de traiter le cas où un formulaire soumis n'est pas valide: lorsque la page est réaffichée, la valeur précédemment choisie par l'utilisateur est présélectionnée dans la liste déroulante.

En pratique L'attribut is_bound du formulaire

L'attribut `is_bound` du formulaire indique si on a affaire à un formulaire vierge ou un formulaire qui a été rempli à l'aide de paramètres reçus. Si le formulaire étudiant est vierge, c'est que ce n'est pas lui qui a été soumis. En revanche, s'il n'est pas vierge, c'est que c'est lui qui a été soumis. Dans ce cas, on ajoute l'attribut `selected="selected"`, qui sélectionne l'élément `Étudiant` dans la liste.

Ensuite, nous avons la définition de nos deux formulaires. Le code est similaire à ce que nous avons vu précédemment, si ce n'est qu'un nouveau champ a été ajouté ❸ : le champ `profileType` qui est de type `hidden`. C'est lui qui nous indique celui des deux formulaires qui a été soumis. Et comme il s'agit d'un champ technique que l'utilisateur de notre site n'a pas à voir, on le cache.

Un peu de dynamisme

Enfin, nous aimerions que, dynamiquement, lorsque l'utilisateur choisit un élément dans la liste, le bon formulaire soit affiché et l'autre masqué.

Nous allons utiliser du jQuery pour cela, comme nous l'avons découvert au chapitre 4. La première chose à réaliser consiste à ajouter une référence à la bibliothèque dans l'en-tête de la page HTML. Elle est longue et indigeste. Pas d'erreur, car rien ne se passerait comme prévu, si nous ne comprenions vraiment pourquoi ! Cela se fait dans le template `base.html`.

Exemple 10.21 Trombinoscoop. Ajout de la bibliothèque jQuery

```
<head>
  <title>Trombinoscoop - {% block title %}Bienvenue{% endblock %}</title>
  <link rel="stylesheet" type="text/css" href="/static/css/style.css" />
  <script type="text/javascript" src="https://ajax.googleapis.com/ajax/libs/
jquery/3.2.1/jquery.min.js">
  </script>
</head>
```

Dans le template `user_profile.html`, insérons le code suivant, qui apporte le dynamisme voulu. Ce code est à ajouter à la fin du fichier `user_profile.html`, juste avant la balise `{% endblock %}` finale.

Exemple 10.22 Trombinoscoop. Affichage dynamique du bon formulaire

```
<script type="text/javascript">
  function displayRightForm() ❶ {
    if ($('#profileType').val() == 'student') {
      $('#employeeForm').hide();
      $('#studentForm').show();
    }
```

```
      else {
         $('#studentForm').hide();
         $('#employeeForm').show();
      }
   }
   $(document).ready(displayRightForm); ❸
   $('#profileType').change(displayRightForm); ❷
</script>
```

On définit d'abord une fonction qui affiche et masque l'un ou l'autre des deux formulaires selon la valeur de la liste déroulante. ❶

Cette fonction doit ensuite être appelée après deux événements :

- chaque fois que l'utilisateur change la valeur de la liste déroulante ❷ ;
- une première fois, au chargement de la page (via l'événement `ready` du document) ❸.

Tout ce code nous permet finalement d'obtenir le formidable résultat suivant, dynamique de surcroît (cela commence à faire professionnel, non ?).

Figure 10–14
On peut maintenant choisir le type de compte que l'on désire créer.

Ai-je bien compris ?

- Pourquoi, dans ce chapitre, ne voit-on pas une seule ligne de SQL ? Ce langage est-il utilisé par notre application web ?
- À quoi `makemigrations` et `migrate` servent-ils ?
- Comment exprime-t-on les relations *1-n*, *n-n* et *1-1* dans les modèles ?
- À quoi les `ModelForms` servent-ils ?

11

Comprendre et utiliser les sessions

Ce chapitre va nous permettre de nous familiariser avec les sessions, qui servent à sauvegarder un contexte global d'interaction entre deux visites sur le serveur web. Les sessions fonctionnent grâce aux célèbres et tant décriés cookies qui mémorisent les accès au serveur. Django a sa propre manière de répartir cette mémoire entre le client et la base de données côté serveur. Le projet Trombinoscoop sera enrichi par exemple par la mémorisation de l'identité du visiteur du site.

EN PRATIQUE Les applications Django travaillent pour vous

Notez que l'application django.contrib.auth peut faire pour vous la grande partie de ce que nous expliquons dans ce chapitre, mais nous choisissons bien sûr de nous en passer, pour l'intérêt de l'exercice.

SOMMAIRE

- Explication de la notion de session
- Explication et utilisation des cookies avec Django
- Prise en charge des sessions dans Trombinoscoop

Au chapitre précédent, nous vous annoncions, triomphants, que la page d'authentification était totalement terminée. En réalité, plusieurs problèmes de taille continuent d'entacher notre mécanisme d'authentification.

- Lorsque l'authentification réussit, l'utilisateur est redirigé vers la page d'accueil (`welcome`). Or, sur cette page on ne vérifie plus du tout l'identité du visiteur. Il suffit donc de connaître l'URL de la page d'accueil pour facilement contourner la page d'authentification. Voilà une aberrante faille de sécurité, accessible à un geek de quatre ans.
- Sur la page d'accueil, on ne sait plus qui s'est connecté ; tous les paramètres transmis à la page de login sont perdus pour la page suivante. Chaque page possède sa propre « mémoire », hermétique au contexte des autres. Aucun contexte global ne nous permet, par exemple, de stocker l'identité de la personne connectée. De fait, rien n'est mémorisé d'une page à l'autre.

On pourrait résoudre ces deux problèmes avec les techniques que nous avons déjà vues. Pour s'assurer qu'une page est visitée par un utilisateur authentifié et autorisé, il suffirait de transmettre le login et le mot de passe de ce dernier en paramètre de chaque page web. Dans chaque vue, le premier traitement que l'on réaliserait serait de vérifier si le login et le mot de passe transmis sont corrects. Ce mécanisme nous permettrait par la même occasion de savoir sur chaque page qui en est le visiteur. Cependant, vous en conviendrez, ce n'est pas très pratique et, surtout, c'est on ne peut plus répétitif.

À quoi servent les sessions

Grâce aux sessions, nos deux problèmes vont être résolus.

- Nous saurons à tout moment quel utilisateur est à l'origine d'une requête HTTP. Dès que celui-ci s'est authentifié sur la page de login, il suffit de sauvegarder son identité dans un cookie. À chaque requête vers toute page de notre site, le navigateur enverra l'identité enregistrée dans le cookie.
- Nous protégerons facilement toutes nos pages d'un accès indésirable (personne non authentifiée). Il suffira de vérifier dans la session si une identité est présente. Si oui, c'est que le visiteur est passé avec succès par la page de login. Si non, c'est que l'auteur de la requête n'est pas identifié et qu'il essaie de se faufiler dans notre site sans s'y être invité ; dans ce cas, on le redirige vers la page de login.

> **DÉFINITION Sessions**
>
> Les sessions servent à sauvegarder un contexte, c'est-à-dire un ensemble de données liées à chaque visite sur notre site web.

Les sessions fonctionnent grâce aux célèbres cookies, pour lesquels nous nous refusons le moindre jeu de mot !

DÉFINITION Cookies

Les cookies sont des fichiers stockés par le navigateur sur le disque dur de l'internaute, lors de la visite d'un site web. Ils sont créés à la demande du site visité et contiennent toute donnée que ce dernier juge utile de sauvegarder. À chaque requête HTTP, le contenu du cookie est inclus dans l'en-tête de la requête et peut être exploité par le serveur web pour adapter sa réponse en fonction de vos visites précédentes. C'est grâce à ce mécanisme que l'on va attacher un contexte à chaque « session » de visite de notre site web et passer de précieuses informations de page en page.

Voyons maintenant comment Django implémente ce mécanisme de session et appliquons-le à Trombinoscoop.

Les sessions selon Django

Par défaut, Django implémente le principe des sessions un peu différemment. Plutôt que d'enregistrer toutes les données de la session dans un cookie, Django les sauvegarde dans la base de données et attribue un « identifiant de session » aux données enregistrées dans la base ; c'est uniquement cet identifiant qui est sauvegardé dans le cookie côté client.

L'idée étant toujours de « tracer » un internaute d'une visite à l'autre sur le site, les sessions viennent résoudre certains défauts inhérents aux cookies :

- plus grosse capacité de stockage, les données de session étant stockées côté serveur, à la différence des cookies stockés côté client ;
- sécurité des données, car il est impossible d'accéder aux variables de session, via JavaScript par exemple ;
- moins de trafic réseau, intégrité et sécurité des données mieux garanties, car, à la différence des cookies, les « informations de session » ne transitent pas sans arrêt entre le navigateur et le serveur.

EN PRATIQUE Sécurité des cookies

Sauvegarder des données personnelles dans des cookies est rarement une bonne idée. Ces petits fichiers sont facilement accessibles, lisibles et modifiables. Imaginons qu'on stocke dans le cookie le matricule de l'utilisateur connecté. Un « bidouilleur » aura vite fait de créer un faux cookie contenant le matricule de son voisin. Notre site web n'y verra alors que du feu et pensera que l'utilisateur connecté est le malheureux voisin. À l'inverse, déduire un identifiant de session, calculé aléatoirement par Django, est pratiquement impossible.

Cette technique comporte néanmoins un désavantage de taille : si la base de données n'est pas nettoyée régulièrement des sessions inactives, sa taille risque très vite d'exploser. Django propose deux solutions pour y remédier.

- Offrir une page de déconnexion au visiteur. Cependant, les internautes qui n'utilisent jamais les liens *Se déconnecter* et qui ferment simplement les fenêtres de leurs navigateurs sont nombreux. Pour ceux-là, comme on ne sait jamais quand leurs sessions se terminent, Django préconise la deuxième solution.
- Lancer régulièrement la commande `python manage.py clearsessions` qui se charge de nettoyer la base de données. Comme nous sommes pour l'instant en phase de développement et que personne d'autre que nous ne va visiter notre site, il ne sera pas utile de nettoyer la base de données. Cependant, le jour où vous ouvrirez votre site au public, il faudra penser à écrire un script de nettoyage qu'il faudra exécuter à une certaine fréquence. La documentation de Django explique précisément comment faire.

Utilisation d'une session

Configuration

Par défaut, les sessions sont activées dans Django. En effet, dans le fichier `settings.py`, on trouve déjà les lignes suivantes ❶ :

CONFIGURATION. **Activation des sessions dans settings.py**

```
MIDDLEWARE = [
    'django.middleware.security.SecurityMiddleware',
    'django.contrib.sessions.middleware.SessionMiddleware',
    'django.middleware.common.CommonMiddleware',
    'django.middleware.csrf.CsrfViewMiddleware',
    'django.contrib.auth.middleware.AuthenticationMiddleware',
    'django.contrib.messages.middleware.MessageMiddleware',
    'django.middleware.clickjacking.XFrameOptionsMiddleware',
]
INSTALLED_APPS = [
    'django.contrib.admin',
    'django.contrib.auth',
    'django.contrib.contenttypes',
    'django.contrib.sessions',
    'django.contrib.messages',
    'django.contrib.staticfiles',
    'Trombinoscoop'
]
```

Souvenez-vous : lorsque nous avons créé la base avec `makemigrations et migrate`, nous avons constaté que Django créait de nombreuses tables supplémentaires. Il s'agit de celles qui sont nécessaires à la sauvegarde des données de session.

Maniement d'une variable de session

Une fois activées, les sessions sont simplissimes à utiliser. Il suffit d'utiliser l'objet `session`, disponible dans l'objet `request` qu'on reçoit automatiquement en paramètre de chacune de nos vues.

SYNTAXE EXEMPLE. **Utilisation des sessions**

```
def login(request):

  # Lecture de la valeur d'une variable de session
  chosen_language = request.session['language']

  # Changement de la valeur d'une variable de session
  request.session['language'] = 'fr'

  # Suppression d'une variable de session
  del request.session['language']

  # Verification de la presence d'une variable de session
  if 'language' in request.session:
    print('Langue choisie!')
```

EN PRATIQUE **Durée de vie des cookies de session**

Il est possible de définir la durée de vie des cookies de session. Elle peut être éternelle, limitée à une date bien précise, ou exprimée en jours. Plus périssable encore, on peut faire en sorte que le cookie soit détruit lorsque le visiteur ferme son navigateur. Ces durées de vie différentes expliquent pourquoi, sur certains sites, il faut s'authentifier de nouveau à chaque fois qu'on relance son navigateur, alors que sur d'autres, on reste authentifié pendant plusieurs jours.
La durée de vie par défaut des cookies se définit dans le fichier `settings.py` à l'aide des paramètres `SESSION_EXPIRE_AT_BROWSER_CLOSE` et `SESSION_COOKIE_AGE`. Par défaut, les cookies de Django n'expirent pas à la fermeture du navigateur et leur durée de vie est établie à deux semaines.
Dans une optique de test, nous allons mettre la variable `SESSION_EXPIRE_AT_BROWSER_CLOSE` à `True`, afin de pouvoir facilement supprimer le cookie de session à la fermeture du navigateur. La fermeture du navigateur signifie la fermeture complète du programme, avec tous les onglets.
Pensez à ajouter cette variable avant de commencer à tester les sessions, sinon vous risquez d'avoir une première session créée qui ne se détruira pas à la fermeture du navigateur. Vous devrez donc aller supprimer le cookie correspondant à votre session directement dans votre navigateur, ou supprimer la session dans la base de données. Notez aussi que l'information `SESSION_EXPIRE_AT_BROWSER_CLOSE` est juste une demande au navigateur, que celui-ci peut ignorer. Google Chrome peut avoir été configuré pour, par exemple, négliger cette information et vous laisser connecté même après fermeture du navigateur.

Enregistrement de l'utilisateur authentifié

Reprenons le code de notre vue `login` qui gère l'authentification d'un utilisateur, et adaptons-le afin de sauvegarder l'identité du visiteur authentifié.

EXEMPLE 11.1 **Trombinoscoop. Enregistrement de l'utilisateur authentifié dans la session**

```
from Trombinoscoop.models import Person
from Trombinoscoop.forms import LoginForm
from django.shortcuts import render, redirect

def login(request):
  # Teste si le formulaire a été envoyé.
  if len(request.POST) > 0:
    form = LoginForm(request.POST)
    if form.is_valid():
      user_email = form.cleaned_data['email'] ❶
      logged_user = Person.objects.get(email=user_email) ❷
      request.session['logged_user_id'] = logged_user.id ❸
      return redirect('/welcome')
    else:
      return render(request, 'login.html', {'form': form})
  else:
    form = LoginForm()
    return render(request, 'login.html', {'form': form})
```

Seules trois lignes de code ont été ajoutées (mis à part l'import). La première récupère à partir du formulaire l'adresse de courriel que l'utilisateur a introduite ❶. On utilise ensuite cette adresse de courriel pour récupérer dans la base de données l'objet `Person` qui possède cette adresse ❷. On sauvegarde ensuite dans la session l'`id` de cette personne. Ensuite seulement, on fait la redirection vers la page d'accueil.

Vérification que l'utilisateur est bien authentifié

Modifions la page d'accueil pour vérifier que le visiteur est bien authentifié, c'est-à-dire qu'un `id` d'utilisateur est bien présent dans la session. Si ce n'est pas le cas, on redirige l'utilisateur vers la page de login.

EXEMPLE 11.2 **Trombinoscoop. Vérification que l'utilisateur est authentifié**

```
from Trombinoscoop.models import Person
from django.shortcuts import render, redirect

def welcome(request):
  if 'logged_user_id' in request.session: ❶
    logged_user_id = request.session['logged_user_id'] ❷
    logged_user = Person.objects.get(id=logged_user_id) ❸
```

```
    return render(request, 'welcome.html',
        ➥ {'logged_user': logged_user}) ❹
else:
    return redirect('/login') ❺
```

On vérifie d'abord qu'on a bien un `id` d'utilisateur dans la session ❶. Si oui, c'est que le visiteur de notre site est authentifié ❷. On le récupère alors dans la base de données ❸, puis on appelle le template `welcome.html` en lui passant en paramètre l'utilisateur authentifié ❹. L'affichage de la page d'accueil sera personnalisé à l'aide des données de l'utilisateur. En revanche, si on ne trouve pas d'`id` dans la session, c'est que le visiteur n'est pas authentifié ; on le redirige donc vers la page de login ❺.

Utilisation des données de la session

Dans notre template, écrivons le code suivant afin d'utiliser les données de l'utilisateur authentifié ❶. Par la même occasion, nous allons modifier l'aspect de la page d'accueil en utilisant le template de base ❷.

EXEMPLE 11.3 Trombinoscoop. Utilisation des données de l'utilisateur dans welcome.html

```
{% extends "base.html" %} ❷

{% block title %}Accueil{% endblock %}

{% block bodyId %}welcomePage{% endblock %}

{% block content %}
<p>{{ logged_user.first_name }} {{ logged_user.last_name }}, ❶
bienvenue sur Trombinoscoop !</p>
{% endblock %}
```

Testons maintenant notre nouvelle page d'accueil. Lorsqu'on n'est pas authentifié, on est redirigé vers la page de login. Si l'authentification se passe correctement, on obtient le résultat suivant :

Figure 11–1 La nouvelle page d'accueil personnalisée

Que trouve-t-on dans le cookie ?

Voyons ce qui se trouve sauvegardé dans le cookie `sessionid`. Notez aussi l'existence d'un cookie `csrftoken` rappelant la fameuse balise `{% csrf_token %}` que vous deviez ajouter pour chacun des formulaires `POST` par mesure de sécurité. Django s'occupait à la fois d'ajouter un champ `hidden` dans le formulaire et de stocker la même information dans un cookie.

> **EN PRATIQUE Outil : éditeur de cookie**
>
> Les navigateurs possèdent généralement des outils pour visionner le contenu des cookies. C'est le cas par exemple de Google Chrome : *Paramètres>Plus d'outils>Outils de développement.*

EXEMPLE 11.4 Trombinoscoop. Cookie de notre site

```
Nom du cookie: sessionid
Valeur: zqkzqj3a9tef4w51k777hki3kt1q848b
```

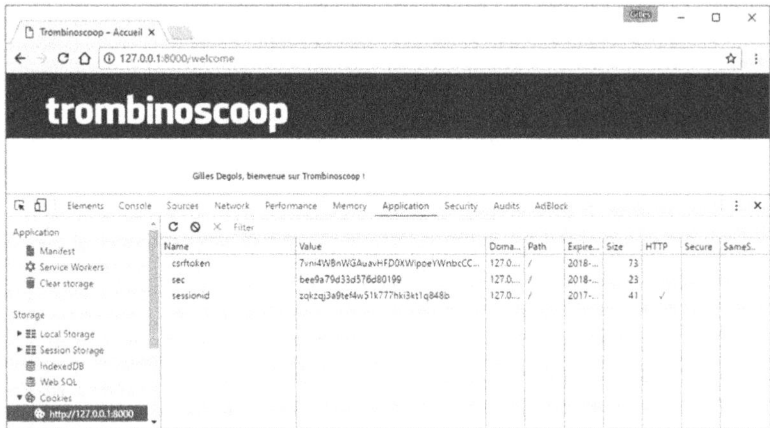

Figure 11–2 Contenu du cookie de Trombinoscoop (dans Google Chrome)

Que trouve-t-on dans la session ?

Sachant que le cookie `sessionid` est lié à une entrée dans la base de données, l'on pourrait ouvrir celle-ci avec l'outil `DB Browser for SQLite`. La table `django_session` contient trois colonnes : `session_key`, `session_data` et `expire_date`. On cherche donc l'entrée correspondant au cookie `zqkzqj3a9tef4w51k777hki3kt1q848b` dans la colonne `session_key`.

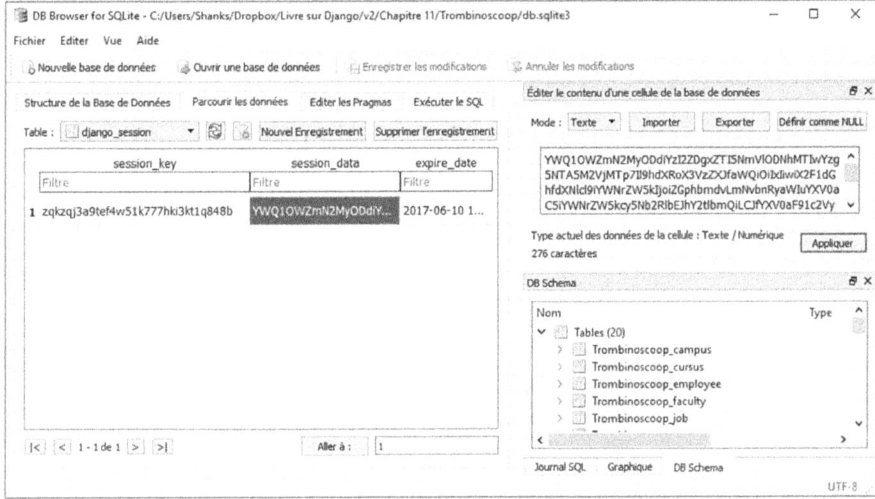

Figure 11–3
Contenu de la table django_session

Le contenu de la colonne `session_data` est complètement illisible au premier abord :


```
YWQ1OWZmN2MyODdiYzI2ZDgxZTI5NmVlODNhMTIwYzg5NTA5M2VjMTp7Il9hdXRoX3VzZXJfaWQiOi
IxIiwiX2F1dGhfdXNlcl9iYWNrZW5kIjoiZGphbmdvLmNvbnRyaWIuYXV0aC5iYWNrZW5kcy5Nb2Rl
bEJhY2tlbmQiLCJfYXV0aF91c2VyX2hhc2giOiI3ODQ3YWQ4Yjk3Nzc1NTg0NjkxN2Q1ZjhiNDg1Nm
ZmOTQzODczYWM5IiwibG9nZ2VkX3VzZXJfaWQiOjF9
```


En fait, vu que la session pourrait contenir des variables texte remplies de caractères spéciaux, Django transforme les données pour être sûr d'arriver à les sauvegarder sans problème dans la base de données. Il s'agit d'un encodage en base 64 et, en cherchant sur Internet un « décodeur de base 64 » quelconque, nous obtenons alors le contenu de la session :


```
ad59ff7c287bc26d81e296ee83a120c895093ec1:
{
 "_auth_user_id": "1",
 "_auth_user_backend":"django.contrib.auth.backends.ModelBackend",
 "_auth_user_hash":"7847ad8b977755846917d5f8b4856ff943873ac9",
 "logged_user_id": 1
}
```


Nous pouvons voir que l'information `logged_user_id` a bien été sauvegardée dans la session et qu'elle vaut 1. D'autres informations ont été ajoutées par Django pour son fonctionnement interne ; vous n'avez donc pas à vous en préoccuper.

Protection des pages privées

Maintenant que nous savons vérifier si un utilisateur est authentifié, nous allons pouvoir protéger toutes nos pages privées. Plutôt que de dupliquer le code de la vue welcome, plaçons-le dans une fonction dont le rôle sera également de récupérer, le cas échéant, l'utilisateur authentifié de la base de données. Nommons la fonction get_logged_user_from_request et insérons-la dans le fichier views.py.

EXEMPLE 11.5 Trombinoscoop. Fonction get_logged_user_from_request

```
from Trombinoscoop.models import Student, Employee

def get_logged_user_from_request(request):
  if 'logged_user_id' in request.session: ❶
    logged_user_id = request.session['logged_user_id']
    # On cherche un etudiant
    if len(Student.objects.filter(id=logged_user_id)) == 1: ❸
      return Student.objects.get(id=logged_user_id)
    # On cherche un Employe
    elif len(Employee.objects.filter(id=logged_user_id)) == 1: ❹
      return Employee.objects.get(id=logged_user_id)
    # Si on n'a rien trouve
    else:
      return None ❺
  else:
    return None ❷
```

On regarde si on trouve un id d'utilisateur dans la session ❶. Si non, on renvoie directement None ❷. Si un utilisateur est authentifié, alors on recherche d'abord s'il s'agit d'un étudiant ❸, sinon un employé ❹. Si rien n'est trouvé, alors on retourne None ❺.

Et notre vue welcome se transforme.

EXEMPLE 11.6 Trombinoscoop. Vue gérant la page d'accueil

```
from django.http import render, redirect

def welcome(request):
  logged_user = get_logged_user_from_request(request)
  if logged_user:
    return render(request, 'welcome.html',
                                   {'logged_user': logged_user})
  else:
    return redirect('/login')
```

Le code est on ne peut plus simple ! On appelle la fonction get_logged_user_from_request et on vérifie sa valeur de retour. Si elle n'est pas None, c'est qu'un utilisateur est authentifié.

Amélioration de notre page d'accueil

Pour l'instant, notre page d'accueil ne ressemble pas vraiment au wireframe que nous avions conçu au départ.

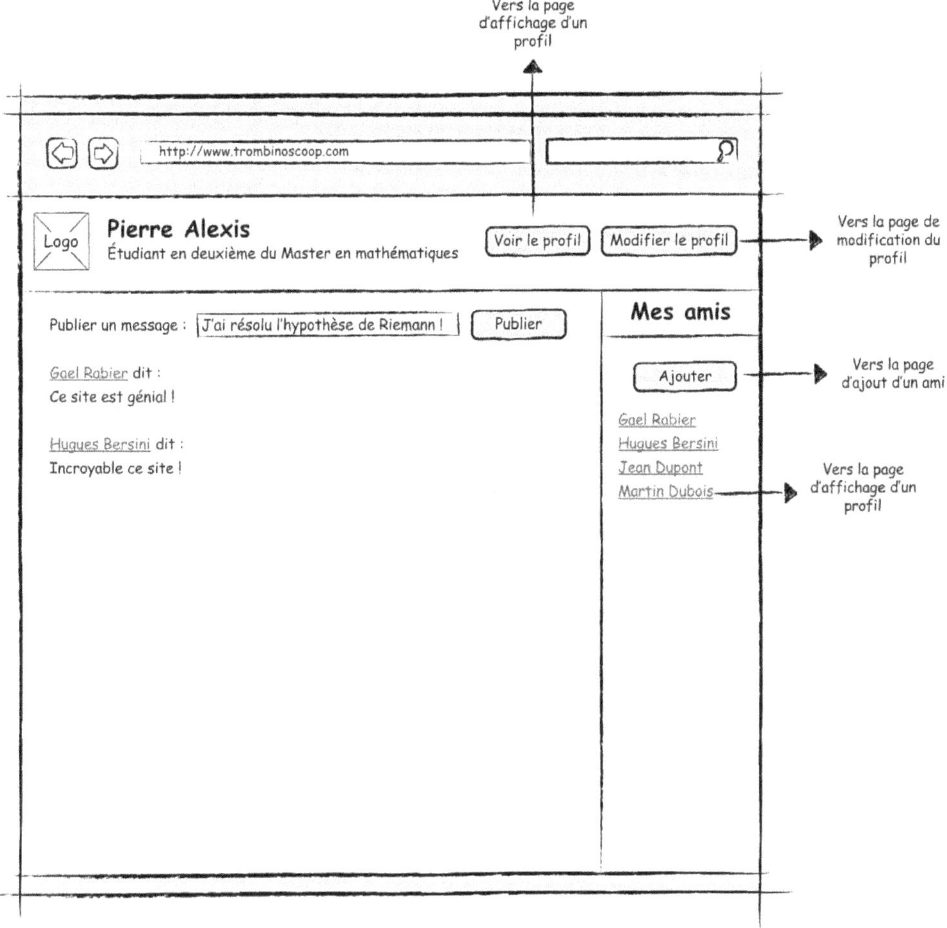

Figure 11–4 Wireframe de la page d'accueil

Personnalisation de la bannière

Commençons par nous occuper de la bannière qui doit contenir les données de l'utilisateur connecté. Nous aurons besoin de savoir ce qu'est l'utilisateur connecté : un étudiant ou un employé. Nous pourrions vérifier le type de l'objet `logged_user` passé au template. Malheureusement, c'est difficilement réalisable, les templates n'offrant pas par défaut d'instruction indiquant le type exact d'un objet Python.

Le plus propre est donc d'ajouter un attribut à la classe Person, que nous surchargeons dans les classes Student et Employee pour retourner le bon type.

EXEMPLE 11.7 Trombinoscoop. Ajout d'une méthode permettant de connaître le type

```
class Person(models.Model):
  # Autres champs
  person_type = 'generic'

class Employee(Person):
  # Autres champs
  person_type = 'employee'

class Student(Person):
  # Autres champs
  person_type = 'student'
```

EN PRATIQUE Dois-je mettre à jour la base de données ?

Comme vous pouvez le voir, l'attribut person_type est un peu différent de ceux définis précédemment, qui sont à chaque fois de type models.CharField, models.DateField, etc. Ces attributs contenaient des valeurs spécifiques à chaque utilisateur, mais dans le cas de person_type, nous n'avons pas besoin de redéfinir l'information pour chaque utilisateur. Nous avons donc ajouté un attribut statique à la classe, qui est accessible aussi bien à travers Person.person_type que depuis un objet quelconque : xavier.person_type. Django ne sauvegarde dans la base de données que les attributs liés à models. N'ayant défini qu'une simple chaîne de caractères, il n'essaie pas de la sauvegarder.

Nous pouvons maintenant remplir notre bannière. Celle-ci n'étant plus seulement une simple et triste bannière vide comme pour la page de login, nous allons pour la première fois redéfinir le bloc headerContent. Voici le code que nous avons placé dans le template welcome.html.

EXEMPLE 11.8 Trombinoscoop. HTML avec l'en-tête de la page d'accueil

```
{% extends "base.html" %}
{% block title %}Accueil{% endblock %}
{% block bodyId %}welcomePage{% endblock %}

{% block headerContent %}
<p id="name">{{ logged_user.first_name }} {{ logged_user.last_name }}</p>
<p id="function">
  {% if logged_user.person_type == 'student' %}
  Étudiant en
    {% if logged_user.year == 1 %}
      {{ logged_user.year }}ère
    {% else %}
      {{ logged_user.year }}ème
```

```
    {% endif %}
    {{ logged_user.cursus.title }}
  {% else %}
    {{ logged_user.job.title|capfirst }}
    dans la faculté {{ logged_user.faculty }}
  {% endif %}
</p>
<p id="profileLinks">
  <a href="???" class="buttonLink">Voir le profil</a>
  <a href="???" class="buttonLink">Modifier le profil</a>
</p>
{% endblock %}
```

Le code est plus simple qu'il n'y paraît. La complexité apparente vient de l'affichage du statut de l'utilisateur, en dessous de son nom. En effet, on n'affiche pas la même chose pour les étudiants et les employés.

Nos instructions CSS restent à modifier, afin que le contenu de l'en-tête soit bien positionné et formaté.

EXEMPLE 11.9 Trombinoscoop. Modification de style.css

```
body#welcomePage header {
  background: #3b5998 url('../img/shortLogo.png') no-repeat 20px 25px;
  color: #FFFFFF;
}

body#welcomePage header p#name {
  font-size: 22px;
  margin: 20px 0 0 70px;
}

body#welcomePage header p#function {
  margin: 0 0 0 70px;
}

body#welcomePage header p#profileLinks {
  position: absolute;
  right: 40px;
  top: 25px;
}

a.buttonLink {
  border-style: solid;
  border-width: 1px;
  border-color: #d9dfea #0e1f5b #0e1f5b #d9dfea;
  background-color: #3b5998;
  color: #FFFFFF;
  padding: 2px 15px 3px 15px;
```

```
    text-align: center;
    text-decoration: none;
}
```

Notez que nous avons changé le logo pour un plus petit, `shortLogo.png`, qui prend moins de place et reprend uniquement la première lettre de Trombinoscoop.

Sauvegardons et relançons le serveur web. Le résultat est le suivant.

Figure 11–5 La page d'accueil et sa bannière

> **En pratique Rafraîchissement du fichier style.css**
>
> N'oubliez pas d'ouvrir les outils de développement de votre navigateur Internet, puis de rafraîchir la page, sinon vous risquez de ne pas voir les modifications apportées à votre fichier `style.css`.

Division du corps de la page

Le contenu de la page situé en dessous de la bannière est divisé en deux grandes parties : à gauche la liste des messages publiés par les amis, à droite la liste des amis.

Commençons par le code HTML de la partie à placer dans le bloc `content` du template `welcome.html`, que l'on placera juste après le block `headerContent`. Ajoutons deux éléments `section` : l'un pour la liste des messages, l'autre pour la liste des amis.

Exemple 11.10 Trombinoscoop. Divison du contenu en deux sections

```
{% block content %}
<section id="messageList">
  test
</section>
```

```
<section id="friendList">
  test
</section>
{% endblock %}
```

Au niveau des CSS, nous allons placer les deux sections l'une à côté de l'autre, en leur donnant une largeur bien précise. Au passage, nous allons, pour cette page d'accueil, agrandir la largeur de l'élément accueillant le contenu. Nous avons besoin de plus de place que sur les autres pages. Le code CSS que nous ajoutons se présente comme suit.

EXEMPLE 11.11 Trombinoscoop. Positionnement des sections de contenu

```
body#welcomePage section#content {
  width: 800px;
  margin: 0 0 0 -400px;
}

body#welcomePage section#messageList {
  position: absolute;
  width: 600px;
  background-color: red;
}

body#welcomePage section#friendList {
  position: absolute;
  width: 200px;
  right: 0;
  background-color: yellow;
}
```

> **EN PRATIQUE Des couleurs pour mieux se repérer**
>
> Notez que nous avons ajouté une couleur de fond très voyante à nos deux sections. Rassurez-vous, ce n'est que temporaire ! Cela aidera à repérer facilement les sections et à voir où elles se positionnent exactement.

Le rendu graphique est le suivant.

Figure 11–6
Positionnement de la liste des messages et de la liste des amis

Liste des messages

Récupération des messages de la liste

Nous pouvons maintenant remplir la section contenant la liste des messages. Celle-ci commence par un formulaire qui permet d'envoyer un nouveau message. À la suite de celui-ci, on retrouve la liste des messages de l'utilisateur connecté. Nous ajoutons donc le code HTML figurant à la page suivante entre `<section id="messageList">` et `</section>`.

EXEMPLE 11.12 Trombinoscoop. Liste des messages

```
<form action="welcome" method="get" class="inlineForm">
  <label for="newMessageInput">Publier un message :</label>
  <input type="text" name="newMessage" id="newMessageInput" />
  <input type="submit" value="Publier" />
</form>
<ul>
  {% for message in friendMessages %}
  <li>
    <p>
      <a href="???">{{ message.author.first_name }}
      {{ message.author.last_name }}</a> dit :
    </p>
    <p>{{ message.content }}</p>
  </li>
  {% endfor %}
</ul>
```

Le formulaire est assez standard : un champ texte et un bouton de soumission. Nous avons ajouté une classe au formulaire. Cela nous sera utile pour le style et la syntaxe propre aux CSS.

Pour imprimer la liste des messages des amis, on boucle sur une variable `friendMessages`. Il est clair que cette variable devra être initialisée dans la vue, contenir tous les messages des amis de l'utilisateur connecté et être transmise au template.

> **EN PRATIQUE Pourquoi ne pas utiliser logged_user déjà présente dans le template?**
>
> Tout simplement parce que récupérer l'ensemble des messages des amis de l'utilisateur authentifié demande une requête à la base de données et que les templates de Django n'offrent que très peu d'outils pour les effectuer. Ce n'est par ailleurs pas du tout le rôle des templates d'effectuer des traitements aussi complexes. On va donc effectuer cette requête dans la vue, en présence des méthodes de filtrage du modèle.

La vue sera modifiée comme suit, en vue d'initialiser la liste des messages.

EXEMPLE 11.13 Trombinoscoop. Récupération des messages dans la vue

```
from Trombinoscoop.models import Message
from django.shortcuts import render, redirect

def welcome(request):
  logged_user = get_logged_user_from_request(request)
  if logged_user:

    friendMessages = Message.objects.filter
       (author__friends=logged_user).order_by('-publication_date')

    return render(request,'welcome.html',
                              {'logged_user': logged_user,
                               'friendMessages': friendMessages})
  else:
    return redirect('/login')
```

Une ligne de code nous suffit à récupérer les messages voulus. Pour récupérer l'ensemble des messages des amis de l'utilisateur authentifié, nous partons de l'objet `Message`. Nous y appliquons un filtre assez simple signifiant « tous les messages dont un des amis de l'auteur du message est l'utilisateur authentifié ». Le éléments retournés par le filtre sont ensuite triés par ordre chronologique inverse (le message le plus récent doit apparaître en premier) et envoyés au template.

Ce filtre sera transformé par Django en une requête SQL plutôt complexe et efficace, que voici.

EXEMPLE 11.14 Trombinoscoop. SQL produit par Django

```
SELECT "Trombinoscoop_message"."id", "Trombinoscoop_message"."author_id",
"Trombinoscoop_message"."content", "Trombinoscoop_message"."publication_
date" FROM "Trombinoscoop_message" INNER JOIN "Trombinoscoop_person" ON
("Trombinoscoop_message"."author_id" = "Trombinoscoop_person"."id") INNER JOIN
"Trombinoscoop_person_friends" ON ("Trombinoscoop_person"."id" = "Trombinoscoop_
person_friends"."from_person_id") WHERE "Trombinoscoop_person_friends"."to_
person_id" = 1 ORDER BY "Trombinoscoop_message"."publication_date" DESC
```

Si nous avions dû écrire cette requête nous-mêmes, il est plus que probable qu'après une très longue réflexion, mais vraiment très longue, nous serions arrivés exactement au même résultat; c'est la plus simple et la plus efficace pour récupérer les messages désirés.

On voit ici encore toute la puissance du framework Django (on ne s'en lasse pas !), capable de transformer du code Python simple en instructions SQL complexes et qui ne perdent rien en performance.

La vue étant mise à jour, nous pouvons lancer l'application. Le résultat est le suivant.

Figure 11–7
Première version de la liste des messages

Nous voyons bien le formulaire pour créer des messages, mais il n'y en a encore aucun de listé, tout simplement parce que votre base de données est encore vide pour le moment. Créez quelques utilisateurs via votre page http://127.0.0.1:8000/register, puis allez dans l'interface d'administration pour y ajouter des messages. Nous verrons plus loin comment les créer sans passer par l'interface d'administration.

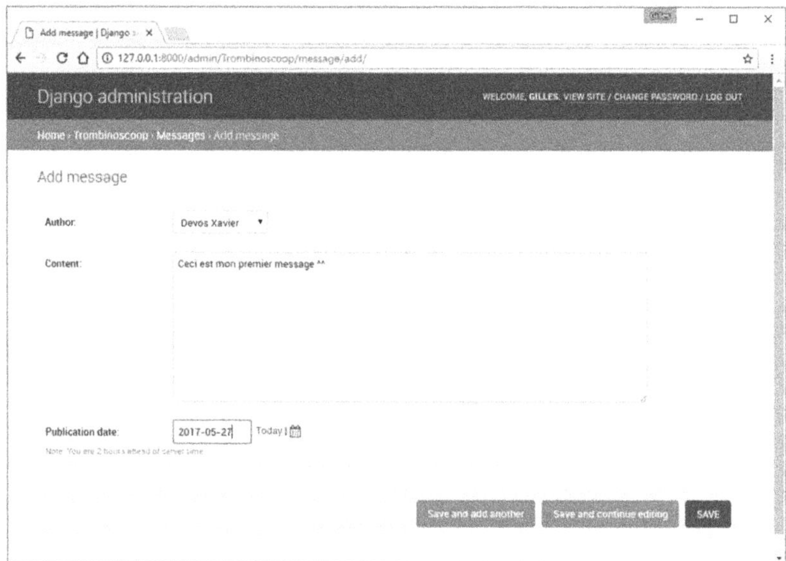

Figure 11–8
Ajout de messages dans l'interface d'administration

Par la même occasion, ajoutez ensuite des amis à votre utilisateur. Pour cela, il vous faut sélectionner les différentes personnes (sur Windows : *CTRL+clic* sur leur nom), puis sauvegarder les modifications avec le bouton *Save*.

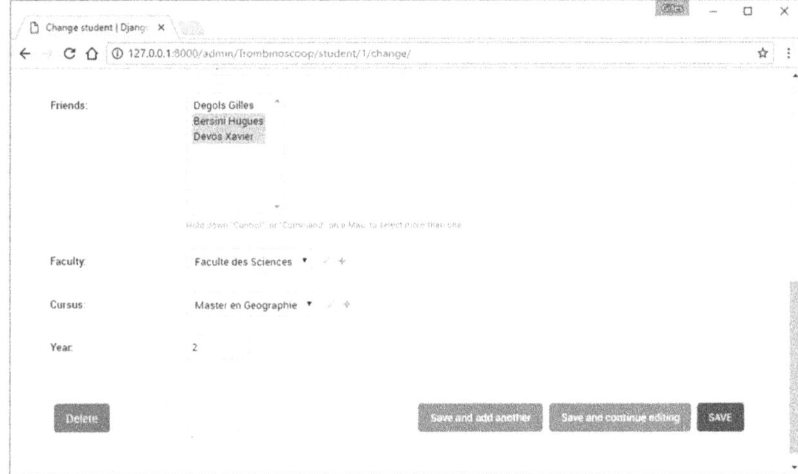

Figure 11–9 Ajout d'amis dans l'interface d'administration

Et si l'on revient maintenant à notre page listant les messages, nous pouvons voir le fruit de notre travail sur la figure 11-10.

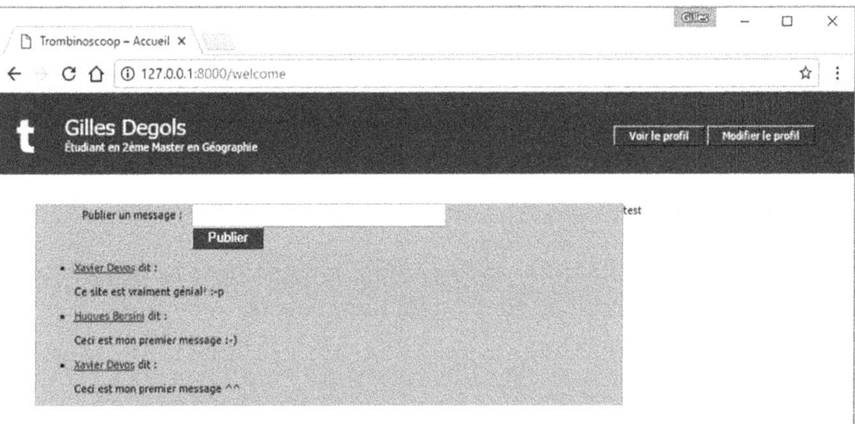

Figure 11–10 Liste des messages de nos amis

Présentation de la liste des messages

L'aspect de notre formulaire et celui de la liste ne sont pas *exactement* ceux attendus. Un petit peu de CSS va régler tout cela, une fois que l'élément `background-color: red;` pour `body#welcomePage` aura été supprimé.

EXEMPLE 11.15 Trombinoscoop. Présentation de la liste des messages

```
form.inlineForm label {
  display: inline;
  float: none;
  padding: 0;
```

```
}

form.inlineForm input[type="text"] {
  display: inline-block;
  width: 150px;
}

form.inlineForm input[type="submit"] {
  margin: 0;
}

section#messageList ul {
  margin: 20px 0 0 0;
  list-style: none;
  padding: 0;
}
section#messageList ul li {
  margin-bottom: 10px;
}

section#messageList ul li p {
  margin: 8px 0 0 0;
}
```

Nous avons créé une nouvelle classe de formulaire, `inlineForm`, pour laquelle tous les champs doivent être placés sur une seule ligne. Cette classe annule les styles génériques que nous avions définis pour tous les formulaires basés sur un affichage de type bloc.

Les règles CSS qui suivent modifient légèrement l'aspect de la liste, notamment en supprimant la puce. Voici à quoi ressemble maintenant notre page d'accueil.

Figure 11–11
Version définitive de la liste des messages

Liste des amis

Passons maintenant aux amis (c'est important les amis…). Il nous reste à en imprimer la liste et à la formater. Dans le template, nous ajoutons le code suivant (le mot-clé `all` appliqué à l'attribut `friends` sert à récupérer tous les amis de l'utilisateur authentifié), entre les balises `<section id="friendList">` et `</section>` créées précédemment.

EXEMPLE 11.16 Trombinoscoop. Ajout de la liste des amis

```
<p class="title">Mes amis</p>
<p><a href="???" class="buttonLink">Ajouter</a></p>
<ul>
{% for friend in logged_user.friends.all %}
  <li><a href="???">{{ friend.first_name }} {{ friend.last_name }}</a></li>
{% endfor %}
</ul>
```

Pour améliorer le rendu de cette liste, nous modifions également nos CSS.

EXEMPLE 11.17 Trombinoscoop. Formatage de la liste d'amis

```
body#welcomePage section#friendList {
  position: absolute;
  width: 180px;
  right: 0;
  padding: 10px;
  background-color: #DCE0ED;
}

section#friendList p.title {
  font-size: 22px;
  color: #3b5998;
  border-bottom: 1px solid #3b5998;
  margin: 0 0 20px 0;
}

section#friendList ul {
  margin: 20px 0 0 0;
  list-style: none;
  padding: 0;
}

section#friendList ul li {
  margin: 0 0 5px 0;
}
```

Et voilà, notre liste est terminée ! Et avec elle, c'est tout l'aspect de la page d'accueil qui est finalisé, et en de bonnes mains.

Figure 11–12
Rendu final de la page d'accueil

Pas mal, n'est-ce pas ? Si l'apparence est définitive, il nous reste cependant une dernière fonctionnalité à implémenter.

Publication d'un message à destination de ses amis

Le formulaire a déjà été créé en HTML. À sa soumission, il est configuré pour « auto-appeler » la page `welcome`. Un seul champ a été défini, nommé `newMessage`.

Le code à ajouter, du côté de la vue, est donc très simple. Mettons-le en évidence.

EXEMPLE 11.18 Trombinoscoop. Gestion de la publication d'un nouveau message

```
from Trombinoscoop.models import Message
from datetime import date # Il faut importer "date".
from django.shortcuts import render, redirect

def welcome(request):
    logged_user = get_logged_user_from_request(request)
    if logged_user:
        if 'newMessage' in request.GET and request.GET['newMessage'] != '':
            newMessage = Message(author=logged_user,
                                 content=request.GET['newMessage'],
                                 publication_date = date.today())
            newMessage.save()

        friendMessages = Message.objects.filter(author__friends=logged_user)
                                        .order_by('-publication_date')

        return render(request, 'welcome.html',
                                  {'logged_user': logged_user,
                                   'friendMessages': friendMessages})
    else:
        return redirect('/login')
```

On vérifie tout simplement si un nouveau message est passé en paramètre. Si tel est le cas, on crée un nouvel objet `Message` en initialisant chacun de ses champs, pour ensuite le sauvegarder dans la base de données.

Cette fois, notre page d'accueil est terminée ! Nous pouvons la définir comme page par défaut de notre site (en d'autres mots, celle qui s'affiche lorsque l'utilisateur n'entre pas de nom de page dans l'URL), en modifiant le fichier `urls.py` comme suit.

> **EN PRATIQUE Page par défaut de Trombinoscoop**
>
> Jusqu'à maintenant, c'est la page de login qui bénéficiait de ce privilège, mais ce n'est plus utile. Définir la page d'accueil en tant que page par défaut présente l'avantage que l'utilisateur déjà authentifié arrive directement sur cette page ; s'il n'est pas authentifié, il sera de toute façon redirigé vers la page de login.

EXEMPLE 11.19 Trombinoscoop. La page d'accueil devient page par défaut

```
from django.conf.urls import url
from django.contrib import admin
from Trombinoscoop.views import welcome, login, register

urlpatterns = [
  url('^$', welcome), # au lieu de login
  url('^login$', login),
  url('^welcome$', welcome),
  url('^register$', register),
  url('^admin/', admin.site.urls)
]
```

Récapitulatif du passage d'informations entre pages

Nous avons vu jusqu'à maintenant plusieurs moyens pour que le serveur gère le passage d'informations d'une page à une autre :

- le formulaire, de type `POST` ou `GET` ;
- l'URL accompagnée de paramètres ;
- la session.

Ces différentes méthodes ont chacune leurs points forts et leurs points faibles. Il n'y a pas de solution miracle. Vous utiliserez chacune de ces options quotidiennement dans votre nouvelle vie de programmeur. Afin d'y voir plus clair, faisons un rapide récapitulatif.

Le formulaire de type POST ou GET

Le formulaire est indispensable dès que vous demandez de nombreuses informations à l'internaute visitant votre site web, ou lorsque vous voulez qu'il envoie des informations plus sensibles.

Pour afficher le formulaire et récupérer l'information, nous avons dans un premier temps un fichier de template HTML contenant un formulaire semblable à celui-ci :

EXEMPLE 11.20 Template du formulaire de type GET

```
<form action="login" method="get">
  <label for="username">Username:</label>
  <input type="text" name="username" id="username" />
  <label for="password">Password:</label>
  <input type="password" name="password" id="password" />
  <input type="submit" value="Se connecter" />
</form>
```

Ce formulaire contient un attribut `action` indiquant la page où sera envoyé le contenu des différents champs remplis par l'utilisateur. Le mode d'envoi est donné par l'attribut `method`, égal à `get` ici. Dans la vue associée, vous recevez l'information dans le dictionnaire `request.GET` ou `request.POST` selon la valeur de `method`.

EXEMPLE 11.21 Vue du formulaire de type GET

```
def login(request):
  if len(request.GET) >= 2:
    # Le formulaire GET est reçu. On peut donc accéder à
    # request.GET['username']
    # et à request.GET['password']. Vérifiez néanmoins d'avoir ces deux clés
    # dans le dictionnaire avant de vous en servir.
    # Votre logique ici...
  else:
    # Le formulaire GET n'a pas été reçu. On l'affiche pour la première fois.
    # Votre logique ici...
```

Lorsque vous serez suffisamment à l'aise avec la gestion de formulaires, utilisez le type `POST` pour toute action qui a un effet particulier sur la base de données. Citons par exemple la création de nouveaux messages, l'ajout et la suppression d'un ami, la modification de vos informations personnelles, etc. Utilisez également `POST` pour l'authentification, afin de ne pas laisser vos identifiants visibles dans l'URL. Les formulaires de type `GET` sont généralement moins utilisés, car ils ne devraient l'être que pour des cas restreints d'affichage d'information, sans modification de la base de données.

Dans ce cas-ci, vu qu'il s'agit d'un formulaire d'authentification, vous devriez le changer en type `POST` dès que possible !

L'URL accompagnée de paramètres

C'est le moyen le plus courant pour passer d'une page à une autre en indiquant au serveur quel contenu afficher. Typiquement, pour afficher le profil d'un utilisateur particulier, l'internaute n'a qu'à cliquer sur un lien. Un formulaire serait trop rébarbatif. Et la logique de la vue correspondante est identique au cas du formulaire de type GET.

EXEMPLE 11.22 Template de l'URL accompagnée de paramètres

```
<a href="showProfile?userToShow=1">Utilisateur 1</a>
```

EXEMPLE 11.23 Vue de l'URL accompagnée de paramètres

```
def showProfile(request):
  if len(request.GET) >= 1:
    # L'URL avec une variable est reçue. On peut donc accéder à
    # request.GET['userToShow'].
    # Vérifiez néanmoins d'avoir la clé de ce nom dans le dictionnaire
    # avant de vous en servir.
    # Votre logique ici...
  else:
    # Le formulaire GET n'a pas été reçu. On l'affiche pour la première fois.
    # Votre logique ici...
```

La session

L'utilisation des sessions s'avère indispensable lorsque vous voulez transmettre de l'information de page en page de façon répétitive et sécurisée. En voici une illustration typique : vous n'allez pas communiquer le nom et le mot de passe d'un utilisateur d'une page à une autre en vérifiant à chaque fois si les informations sont correctes.

Plus exactement, un cookie avec l'identifiant de la session est créé du côté du client. Les données de la session correspondante sont créées et stockées du côté du serveur. Il n'y a pas de template particulier dans ce cas d'utilisation ; on peut donc créer et utiliser les sessions dans la vue directement, bien que, généralement, la création d'une session suive la réception d'un formulaire d'authentification.

EXEMPLE 11.24 Vue d'une session – création

```
def login(request):
  if 'password' in request.GET and 'username' in request.GET:
    password = request.GET['password']
    username = request.GET['username']
    if password == 'my-password' and username == 'gilles.degols':
      # Utilisateur authentifié. On stocke le résultat dans la session.
      request.session['username'] = 'gilles.degols'
  else:
    # Authentification incorrecte, inutile de créer une session
    # Votre logique ici...
```

EXEMPLE 11.25 **Vue d'une session – utilisation**

```
def welcome(request):
  if 'username' not in request.session:
    # L'utilisateur n'a pas de session, donc n'est pas passé par la page
    # de login. On le redirige vers la page de login.
    return redirect('/login')
  else:
    # Authentification correcte. On peut afficher la page.
    # Votre logique ici...
```

Ai-je bien compris ?

- À quoi les sessions et les cookies servent-ils ?
- Comment un internaute malveillant est-il en mesure de « voler » la session d'un autre ?
- Où Django sauvegarde-t-il les données de la session ?

12

En finir avec Trombinoscoop

Finalisons notre projet de développement web en réalisant les derniers use cases et wireframes. Nous appliquerons pour cela tout ce que nous avons appris jusqu'ici.

SOMMAIRE

Aux chapitres précédents, nous avons étudié les principales composantes du framework, ce qui a été l'occasion de réaliser les premières pages du site Trombinoscoop. Ici, nous allons créer les pages manquantes. Rassurez-vous, vous avez déjà vu tous les outils dont nous avons besoin. Ce sont les mêmes recettes qu'il va falloir appliquer.

Voici un petit récapitulatif de ce que nous avons déjà terminé :

- la page d'authentification ;
- la page de création de compte ;
- la page d'accueil.

Il nous reste donc à réaliser :

- la page d'ajout d'un ami ;
- la page de visualisation d'un profil ;
- la page de modification d'un compte.

La page d'ajout d'un ami

Le wireframe de cette page est le suivant :

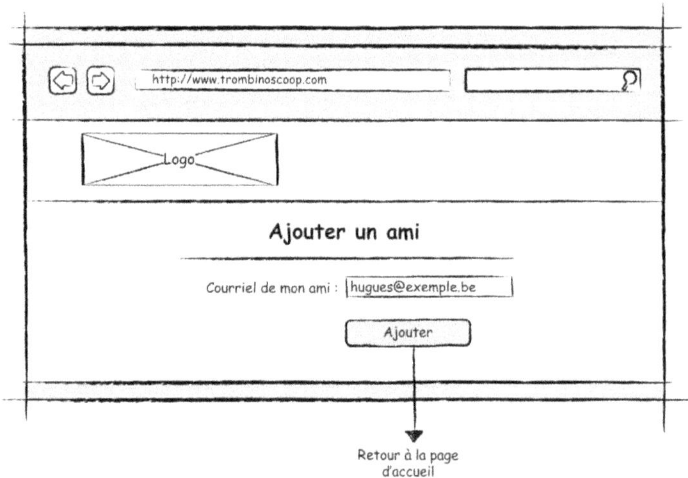

Figure 12–1
Page d'ajout d'un ami

Ajout d'un formulaire dans forms.py

Nous allons utiliser un formulaire Django issu de la bibliothèque `forms` (voir chapitre 10). C'est dans le fichier `forms.py` que nous ajouterons le code suivant.

EXEMPLE 12.1 Trombinoscoop. Définition du formulaire d'ajout de contact

```
from django import forms
from Trombinoscoop.models import Person

class AddFriendForm(forms.Form):
  email = forms.EmailField(label='Courriel :')
  def clean(self):
    cleaned_data = super(AddFriendForm, self).clean()
    email = cleaned_data.get("email")

    # Vérifie que le champ est valide
    if email:
      result = Person.objects.filter(email=email)
      if len(result) != 1:
        raise forms.ValidationError("Adresse de courriel erronée.")

    return cleaned_data
```

Création de la vue add_friend

EXEMPLE 12.2 Trombinoscoop. Ajout du formulaire dans la vue

```
from Trombinoscoop.forms import AddFriendForm
from Trombinoscoop.models import Person
from django.http import render, redirect

def add_friend(request):
  logged_user = get_logged_user_from_request(request)
  if logged_user:
    # Teste si le formulaire a été envoyé
    if len(request.GET) > 0:
      form = AddFriendForm(request.GET)
      if form.is_valid():
        new_friend_email = form.cleaned_data['email']
        newFriend = Person.objects.get(email=new_friend_email)
        logged_user.friends.add(newFriend)
        logged_user.save()
        return redirect('/welcome')
      else:
        return render(request, 'add_friend.html', {'form': form})
    # Le formulaire n'a pas été envoyé
    else:
      form = AddFriendForm()
      return render(request, 'add_friend.html', {'form': form})
  else:
    return redirect('/login')
```

Création du template add_friend.html

EXEMPLE 12.3 **Trombinoscoop. Contenu du template add_friend.html**

```
{% extends "base.html" %}

{% block title %}Ajout d'un ami{% endblock %}

{% block bodyId %}addUserPage{% endblock %}

{% block content %}
<h1>Ajout d'un ami</h1>
<form action="addFriend" method="get">
  {{ form.as_p }}
  <p>
    <input type="submit" value="Ajouter" />
  </p>
</form>
{% endblock %}
```

Ajout d'une URL dans urls.py

EXEMPLE 12.4 **Trombinoscoop. Ajout d'une URL pour la page d'ajout d'un ami**

```
from Trombinoscoop.views import welcome, login, register
from Trombinoscoop.views import add_friend
from django.contrib import admin
from django.conf.urls import url

urlpatterns = [
  url('^$', welcome),
  url('^login$', login),
  url('^welcome$', welcome),
  url('^register$', register),
  url('^addFriend$', add_friend),
  url('^admin/', admin.site.urls)
]
```

Ajout du lien dans la page d'accueil

Pour terminer, dans le template de la page d'accueil, on remplace les points d'interrogation du lien vers la page d'ajout par l'URL de la page.

EXEMPLE 12.5 **Trombinoscoop. Correction du lien d'ajout d'un ami**

```
<p><a href="addFriend" class="buttonLink">Ajouter</a></p>
```

Et voilà ! La page d'ajout d'un ami est terminée, et voici ce que cela donne.

Figure 12–2
Page d'ajout d'un ami

La page de visualisation d'un profil

Souvenez-vous, le wireframe que nous avions créé pour cette page était tel que le montre la figure 12-3.

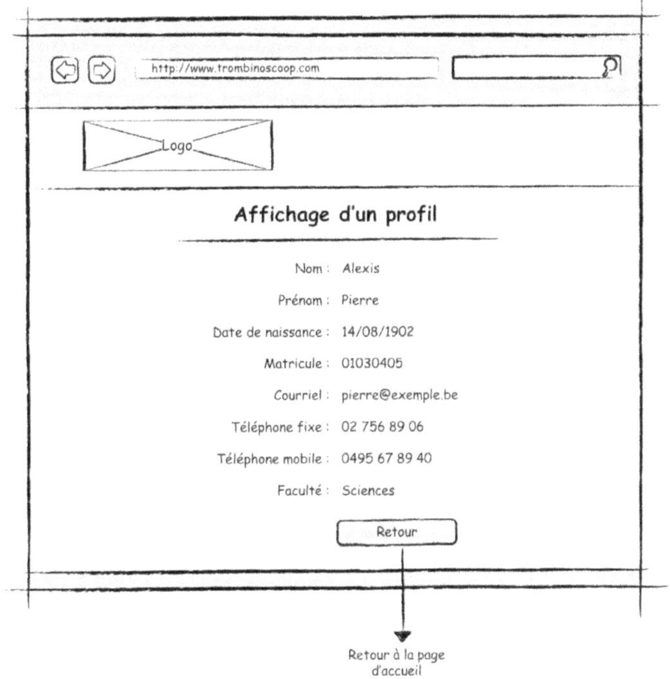

Figure 12–3
Page d'affichage d'un profil

Cette page est assez triviale: il suffit d'ajouter un template qui reçoit en paramètre l'employé ou l'étudiant à afficher et d'afficher l'ensemble des champs du modèle.

Création du template show_profile.html

EXEMPLE 12.6 **Trombinoscoop. Contenu du template show_profile.html**

```
{% extends "base.html" %}

{% block title %}Affichage d'un profil{% endblock %}

{% block bodyId %}showProfilePage{% endblock %}

{% block content %}
<h1>Affichage d'un profil</h1>
<dl class="fieldList">
  <dt>Nom :</dt>
    <dd>{{ user_to_show.last_name }}</dd>
  <dt>Prénom :</dt>
    <dd>{{ user_to_show.first_name }}</dd>
  <dt>Date de naissance :</dt>
    <dd>{{ user_to_show.birth_date }}</dd>
  <dt>Matricule :</dt>
    <dd>{{ user_to_show.registration_number }}</dd>
  <dt>Courriel :</dt>
    <dd>{{ user_to_show.email }}</dd>
  <dt>Tél. fixe :</dt>
    <dd>{{ user_to_show.home_phone_number }}</dd>
  <dt>Tél. mobile :</dt>
    <dd>{{ user_to_show.cellphone_number }}</dd>
  <dt>Faculté :</dt>
    <dd>{{ user_to_show.faculty.name }}</dd>
{% if user_to_show.person_type == "student" %}
  <dt>Cursus :</dt>
    <dd>{{ user_to_show.cursus.title }}</dd>
  <dt>Année :</dt>
    <dd>{{ user_to_show.year }}</dd>
{% elif user_to_show.person_type == "employee" %}
  <dt>Bureau :</dt>
    <dd>{{ user_to_show.office }}</dd>
  <dt>Campus :</dt>
    <dd>{{ user_to_show.campus.name }}</dd>
  <dt>Fonction :</dt>
    <dd>{{ user_to_show.job.title }}</dd>
{% endif %}
</dl>
<p id="showProfileNavigationButtons">
  <a href="welcome" class="buttonLink">Retour</a>
</p>
{% endblock %}
```

Le contenu est un peu verbeux, mais très simple à comprendre. L'affichage de toutes les informations de l'utilisateur se base sur l'instruction HTML « liste de définitions » (balise <dl>). Celle-ci fait correspondre à un élément sa définition, ce qui coïncide tout à fait avec l'usage que l'on veut en faire. L'aspect de cette liste sera amélioré dans les CSS.

Création de la vue show_profile

EXEMPLE 12.7 **Trombinoscoop. Ajout de la vue show_profile**

```
from Trombinoscoop.models import Person, Employee, Student
from django.http import render, redirect

def show_profile(request):
  logged_user = get_logged_user_from_request(request)
  if logged_user: ❶
    # Teste si le paramètre attendu est bien passé
    if 'userToShow' in request.GET and request.GET['userToShow'] != '': ❷
      user_to_show_id = int(request.GET['userToShow']) ❸
      results = Person.objects.filter(id=user_to_show_id) ❹
      if len(results) == 1:
        if Student.objects.filter(id=user_to_show_id):
          user_to_show = Student.objects.get(id=user_to_show_id) ❻
        else:
          user_to_show = Employee.objects.get(id=user_to_show_id) ❻
        return render(request, 'show_profile.html',
            ➥ {'user_to_show': user_to_show}) ❼
      else:
        return render(request, 'show_profile.html',
            ➥ {'user_to_show': logged_user}) ❺
    # Le paramètre n'a pas été trouvé
    else:
      return render(request, 'show_profile.html',
            ➥ {'user_to_show': logged_user})
  else:
    return redirect('/login')
```

On vérifie d'abord qu'un utilisateur est authentifié ❶, comme sur toutes nos pages « privées ». Ensuite, on contrôle que l'id de la personne dont on veut voir le profil est bien passé en paramètre ❷ et on met l'identifiant dans une variable en la convertissant directement en entier ❸. On recherche l'enregistrement correspondant dans la base de données ❹. En cas d'échec, on affiche le profil de l'utilisateur authentifié à la place ❺. Ainsi, il n'y a pas de message d'erreur à gérer dans le template.

En revanche, si tout se passe pour le mieux, on cherche si la personne à afficher est un étudiant ou un employé ❻ et on extrait de la base de données le bon objet. On appelle ensuite le template en passant en paramètre l'étudiant ou l'employé ❼.

En pratique Conversion de chaînes de caractères

`Request.GET` est un dictionnaire contenant une série de variables de type `str`. Dans ce cas-là, vous auriez pu fournir directement `request.GET['userToShow']` lors de votre requête dans la base de données sans faire de conversion manuellement, car Django essaie de convertir automatiquement vers un entier. C'est néanmoins une bonne habitude à prendre que de convertir directement la variable vers le format attendu dès que vous vous en servez.

Ajout de l'URL dans urls.py

Exemple 12.8 Trombinoscoop. Ajout de l'URL

```
from Trombinoscoop.views import welcome, login, register, add_friend
from Trombinoscoop.views import show_profile
from django.contrib import admin
from django.conf.urls import url

urlpatterns = [
  url('^$', welcome),
  url('^login$', login),
  url('^welcome$', welcome),
  url('^register$', register),
  url('^addFriend$', add_friend),
  url('^showProfile$', show_profile),
  url('^admin/', admin.site.urls)
]
```

Amélioration de la présentation dans style.css

Exemple 12.9 Trombinoscoop. Modification de l'aspect de certains éléments

```
dl.fieldList dt {
  display: block;
  width: 250px;
  float: left;
  text-align: right;
  padding: 0 10px 0 0;
  font-weight: bold;
}

dl.fieldList dd {
  display: block;
  width: 450px;
  padding: 0px;
  margin: 0 0 10px 0;
}
```

```
p#showProfileNavigationButtons {
  margin: 20px 0 0 260px;
}
```

Ajout des liens dans la page d'accueil

Dernier point, mais non des moindres, n'oubliez pas de corriger sur la page d'accueil tous les liens qui devraient pointer vers la nouvelle page d'affichage d'un profil. Il s'agit de tous ceux qui entourent un nom (dans la liste des amis et dans la liste des messages) et qui permettent à l'utilisateur, dès qu'il voit le nom d'une personne, de cliquer dessus et de voir son profil.

Il s'agit donc de modifier les lignes suivantes dans `welcome.html`.

EXEMPLE 12.10 Trombinoscoop. Lignes modifiées dans welcome.html

```
<p id="profileLinks">
  <a href="showProfile?userToShow={{ logged_user.id }}"
class="buttonLink">Voir le profil</a>
  <a href="???" class="buttonLink">Modifier le profil</a>
</p>

<li>
  <p><a href="showProfile?userToShow={{ message.author.id }}">{{
message.author.first_name }} {{ message.author.last_name }}</a> dit :</p>
  <p>{{ message.content }}</p>
</li>

<ul>
{% for friend in logged_user.friends.all %}
  <li><a href="showProfile?userToShow={{ friend.id }}">{{ friend.first_name }}
{{ friend.last_name }}</a></li>
{% endfor %}
</ul>
```

Et voilà, notre page exposant le profil d'un utilisateur de notre site est prête. Le rendu en est le suivant.

Figure 12–4
Page d'affichage d'un profil

La page de modification d'un profil

Dernier petit effort, il ne nous reste plus que la page de modification d'un profil, dont voici le wireframe.

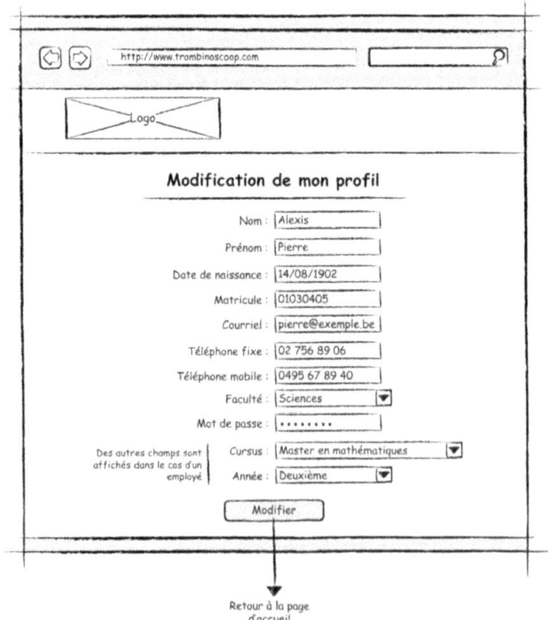

Figure 12–5
Wireframe de la page de modification du profil

Nous ne pourrons malheureusement pas récupérer tel quel le template de création de compte étant donné que, dans sa version la plus aboutie, celui-ci contenait deux formulaires : le premier pour créer un étudiant, le second pour créer un employé. Or, un seul nous suffit pour modifier un profil. Dans notre projet, nous allons supposer qu'on ne peut pas changer de type de profil : un étudiant demeurera un étudiant à vie, de même qu'un employé restera un employé à vie…

Création du template modify_profile.html

Ce template fort simple ressemble à ce que nous avons déjà fait pour la page de création d'un compte.

EXEMPLE 12.11 Trombinoscoop. Contenu de modify_profile.html

```
{% extends "base.html" %}

{% block title %}Modification de mon profil{% endblock %}

{% block bodyId %}modifyProfilePage{% endblock %}

{% block content %}
<h1>Modification de mon profil</h1>
<form action="modifyProfile" method="get">
  {{ form.as_p }}
  <p>
    <input type="submit" value="Modifier" />
  </p>
</form>
{% endblock %}
```

Création de la vue modify_profile

EXEMPLE 12.12 Trombinoscoop. Création de la vue modify_profile

```
from django.http import render, redirect
from Trombinoscoop.forms import StudentProfileForm, EmployeeProfileForm
from Trombinoscoop.models import Student, Employee

def modify_profile(request):
  logged_user = get_logged_user_from_request(request)
  if logged_user:
    if len(request.GET) > 0:
      if type(logged_user) == Student:
        form = StudentProfileForm(request.GET, instance=logged_user)
      else:
        form = EmployeeProfileForm(request.GET, instance=logged_user)
      if form.is_valid():
```

```
            form.save()
            return redirect('/welcome')
          else:
            return render(request, 'modify_profile.html', {'form': form})
        else:
          if type(logged_user) == Student:
            form = StudentProfileForm(instance=logged_user)
          else:
            form = EmployeeProfileForm(instance=logged_user)
          return render(request, 'modify_profile.html', {'form': form})
      else:
        return redirect('/login')
```

La structure de cette vue est assez standard. Petite nouveauté cependant : toutes les initialisations des `ModelForm` se font en passant en paramètre la personne dont on désire modifier le profil (en l'occurrence, l'utilisateur authentifié). Si on omet de préciser ce paramètre, les `ModelForm` ne sauront pas qu'il faut modifier un objet existant de la base de données et en ajouteront un nouveau, créant ainsi un doublon altéré.

Ajout de l'URL dans urls.py

EXEMPLE 12.13 Trombinoscoop. Ajout de l'URL

```
from django.conf.urls import url
from django.contrib import admin
from Trombinoscoop.views import welcome, login, register
from Trombinoscoop.views import add_friend, show_profile, modify_profile

urlpatterns = [
  url('^$', welcome),
  url('^login$', login),
  url('^welcome$', welcome),
  url('^register$', register),
  url('^addFriend$', add_friend),
  url('^showProfile$', show_profile),
  url('^modifyProfile$', modify_profile),
  url('^admin/', admin.site.urls)
]
```

Ajout des liens dans la page d'accueil

EXEMPLE 12.14 **Trombinoscoop. Modification du lien pointant vers la page**

```
<p id="profileLinks">
  <a href="showProfile?userToShow={{ logged_user.id }}"
class="buttonLink">Voir le profil</a>
  <a href="modifyProfile" class="buttonLink">Modifier le profil</a>
</p>
```

Et voilà, bravo pour ce bel effort, la dernière page de notre site est terminée ! Il n'y a plus qu'à breveter Trombinoscoop, le lancer et espérer qu'aucun autre petit génie n'ait eu une idée similaire.

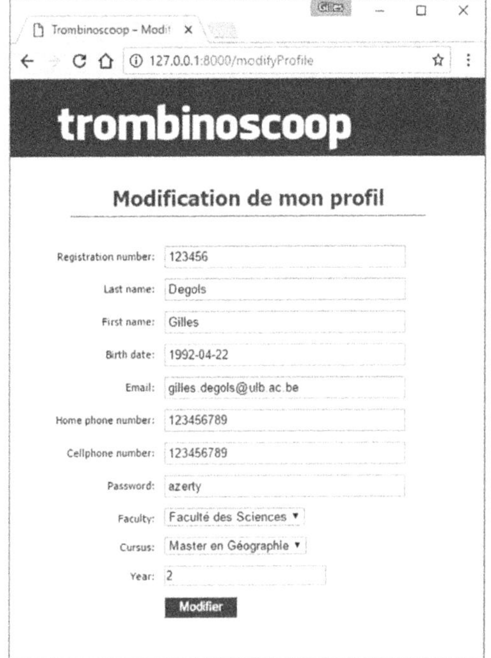

Figure 12–6
Page de modification du profil

Ai-je bien compris ?

- Dans le fichier `urls.py`, quelle est la différence entre `addFriend` et `add_friend` ?
- Comment procède-t-on pour qu'un même template puisse être utilisé à la fois pour l'affichage des profils étudiants et pour celui des profils employés ?
- Comment effectue-t-on cette même différenciation dans la page de modification de profil ?

13

Des sites web encore plus dynamiques avec Ajax

Ce chapitre va se pencher sur la technologie Ajax, qui permet au client de solliciter le serveur sans quitter la page actuellement active de son côté. Le résultat du serveur viendra juste s'insérer dans la page client courante sans qu'il faille entièrement la remplacer par une autre. C'est du JavaScript s'exécutant côté client qui va se charger de réaliser la connexion avec le serveur, la récupération des informations et leur insertion dans la page client courante. L'interaction sera dite asynchrone étant donné que, lorsque le client envoie la requête, il n'est pas contraint d'attendre la réponse du serveur pour poursuivre sa tâche.

SOMMAIRE

- Présentation de la technologie Ajax
- Discussion sur la répartition de la partie « programme » du site web entre le client et le serveur
- Mise en place de solutions Ajax pour enrichir le dynamisme de Trombinoscoop
- Finalisation de Trombinoscoop

Trombinoscoop est un site web dynamique : le contenu de la plupart des pages est construit par les utilisateurs du site. Messages publiés, amis ajoutés, profils modifiés... les pages se construisent à mesure que le site se trouve exploité par les internautes.

Nous ne sommes cependant pas encore parvenus à un niveau de dynamisme équivalant à celui des applications dites « lourdes » (par opposition, sans surprise, à celles dites « légères »). En effet, d'une requête HTTP à l'autre, le contenu des pages reste totalement inchangé tant que l'utilisateur ne soumet pas de formulaire ou ne clique pas sur un lien hypertexte.

Prenons l'exemple de la validation d'un formulaire. Dans Trombinoscoop, la validation avancée des champs se fait principalement côté serveur, une fois le formulaire complètement rempli et soumis. Or, il serait intéressant de pouvoir avertir l'utilisateur beaucoup plus tôt qu'il a introduit une donnée erronée, par exemple lorsqu'il a fini d'encoder un champ et qu'il se prépare à encoder le suivant. Nous avons vu que le HTML 5 nous rendait la vie plus facile, mais il a ses limites : ses validations sont trop génériques pour notre site web. Par exemple, comment pourrions-nous nous assurer qu'un compte n'a pas déjà été créé avec la même adresse e-mail ?

Exemple de l'interactivité attendue entre client et serveur

Supposons que vous souhaitiez réserver une chambre d'hôtel sur un site web. Vous découvrez sur une page dédiée à cette réservation un formulaire, sur lequel vous pouvez saisir le nombre de chambres souhaitées, pour combien de personnes, et les dates d'arrivée et de départ. Dans la zone prévue pour les deux dates, un calendrier est à votre disposition et il suffit de sélectionner et cocher les deux jours. Cette page en question n'a rien de statique, car elle permet à l'internaute de dérouler ce calendrier et de sélectionner les dates en question. Seule l'exécution d'un programme « inséré » dans la page rend cette interaction possible. Le nombre de chambres qu'il est possible de réserver est restreint par un menu déroulant (fonction des chambres qui restent libres dans l'hôtel). Lorsqu'il faudra sortir la carte bancaire pour payer, de nombreux raccourcis vous seront proposés afin d'aller le plus rapidement possible à l'essentiel. Si le numéro rentré est farfelu ou si vous n'en indiquez aucun, ce même programme en arrière-plan vous le fera très vite remarquer.

Cependant, on atteint très vite les limites de ce dont le client (du serveur pas de l'hôtel) peut s'acquitter seul. En effet, on conçoit aisément que les informations concernant la disponibilité des chambres se trouvent dans un serveur affilié à l'hôtel et, la plupart du temps, stockées dans une base de données relationnelle. Sur sollicitation du client, c'est ce serveur qui prend le relais et consulte la base de données pour vérifier la disponibilité des chambres en question. Il renvoie ensuite côté client, dans un fichier HTML qu'il engendre sur le fil, les chambres disponibles, leurs prix et, pourquoi pas, des photos. Il joint aussi, à côté de chacune des chambres, une case à cocher (ainsi que les instructions JavaScript qui réagiront à cette action) pour effectuer la réservation. C'est à nouveau au client de réagir s'il souhaite effectuer cette réservation ; il ne verra ce souhait finalement exaucé par le serveur qu'à la suite d'une requête SQL de mise à jour de la base de données, en y ajoutant une réservation et en rendant la chambre réservée indisponible pendant cette période. Ainsi, un autre internaute désirant réserver cette même chambre au même moment verrait l'information d'indisponibilité s'intercaler dans sa page sans avoir à la rafraîchir.

EN PRATIQUE Place d'Ajax parmi les acteurs des interactions client-serveur

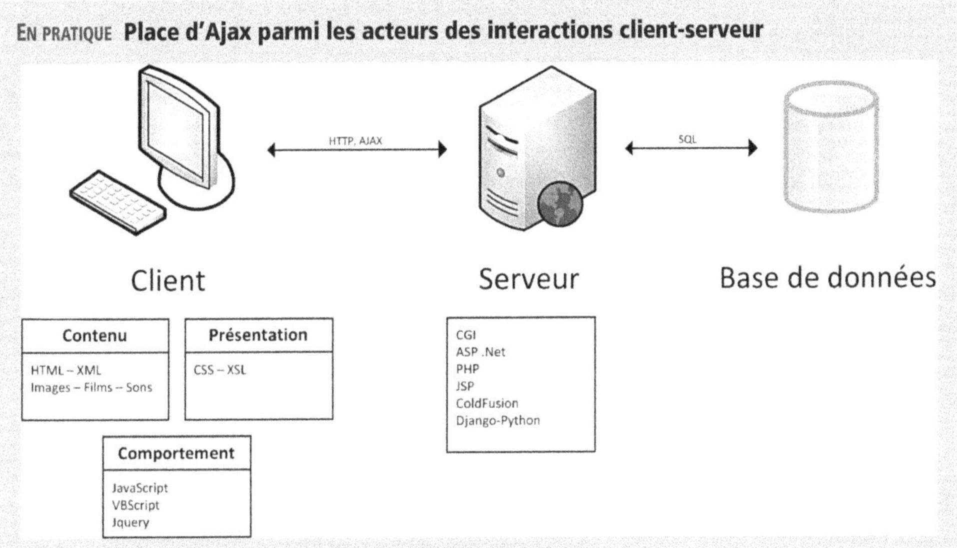

Figure 13–1 Positionnement des différentes technologies web

La figure, non exhaustive, présente quelques techniques parmi les plus répandues et populaires auprès des informaticiens. N'importe quel site web est le résultat d'une interaction client-serveur. Le client fait la demande de la page via son navigateur ; il précise l'URL du site et la page souhaitée, qu'elle soit statique (HTML) ou dynamique (PHP, ASP, JSP...), et le serveur la lui envoie.

En général, du code s'exécutant côté client sera à même de produire une petite animation, faciliter la prise d'informations, les recevoir et vérifier leur cohérence et leur complétude.

Si programme il y a, c'est qu'il y a langage de programmation. JavaScript est le langage le plus usité pour la conception de codes exécutables par le navigateur **côté client**. En effet, tous les navigateurs sont dotés d'un « interpréteur » d'instructions JavaScript, seul capable de comprendre et d'exécuter les instructions portant sur la manipulation des pages HTML par l'internaute.

Si programme il y a, c'est qu'il y a langage de programmation... mais cette fois du **côté serveur**. Bien évidemment, c'est souvent de ce côté que les choses sérieuses se passent, car c'est vraiment lui qui se trouve au cœur de l'information. C'est pour cela que les acteurs importants du monde logiciel proposent

pour la plupart des solutions innovantes : PHP (un grand classique de la programmation web), Java (technologies JSP), ASP.Net, Python (par l'entremise du framework Django), Node.js (une autre bibliothèque de JavaScript mais s'exécutant cette fois côté serveur). Ainsi, les programmeurs peuvent aisément et efficacement mêler le HTML, la programmation et l'interaction avec une base de données à l'aide ou non du langage SQL.
La plupart du temps, la sollicitation du serveur se conclut par la mise à disposition d'une nouvelle page HTML qui vient se substituer à celle d'où provient cette sollicitation. Or, souvent, ce n'est pas toute la page qu'il faudrait remplacer par la nouvelle, mais juste une partie devant simplement être mise à jour suite aux opérations effectuées par le serveur. On comprend que l'information circulant entre le serveur et le client peut s'en trouver considérablement allégée.
Plus récemment, et de manière à rendre en effet l'interaction client/serveur plus efficace, la technologie Ajax *(Asynchronous JavaScript and XML)*, que l'on doit à Google, permet au client de solliciter le serveur sans quitter la page active. Le résultat du serveur pourra juste s'insérer dans cette dernière sans qu'il faille entièrement la remplacer par une nouvelle version. C'est du JavaScript s'exécutant côté client ; il se charge de réaliser la connexion avec le serveur pour récupérer des informations et, éventuellement, les insérer dans la page client courante. On parle d'**interaction asynchrone** puisque, lorsque le client envoie la requête, il n'est pas contraint d'attendre la réponse du serveur pour poursuivre sa tâche. C'est seulement quand le serveur aura terminé l'exécution de sa requête et qu'il renverra le résultat au client que ce dernier s'en trouvera informé et agira en conséquence, par exemple en affichant ce résultat sur sa page.

CULTURE

Une des premières grandes exploitations d'Ajax fut « Google Suggest », la complétion automatique des mots-clés que les internautes commencent à écrire dans le moteur de recherche. Par la suite, Google Maps et Google Earth en firent un très large usage.

Ajax *(Asynchronous JavaScript and XML)*, technologie apparue récemment dans le monde web, pallie ce manque de réactivité et ajoute une dose supplémentaire de dynamisme aux pages web. Plus précisément, Ajax envoie des requêtes HTTP au serveur *en coulisses*, c'est-à-dire sans que l'utilisateur n'ait explicitement soumis un formulaire ou cliqué sur un lien.

En ce qui concerne nos formulaires, lorsque l'utilisateur a fini d'encoder un champ, Ajax va discrètement interroger le serveur et lui demander si la valeur du champ est valide. Nous pourrons ainsi réagir immédiatement et renvoyer à l'utilisateur un message d'erreur le cas échéant.

Ce mécanisme n'offre pas uniquement l'avantage d'une réactivité et d'une proactivité accrues. Ajax apporte également aux applications une expérience utilisateur bien meilleure. En effet, ce dernier effectue bien plus d'actions avant que la page web ne soit rafraîchie (opération qui, même si elle ne prend qu'un dixième de seconde, paraît toujours durer une éternité). De plus, Ajax permet de ne rafraîchir et modifier qu'une petite portion de la page, ce qui, dans certains cas, réduit considérablement le trafic réseau.

DÉFINITION Ajax

Le terme Ajax résume quelques-unes des technologies qui sont utilisées pour mettre en place ce dynamisme. L'acronyme signifie *Asynchronous JavaScript and XML*. En d'autres termes, on va envoyer des requêtes via JavaScript en les formatant, préférablement en XML (c'était le cas à l'origine, mais ce n'est pas une obligation, comme la suite du chapitre va nous le démontrer).

Afin d'étudier l'utilisation de cette technologie, nous allons agrémenter Trombinoscoop de deux fonctionnalités typiquement Ajax :

- valider un champ du formulaire de création de compte immédiatement après que l'utilisateur a fini de le saisir ;
- sur la page d'accueil, rafraîchir la liste des amis sans qu'il faille recharger la page d'accueil en entier.

Validation de la création d'un compte avec Ajax

Les nouveautés se situeront cette fois-ci côté client ; côté serveur, la démarche sera identique à ce que nous avons déjà fait.

Reprenons notre page de création de compte qui, pour l'instant, ressemble à ceci.

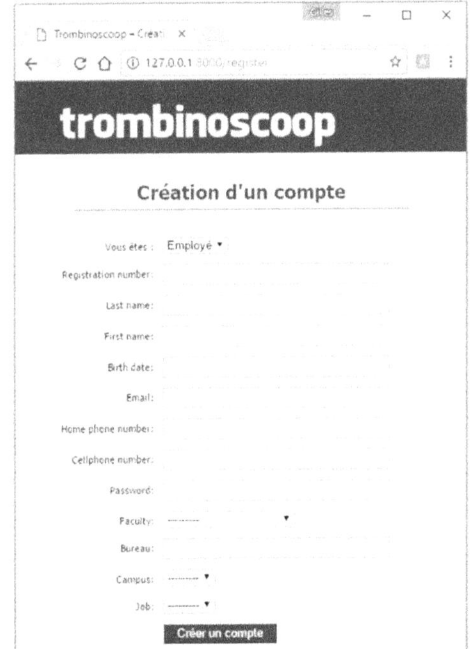

Figure 13–2
Page de création de compte

Pour valider « en direct » le champ *Courriel*, dès que l'utilisateur l'a encodé, nous devons ajouter les parties suivantes.

- Dans la page HTML, on ajoutera du code JavaScript qui s'active dès que l'utilisateur a terminé d'encoder le champ *Email*. Il interroge le serveur pour vérifier la validité de ce qui a été encodé et, le cas échéant, afficher un message d'erreur au niveau du champ. Nous allons écrire ces lignes JavaScript en nous servant du framework jQuery vu au chapitre 4.
- Côté Python, il s'agira d'une nouvelle URL et d'une nouvelle vue destinées à traiter la requête envoyée par le JavaScript. Le rôle de la vue est de vérifier que la donnée envoyée par le JavaScript est valide et de renvoyer si nécessaire une erreur. Si aucune erreur n'est générée, la vue se chargera alors de regarder si l'adresse de courriel ne se trouve pas déjà dans la base de données.

Ajout d'une URL pour la requête Ajax

EXEMPLE 13.1 Trombinoscoop. Ajout d'une URL pour notre requête Ajax

```
from django.conf.urls import url
from django.contrib import admin
from Trombinoscoop.views import welcome, login, register, add_friend
from Trombinoscoop.views import show_profile, modify_profile
from Trombinoscoop.views import ajax_check_email_field

urlpatterns = [
    url('^$', login),
    url('^login$', login),
    url('^welcome$', welcome),
    url('^register$', register),
    url('^addFriend$', add_friend),
    url('^showProfile$', show_profile),
    url('^modifyProfile$', modify_profile),
    url('^ajax/checkEmailField$', ajax_check_email_field),
    url('^admin/', admin.site.urls),
]
```

Afin d'indiquer clairement qu'il s'agit d'une requête Ajax, on préfixe l'URL avec `ajax/`.

Vue traitant la requête Ajax

EXEMPLE 13.2 Trombinoscoop. Contenu de la vue ajax_check_email_field

```
from django.http import HttpResponse
from django import forms
```

```
def ajax_check_email_field(request):
  html_to_return = '' ❶
  if 'value' in request.GET:
    field = forms.EmailField() ❷
    try:
      field.clean(request.GET['value']) ❸
    except forms.ValidationError as ve: ❹
      html_to_return = '<ul class="errorlist">'
      for message in ve.messages:
       html_to_return += '<li>' + message + '</li>' ❺
      html_to_return += '</ul>'

    if len(html_to_return) == 0:❻
      if len(Person.objects.filter(email=request.GET['value'])) >= 1:❼
        html_to_return = '<ul class=”errorlist”>'
        html_to_return += '<li>Cette adresse est déjà utilisée!</li>'❽
        html_to_return += </ul>'
  return HttpResponse(html_to_return)
```

Cette vue vérifie qu'une adresse de courriel passée en paramètre est valide et qu'elle n'est pas déjà prise par un autre utilisateur. Deux valeurs de retour sont possibles :

- « rien » (un `string` vide) dans le cas où il n'y a pas d'erreur à signaler ;
- une liste HTML d'erreurs, chaque élément de la liste étant un message.

On commence par initialiser la valeur de retour avec le `string` vide indiquant qu'il n'y aucune erreur ❶. Ensuite, on utilise la classe `Field` ❷ de la bibliothèque `forms` de Django, car elle implémente déjà la validation d'un courriel (il vous faut pour cela importer deux nouvelles bibliothèques : `from django import forms` et `from django.core import exceptions`). Dans une instruction `try (...) except`, on appelle la méthode `clean` de cette classe en lui passant en paramètre la valeur à valider ❸. Si la validation ne passe pas, `clean` lève une exception ❹. On construit notre liste HTML en parcourant tous les messages d'erreur ❺. Dans le cas où la validation s'est bien passée ❻, on vérifie que l'adresse de courriel n'est pas déjà présente dans la base de données ❼. Si on l'y trouve, on génère une erreur ❽. Finalement, on retourne le tout au navigateur.

> **À LIRE Gestion des exceptions**
>
> La gestion d'exceptions est un mécanisme de programmation classique pour gérer les problèmes. Nous ne le détaillerons pas ici, mais vous le trouverez expliqué dans de nombreux manuels de programmation.

Nous pouvons très bien essayer cette URL de manière tout à fait indépendante, en l'introduisant dans la barre d'adresse du navigateur. Voici ce que cela donne si on passe en paramètre une adresse de courriel erronée (la liste contient un seul message d'erreur).

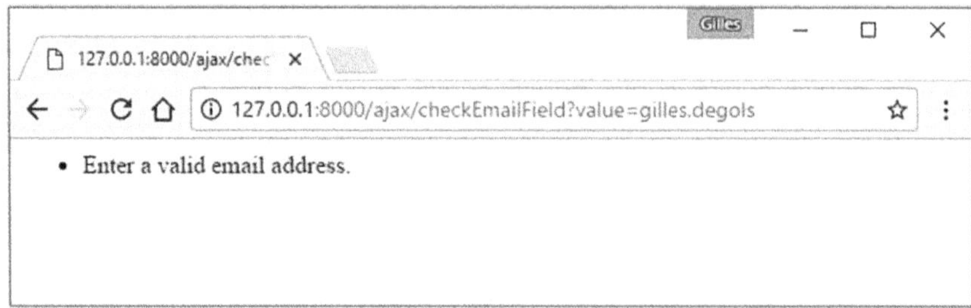

Figure 13–3
Essai avec une adresse de courriel invalide

Et si l'on rentre une adresse e-mail déjà présente dans la base de données, nous obtenons le message d'erreur suivant.

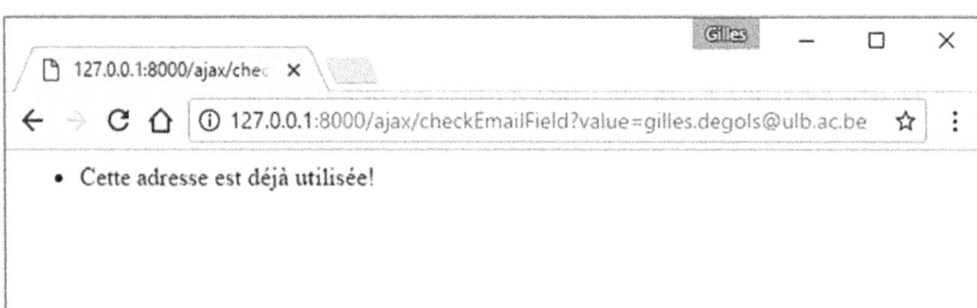

Figure 13–4
Essai avec une adresse de courriel déjà utilisée

Ajout du code JavaScript

Installons notre code JavaScript dans le template `user_profile.html`. Nous allons progresser par étapes, afin de bien décomposer et comprendre chaque partie du code.

> **RAPPEL N'oubliez pas d'inclure jQuery**

Dans le fichier `base.html`, n'oubliez pas d'inclure le lien vers la bibliothèque jQuery tel que vu au chapitre 4.

Détecter que l'utilisateur a bien terminé de remplir le champ Email

Cela revient à intercepter l'événement `focusout` de l'élément `input` correspondant au champ `Email`. Placez le code suivant en haut de votre page, juste après l'ouverture du `block content`.

EXEMPLE 13.3 Trombinoscoop. Interception de l'événement focusout

```
{% block content %}

<script type="text/javascript">
  $("input#id_st-email").focusout(checkEmailField); ❶

  function checkEmailField()
```

```
  {
    alert('Courriel introduit. On va maintenant le valider.');
  }
</script>
```

Ce code spécifie simplement que lorsque l'événement `focusout` survient sur l'élément `input` d'`id` `id_st-email`, il faut exécuter la fonction `checkEmailField` ❶.

EN PRATIQUE Des id différents pour les champs de courriels des étudiants et des employés

Dans le formulaire permettant de créer à la fois des comptes étudiants et des comptes employés, remarquez qu'il y a deux `id` différents pour le champ de courriel. Le code précédent ne fonctionnera que pour le formulaire de l'étudiant. Pour ajouter une validation du formulaire de l'employé, il suffit de reprendre le même code et d'y mettre l'id `id_em-email`.

Toutefois, si nous exécutons ce code, nous constatons qu'il ne fonctionne pas. La première ligne est tout simplement exécutée « trop tôt ». Les navigateurs sont un peu nerveux et ont tendance à exécuter le JavaScript dès que possible, même si le document n'est pas encore entièrement chargé. Dès lors, lorsque cette ligne est exécutée, notre champ `input` n'existe pas encore.

Il existe un événement jQuery signalant quand le document est pleinement chargé ; il s'agit de l'événement `ready` de l'objet `document`. Nous allons donc plutôt écrire ce qui suit.

EXEMPLE 13.4 Trombinoscoop. Interception de l'événement focusout dans le document entièrement chargé

```
<script type="text/javascript">
  $(document).ready(function() ❷
  {
    $("input#id_st-email").focusout(checkEmailField);
  });

  function checkEmailField()
  {
    alert('Courriel introduit. On va maintenant le valider.');
  }
</script>
```

EN PRATIQUE Astuce pour les fonctions anonymes

Généralement, lorsqu'un événement se produit, on appelle une fonction. C'est le cas avec l'événement `focusout`, pour lequel on appelle la fonction nommée `checkEmailField`.
En ❷, plutôt que d'appeler une fonction nommée et définie ailleurs, on insère une fonction anonyme directement en paramètre de la fonction `ready`. Cela évite de devoir définir trop de fonctions qu'il faudrait nommer et n'utiliser qu'une seule fois.
Les fonctions anonymes sont très utilisées par les développeurs JavaScript et jQuery.

À présent, notre code fonctionne : quand nous quittons le champ de courriel, un message apparaît.

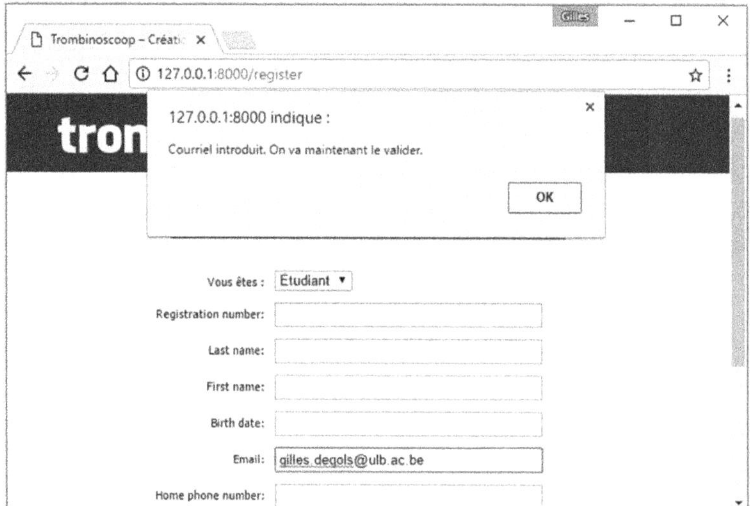

Figure 13–5 Capture de l'événement focusout

Validation du courriel saisi

Nous pouvons dès lors, dans la fonction `checkEmailField`, solliciter le serveur et lui demander de vérifier l'adresse de courriel saisie. Nous ajoutons ce code juste après la fonction `checkEmailField`, toujours dans l'élément HTML `<script>`.

EXEMPLE 13.5 Trombinoscoop. Appel Ajax à la fonction de validation

```
function checkEmailField()
{
  fieldValue = $("input#id_st-email").val(); ❶
  $.ajax({ ❷
    url: '/ajax/checkEmailField', ❸
    data: ({value : $fieldValue}) , ❹
    type: 'GET', ❺
    success: function($data, $textStatus, $XMLHttpRequest) { ❻
```

```
            if ($data != '')
            {
              alert($data);
            }
          }
        }
      )
    }
```

La première ligne est la plus simple à comprendre : il s'agit simplement de récupérer la valeur du champ contenant l'adresse de courriel ❶. Ensuite, la syntaxe se complique. Nous faisons appel à la fonction `ajax` de jQuery ❷, qui prend en paramètre un tableau de paires clé/valeur servant à paramétrer l'appel Ajax. La première valeur à renseigner est l'URL à appeler ❸. Ensuite, nous spécifions un tableau contenant tous les champs à envoyer en paramètres à l'URL. Dans notre cas, nous n'avons qu'un champ : l'adresse à valider ❹. Le troisième paramètre de la requête Ajax est son type : `POST` ou `GET` ❺. Enfin, le dernier paramètre, et non des moindres, est la fonction à appeler une fois que la requête Ajax s'est terminée avec succès ❻.

À nouveau, nous avons travaillé avec une fonction anonyme. Cette fonction, définie par jQuery, reçoit trois paramètres, dont le premier, `data`, est le plus important. Il contient la réponse du serveur, dans notre cas la liste des éventuels messages d'erreurs.

Si des erreurs se présentent, une boîte de message reprenant ces erreurs est affichée. Nous nous occuperons de les insérer dans la page HTML par la suite. Testons le résultat.

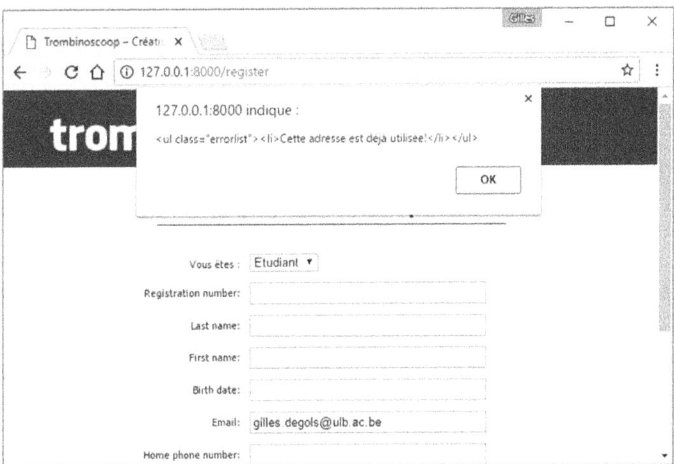

Figure 13–6
Affichage de la réponse de la requête Ajax

Comme nous pouvons le constater, si l'adresse est déjà présente dans la base de données, une boîte de dialogue apparaît, affichant le code HTML de la liste contenant l'erreur correspondante.

Insérer la liste des erreurs au-dessus du champ « fautif »

EXEMPLE 13.6 Trombinoscoop. Affichage des erreurs retournées par l'appel Ajax

```
function checkEmailField()
{
  $fieldValue = $("input#id_st-email").val();
  $.ajax({
    url: '/ajax/checkEmailField',
    data: ({value : $fieldValue}) ,
    type: 'GET',
    success: function($data, $textStatus, $XMLHttpRequest) {
        if ($data != '')
        {
          $("input#id_st-email").parent().prev('.errorlist').remove();
          $("input#id_st-email").parent().before($data); ❶
        }
      }
    }
  )
}
```

Nous avons ajouté deux lignes : la première pour supprimer une éventuelle liste d'erreurs qui serait déjà présente, la deuxième pour insérer la nouvelle liste d'erreurs fraîchement reçue.

Afin de bien comprendre ces deux instructions, regardons exactement où doit se situer la liste d'erreurs dans le document HTML. Lorsque c'est le serveur qui valide l'ensemble des champs et que des erreurs sont trouvées, voici ce que Django produit si nous introduisons une adresse e-mail incorrecte.

EXEMPLE 13.7 Trombinoscoop. Erreurs imprimées par Django

```
<ul class="errorlist">
  <li>Enter a valid e-mail address.</li>
</ul>
<p>
  <label for="id_st-email">Email:</label>
  <input type="text" name="st-email" value="pas bon" maxlength="75" required
id="id_st-email"/>
</p>
```

Nous le voyons bien, la liste d'erreurs se trouve juste avant le paragraphe qui contient le champ, au même niveau que le paragraphe. Ainsi, pour insérer la liste, nous partons de l'élément `input`, remontons au parent, et nous l'insérons juste avant. C'est exactement ce qu'exprime la ligne ❶ du code Ajax.

Pour réaliser la suppression, nous partons de l'élément `input`, remontons au parent, prenons l'élément qui précède, et nous le supprimons.

Et voilà ! Notre validation Ajax est terminée. Voici le résultat ci-dessous.

Figure 13–7 Le formulaire est validé en direct.

Ajout d'un ami via Ajax

Voyons maintenant comment ajouter un ami directement sur la page d'accueil, par le biais d'une requête asynchrone en arrière-plan.

Pour rappel, notre page d'accueil ressemble à celle de la figure 13-8.

Figure 13–8 Notre page d'accueil

Ajout d'un champ texte et d'un lien

Il nous faut d'abord ajouter un champ texte dans un formulaire permettant de saisir directement l'adresse de la personne à ajouter. Nous insérons ce champ juste avant le lien *Ajouter*, qu'il va falloir transformer en bouton de soumission. En effet, il s'agit bien d'un lien hypertexte (balise a), même s'il ressemble à un bouton.

Ajoutons le formulaire dans le template welcome.html.

EXEMPLE 13.8 Trombinoscoop. Liste des amis dans welcome.html

```
<section id="friendList">
  <p class="title">Mes amis</p>
  <form action="welcome" method="get" class="inlineForm">
    <input type="email" name="newFriend" id="newFriendInput"
      placeholder="Courriel" />
    <input type="submit" value="Ajouter" />
  </form>
  <ul>
  {% for ami in logged_user.friends.all %}
    <li><a href="showProfile?userToShow={{ friend.id }}">{{ friend.first_name }}
            ➥ {{ friend.last_name }}</a></li>
  {% endfor %}
  </ul>
</section>
```

EN PRATIQUE Pourquoi avoir conservé un formulaire ?

Nous aurions très bien pu ajouter simplement un champ texte et un bouton et les gérer entièrement en JavaScript. À quoi bon ajouter un formulaire, puisque nous sommes en Ajax ? De plus, si on clique sur le bouton de soumission, la page welcome sera rappelée avec, en paramètre, l'adresse de courriel de l'ami à ajouter.
La réponse est simple : pour les visiteurs de votre site qui auraient désactivé le JavaScript, et pour ceux-là seulement (un programmeur averti en vaut deux), il faut maintenir un formulaire traditionnel. Aussi « désactivateurs de JavaScript » qu'ils soient, ils pourront eux aussi ajouter des amis.
C'est ce qu'on appelle la programmation « défensive » ou « prévoyante », et qui se dégrade « gracefully », comme disent les anglophones.
Dès lors, si le JavaScript est activé, l'ami risque d'être ajouté deux fois : une fois en Ajax et juste après, lorsque le formulaire sera soumis. Nous désactiverons l'envoi du formulaire avec JavaScript. Vous verrez comment dans la suite.

Ajoutons quelques éléments de CSS pour afficher correctement le formulaire.

EXEMPLE 13.9 Trombinoscoop. Ajout de CSS dans style.css

```
#friendList form.inlineForm input[type="email"] {
  display: inline-block;
  width: 75px;
```

```
}
#friendList form.inlineForm input[type="submit"] {
  display: inline-block;
}
```

Ajout de l'URL et de la vue

EXEMPLE 13.10 **Trombinoscoop. Ajout d'une URL permettant d'ajouter un ami**

```
from Trombinoscoop.views import ajax_check_email_field, ajax_add_friend

urlpatterns = [
  # Autres URL
  url('^ajax/checkEmailField$', ajax_check_email_field),
  url('^ajax/addFriend$', ajax_add_friend),
]
```

Le rôle de la vue correspondante sera double.

- Il s'agira d'ajouter d'une part l'ami à la liste des amis dans la base de données.
- Elle servira à retourner d'autre part la portion de code HTML permettant d'insérer le nouvel ami dans le code de la page HTML. Cela se fait exactement comme dans l'exercice précédent: le HTML contenant les erreurs et récupéré à partir du serveur est injecté dans le HTML de la page.

EXEMPLE 13.11 **Trombinoscoop. Contenu de la vue ajax_add_friend**

```
def ajax_add_friend(request):
  html_to_return = '' ❻
  logged_user = get_logged_user_from_request(request)
  if logged_user is not None: ❶
    if 'email' in request.GET:
      new_friend_email = request.GET['email'] ❷
      if len(Person.objects.filter(email=new_friend_email)) == 1: ❸
        new_friend = Person.objects.get(email=new_friend_email)
        logged_user.friends.add(new_friend) ❹
        logged_user.save()

        html_to_return = '<li><a href="showProfile?userToShow=' ❺
        html_to_return += str(new_friend.id)
        html_to_return += '">'
        html_to_return += new_friend.first_name + ' ' + new_friend.last_name
        html_to_return += '</a></li>'

  return HttpResponse(html_to_return) ❻
```

On vérifie d'abord qu'on est bien authentifié ❶. On récupère ensuite le paramètre contenant l'adresse courriel du nouvel ami ❷. On vérifie que ce nouvel ami se trouve bien dans la base de données ❸. Si c'est le cas, on l'ajoute comme ami à l'utilisateur authentifié ❹. Et pour terminer, on construit le HTML qu'on va devoir insérer dans la page d'accueil pour y ajouter le nouvel ami. Si quelque chose s'est mal passé, on renvoie un `string` vide ❻.

Création du JavaScript d'ajout d'un ami

Pour l'instant, contentons-nous de récupérer la réponse du serveur. Nous l'insérerons dans la page par la suite. Le code est le suivant et on le place où on veut dans la page, par exemple juste avant la balise `section` qui contient notre liste d'amis.

EXEMPLE 13.12 **Trombinoscoop. JavaScript d'ajout d'un ami**

```
<script type="text/javascript">
  $(document).ready(function()
  {
    $("#friendList form").submit(addFriend); ❶
  });

  function addFriend()
  {
    $fieldValue = $("#newFriendInput").val(); ❷
   $.ajax({ ❸
      url: '/ajax/addFriend', ❹
      data: ({email : $fieldValue}) , ❺
      type: 'GET',
      success: function($data, $textStatus, $XMLHttpRequest) { ❻
          alert($data);
        }
      }
    );
    return false;
  }
</script>
```

Ce code n'est pas si éloigné de celui de l'exercice précédent. On commence par intercepter les soumissions du formulaire d'ajout d'amis. Chaque fois que le formulaire est soumis, on appelle la fonction `addFriend` ❶. Dans cette fonction, on récupère d'abord la valeur du champ contenant l'adresse de courriel du nouvel ami ❷. Ensuite, on envoie une requête Ajax ❸ qui appelle l'URL `/ajax/addFriend` ❹ en passant en paramètre le courriel de l'ami à ajouter ❺. Si la requête Ajax se passe au mieux, on affiche le HTML produit par le serveur ❻. En voici le résultat.

Figure 13–9 HTML renvoyé par le serveur lors de l'ajout d'un ami

Insertion du HTML dans la page web

EXEMPLE 13.13 **Trombinoscoop. Ajout du nouvel ami dans la page**

```
function addFriend()
{
  $fieldValue = $("#newFriendInput").val();
  $.ajax({
    url: '/ajax/addFriend',
    data: ({email : $fieldValue}),
    type: 'GET',
    success: function($data, $textStatus, $XMLHttpRequest) {
        if ($data != '')
        {
          $('#friendList ul').prepend($data); ❶
        }
      }
    }
  );
  return false; ❷
}
```

On se positionne au niveau de la liste `ul` et on utilise la fonction `prepend` de jQuery ❶, qui va ajouter le HTML reçu par le serveur comme premier élément de la liste. Dernière remarque : on renvoie `false` comme valeur de retour ❷. C'est le moyen d'informer le navigateur qu'il ne doit surtout pas soumettre le formulaire. L'ajout de l'ami a été fait en Ajax, inutile de le refaire en rechargeant la totalité de la page !

Si le JavaScript est désactivé, le formulaire sera simplement soumis et la page d'accueil sera rechargée, un paramètre lui ayant été passé (l'adresse de courriel du nouvel ami).

Nous ne le ferons pas, mais cela doit être traité dans Django au niveau de la vue qui gère l'affichage de la page d'accueil. Cette vue doit également s'occuper de l'ajout d'un ami.

Le résultat final de notre page d'accueil est le suivant, lorsqu'un ami a été ajouté en Ajax.

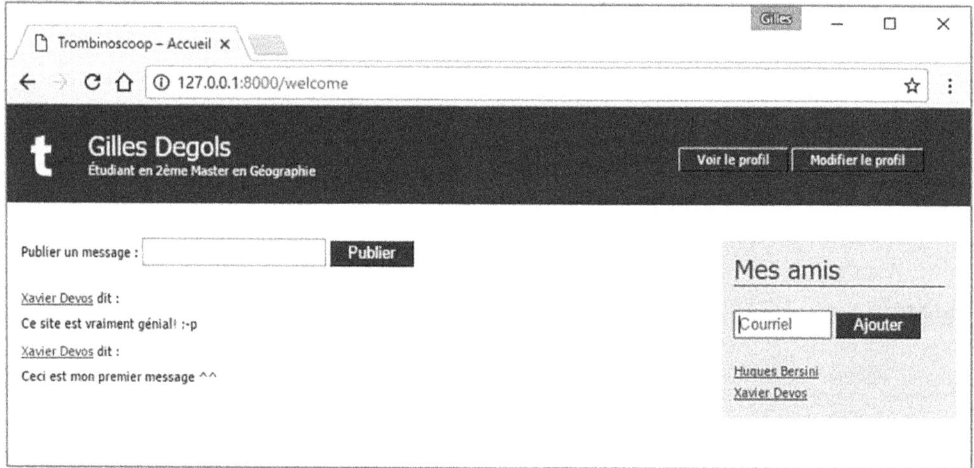

Figure 13–10 L'ami Hugues Bersini a été ajouté dynamiquement.

Et voilà qui termine notre site Trombinoscoop en local. Dans le prochain chapitre, nous verrons comment rendre notre site web accessible au monde entier.

Ai-je bien compris ?

- Décrivez deux niveaux de dynamisme vus dans ce livre quand on parle de site web « dynamique ».
- Quels sont les avantages d'Ajax ?
- Quelle différence faites-vous entre Ajax, JavaScript et jQuery ?

14

Mettre en ligne son site web

Ce chapitre vise à expliquer pas à pas comment mettre votre projet à la disposition du public. Nous verrons comment installer Trombinoscoop sur un serveur accessible en permanence et détaillerons les différents réglages nécessaires pour traiter tous les fichiers de façon sécurisée.

SOMMAIRE

Notre site web finalisé, vous frémissez à l'idée de publier votre site web à destination de la terre entière. Problème : il réside sur votre machine et, pour y accéder, vous tapez une URL locale. Il est impossible pour votre meilleur ami, qui habite à l'autre bout de la ville, de visiter votre site web depuis son divan. Et quand bien même il y arriverait, pour que votre site web soit accessible, il faudrait que votre ordinateur reste allumé. Voulez-vous vraiment le laisser fonctionner 24 heures sur 24, 7 jours sur 7 ? La facture d'électricité risque d'être salée.

Nous allons donc étudier dans ce chapitre la solution à ces problèmes, c'est-à-dire l'acquisition d'un serveur web externe auprès d'un fournisseur spécialisé, sur lequel vous pourrez héberger votre site. Très avantageux, ces serveurs sont destinés à rester constamment allumés, pour que tout un chacun puisse y accéder n'importe quand depuis l'extérieur.

Les différents types de serveurs

Lorsque se pose la question d'acquérir un serveur externe, diverses possibilités existent, chacune présentant ses avantages et ses inconvénients. Nous pouvons opter pour un serveur physique dédié, un hébergement mutualisé ou encore un serveur VPS. Examinons les différences existant entre les différentes solutions.

- **Le serveur physique dédié**
  Il s'agit d'acquérir une machine qui se trouve dans un centre de données du prestataire. C'est exactement comme si vous aviez décidé d'utiliser votre ordinateur et de le laisser constamment allumé pour héberger votre site web. Simplement, votre ordinateur n'est pas chez vous, mais chez le prestataire, qui s'occupe de son achat, de son branchement au réseau et à l'électricité, et qui s'assure qu'il soit constamment allumé.
  L'avantage ? Vous avez le contrôle total sur la machine : vous pouvez installer ce que vous voulez (un Windows, un Linux) et changer à votre gré la configuration du serveur. De plus, vous bénéficiez de l'intégralité des ressources physiques de la machine. La puissance du processeur, la mémoire, le disque dur : tout est pour vous et rien n'est partagé avec personne.
  Face à ce tableau idyllique, signalons néanmoins quelques points d'ombre : cette solution est plus onéreuse, et la maintenance du serveur est sous votre entière responsabilité. Charge à vous par conséquent de le configurer (et ce n'est parfois pas trivial) et de le maintenir à jour (ceux qui souffrent de procrastination s'abstiendront).

- **L'hébergement mutualisé**
  Dans ce modèle, le serveur web ne vous est plus propre. Il est partagé par plusieurs clients du prestataire. Ce dernier s'occupe de l'installer et de le configurer, pour vous proposer ensuite un espace confiné dans lequel vous pourrez déposer votre site web, à côté de ceux d'autres clients.
  Avantages : vous ne devez pas vous occuper de la configuration, parfois complexe, du serveur ; tout est fait pour vous. De plus, cette solution est moins onéreuse qu'un serveur dédié.
  En revanche, le serveur étant installé par le prestataire, vous n'avez pas la main sur sa configuration. Si cette dernière ne vous convient pas ou s'il manque un élément, vous ne pourrez pas toujours l'ajouter. C'est ainsi qu'il n'est pas rare de rencontrer des prestataires qui ne proposent pas Python/Django sur leurs serveurs mutualisés. C'est plutôt embêtant pour les lecteurs de ce livre – et ils sont nombreux !
  Autre inconvénient, les ressources matérielles sont partagées par tous les sites web hébergés sur cette machine. Si l'un d'eux a un trafic important, au-delà de cette jalousie qui vous envahit, les performances de votre site risquent d'en pâtir.
- **Le serveur dédié virtuel (VPS)**
  Ce modèle est un hybride par rapport aux solutions susmentionnées. Une machine virtuelle est mise à votre disposition, laquelle se trouve sur une machine physique qui contient plusieurs machines virtuelles, chacune étant réservée à un client différent du prestataire.
  Les avantages sont nombreux : tout en lui donnant l'impression d'avoir une machine physique, elle permet au prestataire de partager les ressources matérielles de la machine physique entre plusieurs clients et de diminuer ainsi les coûts. Voilà pourquoi les VPS sont généralement très bon marché.
  C'est cette option que nous allons retenir dans la suite du chapitre.

Louer un serveur de déploiement

Maintenant que nous connaissons les différences entre les types de serveurs disponibles, nous allons en louer un chez un hébergeur choisi arbitrairement. Il existe une multitude d'hébergeurs sur le marché, et l'installation sera presque identique quel que soit votre choix.

Nous allons louer un serveur VPS chez l'hébergeur français OVH, l'un des plus importants au niveau mondial.

Au moment d'écrire ces lignes, le serveur VPS meilleur marché chez cet hébergeur est à la portée de toutes les bourses et se situe aux alentours de 3 € HT/mois.

Il dispose des caractéristiques suivantes :

- 1 vCore à 2.4 GHz;
- 2 Go de RAM (mémoire vive);
- 10 Go d'espace de stockage SSD.

Cela peut sembler léger comparé à nos ordinateurs actuels, mais notre site web est très simple, et Django assez bien optimisé pour pouvoir fonctionner sur des machines disposant de ressources encore plus limitées. Ici, nous avons un espace de stockage de type SSD *(Solid-State Drive)*, plus rapide qu'un disque dur classique HDD *(Hard Disk Drive)*. Toujours est-il que le site web fonctionnerait aussi sur ce second type d'espace de stockage.

Après vous être créé un compte sur OVH, quelques informations vous sont demandées au moment de commander le serveur. La première section *Mon VPS* indique simplement la catégorie du serveur choisi, son modèle et la quantité voulue. En principe, la catégorie et le modèle (ou produit si l'on reprend la dénomination d'OVH) auront été correctement présélectionnés. Nous n'avons besoin que d'un seul serveur pour le moment; laissons la valeur par défaut.

La localisation du serveur mérite une certaine attention. L'expérience utilisateur étant fortement affectée par la rapidité d'affichage des pages web de votre site, il est généralement préférable d'opter pour un serveur proche de vos clients potentiels. En effet, même si Internet est très rapide, les pages web ne sont toujours pas téléportées; on peut donc perdre quelques dizaines de millisecondes à les envoyer à travers plusieurs continents. Cependant, ne vous inquiétez pas outre mesure si votre serveur est aux États-Unis alors que vous vous situez en Europe; ce n'est qu'un paramètre parmi d'autres.

EN PRATIQUE Comment les sites web pourvus d'utilisateurs du monde entier procèdent-ils ?

Tant que vous n'aurez pas un très grand nombre d'utilisateurs éparpillés à travers le monde, vous n'aurez pas à vous en soucier. Cependant, les sites web populaires disposent généralement de serveurs sur plusieurs continents. De plus, ils sont configurés de manière à ce que l'utilisateur aille sur le serveur le plus proche de lui – ce qui est, bien sûr, complètement transparent pour ce dernier. Mais la mise en place d'une telle configuration dépasse largement le cadre de ce livre. Si vous arrivez néanmoins à un tel niveau de popularité avec votre site web, vous aurez déjà très certainement une armée de développeurs, administrateurs système et autres spécialistes vous aidant dans cette tâche... Dans ce cas, l'argent ne devrait plus vraiment être un problème (ce livre vous a été d'une quelconque utilité ? Et si vous aviez une petite pensée pour ses auteurs...).

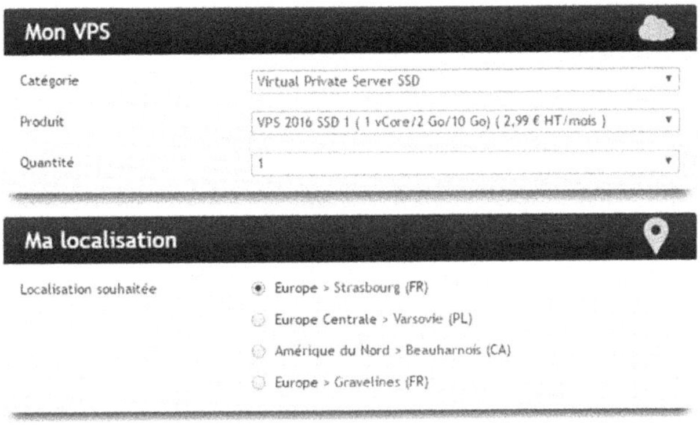

Figure 14–1
Type et emplacement du serveur

Vient maintenant la sélection du système d'exploitation et de la distribution. Soyez attentif, ou vous ne pourrez pas suivre le reste de ce chapitre !

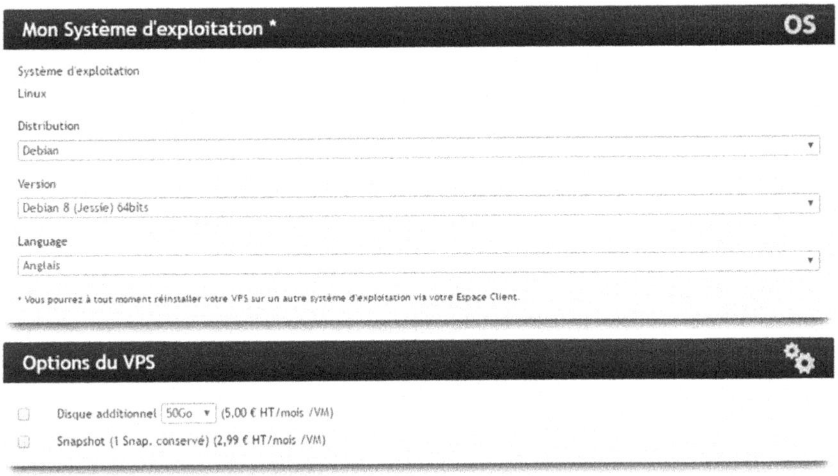

Figure 14–2
Système d'exploitation du serveur

Pour le choix du système d'exploitation, ne nous posons pas trop de questions ; c'est Linux, nous n'avons pas la possibilité d'en changer. Pourquoi pas Windows 10 ou Mac OS ? Car il ne s'agit pas de systèmes d'exploitation prévus initialement pour fonctionner en tant que serveurs. Sachez qu'en très grande majorité, les serveurs hébergeant vos sites web préférés tournent sur… Linux.

Toutefois, il existe différentes variantes de Linux. Et vous voilà déconcerté par la multitude de distributions s'offrant à vous : CentOS, Debian, Ubuntu, Redhat… Laquelle choisir ? Question difficile que nous nous faisons un devoir d'éluder… Faites donc confiance aux auteurs de ce livre en optant pour la même qu'eux : Debian.

C'est la bonne version qu'il faut maintenant choisir. La plus récente est Debian 8, répondant au petit nom de « Jessie » ; nous choisirons la version en anglais, dans sa version 64 bits. Aucune option supplémentaire n'est requise, et rien n'est à cocher dans la dernière fenêtre.

EN PRATIQUE Pourquoi ne pas prendre Debian en français ?

Même si cela peut sembler le plus facile au premier abord, vous gagnerez vite à vous familiariser avec la version anglophone. Lorsqu'un message d'erreur apparaîtra, vous n'aurez qu'à le copier-coller dans votre moteur de recherche pour trouver une multitude de personnes rencontrant le même problème que vous. Faites de même avec un message d'erreur en français – peu de chance que vous trouviez rapidement une solution (mais consolez-vous : ce serait encore pire en luxembourgeois) !

Sur la page suivante, vérifiez bien le récapitulatif de votre commande afin d'être sûr d'avoir pris un VPS avec Debian 8 en anglais, puis cliquez sur *Continuer*.

Figure 14–3
Récapitulatif de la commande

Prévisualisation de votre commande

Rubrique VPS

Installation	Domaine	Prix unitaire	Quantité	Prix HT
Mise en service du VPS 2016 SSD	*/001	0,00 €	1	0,00 €
Système d'exploitation Debian 8 64bits - anglais	*/001	0,00 €	1	0,00 €
Localisation Strasbourg	*/001	0,00 €	1	0,00 €
Sous-total				0,00 €

Abonnement	Domaine	Prix unitaire	Quantité	Prix HT
VPS 2016 - SSD 1 - 1 mois	*/001	2,99 €	1	2,99 €
Sous-total				2,99 €

Changer la durée de location   Durée choisie : 1 mois

Entrez un code promo

Abonnement	2,99 €
Total HT	2,99 €
TVA	0,60 €
Total TTC	3,59 €

Retour   Continuer

Si vous n'êtes pas encore connecté à votre compte OVH, vous serez amené à le faire, ou à créer un compte.

Figure 14–4
Connexion au compte OVH

Vous devez ensuite indiquer le nom du contact pour ce serveur ; laissez le compte par défaut.

Figure 14–5 Nom du contact

Comme sur tous les sites web, acceptez les conditions générales d'utilisation (vous êtes perdant de toute manière). Ici, il s'agit de *Acceptation des contrats* et *Droit de rétractation*.

Validation des contrats

▾ Conditions Particulières Serveur Privé Virtuel 2015

CONDITIONS PARTICULIÈRES DU SERVEUR PRIVE VIRTUEL
Version en date du 02/05/2017

ARTICLE 1 : OBJET
Les présentes conditions particulières, complétant les conditions générales de service d'OVH, ont pour objet de définir les conditions techniques et financières dans lesquelles OVH s'engage à maintenir sur sa plate-forme, le Serveur Privé Virtuel du Client.
Les présentes conditions particulières prévaudront sur les conditions générales si une contradiction devait apparaître entre ces deux documents.

Ouvrir le contrat «Conditions Particulières Serveur Privé Virtuel 2015» au format PDF

▾ Conditions générales de service

CONDITIONS GENERALES DE SERVICE
Dernière version en date du 29/11/2013

Préambule : Les termes commençant par une majuscule sont définis dans le Glossaire OVH accessible sur le Site OVH.

Les présentes sont conclues entre : - La société OVH, SAS, société de droit français, élisant domicile 2 rue Kellermann 59100 Roubaix, inscrite au RCS de Lille Métropole au numéro B424 761 419, représentée par M. KLABA, ci-dessous nommée OVH, - et entre toute personne physique ou morale, particulier ou professionnel, de droit privé ou de droit public souhaitant s'engager dans une ou plusieurs des prestations fournies par la société OVH, ci-après nommée le Client. ARTICLE 1 : OBJET Le Client reconnaît avoir vérifié l'adéquation du Service à ses besoins et avoir reçu d'OVH toutes les informations et conseils qui lui étaient nécessaires pour souscrire au présent engagement en connaissance de cause. Le présent contrat a pour objet de définir les

Ouvrir le contrat «Conditions générales de service» au format PDF

Acceptation des contrats

☑ J'ai pris connaissance des contrats et je les accepte.

Droit de rétractation

☑ Je reconnais qu'OVH procédera à l'exécution immédiate de la prestation à compter de la validation de ma commande et à ce titre je renonce expressément à exercer mon droit de rétractation conformément aux dispositions de l'article L.221-28 1° du code de la consommation.

Retour Continuer

Figure 14–6 Acceptation des clauses du contrat

Choisissez le mode de renouvellement de votre serveur à la fin de la période initiale du contrat (mensuel par défaut).

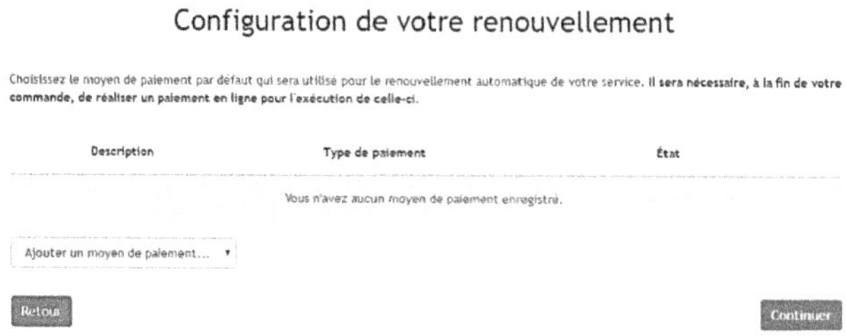

Figure 14–7 Système de paiement

Configuration de votre renouvellement

Choisissez le moyen de paiement par défaut qui sera utilisé pour le renouvellement automatique de votre service. **Il sera nécessaire, à la fin de votre commande, de réaliser un paiement en ligne pour l'exécution de celle-ci.**

Description	Type de paiement	État
Vous n'avez aucun moyen de paiement enregistré.		

Ajouter un moyen de paiement...

Retour Continuer

Nous voilà enfin au paiement de la commande. Rassurez-vous, c'est presque terminé. Il vous suffit d'effectuer votre choix. En sélectionnant un système comme PayPal, le paiement est reçu directement par OVH ; vous obtiendrez votre VPS sans plus tarder.

Paiement de la commande

Payer ma commande

Bon de commande :

Contact facturation :
Gilles Degols

Date : 01 Juin 2017 19:59:29
Expiration : 15 Juin 2017 23:29:59

Version imprimable

Rubrique VPS

ABONNEMENT	Domaine	Quantité	Prix unitaire	Prix HT
VPS 2016 - SSD 1 - 1 mois	*/001	1	2,99 €	2,99 €
			SOUS TOTAL	2,99 €

INSTALLATION	Domaine	Quantité	Prix unitaire	Prix HT
Mise en service du VPS 2016 SSD	*/001	1	0,00 €	0,00 €
Système d'exploitation Debian 8 64bits - anglais	*/001	1	0,00 €	0,00 €
Localisation Strasbourg	*/001	1	0,00 €	0,00 €
			SOUS TOTAL	0,00 €

Figure 14–8 Paiement pour le premier mois

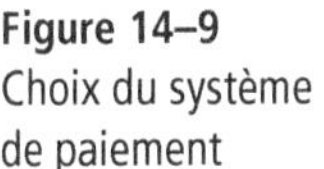

Figure 14–9 Choix du système de paiement

Quelques minutes après la réception du paiement par OVH, vous recevrez un courriel contenant les informations de connexion à votre serveur.

```
Bonjour,

Votre VPS vient d'être installé sous le système d'exploitation / distribution
Debian 8 (Jessie) (en version 64 bits)
PARAMETRES D'ACCES:
L'adresse IPv4 du VPS est : 164.132.224.113 L'adresse IPv6 du VPS est :
2001:41d0:401:3100:0000:0000:0000:71b5
Le nom du VPS est : vps417867.ovh.net
Le compte administrateur suivant a été configuré sur le VPS:
Nom d'utilisateur: root
Mot de passe:       jfEFlgfZ
```

Gardez précieusement ce courriel, il vous sera indispensable pour la suite de ce chapitre.

Installation du serveur

Se connecter au serveur

Nous avons maintenant les informations suffisantes pour nous connecter à notre serveur :

- une adresse IP : 164.132.224.113, et le nom de domaine suivant : vps416867.ovh.net ;
- un nom d'utilisateur : `root` ;
- un mot de passe : `jfEFlgfZ`.

L'adresse IP est une adresse unique, spécifique à votre serveur – comme lorsque vous utilisez 127.0.0.1 en référence à votre propre ordinateur. Avec l'adresse IP 164.132.224.113, vous pourrez voir votre serveur comme n'importe qui dans le monde. C'est la différence fondamentale avec l'adresse 127.0.0.1, qui n'était visible que par vous et uniquement depuis votre ordinateur.

> **EN PRATIQUE IPv4 versus IPv6**
>
> Si vous avez été attentif au courriel, vous vous êtes rendu compte que vous aviez reçu en réalité deux adresses IP : une de type IPv4, une autre de type IPv6. Les adresses IPv4 sont présentes depuis de nombreuses années en informatique, alors que les adresses IPv6 sont une évolution de l'IPv4, mais nettement moins faciles à retenir. Elles permettent de prendre en charge davantage de systèmes informatiques connectés à Internet. L'IPv4 (codée sur 32 bits) ne permet « que » 4 milliards d'appareils connectés, l'IPv6 (codée sur 128 bits) en acceptant… 3.4×10^{38}.
> Pour nous faciliter la vie, nous allons simplement utiliser l'IPv4.

Une fois les identifiants mis à notre disposition, comment nous connecter au site web ? Il va falloir, à regret, dire adieu à l'interface graphique et faire appel à la célèbre console ! Rassurez-vous : malgré son look austère, elle se révélera très simple d'utilisation.

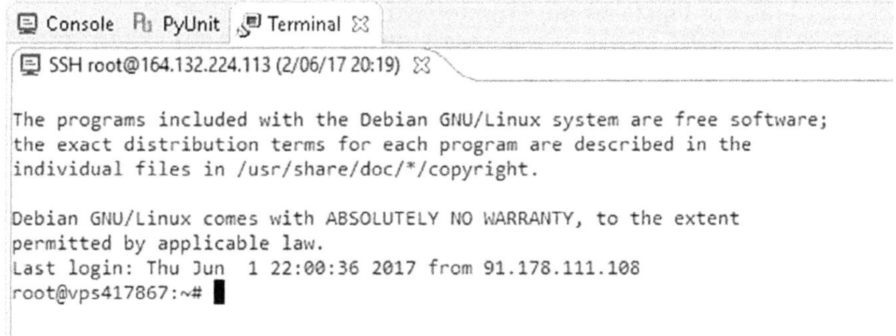

Figure 14–10
La célèbre console

Les serveurs n'ont pas pour vocation première d'être utilisés via un écran ; il est donc inutile d'installer une interface graphique. Et les serveurs ne contiennent par défaut que le strict nécessaire, pour être aussi performants et stables que possible.

Pour facilement communiquer avec le serveur, il nous faut installer d'abord quelques modules d'Eclipse. Rendez-vous dans *Help>Install New Software...* Puis sélectionnez *Neon - http://download.eclipse.org/releases/neon* comme site de référence. Finalement, dans la section *General Purpose Tools* des modules disponibles, choisissez les outils liés à *Remote*. Dans cette même section, cherchez également *TM Terminal* et sélectionnez-le. Laissez plusieurs minutes à Eclipse pour installer tous ces modules.

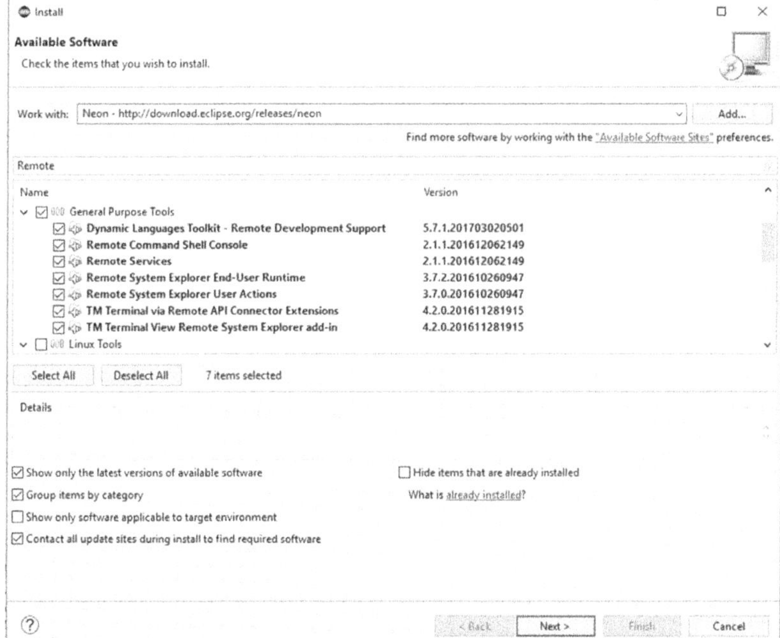

Figure 14–11
Ajout des modules pour interagir avec le serveur

Une fois l'installation terminée et Eclipse redémarré, rendez-vous dans *Window>Perspective>Open Perspective>Other...* Dans la liste des perspectives, choisissez *Remote System Explorer*.

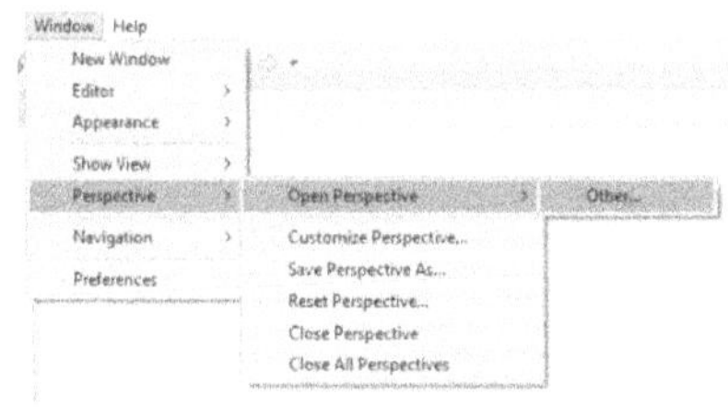

Figure 14–12
Changement de perspective

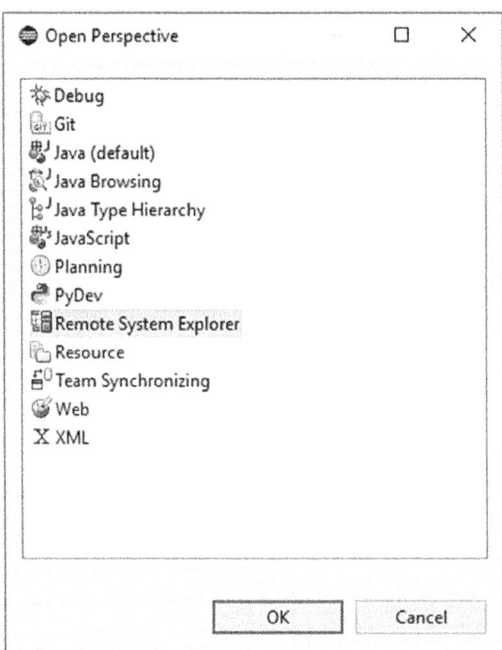

Figure 14–13
Sélection de Remote System Explorer

Le menu sur la gauche contenant votre projet disparaît et se trouve remplacé par un nouveau menu lié à *Remote System Explorer*. Si vous voulez retourner à votre projet, il vous suffira de changer à nouveau la perspective en sélectionnant cette fois-ci *PyDev*.

Dans le nouveau menu de gauche, cliquez sur la petite icône la plus à gauche pour créer une nouvelle connexion.

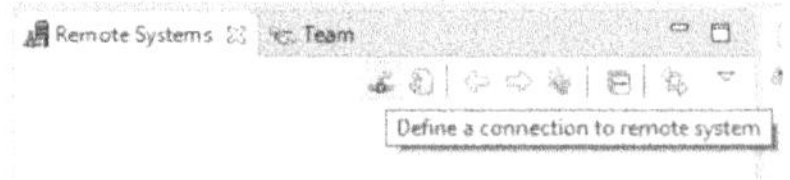

Figure 14–14
Ajout d'une nouvelle connexion

Dans la liste des types de système de connexion possibles, choisissez *SSH Only*.

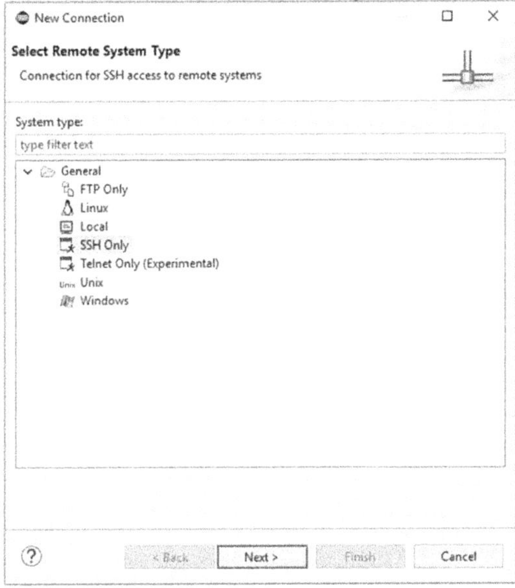

Figure 14–15
Définition du type de connexion

Entrez les informations de contact de votre serveur. Comme *Host Name*, indiquez simplement son adresse IP. Pour le nom et la description, libre à vous de choisir ce que vous souhaitez !

Figure 14–16
Informations de contact du serveur

Dans la fenêtre suivante, cliquez simplement sur *Next* et puis *Finish*, sans rien modifier.

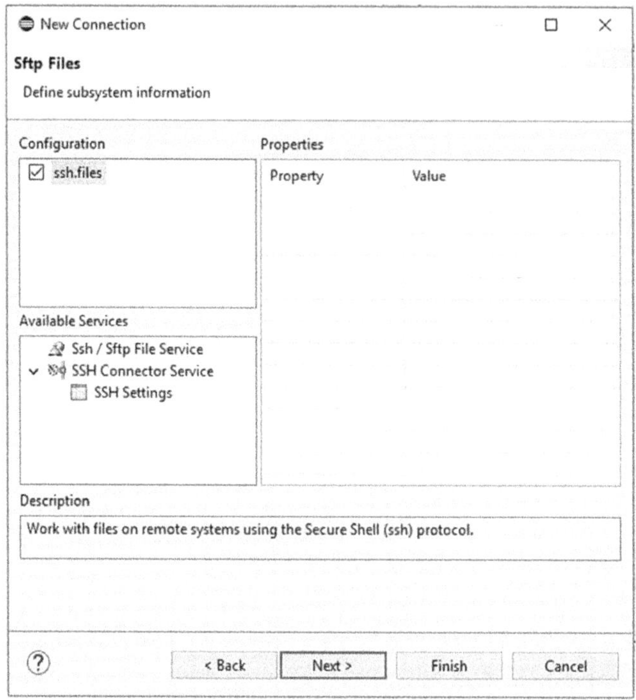

Figure 14–17
Configuration de SSH

Vous pouvez voir le nouveau *Serveur Trombinoscoop* apparaître dans le menu de gauche.

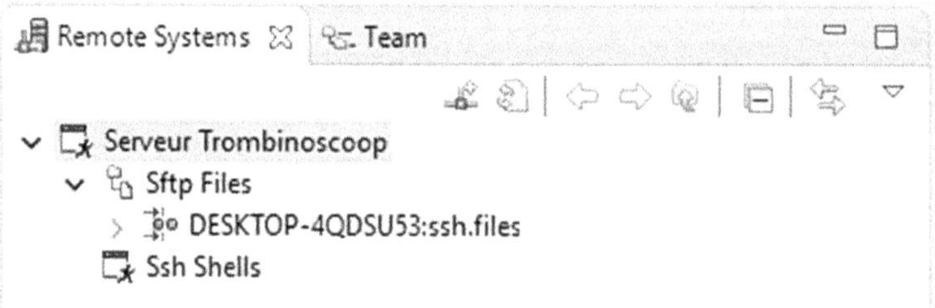

Figure 14–18
Le serveur Trombinoscoop

En cliquant dans l'arborescence, vous serez amené à entrer les informations de connexion à votre serveur, que vous trouverez dans le courriel d'OVH. Faites attention à bien mettre `root` comme *User ID*. Si vous vous trompez, il faudra supprimer la connexion et en créer une nouvelle, car Eclipse ne vous laissera pas facilement le changer.

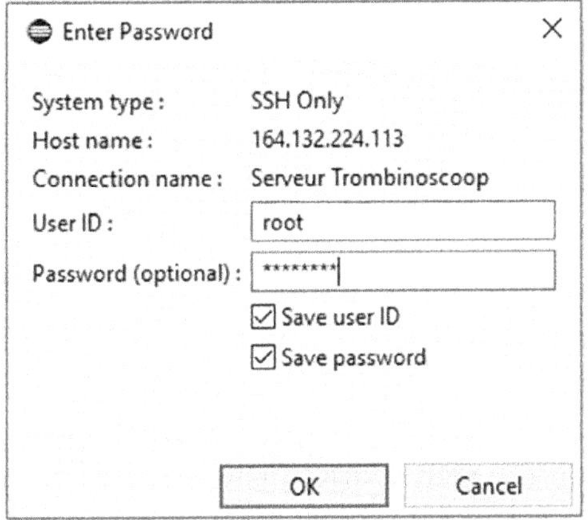

Figure 14–19
Vos identifiants de connexion

Finalement, vous arrivez à voir le contenu de votre serveur. Il comporte toute la série des dossiers nécessaires à une installation basique. Votre dossier utilisateur sera `/root` dans ce cas-là. Vous pourrez y créer tout ce que vous voulez, comme si c'était votre propre ordinateur.

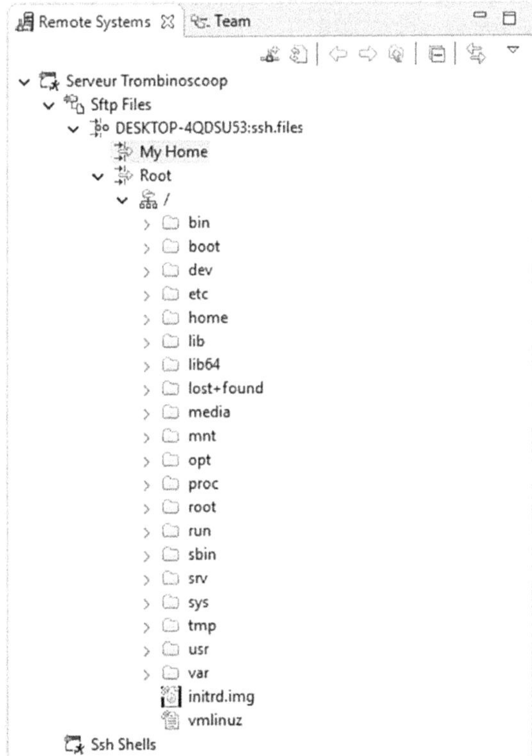

Figure 14–20
L'arborescence du serveur

Pour passer de la perspective serveur à la perspective du projet sur votre ordinateur, et inversement, dans le menu tout à droite d'Eclipse, vous avez un raccourci qui vous sera très probablement utile.

Figure 14–21
Passer d'une perspective à une autre

Envoyer son projet

Maintenant que nous pouvons enfin communiquer avec notre serveur, nous aimerions envoyer notre code réalisé localement directement sur la machine. Dans ce but, nous allons utiliser un des modules nouvellement installés : le *Remote System Explorer*. Retournez dans la perspective *PyDev*, cliquez-droit sur votre projet et choisissez *Export...*

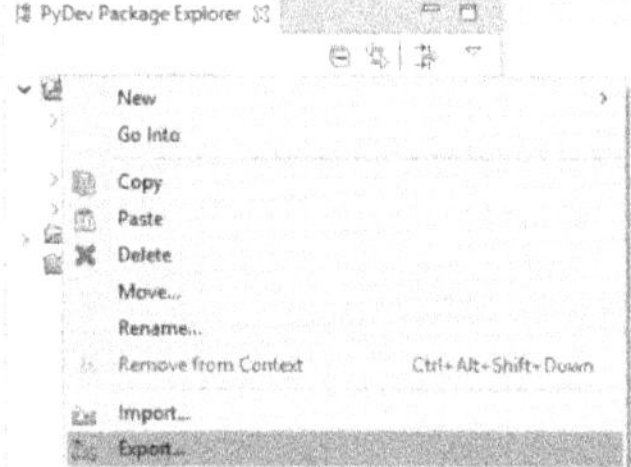

Figure 14–22
Exporter le projet

Dans la liste des exports possibles, choisissez *Remote file system* dans *Remote Systems*.

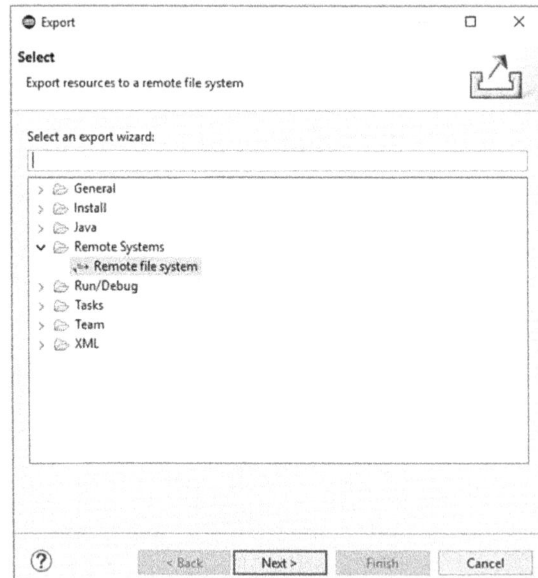

Figure 14–23
Définissez le type d'export

Sélectionnez bien le projet *Trombinoscoop* dans le cadre supérieur gauche. Dans le cas où le *Destination folder* serait vide, cliquez sur *Browse* pour sélectionner votre serveur dans la liste des connexions disponibles et choisissez le dossier `/root`. Dans les options, assurez-vous de choisir *Overwrite existing files without warning*. Enfin, cliquez sur *Finish*.

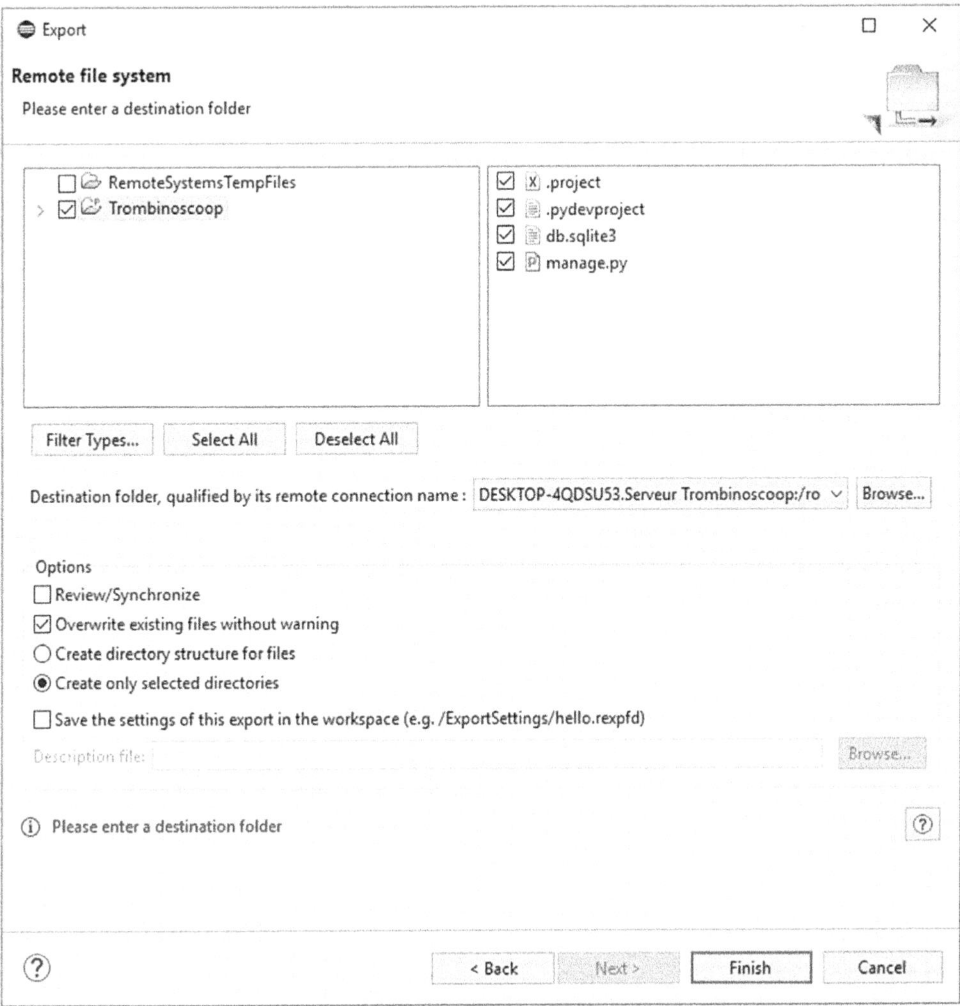

Figure 14–24 Configuration de l'export

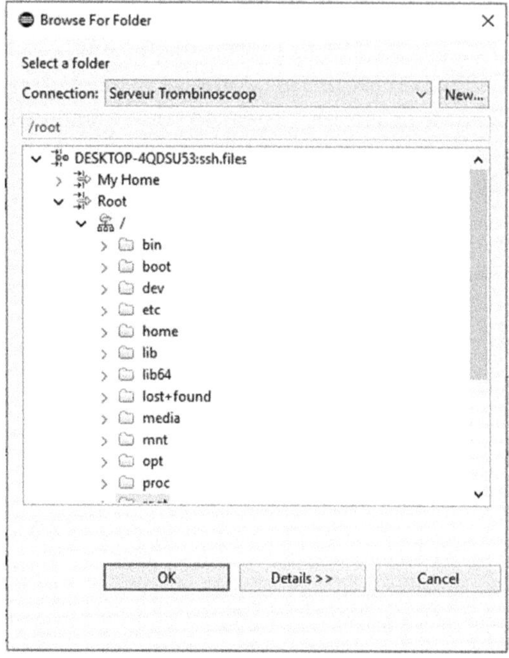

Figure 14–25
Sélection de la destination du projet

En retournant dans la perspective *Remote System Explorer*, vous pouvez désormais voir votre projet Trombinoscoop, disponible sur votre serveur.

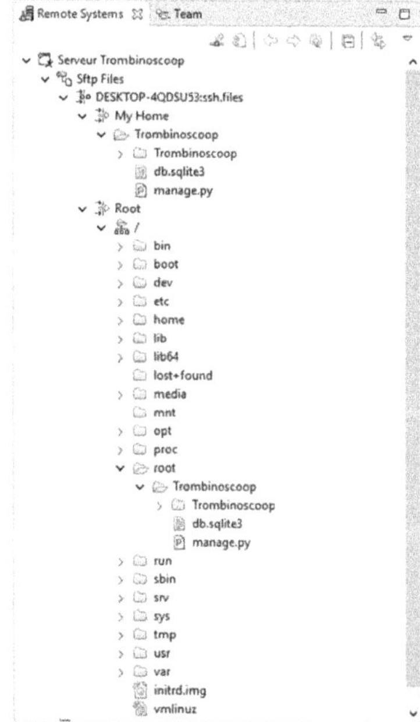

Figure 14–26
Projet disponible sur le serveur

Les modifications apportées à votre projet local ne seront pas automatiquement envoyées sur le serveur distant. Pour le faire, cliquez-droit sur le dossier de votre projet sur votre serveur, choisissez *Export from Project...*, sélectionnez votre projet et validez.

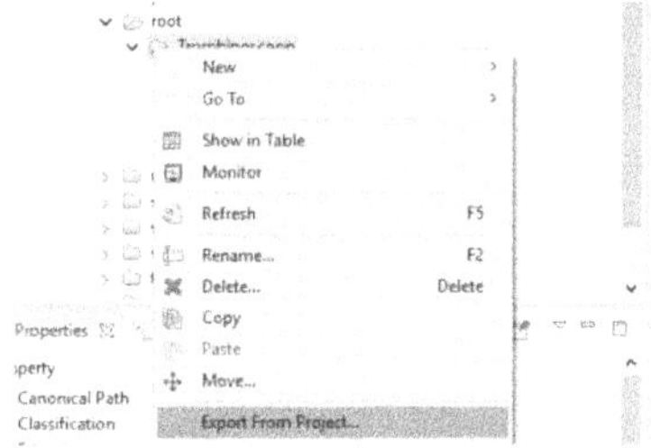

Figure 14–27
Mise à jour des fichiers sur votre serveur

> **EN PRATIQUE La synchronisation n'est pas parfaite**
>
> Dans certains cas, si un programme du serveur crée ou supprime un nouveau fichier, celui-ci ne sera pas visible directement dans le menu de gauche d'Eclipse. Dans ce cas-là, cliquez-droit sur le dossier qui vous intéresse et choisissez *Refresh*.

Lancer son projet sur le serveur

Nous sommes parvenus à envoyer notre code sur le serveur. Il nous faut maintenant réussir à le lancer directement sur ce même serveur. Nous ne pouvons plus utiliser un raccourci dans Eclipse pour lancer Django; il faut dorénavant utiliser la fameuse console et lancer le projet manuellement. Ouvrons donc cette console sur le serveur. Cliquez-droit sur un fichier de votre projet et sélectionnez *Open Terminal...*

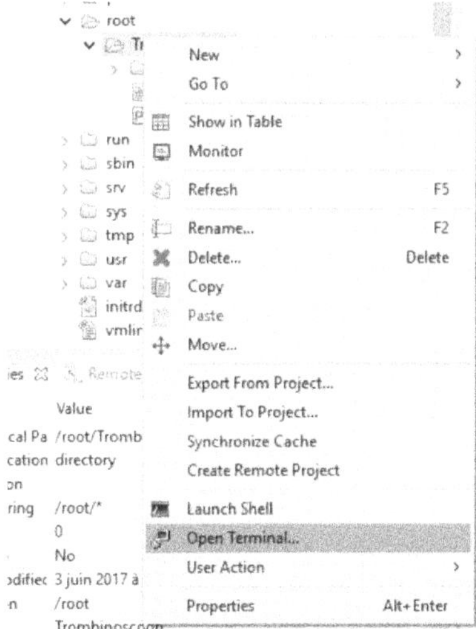

Figure 14–28
Ouverture de la console sur le serveur

Vu qu'il s'agit d'un module différent du *Remote System Explorer*, vous devez à nouveau entrer les informations nécessaires pour contacter le serveur.

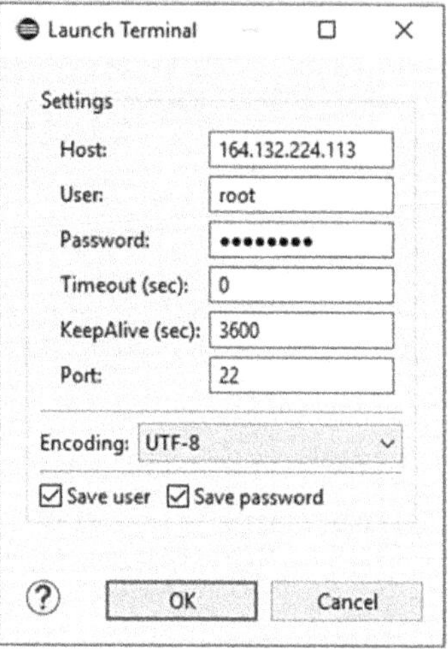

Figure 14–29
Information de connexion au serveur

Vous avez maintenant une console permettant d'exécuter des opérations sur votre serveur.

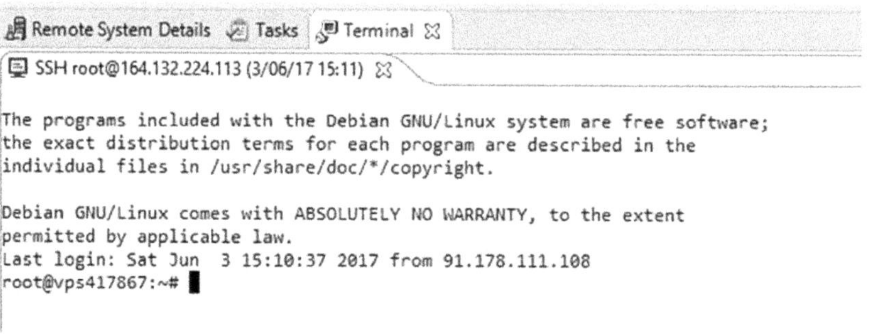

Figure 14–30
Ouverture de la console

Dans cette console, vous pouvez entrer toute une série de commandes qui seront exécutées par le serveur. Citons quelques exemples qui vous seront très certainement utiles pour la suite du projet :

- pwd indique le dossier dans lequel on se trouve actuellement ;
- ls liste les fichiers du dossier actuel (mais vous pourriez aussi utiliser Eclipse directement) ;
- cd <argument> nous déplace dans un nouveau dossier indiqué par <argument>.

À la suite de chaque commande entrée, il vous suffit d'appuyer sur *Entrée* pour qu'elle soit exécutée. Testons directement ces commandes.

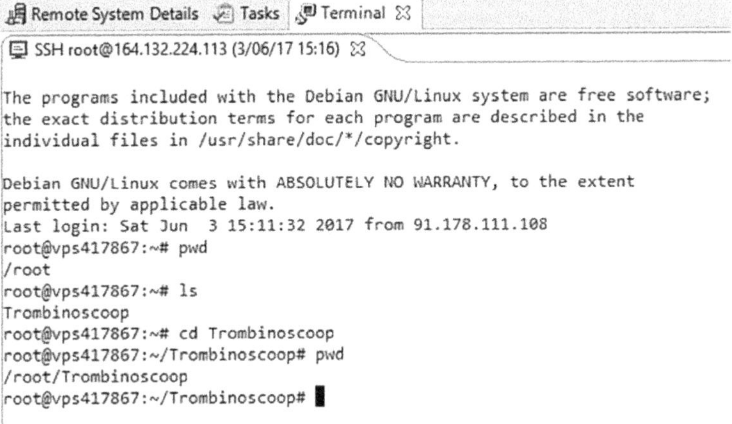

Figure 14–31
Commandes de base

1. `pwd` indique que nous sommes dans le dossier `/root`.
2. `ls` montre que le dossier `/root` contient seulement le dossier appelé `Trombinoscoop`.
3. `cd Trombinoscoop` nous déplace dans le dossier de notre projet.
4. `pwd` prouve qu'on se trouve bien dans le dossier `/root/Trombinoscoop` comme attendu.

Si vous tapez encore `ls`, vous verrez que vous avez les fichiers `db.sqlite3` et `manage.py`, ainsi qu'un dossier `Trombinoscoop`. Vous vous trouvez bien à la base de votre projet. Il n'y a plus qu'à le lancer.

> **EN PRATIQUE Au secours, je ne sais plus où je suis !**
>
> À force d'utiliser la commande `cd`, vous oublierez peut-être dans quel dossier vous vous trouvez au moment où vous la lancez. Pour revenir au dossier utilisateur depuis n'importe quel endroit, ici `/root`, il vous suffit d'entrer `cd /root`, ou même un simple `cd` sans passer de paramètre.

Lancer le serveur est assez facile : il vous suffit de saisir une commande proche de celle qu'Eclipse exécutait pour vous automatiquement : `python3 manage.py runserver 0.0.0.0:80`. Cette commande est relativement simple à comprendre. Tout d'abord, elle utilise `python3` en lui passant comme information le fichier à exécuter, `manage.py`, puis elle passe le paramètre `runserver` à ce fichier `manage.py`, ce qui permettra de lancer le projet. Le dernier paramètre `0.0.0.0:80` indique qu'on veut que notre projet soit visible sur l'adresse IP 164.132.224.113 de notre serveur, et ce sur le port 80. Ce port est celui par défaut ; vos utilisateurs pourront donc aller directement sur http://164.132.224.113/ sans devoir ajouter le `:80`.

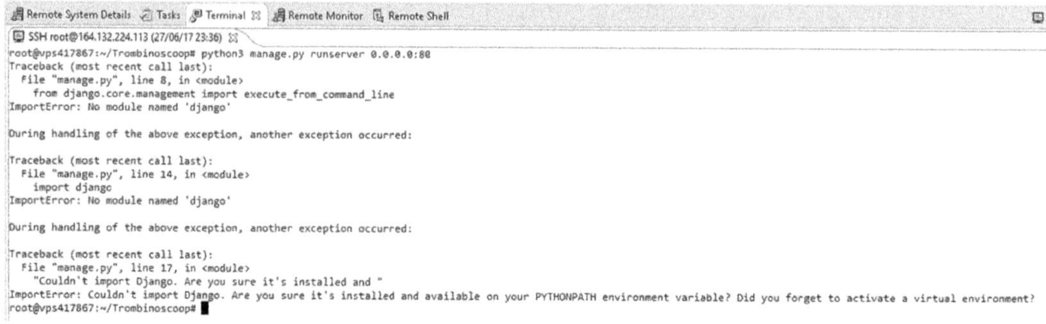

Figure 14–32 Test de lancement du serveur

Cela n'a pas fonctionné du premier coup ? Eh oui, comme indiqué précédemment, le serveur contient juste le strict minimum pour son fonctionnement. Il a déjà Python, mais ne connaît pas Django ; il faut donc l'installer au préalable.

> **EN PRATIQUE Pourquoi python3 et pas python ?**
>
> Comme vous l'avez sûrement remarqué, nous nous sommes abstenus d'utiliser la commande `python` de base. La plupart des distributions Linux utilisent encore Python 2.7 par défaut ; or, nous avons fait le choix de Python 3 dans ce livre. Par défaut, la commande `python` est liée à Python 2.7. Par conséquent, nous devons nous assurer que la bonne version est utilisée pour le démarrage de Trombinoscoop à l'aide de la commande `python3`.

Avant de procéder à l'installation, nous devons mettre à jour la liste des logiciels installables par notre serveur. En effet, sur Linux, le serveur contient une liste des programmes qu'il peut installer, qu'il faut réactualiser de temps en temps. Aussitôt dit, aussitôt fait :

```
apt-get update
```

`apt-get` est la commande gérant toutes les installations sur Debian. Le paramètre `update` lui indique de mettre à jour la liste des programmes qu'il contient.

Pour installer des bibliothèques Python, nous avons le choix entre deux commandes : `easy_install` et `pip3`. Cette dernière étant la plus utilisée, c'est elle que nous retiendrons ; installons-la.

```
apt-get install python3-pip
```

Maintenant que nous avons le logiciel `pip3`, nous pouvons installer la bibliothèque Django, en précisant son numéro de version dans la commande :

```
pip3 install Django==1.11
```

Faites attention : il s'agit bien de deux symboles = se succédant. L'installation de Django ne devrait pas rencontrer de problème. Nous pouvons maintenant relancer la commande pour démarrer le serveur :

```
python3 manage.py runserver 0.0.0.0:80
```

Vous voyez alors apparaître un message qui vous est familier :

```
System check identified no issues (0 silenced).
June 03, 2017 - 13:45:20
Django version 1.11, using settings 'Trombinoscoop.settings'
Starting development server at http://0.0.0.0:80/
Quit the server with CONTROL-C.
Performing system checks...
```

Ouvrez votre navigateur internet et essayez d'accéder à votre site web en vous rendant sur l'adresse IP de votre serveur.

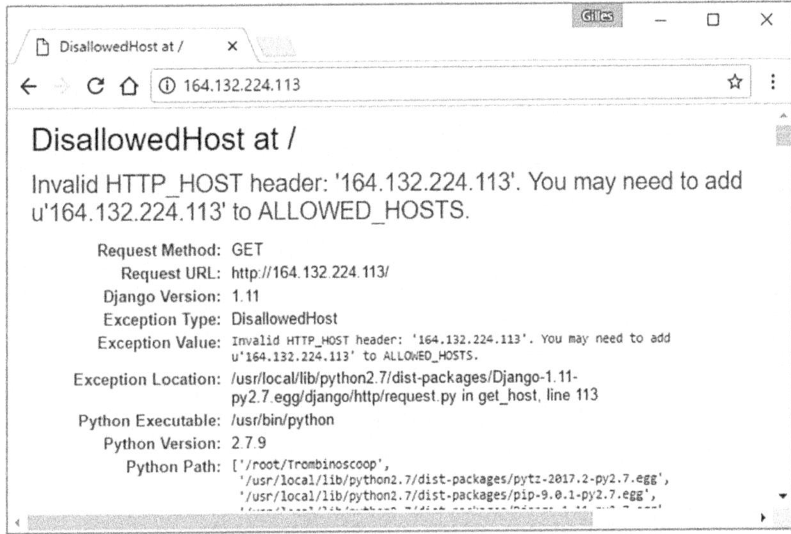

Figure 14–33
Accès au site web tournant sur le serveur

Bon, ce n'est pas encore gagné… mais, au moins, nous savons que notre serveur Django est lancé. Il nous faut juste modifier la variable `ALLOWED_HOSTS` dans le fichier `settings.py` pour autoriser Django à utiliser l'adresse IP de votre serveur :

```
ALLOWED_HOSTS = ['164.132.224.113']
```

Votre serveur Django a dû se recharger automatiquement. Si ce n'est pas le cas, arrêtez-le manuellement dans la console, à l'aide du raccourci clavier *Ctrl+C*, et relancez-le.

En rafraîchissant la page web de votre navigateur, vous pourrez enfin voir votre projet comme à la belle époque, lorsqu'il tournait sur votre ordinateur.

Figure 14–34
Votre projet tourne finalement sur le serveur.

> **EN PRATIQUE Visibilité de votre site web**
>
> Aujourd'hui, n'importe qui peut accéder à votre site web. Vous pouvez donc fièrement communiquer l'adresse IP à vos amis pour qu'ils puissent le découvrir, ébahis. Cependant, Internet est un vaste monde, pourvu de nombreuses personnes malintentionnées qui essaient en permanence d'accéder aux serveurs disponibles. Ces pirates créent des programmes testant la vulnérabilité des serveurs et essayant d'en prendre le contrôle ou de simplement poster des messages de publicité indésirable, par exemple. Seulement quelques secondes après le lancement de ce serveur, nous pouvons déjà observer différents programmes analysant notre site web.
> Avant de mettre votre site web en ligne, assurez-vous donc que celui-ci ne présente pas de grosses failles de sécurité ! Et faites extrêmement attention si vous comptez y mettre des informations personnelles.

Modifications pour la mise en production

Notre site web est visible du monde entier, mais il n'est pas tout à fait adapté encore à une mise en production. En effet, si vous fermez Eclipse, le serveur Django s'arrêtera de tourner. Et ce n'est guère pratique lorsque vous voulez éteindre votre ordinateur ! Listons d'abord les modifications à faire avant de nous y attaquer.

1. Django est toujours en mode `DEBUG` et affiche tous les messages d'erreurs. Ces derniers sont une source précieuse d'information pour le développeur, mais peuvent devenir dangereux dans de mauvaises mains. Et sur Internet, il faut se méfier de tout le monde.

2. Le serveur Django lancé manuellement n'est pas très performant ; et normalement, il est utilisé à des fins de tests. Nous allons donc utiliser une alternative plus adaptée, qui nous permettra par la même occasion d'obtenir un site web fonctionnel, même en éteignant Eclipse.
3. Django n'est pas prévu pour prendre en charge les fichiers statiques (`.css`, `.jpg`, etc.) ; il le fait uniquement dans un but de développement. Voilà pourquoi il faut, en production, trouver une alternative plus adaptée.

Avant de vous lancer dans la suite de ce chapitre et pour vous en faciliter la lecture, nous vous conseillons de modifier les permissions d'accès à votre dossier utilisateur avec la commande suivante :

```
chmod -R 0755 /root
```

Cette commande permet aux autres logiciels que nous allons lancer sur le serveur d'accéder à vos dossiers et fichiers. Ce n'est pas la solution la plus sécurisée, mais elle vous évitera de nombreux maux de tête.

Désactiver le mode DEBUG

Il s'agit de la modification la plus simple : allez dans le fichier `settings.py` et changez la valeur de `DEBUG` pour la mettre à `False`.

```
DEBUG = False
```

En rafraîchissant la page web, vous verrez que les fichiers statiques ne sont plus inclus, dont le fichier `.css` définissant l'aspect de notre site web.

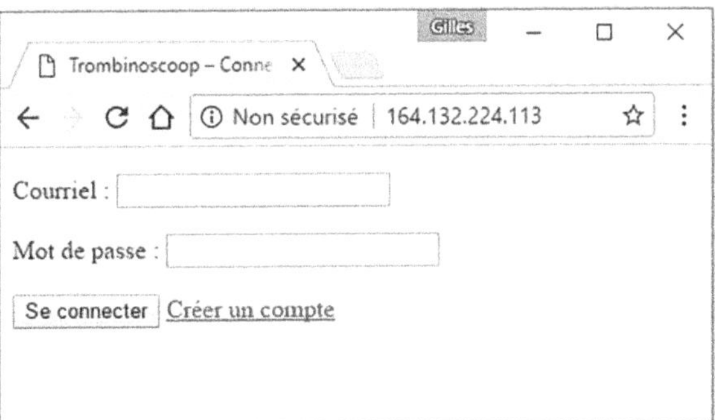

Figure 14–35
Django sans le mode DEBUG

En désactivant le mode `DEBUG`, nous ne pourrons plus résoudre les problèmes aussi facilement mais, normalement, si vous rendez votre projet accessible au monde entier, c'est que votre code fonctionne presque à la perfection. Si une erreur se produit dans votre code, l'utilisateur verra donc apparaître simplement une erreur 500.

Figure 14–36
Affichage d'un message d'erreur

Pour en savoir davantage sur l'erreur, il vous suffira de réactiver le mode `DEBUG` temporairement.

Nous avons résolu un problème, mais en avons créé un nouveau : nous n'avons plus de fichiers statiques. Rassurez-vous, les prochains points seront justement destinés à récupérer votre design.

> **EN PRATIQUE J'ai toujours mon design !**
>
> N'oubliez pas que votre navigateur garde en mémoire une copie de vos fichiers statiques. Cependant, si vous ouvrez la page web sur un autre navigateur ou depuis un autre ordinateur, vous verrez que plus un seul fichier statique ne sera envoyé par Django.

Mise en place de Gunicorn

Nous avons l'habitude de lancer notre projet avec le serveur de Django via la commande suivante :

```
python3 manage.py runserver 0.0.0.0:80
```

Cette commande démarre un serveur web inclus dans Django. Malheureusement, il n'est pas adapté à la « vraie vie ». Il ne sait pas utiliser efficacement les ressources de votre serveur et s'avère peu performant. Nous allons donc le remplacer par un autre serveur web. Il en existe plusieurs, mais notre choix s'est, assez arbitrairement, porté sur Gunicorn.

L'installation de Gunicorn est proche de celle de Django : Django est une bibliothèque Python alors que Gunicorn est un logiciel à part entière mais, dans ce cas-ci, `pip3` permet d'installer automatiquement le logiciel pour qu'il utilise bien Python 3 et non Python 2.7. Désormais, nous pouvons installer gunicorn :

```
pip3 install gunicorn
```

En allant dans le dossier de votre projet, vous pouvez lancer Gunicorn :

```
cd /root/Trombinoscoop
gunicorn --bind 0.0.0.0:80 Trombinoscoop.wsgi
```

La commande n'affiche rien, mais ne semble pas terminée. Rassurez-vous et croyez-nous sur parole : votre site web est bien lancé. Il vous suffit d'ouvrir votre navigateur internet pour vous en assurer.

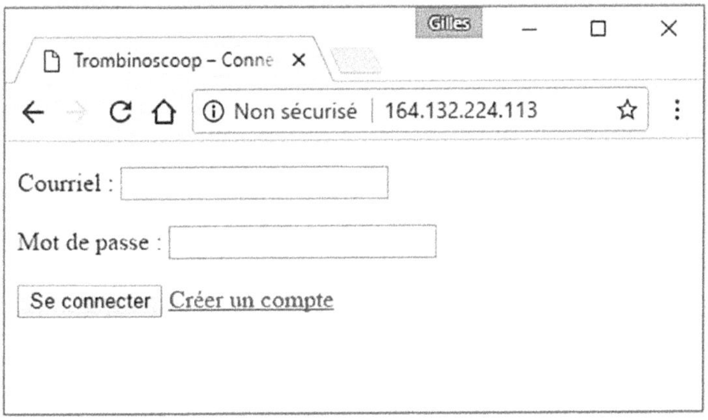

Figure 14–37
Gunicorn est en charge d'afficher le Trombinoscoop.

Nous allons maintenant créer un fichier qui laissera Gunicorn tourner, même lorsqu'on ferme Eclipse. Il s'agit d'ajouter un « service » qui tournera en tâche de fond sur votre serveur. Cela vous permettra par la même occasion de lancer le site web automatiquement au démarrage de votre serveur. Via Eclipse, rendez-vous dans le dossier `/etc/systemd/system/` et créez le fichier `gunicorn.service` avec le contenu suivant :

```
[Unit]
Description=Gunicorn for Trombinoscoop
After=network.target

[Service]
WorkingDirectory=/root/Trombinoscoop
ExecStart=/usr/local/bin/gunicorn --workers 3 --bind 0.0.0.0:80 Trombinoscoop.
        ➥ wsgi:application

[Install]
WantedBy=multi-user.target
```

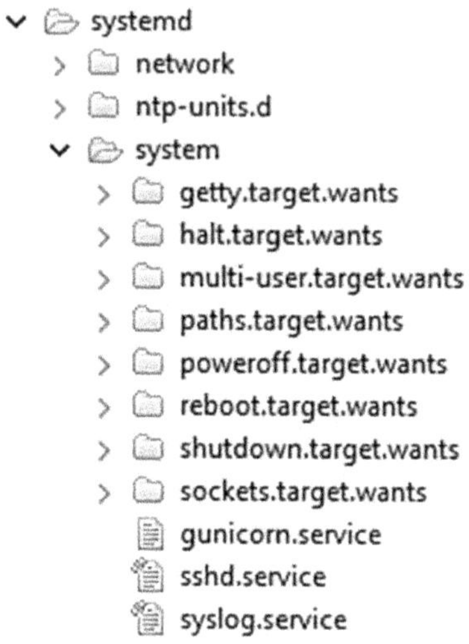

Figure 14–38
Création du fichier gunicorn.service

systemd
network
ntp-units.d
system
getty.target.wants
halt.target.wants
multi-user.target.wants
paths.target.wants
poweroff.target.wants
reboot.target.wants
shutdown.target.wants
sockets.target.wants
gunicorn.service
sshd.service
syslog.service

Ce fichier comporte différentes sections :

- `[Unit]` contient les informations générales sur le service ;
- `[Service]` indique le dossier de votre projet et la commande à exécuter lorsqu'on lance le service ;
- `[Install]` est utilisé si l'on veut activer le service au démarrage du serveur.

Vous n'aurez pas besoin de manipuler davantage ce fichier à l'avenir ; ne vous inquiétez donc pas trop si certaines lignes paraissent obscures. Faites en sorte, néanmoins, que tout ce qui suit `ExecStart=` jusqu'à `application` compris soit sur une même ligne !

Vous avez certainement remarqué que l'appel à Gunicorn est un peu différent de celui fait manuellement. Il y a un nouveau paramètre `workers 3`, qui permettra de gérer simultanément plusieurs utilisateurs arrivant juste au même moment sur votre site web. Trois sous-programmes tournent en même temps et attendent de renvoyer les pages web, alors que le traditionnel serveur web de Django, lancé par `python3 manage.py runserver 0.0.0.0:80`, finit de générer la page web d'un utilisateur avant de travailler pour le suivant ; vous comprenez maintenant pourquoi nous affirmions qu'il n'était pas efficace.

Essayons maintenant de lancer ce service :

```
systemctl daemon-reload
systemctl restart gunicorn
```

La première ligne demande au programme `systemctl` de recharger ses fichiers de configuration ; la seconde (re)lance le service `gunicorn` que nous venons de créer. Cette fois, la commande s'est exécutée et elle est terminée, mais le site web est toujours accessible. Vous pouvez même fermer Eclipse, et votre site web sera toujours accessible.

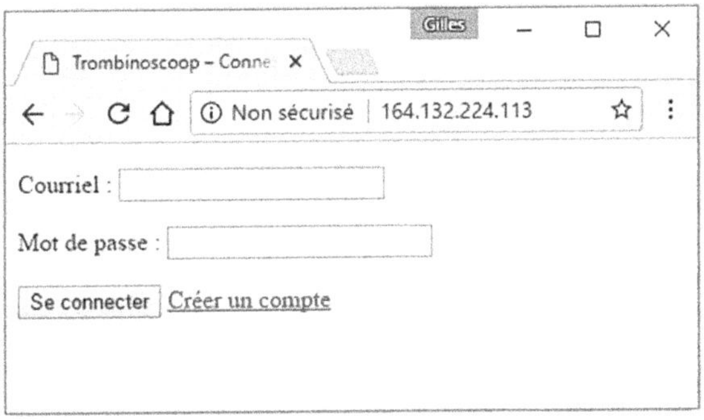

Figure 14–39
Trombinoscoop lancé par l'intermédiaire de systemctl

Dans le cas où votre serveur devrait redémarrer, vous pouvez activer le service `gunicorn` pour qu'il soit lancé au démarrage :

```
systemctl enable gunicorn
```

Prendre en charge les fichiers statiques

Nous avons maintenant un site web qui fonctionne, même en éteignant notre ordinateur personnel ; nous n'avons toujours pas récupéré nos fichiers statiques, en revanche. Le logiciel `nginx` va venir à notre secours : lorsqu'il verra une URL commençant par `/static/`, il devra retourner les fichiers se trouvant dans le dossier `static` de votre projet.

Avant de procéder à son installation, pensez à arrêter votre projet Trombinoscoop lancé par Gunicorn – sinon, vous serez bloqué à la prochaine étape, `nginx` utilisant le port 80 et démarrant à la fin de son installation (il n'apprécie guère que vous l'occupiez déjà).

```
systemctl stop gunicorn
```

L'installation de `nginx` est extrêmement aisée :

```
apt-get install nginx
```

Comme `nginx` utilise par défaut le port 80, cela pose quelques problèmes à Gunicorn, car nous l'avions aussi lancé sur ce port. Allez dans le fichier `gunicorn.service` créé précédemment dans `/etc/systemd/system` et remplacez la ligne `ExecStart` par la suivante :

```
ExecStart=/usr/local/bin/gunicorn -workers 3 --bind unix:/root/Trombinoscoop/
    ➥ Trombinoscoop/trombinoscoop.sock Trombinoscoop.wsgi:application
```

Faites de nouveau attention à tout placer sur une même ligne ! Relancez le service :

```
systemctl daemon-reload
systemctl restart gunicorn
```

Si tout se passe bien, un fichier `trombinoscoop.sock` sera créé dans le dossier `/root/Trombinoscoop/Trombinoscoop`, mais votre projet ne sera plus accessible depuis votre navigateur. C'est normal: `gunicorn` écoute dorénavant seulement sur le fichier `trombinoscoop.sock`, ce qui rend le port 80 utilisable par `nginx`. Il ne nous reste plus qu'à dire à ce dernier, qui servira d'intermédiaire, d'envoyer vers le fichier `trombinoscoop.sock` presque toutes les requêtes HTTP reçues sur le port 80. Pour certaines, il sera nécessaire d'aller chercher les fichiers statiques dans un dossier spécifique.

EN PRATIQUE Rafraîchissez la structure de vos dossiers

Avant d'aller plus loin, n'oubliez pas de faire un `Refresh` sur le dossier `/etc` de votre serveur. Autrement, vous ne verrez pas apparaître le dossier lié au logiciel `nginx` nouvellement installé.

Dans le dossier `/etc/nginx/sites-enabled/`, supprimez le fichier `default` et créez un fichier `trombinoscoop` contenant la configuration suivante:

```
server {
  listen 80;❶
  location /static/ { ❷
    root /root/Trombinoscoop/Trombinoscoop; ❸
  }

  location / { ❹
    include proxy_params;
    proxy_pass http://unix:/root/Trombinoscoop/Trombinoscoop/trombinoscoop.
    ➥ sock; ❺
  }
}
```

La configuration est facilement compréhensible: `nginx` doit tout d'abord écouter sur le port 80 ❶. Lorsque l'URL commence par `/static/` ❷, `nginx` va chercher les fichiers dans le dossier ❸. Et pour toutes les autres URL ❹, il lui faut envoyer les requêtes vers le fichier ❺.

Redémarrez `nginx` pour qu'il prenne en compte cette configuration:

```
systemctl restart nginx
```

En définitive, vous pourrez voir votre site web en ligne, avec les fichiers statiques correctement chargés!

Figure 14–40
Affichage du Trombinoscoop avec les fichiers statiques

Réserver son nom de domaine

Vous y êtes ! Votre site est en ligne et le monde entier peut y accéder – votre meilleur ami qui habite à l'autre bout de la ville, par exemple ! Néanmoins, on en conviendra, lui demander de se rendre à l'adresse `http://164.132.224.113`, ce n'est pas des plus pratique, même s'il s'agit d'un très bon ami. Ce genre d'adresses est tout bonnement impossible à retenir.

Au début d'Internet, c'était la seule manière d'accéder à un site hébergé sur un serveur distant. Très vite, on s'est rendu compte que ce n'était pas pratique. Imaginez, si la SNCF terminait ses campagnes de promotion par « achetez vos billets en ligne sur `http://90.80.158.136` »... Peu de billets seraient vendus, personne n'arrivant à se remémorer l'adresse du site web.

Pour résoudre ce problème, fut inventé en 1983 le système DNS *(Domain Name System)*, qui associe un nom mnémonique à une adresse IP complexe. Ici, nous n'allons pas vous présenter le concept en détail ; nous nous contenterons de vous expliquer comment obtenir un nom de domaine et comment l'associer à votre site.

La première étape consiste donc à se choisir un nom de domaine, pour l'acheter ensuite. Vous pouvez opter pour un nom de domaine « géographique » (`.fr` pour la France, `.be` pour la Belgique) ou « thématique » (`.com` pour les sites commerciaux, `.org` pour les organisations à but non lucratif). Il vous faudra bien entendu choisir un nom de domaine libre, en d'autres mots, un nom de domaine qui n'ait pas été déjà acheté par quelqu'un d'autre. Le partenaire à qui vous vous adresserez vous avertira en amont de l'indisponibilité éventuelle du nom que vous souhaitez réserver.

Il existe de nombreux marchands de noms de domaines sur le Web; OVH, le prestataire que nous avons choisi pour l'achat d'un hébergement, en fait partie. Alors, faites au plus simple… Nous ne touchons aucune commission.

Pour ce faire, il suffit, dans votre compte, de vous rendre dans le menu *Commander un domaine*. Entrez le nom qui vous intéresse et l'assistant d'OVH vous dira s'il est disponible.

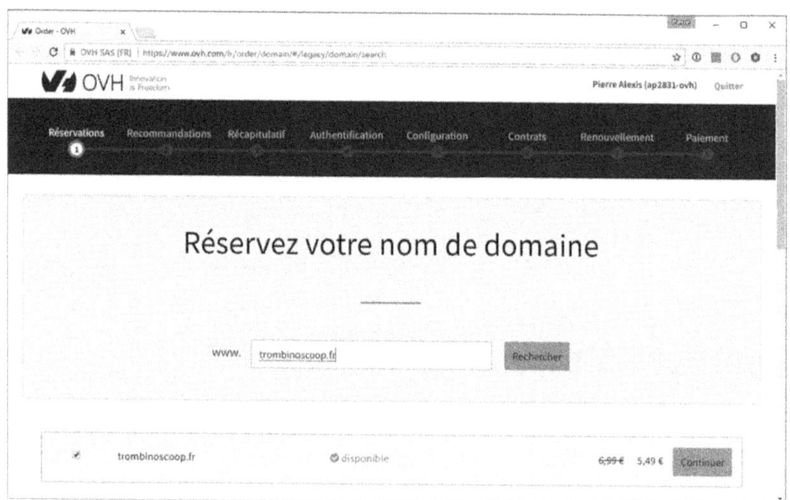

Figure 14–41
Commande d'un nom de domaine chez OVH

Suivez ensuite les étapes de l'assistant. Il est inutile d'ajouter des options complémentaires, ni même d'acheter un nouvel hébergement web, puisque nous en avons déjà un. N'oubliez pas d'indiquer que vous êtes déjà client d'OVH, pour que votre achat soit lié à votre compte. Sur les écrans de configuration technique, laissez les options par défaut proposées par OVH; nous réaliserons l'association avec l'adresse IP de notre serveur plus tard.

Une fois le nom de domaine acheté, nous allons nous rendre dans le *Manager* d'OVH pour le configurer et lui associer notre adresse IP. Pour ce faire, dans le menu *Domaine*, choisissez le nom que vous venez d'acheter. Rendez-vous ensuite dans l'onglet *Zone DNS*. Un tableau listant l'ensemble des adresses IP est affiché. Nous allons devoir modifier les entrées de type A. Il s'agit de celles utilisées pour les sites web. Cliquez sur l'icône de modification et entrez votre adresse IP.

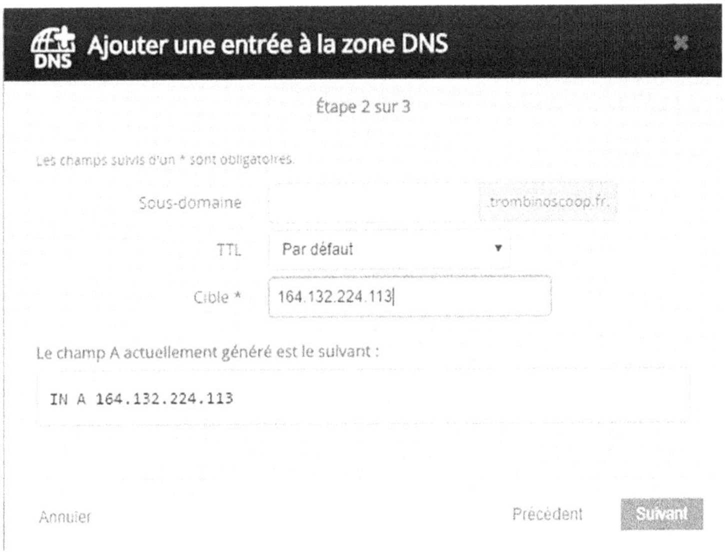

Figure 14–42
Configuration de l'adresse IP associée à votre nom de domaine

Vous devriez maintenant obtenir les entrées suivantes dans la liste.

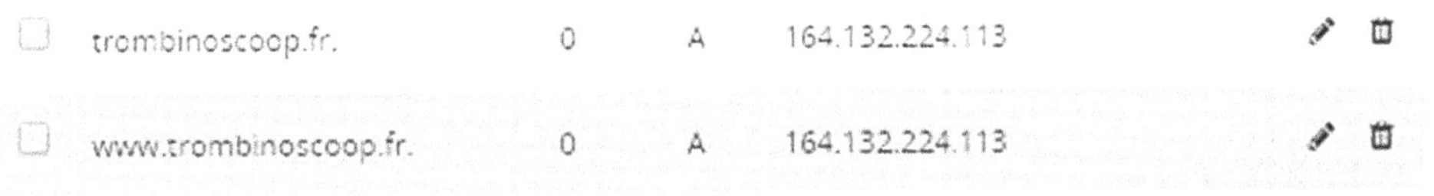

Figure 14–43 Votre domaine configuré

Et voilà ! Votre nom de domaine est fonctionnel; il devrait rediriger l'internaute vers votre serveur et afficher votre site web. Attention cependant: il se pourrait que cela ne fonctionne pas tout de suite. La technologie DNS nécessite parfois un peu de temps avant qu'une nouvelle configuration ne soit prise en compte. Attendez 12 heures avant d'accrocher la corde de pendu à votre lustre. La patience est la vertu des hommes sereins.

Une toute petite modification reste néanmoins à apporter pour que Django accepte de prendre en charge le site web pour le domaine indiqué. Dans le fichier `settings.py`, ajoutez le nom de domaine à la liste `ALLOWED_HOSTS` :

```
ALLOWED_HOSTS = ['164.132.224.113','trombinoscoop.fr']
```

Puis, redémarrez `gunicorn` pour qu'il prenne en compte les modifications de votre `settings.py` :

```
systemctl restart gunicorn
```

Vous pouvez finalement admirer votre chef-d'œuvre dans votre navigateur Internet en allant sur trombinoscoop.fr.

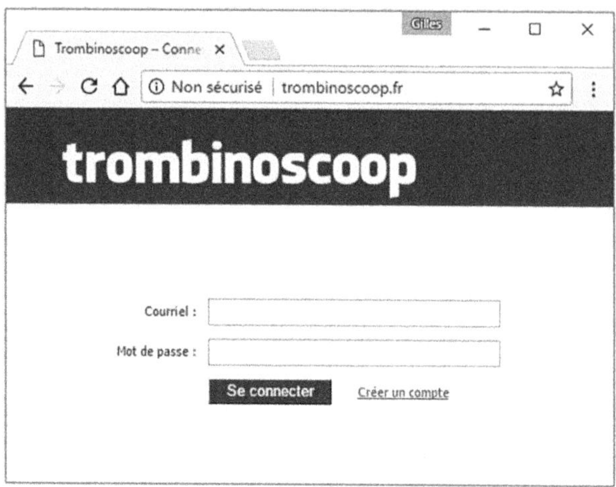

Figure 14–44
Votre site trombinoscoop.fr

Vous voilà désormais en mesure de partager votre site web avec le monde entier, bravo !

Conclusions

Nous le savons, la réalisation finale de Trombinoscoop n'est finalement pas une si mince affaire. Elle vous est peut-être apparue, par moments, comme un véritable parcours du combattant. Nous nous voulions exhaustifs au possible ; au-delà de Django, nous avions l'ambition de vous familiariser avec toutes les facettes et tous les métiers de la programmation web. Si vous avez réalisé et compris ce projet web jusqu'au bout, vous pouvez fièrement annoncer à tout futur employeur que vous maîtrisez déjà certaines ficelles de la programmation web, et pas seulement en Django ! À la lecture de ce livre, vous avez affronté et résolu de nombreux problèmes qui vous seraient apparus également avec d'autres solutions technologiques, issues par exemple du monde de Java ou .Net.

Au fil des pages et de la mise en forme de notre Trombinoscoop, vous avez peut-être dû vous procurer d'autres sources d'information pour la programmation Python : HTML 5, CSS, JavaScript, Ajax, le modèle relationnel, etc. Notre choix de l'exhaustivité, au détriment parfois de la profondeur de vue, vous aura permis de prendre le recul nécessaire, de remettre chaque outil à sa place, de comprendre le pourquoi de cette profusion technologique plutôt confondante qui caractérise le monde de la programmation web. Comme nombre de vos collègues, vous aurez fait vôtre cette multitude de sigles qui, de HTML à CSS en passant par Ajax, sont autant d'atouts entre vos mains. Et si un soir de vague à l'âme, l'envie vous vient de jeter ce livre et tous ses codes Python et HTML par la fenêtre, rappelez-vous la belle histoire de Marc Van Saltberg, cet étudiant bruxellois. Elle devrait vous remonter le moral, vous convaincre d'aller de l'avant et de tourner la page.

Annexe

Installation de l'environnement de développement

Cette annexe décrit étape par étape l'installation des différents éléments logiciels nécessaires à la réalisation du projet Trombinoscoop.

SOMMAIRE

- Annexe décrivant l'installation des différents outils nécessaires au développement web sous Django : Python, Java, Django, Eclipse et plug-ins permettant l'exécution de code Python dans l'environnement Eclipse.
- Cette installation est décrite pour les trois systèmes d'exploitation les plus répandus : Windows, macOS et Linux.

Avant de se lancer dans la programmation Python/Django, il est nécessaire de configurer son environnement de travail. L'objectif de ce chapitre est d'expliquer chacune des étapes qui permettront d'installer et de configurer les divers outils nécessaires pour se constituer un environnement de développement optimal. Les explications sont déclinées pour les trois systèmes d'exploitation suivants :

- Microsoft Windows 10 ;
- macOS Sierra ;
- Ubuntu 16.04 LTS, Xenial Xerus.

Nous espérons couvrir la grande majorité des systèmes d'exploitation utilisés aujourd'hui, sachant que les explications sont facilement adaptables à leurs variantes. Par exemple, la procédure décrite pour macOS Sierra reste valable pour les versions inférieures El Capitan et Yosemite.

Que faut-il installer ?

Python

Le premier outil à installer – et dont on ne pourra pas se passer – est le langage de programmation Python, qui nous permettra de compiler et d'exécuter des programmes écrits dans ce langage.

Python est accompagné d'une importante *bibliothèque standard* offrant de nombreux modules pré-écrits (types de données complexes, cryptographie, traitement d'images, traitement audio, envoi de courriels, etc.). C'est par l'instruction `import` qu'on appelle ces différents utilitaires dans les codes qui en font usage.

Il existe plusieurs implémentations du langage Python et de sa bibliothèque standard. Nous utiliserons l'implémentation « traditionnelle » de référence, proposée sur le site web python.org et disponible pour de nombreuses plates-formes (Windows, Linux, etc.).

Python, comme tout langage de programmation qui se respecte, est en constante évolution ; il en existe plusieurs versions. La dernière version majeure est la 3 ; elle mérite qu'on s'y attarde un peu. Au départ, elle a notamment pour objectif de simplifier le langage en lui retirant certaines constructions jugées redondantes ; la compatibilité ascendante est brisée. En d'autres mots, et à la grande déconvenue de nombreux programmeurs, le compilateur Python 3 n'est plus capable de compiler tous les programmes écrits en Python 2, ce qui explique que de nombreux programmeurs utilisent encore Python 2. Fort heureusement, Django a, récemment, été adapté pour fonctionner avec Python 3. Nous installerons donc la toute dernière version, laquelle est, à l'heure d'écrire ces lignes, la 3.6.1.

Django

Une fois Python installé, il faut l'enrichir avec le framework Django, qui n'est pas prévu initialement dans la bibliothèque standard Python. Ce framework se télécharge sur le site officiel de Django.

L'un des avantages de Django, c'est d'intégrer un serveur web léger. On n'est donc pas obligé d'installer un serveur tiers, tel Apache. Bien entendu, si le serveur web léger inclus dans Django suffit amplement pour tester son site durant la phase de développement, il n'en sera pas de même lorsqu'on ouvrira son site au public. Un serveur web tiers plus robuste sera nécessaire, car il permettra de mieux supporter un nombre élevé de visites sur le site et permettra une configuration plus fine des utilitaires web.

Eclipse

A priori, Python et Django suffiraient à débuter le développement de notre premier site web. À l'aide d'un simple éditeur de texte et d'une interface en ligne de commande, nous pourrions écrire notre premier code et le lancer. Ce serait néanmoins laborieux et peu convivial, a fortiori pour démarrer. C'est pourquoi nous allons installer un *environnement de développement intégré* ou IDE *(Integrated Development Environment).*

DÉFINITION IDE

Un environnement de développement intégré est un ensemble d'outils facilitant et rendant plus convivial le développement d'applications.

Généralement, les IDE offrent au moins les utilitaires suivants, plutôt précieux :

- un éditeur de texte capable de colorer le code, de détecter les erreurs de syntaxe en ligne ou d'aider à la saisie de code en affichant toutes les instructions possibles ;
- une interface graphique conviviale pour simplifier la compilation d'un programme ou le lancement de l'application ;
- un débogueur graphique permettant d'exécuter pas à pas un programme et d'observer son état à tout instant (valeurs des variables, position dans le code, etc.).

Notre choix d'environnement de développement intégré s'est porté sur Eclipse, car il s'agit d'un environnement très populaire et complet, capable de gérer plusieurs langages de programmation, dont Python et Django.

Eclipse est un IDE écrit en Java et qui, de fait, a éclipsé tous les autres. C'est donc à ce jour l'environnement de développement Java le plus utilisé, sachant que Java est actuellement le langage de programmation le plus répandu et le plus enseigné. Le moteur d'exécution Java, qui permet de lancer des programmes écrits dans ce langage, devra donc faire partie de la panoplie d'outils à installer, sans quoi Eclipse ne pourra pas être lancé.

L'installation de base d'Eclipse ne contient pas les modules permettant de gérer le langage Python et le framework Django. Ces modules, regroupés au sein du module nommé PyDev, doivent être ajoutés manuellement par la suite, ce que nous ferons également.

En résumé

La mise en place de notre environnement de développement passera par l'installation successive de ces cinq composants :

- le langage Python, dans sa dernière version (au moment de rédiger ces lignes, la 3.6.1) ;
- le framework Django ;
- le moteur d'exécution Java *(Java Runtime Environment)* ;
- l'IDE Eclipse ;
- le plug-in Eclipse PyDev.

Les sections suivantes sont consacrées à l'installation de ces éléments sous différents systèmes d'exploitation. Vous pouvez bien entendu ne lire que les sections qui correspondent à votre environnement.

Figure A-1
Windows 10 professionnel 64 bits

Les différentes étapes ont été réalisées et testées sous Windows 10 Professionnel 64 bits, macOS Sierra et Ubuntu 16.04 LTS, Xenial Xerus dans sa version 64 bits. Elles devraient rester pour l'essentiel identiques pour les autres versions des systèmes d'exploitation.

Figure A-2
macOS Sierra

Figure A-3
Ubuntu 16.04 LTS, Xenial Xerus

Installation de Python

Commençons par une bonne nouvelle : sous Ubuntu, Python est déjà préinstallé.

Pour Windows et macOS, la première étape consiste à installer l'implémentation officielle *CPython*.

> **EN PRATIQUE « Vieilles » versions de Python sous macOS**
>
> macOS est livré en standard avec Python. Malheureusement, celui-ci n'est mis à jour qu'à chaque sortie d'une nouvelle version du système, soit environ tous les deux ans. On se retrouve souvent avec une version de Python largement dépassée. Il est donc indispensable d'installer la version qui nous intéresse à côté de celle existante et qui cohabitera en très bon voisinage avec cette dernière.

> **EN PRATIQUE Version de Python**
>
> La version à installer est la dernière de la lignée 3. À l'heure où ces lignes sont écrites, il s'agit de la version 3.6.1.

Pour la télécharger, il faut se rendre dans la section *Download* de www.python.org. Différents paquets sont disponibles. Nous avons choisi :

- pour Windows, le paquet `Windows x86-64 executable installer`, comprenant un installeur destiné aux Windows 64 bits ;
- pour macOS, le paquet `Mac OS X 64-bit/32-bit installer`.

> ▸ www.python.org

Pour Windows

Une fois le paquet téléchargé, il suffit de l'exécuter et de suivre les étapes de l'assistant d'installation. À la première étape, l'assistant vous demande de choisir entre une installation par défaut et une installation personnalisée ; il est recommandé de choisir *Custom installation*.

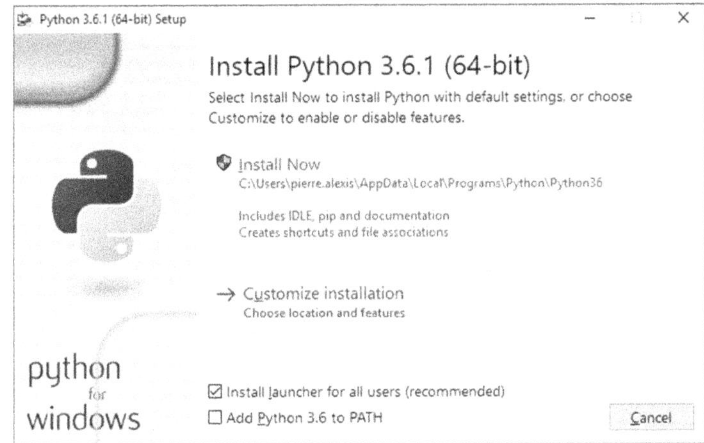

Figure A-4
Première étape de l'assistant d'installation

À l'écran suivant, nous recommandons de cocher toutes les cases (elles le sont d'ailleurs par défaut). Ainsi, tout sera installé.

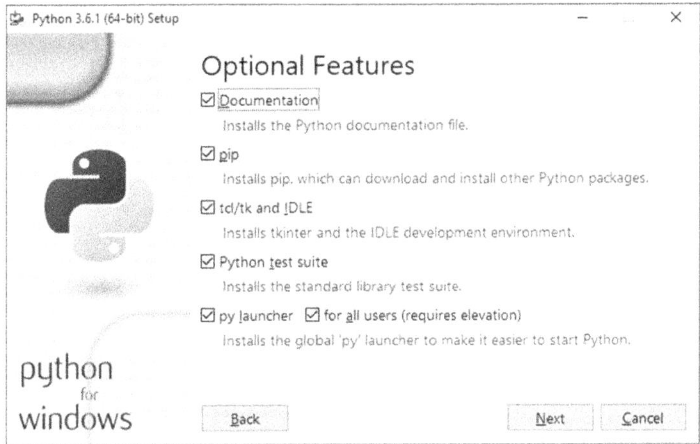

Figure A-5
Deuxième étape de l'assistant d'installation

Au troisième écran, à nouveau, une série d'options nous est proposée. Nous recommandons ici de changer la valeur par défaut de l'une d'elles et d'opter pour une installation pour tous les utilisateurs. L'assistant demandera ensuite de choisir un emplacement pour l'installation. Afin de respecter les standards Windows, nous vous conseillons d'installer Python dans `Program Files`, et non à la racine du disque système comme proposé par défaut par l'installeur.

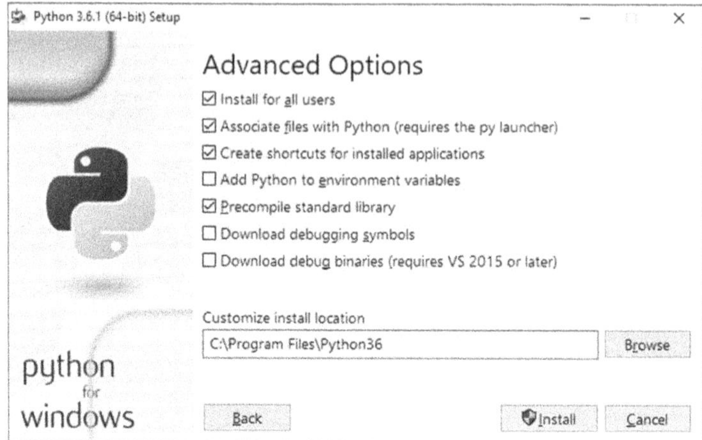

Figure A-6
Troisième étape de l'assistant d'installation

Nous pouvons maintenant cliquer sur le bouton *Install*. L'installation commence.

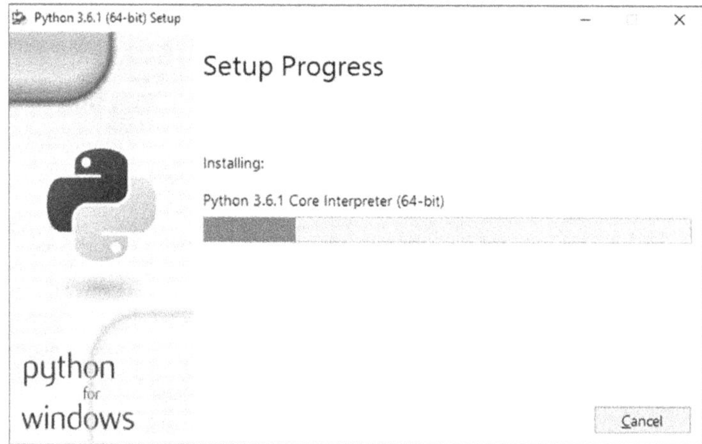

Figure A-7
Quatrième étape de l'assistant d'installation

Et voilà ! L'installation est terminée.

Figure A-8
L'installation est terminée.

Pour macOS

Une fois le fichier téléchargé, il suffit de l'exécuter et de suivre les étapes de l'assistant d'installation. À la fin du processus, on obtient cette fenêtre :

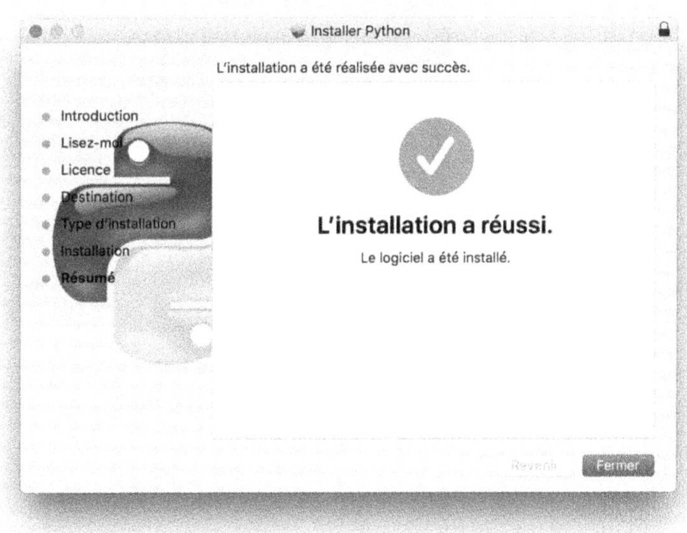

Figure A-9
Dernière étape de l'assistant d'installation

Cet installateur met Python dans le dossier `Applications` de votre Mac.

Vérification de l'installation

Il reste à valider la bonne installation du langage en lançant par exemple la ligne de commande graphique Python :

- *Démarrer > Python 3.6 > Python 3.6 (64 bit)* sous Windows ;
- *Applications > Python 3.6 > IDLE* sous macOS.

Ensuite, il suffit de saisir un peu de code, par exemple le sempiternel « Hello World », bien connu des programmeurs.

EXEMPLE A.1 Petit programme de test

```
print('Hello World!')
```

Ce code devrait afficher le texte « Hello World ! » dans la console, comme illustré sur la figure suivante. Vous pourrez refaire l'exercice avec « Bonjour Monde ! », mais sachez que cela fait tout de suite beaucoup moins pro.

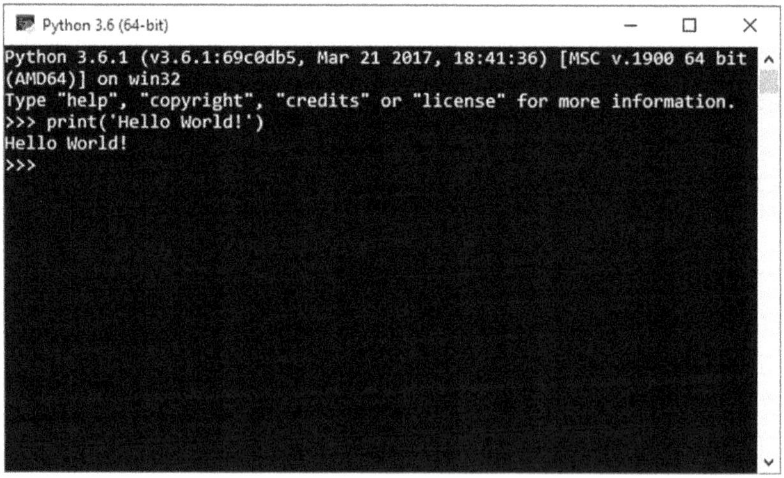

Figure A-10
Test de l'installation

Sous Ubuntu, il suffit de lancer un terminal (via le *Tableau de bord*, on lance l'application *Terminal*) et de taper la commande `python3`. Apparaît alors le numéro de version du langage.

```
fakir@fakir-VirtualBox: ~
fakir@fakir-VirtualBox:~$ python3
Python 3.5.2 (default, Nov 17 2016, 17:05:23)
[GCC 5.4.0 20160609] on linux
Type "help", "copyright", "credits" or "license" for more information.
>>>
```

Figure A-11
Version de Python incluse dans Ubuntu

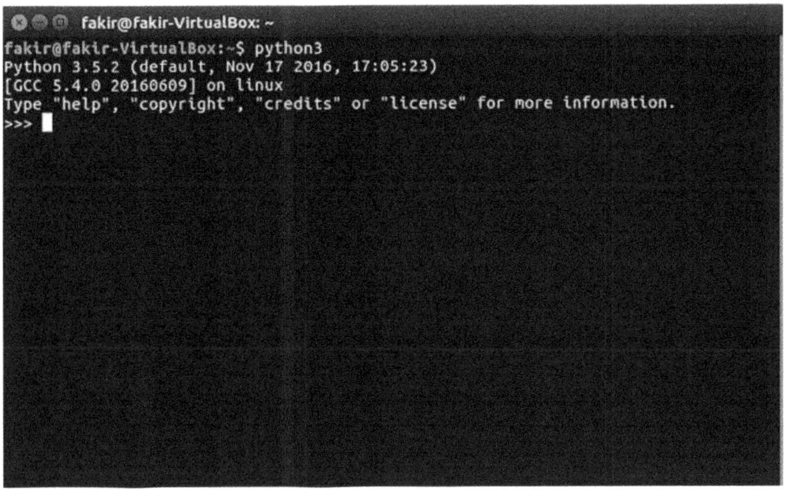

Installation de Django

Django, écrit en Python, n'est pas livré dans la version standard de ce dernier. Il s'agit d'un framework tiers à installer manuellement, à l'aide de l'utilitaire `pip` livré par défaut avec Python (que nous venons d'installer).

Pour Windows

Pour utiliser `pip` sous Windows, il faut d'abord lancer une ligne de commande Windows, avec les droits d'administrateur. Pour trouver cette dernière, utilisez l'outil de recherche de Windows situé à côté du bouton *Démarrer* et tapez `cmd` comme texte à rechercher. Pour la lancer avec les droits d'administrateur, il faut cliquer-droit sur son raccourci et choisir *Exécuter en tant qu'administrateur*.

Une fois l'invite de commande lancée, on se rend, à l'aide de la commande `cd`, dans le sous-dossier `scripts` du dossier d'installation de Python. Par exemple, après avoir installé Python pour tous les utilisateurs dans `C:\Users\Pierre\Downloads\Program Files`, nous avons tapé la ligne de commande suivante.

EXEMPLE A.2 **Positionnement dans le dossier d'installation**

```
cd "C:\Program Files\Python36\Scripts"
```

Pour lancer l'installation de Django, il faut entrer la commande suivante.

SYNTAXE. Lancement de l'installation pip install

```
Syntaxe. Django==1.11.2
```

La figure suivante illustre l'utilisation de ces deux commandes.

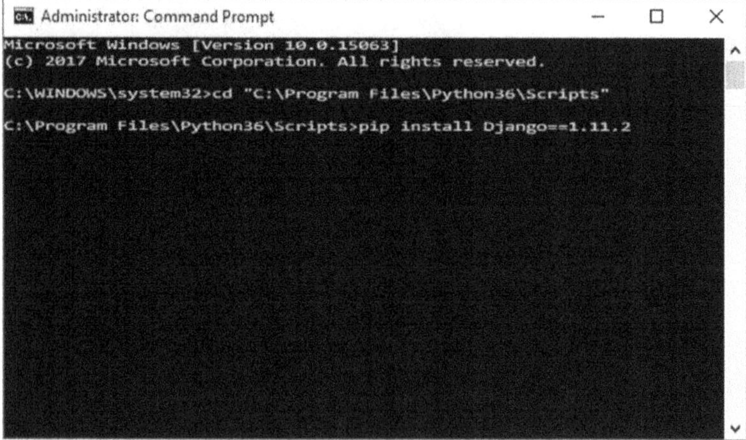

Figure A-12
Lancement de l'installation de Django

Si aucune erreur ne survient, c'est que l'installation s'est bien déroulée.

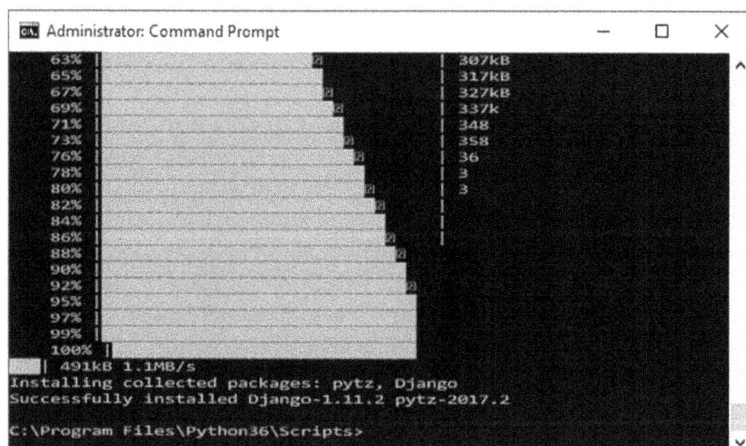

Figure A-13
Installation terminée de Django

Pour macOS

Pour utiliser `pip` sous macOS, il vous faut utiliser la ligne de commande. Ouvrez d'abord un *Terminal* (dans *Applications > Utilitaires*). Rendez-vous ensuite dans le dossier où a été installé Python, à l'aide de la commande `cd`.

EXEMPLE A.3 Positionnement dans le dossier d'installation de Python

```
cd /Library/Frameworks/Python.framework/Versions/3.6/bin/
```

Pour lancer l'installation de Django, il faut faire appel à la commande `pip`. On la fait précéder de la commande `sudo`, car l'installation doit se faire en tant qu'administrateur, ce qui nécessitera de taper son mot de passe.

SYNTAXE. Lancement de l'installation

```
sudo pip3.6 install Django==1.11.2
```

La figure suivante illustre l'utilisation de ces deux commandes. Heureusement, aucune erreur n'est à déplorer.

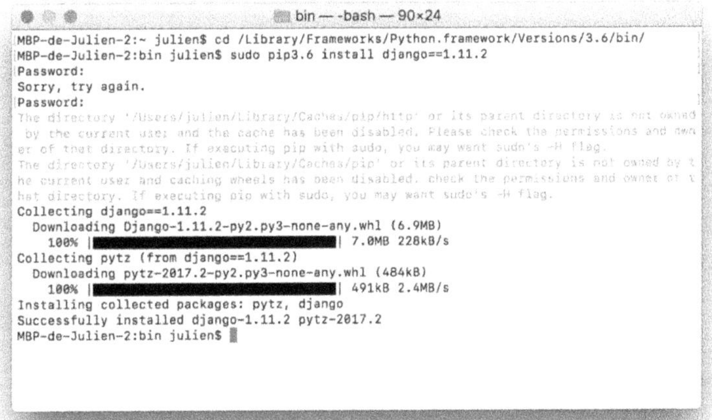

Figure A-14
Lancement de l'installation de Django

Pour Ubuntu

Pour utiliser `pip` sous Ubuntu, il faut recourir à la ligne de commande. Ouvrez d'abord un *Terminal* (en tapant *Terminal* dans l'outil de recherche). La première chose à faire est d'installer `pip` à l'aide de la commande `apt-get`. On la fait précéder de la commande `sudo`, car l'utilisateur doit procéder à l'installation en tant qu'administrateur, ce qui nécessitera de taper son mot de passe.

SYNTAXE. Installation de pip

```
sudo apt-get install python-pip
```

Pour lancer l'installation de Django, il peut ensuite utiliser la commande `pip`, à faire précéder là aussi de la commande `sudo`.

SYNTAXE. Lancement de l'installation

```
sudo pip install Django==1.11.2
```

La figure suivante illustre l'utilisation de cette dernière commande. Heureusement, aucune erreur n'est à déplorer.

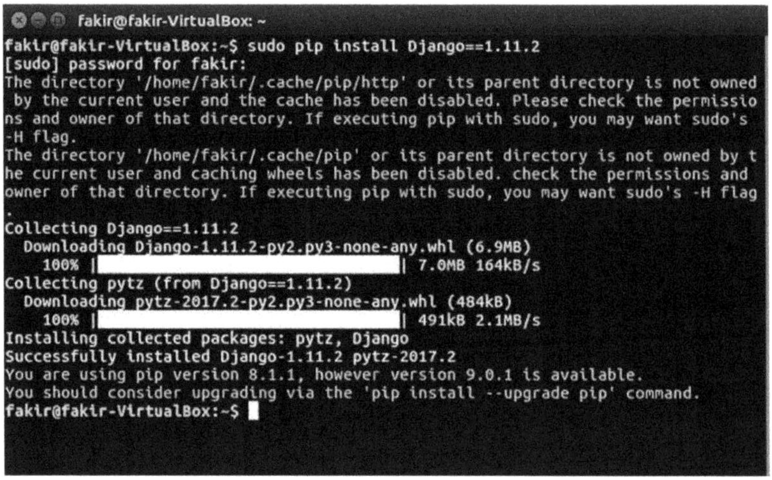

```
fakir@fakir-VirtualBox: ~
fakir@fakir-VirtualBox:~$ sudo pip install Django==1.11.2
[sudo] password for fakir:
The directory '/home/fakir/.cache/pip/http' or its parent directory is not owned
 by the current user and the cache has been disabled. Please check the permissio
ns and owner of that directory. If executing pip with sudo, you may want sudo's
-H flag.
The directory '/home/fakir/.cache/pip' or its parent directory is not owned by t
he current user and caching wheels has been disabled. check the permissions and
owner of that directory. If executing pip with sudo, you may want sudo's -H flag
.
Collecting Django==1.11.2
  Downloading Django-1.11.2-py2.py3-none-any.whl (6.9MB)
    100% |████████████████████████████████| 7.0MB 164kB/s
Collecting pytz (from Django==1.11.2)
  Downloading pytz-2017.2-py2.py3-none-any.whl (484kB)
    100% |████████████████████████████████| 491kB 2.1MB/s
Installing collected packages: pytz, Django
Successfully installed Django-1.11.2 pytz-2017.2
You are using pip version 8.1.1, however version 9.0.1 is available.
You should consider upgrading via the 'pip install --upgrade pip' command.
fakir@fakir-VirtualBox:~$
```

Figure A-15
Lancement de l'installation de Django

Vérification de l'installation

À la fois sous Windows, macOS et Ubuntu, on peut tester si l'installation s'est exécutée correctement en lançant une console Python et en tapant le code suivant.

SYNTAXE. Vérification de la bonne installation de Django

```
>>> import django
>>> print(django.get_version())
1.11.2
```

Le code doit afficher la version de Django, soit « 1.11.2 », comme illustré à la figure suivante.

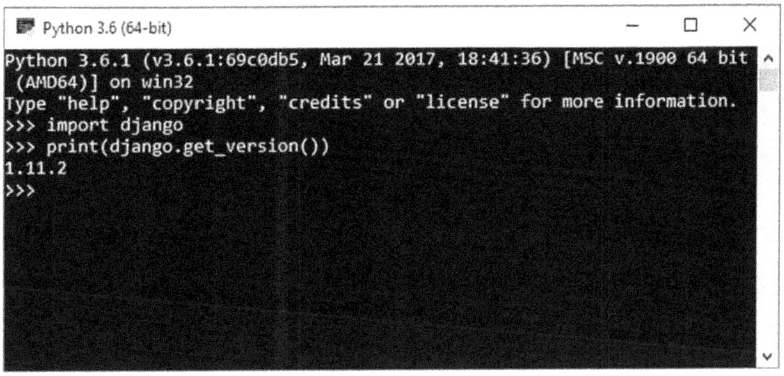

Figure A-16
Vérification de la bonne installation de Django sous Windows

```
Python 3.6 (64-bit)
Python 3.6.1 (v3.6.1:69c0db5, Mar 21 2017, 18:41:36) [MSC v.1900 64 bit
 (AMD64)] on win32
Type "help", "copyright", "credits" or "license" for more information.
>>> import django
>>> print(django.get_version())
1.11.2
>>>
```

Installation de Java

Si Java, dans sa version 64 bits, n'est pas déjà installé sur votre ordinateur, vous devrez y remédier.

Pour Windows

Rendez-vous sur la page d'accueil du site officiel de Java. Par défaut, c'est la version 32 bits qui est proposée. Or, nous voulons la version 64 bits. Pour la trouver, il faut se rendre dans le menu *Tous les téléchargements Java*. À partir de là, choisissez *Windows Hors ligne (64 bits)*. Une fois l'installeur téléchargé, lancez-le et laissez-vous guider. L'installation ne nécessite pas de paramétrage particulier.

- www.java.com

Pour macOS

Sous macOS, il est recommandé d'installer le JDK *(Java Development Kit)*, dans sa dernière version. Pour le trouver, le plus simple est de taper *Java Development Kit* dans Google. Votre moteur favori vous mènera à la bonne page directement. Sur celle-ci, choisissez la version pour macOS. Une fois l'installeur téléchargé, lancez-le et laissez-vous guider. L'installation ne nécessite pas de paramétrage particulier.

Pour Ubuntu

Pour installer Java sous Ubuntu, il vous faut faire appel à la ligne de commande. Ouvrez d'abord un *Terminal* (en tapant *Terminal* dans l'outil de recherche). Pour réaliser l'installation, on va utiliser à nouveau la commande `apt-get`. On la fait précéder de la commande `sudo`, car l'installation doit se faire en tant qu'administrateur, ce qui nécessitera de taper son mot de passe.

EXEMPLE A.4 Installation de Java

```
sudo apt-get install default-jre
```

Installation d'Eclipse

Nous allons maintenant installer Eclipse, notre environnement de développement intégré.

Pour Windows et macOS, le téléchargement d'Eclipse se fait via le site officiel du projet. On retrouve sur cette page un bouton *Download* bien mis en évidence, qui télécharge l'installeur.

▸ http://www.eclipse.org/downloads/

Une fois le téléchargement effectué, lancez l'installeur. À la première étape, il vous demande quelle version d'Eclipse vous désirez, chacune ciblant un langage de programmation ou un usage bien précis. Elles ne sont en fait que la version de base de l'outil sur laquelle ont été préinstallés les modules ad hoc.

Comme il n'en existe pas pour Python et Django, nous allons simplement télécharger la version destinée aux développeurs web, *Eclipse IDE for JavaScript and Web Developers*, et nous installerons par la suite les modules qui nous intéressent.

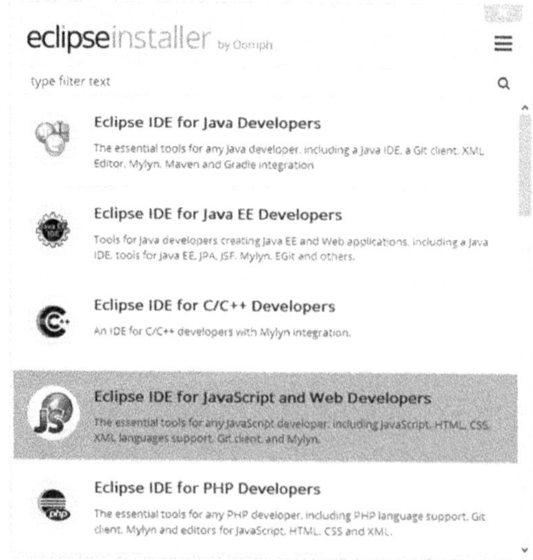

Figure A-17
Installation d'Eclipse sous Windows

À l'étape suivante, laissez les valeurs proposées par défaut et cliquez sur le bouton d'installation.

Figure A-18
Installation d'Eclipse sous Windows

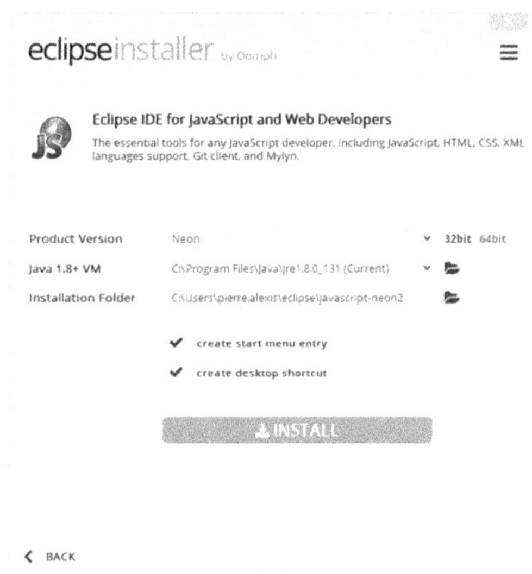

L'installation démarre et, si tout s'est bien passé, un bouton *LAUNCH* apparaîtra, vous permettant de lancer Eclipse.

Figure A-19
Installation d'Eclipse sous Windows

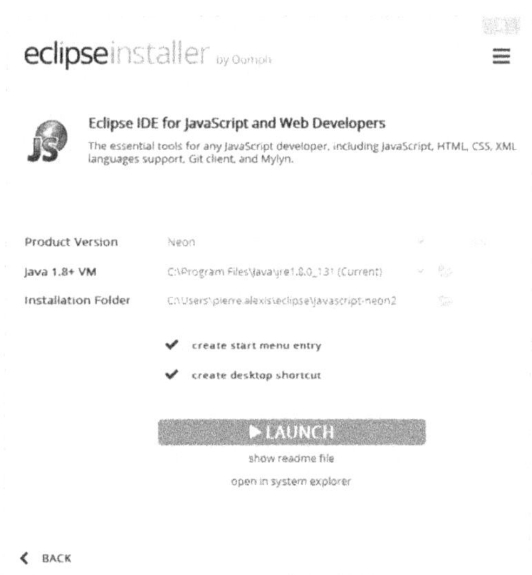

Pour Ubuntu, nous allons faire usage de la *Logithèque*. Il suffit de chercher *Eclipse*, de le sélectionner et de cliquer sur *Installer*.

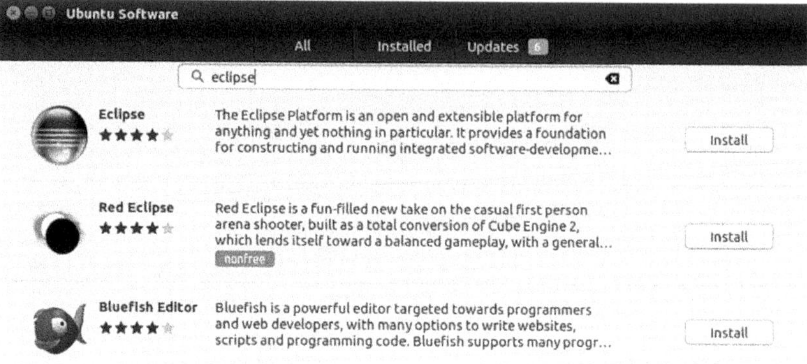

Figure A-20
Installation d'Eclipse sous Ubuntu

Nous pouvons maintenant lancer Eclipse :

- sous Windows, à partir du menu *Démarrer* ;
- sous macOS, à partir du menu *Applications* ;
- sous Ubuntu, à l'aide du tableau de bord.

Au démarrage, Eclipse nous demande de choisir un *workspace* (espace de travail) et nous propose, par défaut, d'utiliser `C:\Users\XXXXX\workspace` pour Windows, `/Users/XXXXX/Documents/workspace` pour macOS ou `/home/XXXXX/workspace` pour Ubuntu. Un workspace regroupe différents projets, spécifie leur emplacement sur le disque et enregistre un certain nombre de préférences propres à Eclipse. Définir plusieurs *workspaces* permet donc d'avoir des environnements de travail différents (paramétrés différemment) contenant des projets différents. Tout au long de ce livre, nous n'utilisons qu'un seul workspace.

Eclipse Launcher
Select a directory as workspace
Eclipse uses the workspace directory to store its preferences and development artifacts.
Workspace: C:\Users\pierre.alexis\workspace
Browse...
Use this as the default and do not ask again
OK
Cancel

Figure A-21
Création et utilisation du workspace par défaut

Vous pouvez très bien utiliser le workspace proposé par défaut. Néanmoins, nous avons préféré créer et utiliser un nom plus convivial : `C:\Users\Pierre\Projets` pour Windows et Ubuntu ou `/Users/Pierre/Documents/Projets` pour macOS. Pour créer un nouveau workspace, il suffit d'entrer son nom dans la boîte de dialogue de choix proposée par celui-ci.

Vous pouvez également cocher la case *Use this as the default and do not ask again*, afin qu'au prochain démarrage Eclipse ne vous demande plus quel workspace utiliser.

Il vous reste à cliquer sur *OK*. Eclipse s'ouvre alors et affiche sa page d'accueil.

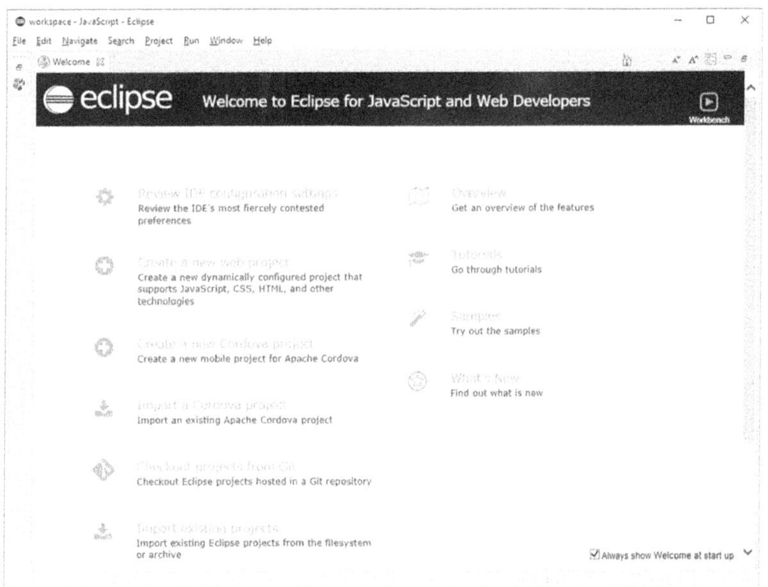

Figure A-22
Écran d'accueil d'Eclipse

Et voilà ! Eclipse est installé, nous n'avons plus à nous occuper que du module PyDev.

Installation du module Eclipse PyDev

Avant de pouvoir commencer à développer en Python et Django dans Eclipse, il nous faut installer le module PyDev.

Les modules s'installent via le menu *Help > Install New Software...*

La fenêtre suivante apparaît :

Figure A-23
Écran d'installation de modules

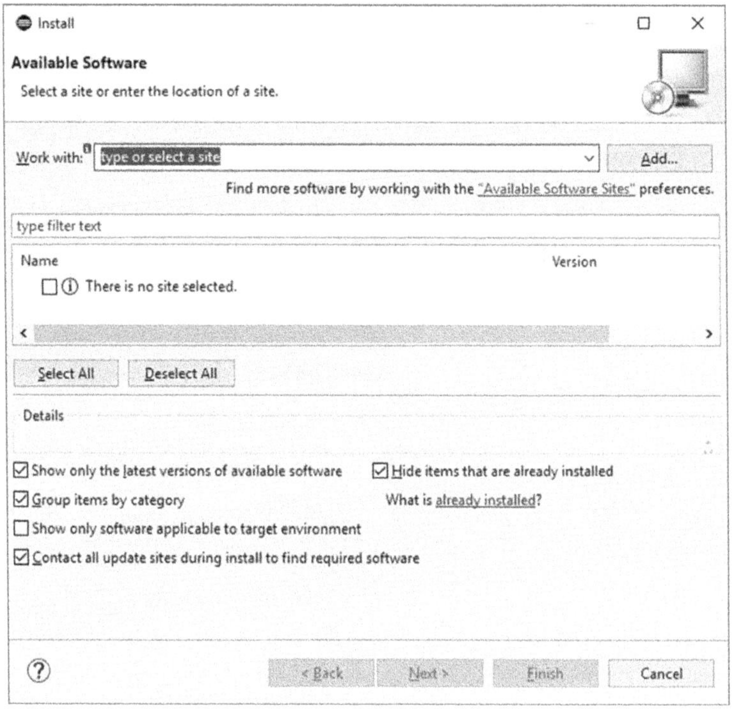

Tout d'abord, nous devons renseigner le *site* sur lequel se trouve PyDev. Cliquez sur le bouton *Add...* et, dans la fenêtre qui apparaît, inscrivez `PyDev` et `http://pydev.org/updates`.

▸ pydev.org/updates

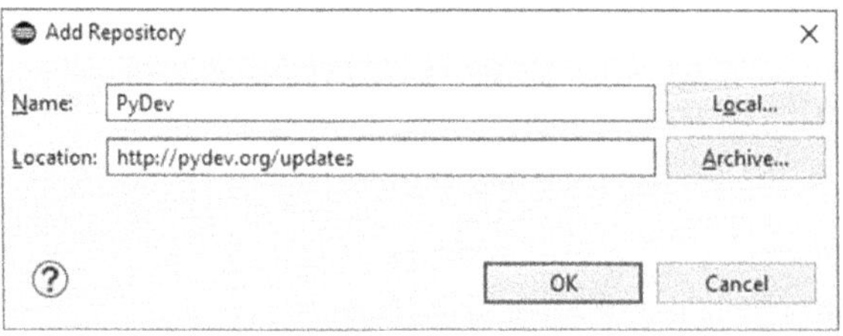

Figure A-24
Ajout du site pour le module PyDev

Cliquez sur *OK*. Choisissez ensuite *PyDev* dans la liste de modules disponibles.

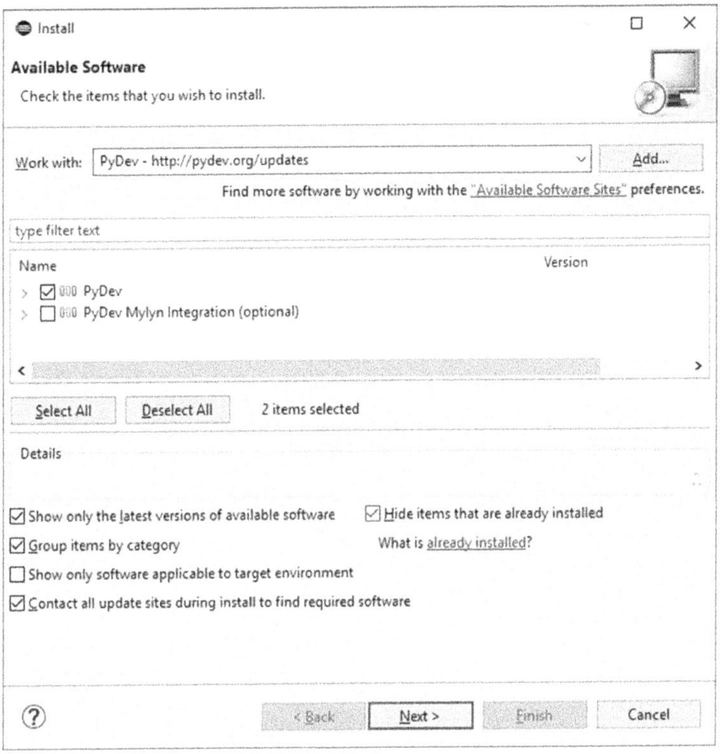

Figure A-25
Choix de PyDev

On clique sur *Next* deux fois, on accepte la licence, on clique sur *Finish* et l'installation débute.

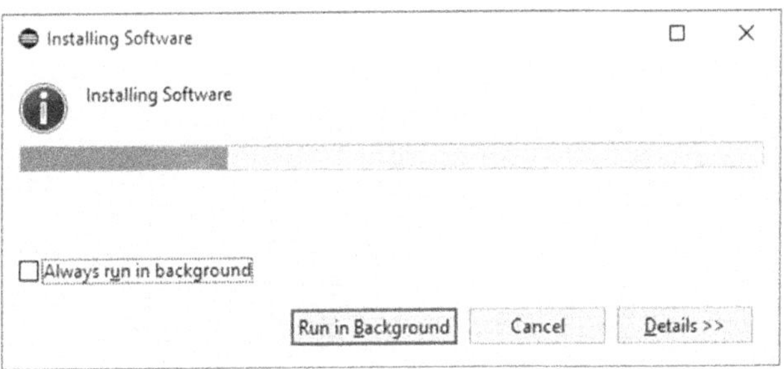

Figure A-26
Installation de PyDev

Au cours de l'installation, Eclipse vous demandera de valider un certificat. Il suffit de s'assurer qu'ils sont tous sélectionnés et de cliquer sur *OK*.

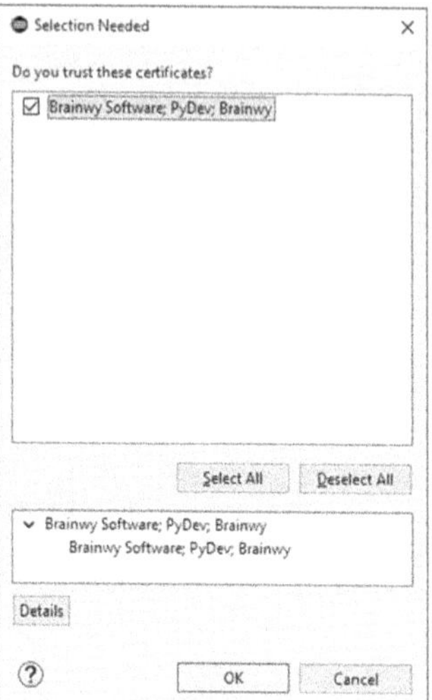

Figure A-27
Installation de PyDev

Il est possible qu'à ce stade, on vous demande de redémarrer Eclipse, pour que les modules s'installent vraiment. N'hésitez pas à le faire.

Il reste maintenant à configurer PyDev pour lui indiquer où se trouve le compilateur Python et ses bibliothèques (que nous avons installés au tout début de ce chapitre).

Pour ce faire, il faut aller dans le menu *Window > Preference* (ou *Eclipse > Preference*). Dans l'arborescence de paramètres, rendez-vous à la section *PyDev > Interpreter – Python*.

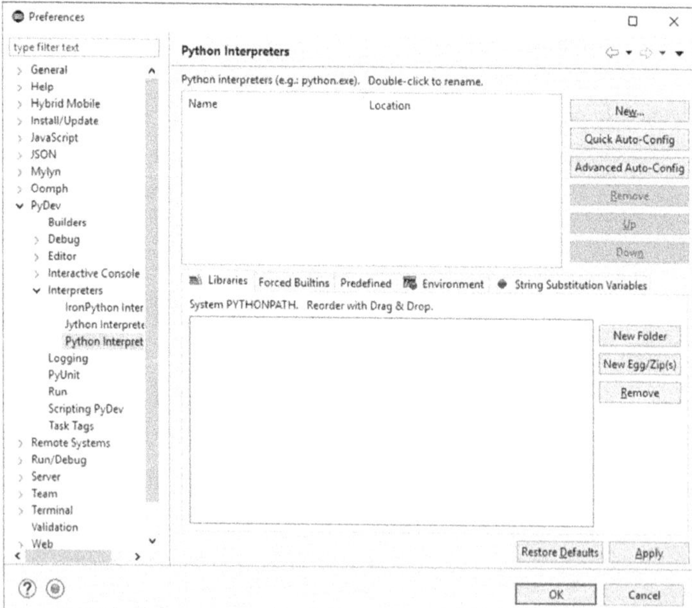

Figure A-28
Configuration de PyDev

Cliquez sur le bouton *Quick auto Config*.

Si *Auto Config* ne marche pas, il suffit alors de faire *New* et de spécifier comme emplacement l'endroit où se trouve l'exécutable de l'interpréteur Python que l'on désire utiliser. Par exemple, pour macOS, il s'agira de `/Library/Frameworks/Python.framework/Versions/3.6/bin/python`.

La configuration est maintenant terminée ; cliquez sur *OK* pour fermer la fenêtre de préférences.

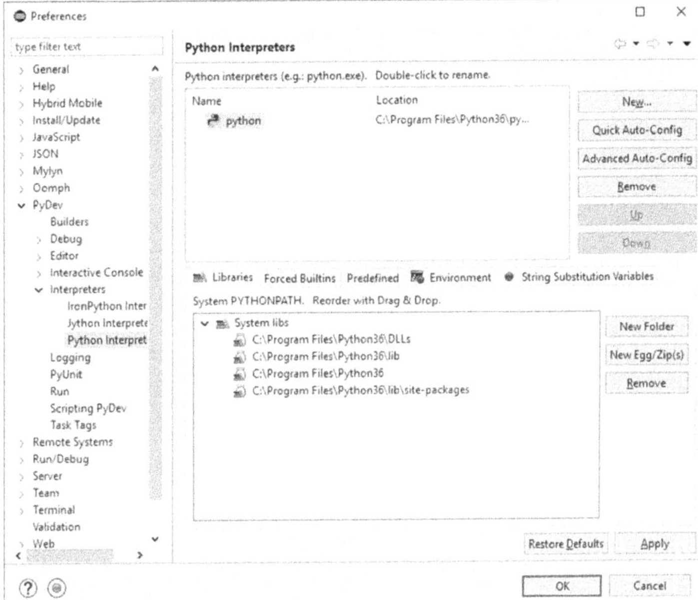

Figure A-29
Configuration de PyDev

Premier projet de test

Les différentes installations terminées, nous pouvons réaliser un premier petit projet de test. Cela validera que tout fonctionne à la perfection. Ce petit projet n'a d'autre but que de réaliser un programme Python capable d'afficher notre sempiternel texte « Hello World ! » dans la console (et ce même si notre monde doit en avoir assez que, depuis cinquante ans déjà, des informaticiens en herbe le saluent…). Pour créer un nouveau projet, cliquez sur le menu *File > New > Project...* puis choisissez *PyDev Project*.

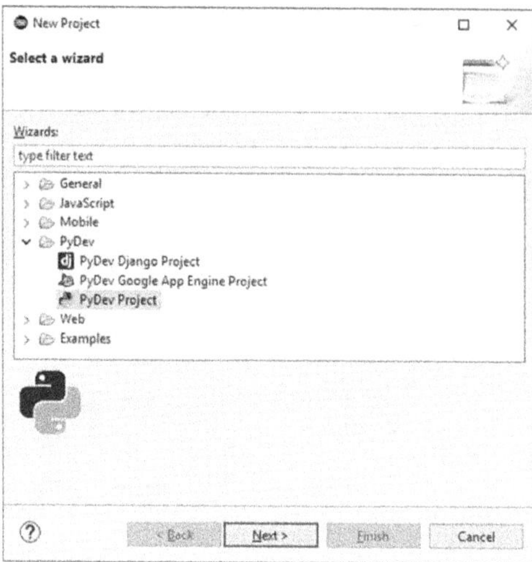

Figure A-30
Création d'un projet de test

Après avoir cliqué sur *Next*, un assistant de création de projet se lance. À la première étape, il suffit de donner un nom au projet et de choisir la version 3.6 de la grammaire Python.

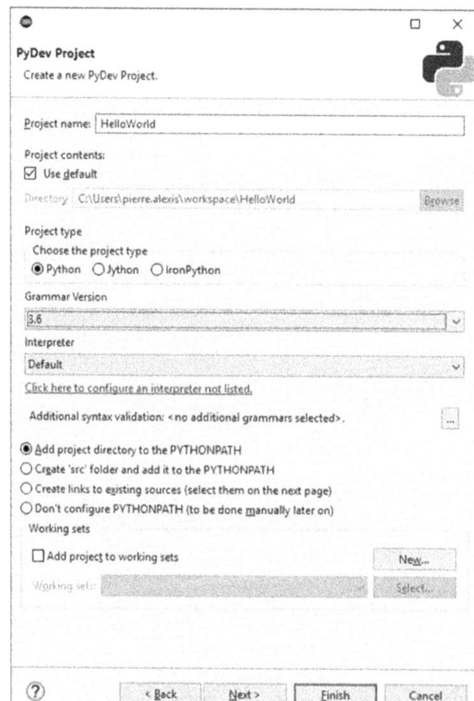

Figure A-31
Création d'un projet de test

Cliquez alors sur *Finish*. Notre projet est créé et apparaît dans l'écran principal d'Eclipse.

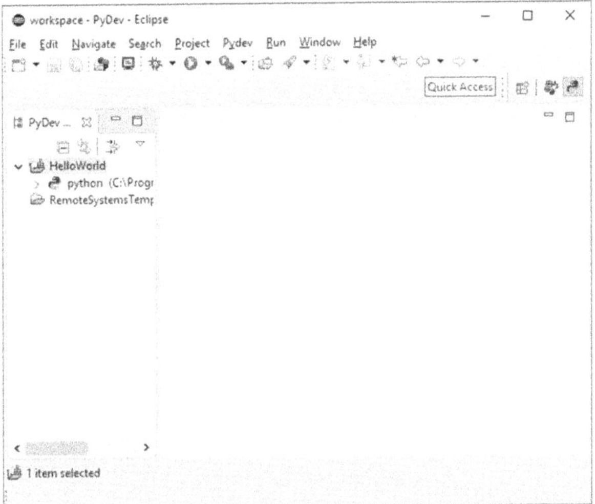

Figure A-32
Création d'un projet de test

Il reste à ajouter à notre projet un fichier `.py` qui va contenir nos sources. Cliquez-droit sur le projet `HelloWorld` et choisissez *New > PyDev Module*. Une fenêtre apparaît dans laquelle on précise un nom pour le projet (`Main`). Cliquez sur *Finish*. Une fenêtre nous demande de choisir un *template* de base. Dans notre cas, nous opterons pour le template *Module: Main*, car nous allons écrire notre code au niveau du point d'entrée du programme.

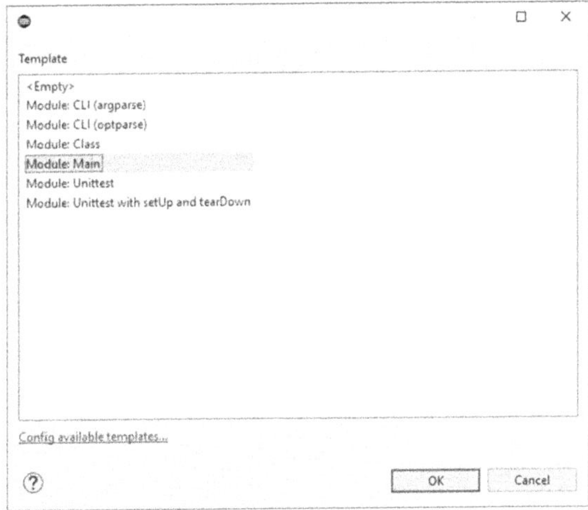

Figure A-33
Création d'un projet de test

Cliquez sur *Finish* ; le fichier est alors créé. Supprimez-en tout le contenu, en particulier les commentaires ajoutés par défaut par Eclipse, car, pour peu qu'ils contiennent des accents, Python risque de « planter ».

Il reste à insérer le code suivant dans le fichier fraîchement créé.

EXEMPLE A.4 Hello World ! en Python

```
if __name__ == '__main__':
   print('Hello World!')
```

On peut maintenant exécuter le programme en utilisant l'icône *Run* représentée par un triangle blanc sur un rond vert. Le programme affiche alors « Hello World ! » dans la console.

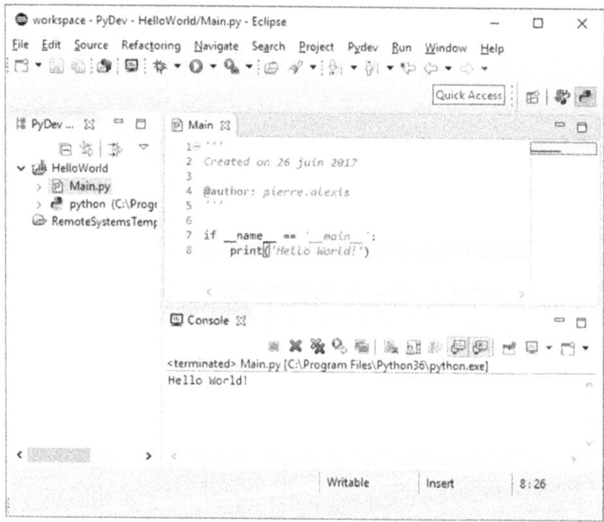

Figure A-34
Création d'un projet de test

Et voilà ! Nous avons créé un programme Python en utilisant Eclipse et son module PyDev. Nous sommes prêts à nous atteler à des projets plus complexes ayant recours au framework Django.

Ai-je bien compris ?

- Pourquoi faut-il installer Java alors que l'on va programmer en Python ?
- Eclipse est-il obligatoire pour développer un site en Django ?
- À quoi le module Eclipse PyDev sert-il ?

Index

Dépôt légal : octobre 2021

Imprimé en Allemagne par BoD

Cet ouvrage est imprimé sur du papier offset 90 g,
papier issu de forêts gerées durablement.

www.ingramcontent.com/pod-product-compliance
Ingram Content Group UK Ltd.
Pitfield, Milton Keynes, MK11 3LW, UK
UKHW051110230726
13924UKWH00010B/2252